suhrkamp taschenbuch
wissenschaft 1019

In seiner *Theorie des kommunikativen Handelns* entwickelt Jürgen Habermas das Konzept einer durch spezifische Regulierungen bestimmten, vernünftigen Konsensbildung zwischen dissentierenden Individuen und spricht dieser Konsensbildung eine zentrale Bedeutung für soziale Interaktionen zu. Nun wächst aber in der Moderne nicht nur die Notwendigkeit einer solchen Konsensbildung: gleichzeitig scheint auch die Herbeiführung von Konsensen immer schwieriger zu werden. In den in diesem Band versammelten Beiträgen wird aus ganz unterschiedlichen Perspektiven dieses »Konsensparadox« näher beleuchtet. Die Aufgabe bestand darin, präziser zu bestimmen, wo die Moderne dazu zwingt, nicht nur Pluralität, sondern auch Dissens als unwiderruflich hinzunehmen, und an welchen Stellen die Chance erwächst und es sogar unumgänglich ist, nach Konsens im strengen Sinn zu suchen.

Kommunikation und Konsens in modernen Gesellschaften

Herausgegeben von
Hans-Joachim Giegel

Suhrkamp

Die Deutsche Bibliothek – CIP-Einheitsaufnahme
Kommunikation und Konsens in modernen Gesellschaften /
hrsg. von Hans-Joachim Giegel. –
1. Aufl. – Frankfurt am Main:
Suhrkamp, 1992
(Suhrkamp-Taschenbuch Wissenschaft ; 1019)
ISBN 3-518-28619-6
NE: Giegel, Hans-Joachim [Hrsg.]; GT

suhrkamp taschenbuch wissenschaft 1019
Erste Auflage 1992

Satz und Druck: Wagner GmbH, Nördlingen
Printed in Germany
Umschlag nach Entwürfen von
Willy Fleckhaus und Rolf Staudt

1 2 3 4 5 6 – 97 96 95 94 93 92

Inhalt

Hans-Joachim Giegel
Einleitung
Kommunikation und Konsens in modernen Gesellschaften

»Laßt uns einig sein, daß wir uns uneinig sind.«
Wandspruch in der U-Bahnstation Alexanderplatz
im Februar 1990

In der Theorie des kommunikativen Handelns (Habermas 1981) wird von Jürgen Habermas das Konzept einer durch spezifische Regulierungen bestimmten, vernünftigen Konsensbildung zwischen dissentierenden Individuen entwickelt und dieser Konsensbildung eine zentrale Bedeutung für soziale Interaktionen zugesprochen. Diese Bedeutung besteht, wie Habermas mit Blick auf moralische Konsensbildung behauptet hat, in der Erfüllung einer doppelten Aufgabe: Konsensbildung im strengen Sinn bringt einerseits »die Unverletzbarkeit der Individuen zur Geltung« und schützt andererseits »auch die intersubjektive Beziehung reziproker Anerkennung, durch die sich die Individuen als Angehörige einer Gemeinschaft erhalten« (Habermas 1986, S. 21). Das erste vermag Konsensbildung, weil sie die Individuen nicht strategischen Manipulationen und ihnen unter Umständen unbewußten Formierungsprozessen aussetzt, sondern sie gerade umgekehrt ermuntert, in der Kommunikation ihre Besonderheit und Individualität zur Geltung zu bringen. Das zweite vermag sie, weil sie die Individuen nicht in ihrer Besonderheit fixiert und als Monaden gegeneinander isoliert, sondern durch die kommunikativen Akte hindurch die Chance eröffnet, aus dem in den verschiedenen Perspektiven liegenden Reichtum von Sinnmöglichkeiten eine allgemeine, allen verfügbare Sinngrundlage zu schaffen.

Die Chance, Konsensbildung in diesem Sinn in Gang zu setzen, bestimmt sich nicht unabhängig von dem Stand der gesellschaftlichen Entwicklung. Je nachdem, wieweit die in älteren Gesellschaften bestehende Selbstverständlichkeit lebensweltlicher Deutungen und sakralisierter Weltbilder erschüttert und die Kontingenz gesellschaftlicher Ordnungsvorstellungen erfahrbar wird, gewinnen die Anstrengungen der Konsensfindung, die bei strittigen Fragen und Konflikten ausgelöst werden, an Bedeutung. Die Moderne nimmt auch in dieser Hinsicht eine Sonderstellung ein. Sie löst in einem viel stärkeren Maße, als dies in vorangegangenen Gesellschaften der Fall war, lebensweltliche Gewißheiten auf und steigert damit sprunghaft das Dissensrisiko.

Nun wächst aber in der Moderne nicht nur die Notwendigkeit einer von den dissentierenden Individuen in Gang gesetzten Konsensbildung, gleichzeitig scheint auch die Herbeiführung von Konsensen immer schwieriger zu werden. Durch das Kontingentwerden von lebensweltlichen Orientierungen, die außerordentliche Steigerung der Möglichkeiten des Erlebens und Handelns, die sich durchgängig einstellende Pluralisierung von Sinn, das Aufkommen von »Spezialsprachen«, mit denen ausdifferenzierte Teilsysteme die Komplexität des in ihnen erarbeiteten Sinns noch weiter steigern, scheint die Chance geringer zu werden, daß Versuche der Konsensbildung erfolgreich durchgeführt werden können (Luhmann 1986). Dieses beides zusammen – die Steigerung der Notwendigkeit von Konsensbildung und die gleichzeitig anwachsende Schwierigkeit, zwischen dissentierenden Parteien einen Konsens zu erzielen – bezeichne ich als das *Konsensparadox der Moderne*.

In den in diesem Band versammelten Beiträgen wird aus ganz unterschiedlichen Perspektiven dieses Konsensparadox näher beleuchtet. Die Aufgabe war, präziser zu bestimmen, wo die Moderne zwingt, nicht nur Pluralität, sondern auch Dissens als unwiderruflich hinzunehmen, und an welchen Stellen die Chance erwächst und es sogar unumgänglich ist, nach Konsens im strengen Sinn zu suchen.

Damit eine solche Debatte wegen der Vieldeutigkeit des Konsensbegriffs nicht sogleich in eine Sackgasse von Mißverständnissen hineingerät, ist es erforderlich, die verschiedenen Konnotationen des Konsensbegriffs deutlich zu unterscheiden. Als fruchtbar hat es sich erwiesen, die folgenden drei Formen des Konsenses begrifflich zu trennen: (1) den Hintergrundkonsens, (2) den Ergebniskonsens und (3) den Argumentationskonsens.[1]

1 Vgl. auch die ähnlich ansetzende Differenzierung von Konsenstypen bei Schimank (1992).

(1) Der *Hintergrundkonsens* betrifft alle die (im Schützschen Sinn) selbstverständlichen Gegebenheiten, als welche sich die Grundstrukturen der gemeinsamen Welt vergesellschafteter Individuen darstellen. Er betrifft die Erfahrungen, von denen wir mit völliger Gewißheit annehmen, daß sie von anderen geteilt werden, und die wir für unrevidierbar halten. Erst auf dem Hintergrund dieser fraglos geltenden und intersubjektiv geteilten Überzeugungen können sich Dissense herausbilden.

(2) Viele Dissense finden eine Lösung in der Form, daß man zwar zu einem *Ergebnis* gelangt, das von allen Beteiligten akzeptiert wird, ohne daß dabei aber wechselseitig die Argumentationsbasis übernommen wird, mit der jeder seine Ansprüche oder Meinungen vertritt. Man versteht sich im Ergebnis, aber nicht in der Art und Weise, wie die eigene Position argumentativ gestützt wird. Ein Beispiel für diese Art des Konsenses, den *Ergebniskonsens*, sind Kompromisse, denen die miteinander streitenden Parteien jeweils aus sehr unterschiedlichen Gründen zustimmen.

(3) Ein *Argumentationskonsens* liegt vor, wenn der Konsens sich nicht nur auf das Ergebnis, sondern auch auf die Art der Begründung erstreckt, die zu diesem Ergebnis führt. Zu einem solchen Konsens gehört, daß die Beteiligten fähig sind, Argumente einer kritischen Prüfung zu unterziehen und gegebenenfalls zurückzuweisen.

Was ich als Konsensparadox bezeichnet habe, betrifft natürlich diese dritte Form der Konsensbildung. Daß es in der Moderne trotz aller Steigerungen der Kontingenz sinnhafter Prozesse lebensweltliche Gewißheiten gibt, die intersubjektive Geltung besitzen, ist ebenso evident wie die Tatsache, daß trotz der gesteigerten Möglichkeit, kommunizierten Sinn zu negieren, bei notwendig zu treffenden Entscheidungen häufig ein Ergebniskonsens zwischen den dissentierenden Parteien zustande kommt. Was sich dagegen in der Regel *nicht einstellt, ist ein Argumentationskonsens*. Auch wenn streitende Parteien beim Versuch, ihre unterschiedlichen Standpunkte durchzusetzen, sich im Ergebnis treffen, bleiben sie hinsichtlich ihrer grundlegenden Orientierungen im Dissens.

Angesichts dieser empirisch festzustellenden Ausgangslage muß die Vorstellung, daß Konsensbildungen, die auf einen Argumentationskonsens zielen, in der Moderne nicht nur vorkommen, sondern auch für soziale Interaktionen konstitutive Bedeutung haben, irritieren. Dabei kann sich die Skepsis gegenüber einem so anspruchsvollen Konsenskonzept an verschiedenen Punkten festmachen. Die Beiträge zu diesem Band stellen den Versuch dar, möglichst viele dieser unterschiedlichen Gesichtspunkte, die hier zu beachten sind, aufzugreifen. Bevor diese Beiträge für sich sprechen, soll der Stellenwert, der ihnen im Gesamtkontext dieser vielschichtigen Diskussion zukommt, bezeichnet werden.

1. Der erste Punkt betrifft die *konstitutiven Grundlagen*, von denen eine Konsenstheorie behauptet, daß sie miteinander interagierende Individuen zur Konsensbildung motivieren. Gibt es, so könnte man fragen, in den Konstitutionsbedingungen sozialer Interaktion etwas, das diese Interaktionen auf Konsens hinlenkt? Habermas antwortet auf diese Frage mit der Behauptung, daß der Sprache als grundlegender Bedingung sozialer Interaktion das Telos der Verständigung innewohnt. Nun ist gerade diese Aussage höchst unbestimmt. Was ist gemeint? Wohl nicht nur, daß jede Sprache aufhören würde, eine gemeinsame Sprache zu sein, wenn nicht in einer relevanten Anzahl von Fällen in dieser Sprache formulierte Aussagen intersubjektiv akzeptiert würden. Für Habermas erwächst aus der Struktur sprachlicher Kommunikation eine Aufforderung, eine Art (zwangloser) Zwang, eine Nötigung, die dazu treibt, (zwanglosen) Konsens zu suchen. *Wellmer* analysiert in seinem Beitrag diesen zentralen Punkt der Habermasschen Kommunikationstheorie.

2. Es gibt verschiedene Versuche, das Konsensparadox der Moderne in der Form zu lösen, daß man eine Differenzierung von konkreten und abstrakten Ebenen der Sinnorientierung vornimmt und diesen Ebenen unterschiedliche Chancen der Konsensbildung zuschreibt. So hat Parsons etwa einerseits die Pluralität von konkreten Sinnorientierungen in der Gesellschaft anerkannt, gleichzeitig aber, was eine abstrakte Ebene der Sinnbildung, nämlich die für die Gesellschaft konstitutiven Wertmuster, betrifft, nicht nur die Möglichkeit, sondern auch die Notwendigkeit des Konsenses betont (etwa Parsons 1977, S. 168). Ähnlich verfährt Habermas, wenn er zwar die Existenz nicht verallgemeinerbarer Interessen zugesteht, aber dann doch verlangt, daß wenigstens ein Konsens hinsichtlich der *Verfahren* bestehen muß, mit denen die einander entgegengesetzten Orientierungen abgeklärt werden (Habermas 1973). Man kann nun diese Versuche weitertreiben, indem man bei-

spielsweise den Konsensbereich noch weiter abstrahiert, als Parsons und Habermas dies tun. *Miller* denkt in diese Richtung, wenn er in gesellschaftlichen Konflikten nach der Gemeinsamkeit in der Definition der argumentativen Mittel sucht, mit denen der Dissens ausgetragen wird. Grundlage für die Sicherung einer gesellschaftlichen Ordnung ist, daß man sich im Streit versteht. Der Dissens in der Sache mag bestehen bleiben, wenn wenigstens die Regeln der Streitkultur gemeinsam anerkannt sind.

3. Die unterschiedliche Verteilung der Konsenslasten hinsichtlich der auseinandergezogenen Ebenen der Sinnbildung stellt freilich nur solange eine Lösung der Konsensproblematik dar, wie der auf der Ebene abstrakter Sinnorientierungen hergestellte Konsens tatsächlich bis auf die Ebene konkreter Entscheidungen durchgreift. Es ist nun aber schwer zu sehen, wie dies unter Bedingung der Selbststeuerung funktional ausdifferenzierter Teilsysteme und der durch sie ausgelösten Steigerung der Komplexität gesellschaftlicher Sinnbildung gelingen könnte. Diese Konstellation stellt für eine Gesellschaftstheorie, für die verständigungsorientierte Kommunikation ein zentraler Integrationsmechanismus ist, deshalb eine besondere Herausforderung dar, weil sie nicht nur klären muß, wie in einer Lebenswelt, die selber in eine Pluralität von Sinnwelten zerfällt, Konsens zu erreichen ist, sondern zusätzlich das noch schwierigere Problem bewältigen muß, wie denn die Lebenswelt, unterstellt, sie würde Konsense erreichen, in der Lage sein soll, die diskursiv geklärten Einsichten in der Auseinandersetzung mit den funktionalen Teilsystemen festzuhalten, anstatt sich unter dem Druck der Operationsmechanismen dieser Systeme diesen anzupassen. *Giegel* zeigt, daß für die Lösung dieser Probleme die von Habermas konzipierte ›Arbeitsteilung‹ zwischen System und Lebenswelt wenig beiträgt und daß es weiterführt, wenn man sich an den realen Vermittlungsmechanismen zwischen Lebenswelt und Systemen, etwa den intermediären Verhandlungssystemen in ihren verschiedenen Formen, orientiert und diese daraufhin überprüft, inwieweit sie den in lebensweltlichen Diskursen gewonnenen Einsichten entgegenkommen.

4. Analysen, die dahingehend argumentieren, daß zumindest auf einer abstrakten Ebene der Sinnbildung Konsens sich herstellen läßt und von daher die Steuerung der Gesellschaft eine spezifische Rationalität gewinnen kann, sind von der Vorstellung bestimmt, daß, wenn auch hier der Konsens erodieren würde, eine gesell-

schaftliche »Katastrophe« (Apel) eintreten müßte. Entsprechend läßt sich die Kritik an auf Konsens hin orientierten Theorien dadurch vertiefen, daß man die Berechtigung auch dieser Katastrophenthese in Zweifel zieht. Gestützt werden solche Zweifel durch Konzeptionen, die mit dem Dissens von nur ihren eigenen Nutzen maximierenden, strategisch wechselseitig aufeinander einwirkenden Individuen keineswegs die Vorstellung einer gesellschaftlichen Desintegration verbinden. Axelrod etwa glaubt mit seiner Untersuchung des Interagierens von unterschiedliche Gewinnstrategien verfolgenden Individuen den Beweis erbracht zu haben, daß auf Grund einer bloßen Verbuchung der Gewinnquoten, die unterschiedliche Spielstrategien nach einer Serie von Spielen aufzuweisen haben, sich auch ohne Absprache eine Kooperationsstrategie durchsetzt. Aus Nicht-Kooperation entwickelt sich in einer Art evolutionärem Prozeß Kooperation (Axelrod 1988). *Schmid* überprüft in seinem Beitrag eine Reihe von Analysen derartiger Koordinationsmechanismen, die, wenn überhaupt auf Konsens, nur auf eine äußerst reduzierte Form eines normativen Konsenses zurückgreifen müssen, und kommt dabei zu dem Ergebnis, daß sie sich gerade wegen dieser Eigenschaft gegenüber der Habermasschen Konzeption, die er als idealistisch zurückweist, durch ihre empirische Anwendbarkeit auszeichnen.

5. Die Beiträge des zweiten Teils setzen an den funktional ausdifferenzierten Teilsystemen der Gesellschaft an. Es ist evident, daß auf diesen Feldern der Versuch, Konsensbildungsprozesse zu erfassen, auf besondere Schwierigkeiten stößt. Dabei handelt es sich nicht nur darum, daß, empirisch gesehen, Anstrengungen, die auf die Herstellung eines Argumentationskonsenses zielen, sich hier kaum finden. Entscheidend sind vielmehr die hier existierenden strukturellen Bedingungen, die ihrem Sinn nach die Möglichkeit der Herstellung eines Argumentationskonsenses ausschließen. Strukturell stehen z. B. zwei auf demselben Absatzmarkt miteinander konkurrierende Firmen so zueinander in Beziehung, daß die Vorstellung, zwischen ihnen könnte ein bis in die Argumentationsgrundlagen reichender Konsens hergestellt werden, geradezu ein Kategorienfehler wäre. Jede der Firmen ist gezwungen, strikt ihr Eigeninteresse zu verfolgen und die Befriedigung des Interesses der anderen entweder überhaupt nicht oder nur als Nebenbedingung der Verfolgung des eigenen in Betracht zu ziehen. Mehr von ihnen zu verlangen, hieße die Funktionsimperative

mißzuverstehen, denen sie unter gegebenen strukturellen Bedingungen folgen müssen. Wenn man sagt, daß es ökonomischen Akteuren freisteht, keinen Konsens mit konkurrierenden Akteuren zu suchen, so muß man hinzufügen, daß sie in der Regel an einer solchen Konsenssuche sich auch gar nicht beteiligen dürfen, wenn sie ihre Funktionen erfüllen wollen. Noch grundsätzlicher wird die Idee einer möglichen Konsensherstellung in Frage gestellt, wenn man vom Gedanken der autopoietischen Struktur von Kommunikationsprozessen ausgehend die informationale Geschlossenheit funktional ausdifferenzierter Teilsysteme behauptet. Unter dieser Prämisse, die den Überlegungen von *Teubner* und *Schimank* zugrunde liegt, ist sogar fraglich, ob derartige Teilsysteme sich überhaupt wechselseitig verstehen können. Was läßt sich hier mit der Kategorie des Konsenses überhaupt noch anfangen? Eine Möglichkeit besteht darin, von dem soeben Gesagten ausgehend die Möglichkeit des Konsenses, soweit er ein Argumentationskonsens sein soll, auf diesem Feld prinzipiell zu bestreiten. Es bleibt dann übrig, das, was hier noch möglich (gleichzeitig problematisch genug) erscheint, nämlich die Erzielung eines Ergebniskonsenses auf seine Bedingungen hin zu analysieren. In diese Richtung treibt Schimank in seiner Analyse intersystemischer Kommunikationsprozesse die Frage nach dem Konsens weiter.

6. In ganz anderer Weise kommt der Gedanke des Konsenses wieder herein, wenn man folgende Differenz beachtet. Auf dem Feld funktional differenzierter Teilsysteme gibt es einerseits strittige Kommunikationen, die *auf der Basis* der vorgegebenen Strukturbedingungen operieren und die Durchsetzung eines bestimmten Ergebnisses (zum Beispiel den Verkauf bestimmter Warenmengen, die Einführung einer bestimmten Steuer, die Durchsetzung eines bestimmten Forschungsprogramms) zum Ziel haben. Davon sind strikt zu unterscheiden strittige Kommunikationsprozesse, in denen diese die Teilsysteme bestimmenden *Strukturbedingungen selber Thema* sind. In solchen, vor allem von der Öffentlichkeit geführten Kommunikationen geht es etwa um die Struktur der Marktwirtschaft, die Freiheit der politischen Wahl, den Aufbau des Rechtswesens. Während nun Einheiten, die innerhalb solcher struktureller Bedingungen arbeiten, in einem prinzipiellen Dissens verbleiben müssen, ist dies bei Auseinandersetzungen über solche Strukturen keineswegs notwendig der Fall. Es stellt sich daher die Frage, ob bei Auseinandersetzungen über Strukturent-

scheidungen nicht mehr als ein bloßer Ergebniskonsens erreicht werden kann und vor allem: ob nicht mehr erreicht werden muß. Es könnte ja sein, daß der prinzipiell bestehende Dissens auf der Ebene konkreter Entscheidungen sich nur stabilisieren läßt, wenn auf der Ebene der Strukturentscheidungen Konsens mobilisiert werden kann.[2] *Berger* zeigt, daß auch die *Wirtschaft* sich für ihre grundlegenden Strukturprinzipien Konsens beschaffen muß. Das ist in bezug auf die Operationsmechanismen des Marktes problemlos, weil man hier von einer Absenkung moralischer Ansprüche ausgehen kann. Dagegen ist Konsensbildung im Hinblick auf Arbeitsverträge höchst unwahrscheinlich, was Berger durch Kritik einer Reihe von zum gegenteiligen Ergebnis führenden Analysen demonstriert. Auch das *Rechtssystem* ist nicht, wie *Teubner* am Beispiel des Richterrechts zeigt, von Konsensprozessen abgekoppelt. Zwar kann das Recht, wenn seine der Politik entnommenen Legitimationsgrundlagen erodieren, nicht mehr auf diffuse soziale Normbildung zurückgreifen, weil diese durch die funktionale Differenzierung in modernen Gesellschaften keine strukturbildende Kraft mehr haben. Dafür sind aber in neuerer Zeit verschiedene plurale Normbildungsmechanismen entstanden, die zumindest auf lokaler Ebene gesellschaftlichen Konsens herbeiführen, auf den dann das Recht zurückgreifen kann.

7. Beim Durchgang durch die verschiedenen gesellschaftlichen Teilsysteme könnte eine Untersuchung, die Konsensbildung in modernen Gesellschaften analysiert, noch am ehesten hoffen, im Wissenschaftssystem weitreichende Konsense anzutreffen. In gewisser Weise besitzt sogar die Form des argumentativen Streitens, die im *Wissenschaftssystem* ausgebildet ist, für jene Theorien, die Konsensbildung zu den fundamentalen Bedingungen von Sozietät rechnen, Modellcharakter. Schon Peirce hat an der *community of investigators* die Idee einer im kritischen Diskurs sich entwickelnden Wahrheit formuliert. Wo sollten Diskurse auch die Kraft haben, dissentierende Individuen zu einem Konsens zu bringen,

2 Darüber hinaus müßte hier gefragt werden, worauf sich denn ein solcher Konsens stützen könnte. Bei dem Institut der freien politischen Wahl beispielsweise könnte man daran denken, daß, wie Habermas vermutet, die mit einer gelungenen Verständigung verbundenen Präsuppositionen, zum Beispiel gleiche Chancen der Sprecher, Redebeiträge einzubringen, letzte Begründungen für die Strukturentscheidung liefern könnte. Vgl. Habermas 1990, S. 41 f.

wenn nicht in der Wissenschaft. Zwar gibt es aufgrund der Struktur des Wissenschaftssystems evidenterweise für Wissenschaftler Motive, sich gegen eine Konsensbildung zu sperren und zum Beispiel an einer einmal eingenommenen Position, obwohl gute Argumente gegen sie sprechen, festzuhalten, vor allem wenn eine solche Kritikimmunität strategische Gewinne verspricht. Gleichwohl gibt es eine weit verbreitete, insbesondere auch durch wissenschaftstheoretische Reflexionen genährte Überzeugung, daß aufgrund spezifischer sozialer Kontrollen Wissenschaftler sich zumindestens *on the long run* dem zwanglosen Zwang des besseren Arguments beugen. Nun hat aber eine inzwischen ausgedehnte ethnomethodologische Analyse der Wissenschaftspraxis eine Fülle von Merkwürdigkeiten zutage gefördert, die mit dem Idealbild einer argumentativ Konsense herbeiführenden Wissenschaft nicht zu vereinbaren sind. Nicht nur scheint die Resistenz gegenüber guten Argumenten größer zu sein als angenommen, vielmehr spielen häufig, wenn eine wissenschaftliche Auffassung bei anderen sich durchsetzt, nicht gute Argumente die Hauptrolle, sondern etwa das strategische Geschick, mit dem diese Auffassung in die wissenschaftliche Kommunikation eingefädelt wird, eine auch mit Machtmitteln operierende Blockierung anderer Auffassungen oder die Schnelligkeit, mit der Anschlüsse für eine Auffassung geschaffen werden, etwa in Form einer Anbindung an einen wissenschaftlichen Apparat oder an einen auf technologische Umsetzung zielenden Forschungsprozeß (Latour 1987, Gilbert/Mulkay 1984). Bei dieser Sachlage kann es nicht ausbleiben, daß zwischen den Wissenschaftlern unter Umständen kein Konsens hergestellt, wohl aber wirkungsvoll kommuniziert wird, es gäbe einen Konsens. Noch einmal verkompliziert sich die Sicht der Dinge, wenn man eine streng konstruktivistische Perspektive einnimmt. Man untersucht dann nicht, ob im untersuchten Feld Konsens herrscht oder nicht, sondern, wie die operierenden Subjekte es anstellen, wenn sie einen (echten oder als einen fiktiven) Konsens erreichen oder etwas als einen Konsens ausgeben. Unklar wird dann, wie der Forscher selber noch ein Urteil dahingehend wagen kann, daß in einer Kommunikation, die er beobachtet, ein (echter) Konsens erzielt worden sei. Anschließend an die Ergebnisse dieser Forschung zeigen *Knorr-Cetina* und *Amann*, wie schon in den verschiedenen Phasen des Herstellungsprozesses von wissenschaftlichen Ergebnissen Mechanismen operativ sind, die, ohne auf kommunikative Verständigung zu rekurrieren, Konsens präferieren.

8. Die hier vorgetragenen einleitenden Überlegungen sollten zunächst nur Gesichtspunkte nennen, unter denen eine Theorie, die Konsensherstellung als einen fundamentalen Vergesellschaftungsmechanismus ansieht, reflektiert werden kann. Aber schon diese ersten Schritte in das markierte Feld machen deutlich, daß eine tiefgreifende Spannung besteht zwischen grundlagentheoretischer Reflexion einerseits und soziologischer Realanalyse andererseits. Je mehr die Analyse in konkrete kommunikative Prozesse, vor allem solche, die in den ausdifferenzierten Teilsystemen moderner Gesellschaften stattfinden, eindringt, um so schwieriger wird es, eine zentrale Bedeutung von Konsensbildung zu erkennen. Das ist nur ein anderer Ausdruck für das, was ich oben als Konsensparadox bezeichnet habe.

Man kann nun versuchen, dieses Paradox dadurch aus der Welt zu schaffen, daß man auf Fehler in der grundlagentheoretischen Reflexion zurückschließt. Vielleicht sogar noch einen Schritt weiter geht und diesen Fehler ideologiekritisch behandelt, indem man nach den geheimen Motiven fragt, die eine solche fehlerhafte Theoriebildung in Gang setzen. Ist am Ende, fragt *Döbert* – und damit nimmt er einen von französischen Theoretikern der Postmoderne geäußerten Verdacht auf –, die Habermassche Konsensustheorie nur Ausdruck spezifischer Züge einer deutschen geisteswissenschaftlichen Tradition, eine Art deutscher Sonderweg? Nun läßt eine durch Realanalyse genährte Skepsis gegenüber Konsenstheorien auch eine andere Form der Auseinandersetzung mit diesen zu. Man könnte, gerade wenn man in konkreten, spezifisch strukturierten gesellschaftlichen Auseinandersetzungen kaum Ansatzpunkte für die Ausbildung weiter reichender Konsense sieht, überprüfen, ob nicht durch eine Erweiterung des Blicks oder eine Änderung der Blickrichtung, also dadurch, daß man die Analyse auf vorgelagerte Stufen und andere Ebenen des Problemfeldes ausdehnt, sonst verborgen bleibende Konsensbildungsprozesse sichtbar werden. Nur aufgrund solcher experimentierenden Blickverschiebungen gewinnt man überhaupt die Chance, etwas von der Macht der Konsensbildung wiederzufinden, die ihr in den grundlagentheoretischen Reflexionen zugesprochen wird. Ganz bewußt wurden in der hier dokumentierten Auseinandersetzung solche Wissenschaftler, die das Konsensproblem eher grundlagentheoretisch bearbeiten, und solche, die es eher realanalytisch angehen, zusammengeführt. Produktiv wird die Diskussion um die Bedeutung von Konsensprozessen in modernen Gesellschaften nur, wenn sie nicht nur die an der Oberfläche des gesellschaftlichen Geschehens überall erkennbaren und das Geschehen scheinbar dominierenden Dissensprozesse konstatiert, sondern wenn es ihr durch flexible Probebohrungen und Blickverschiebungen gelingt, Konsenstheorien bis zur Grenze ihrer Leistungsfähigkeit auszureizen.

Die hier versammelten Arbeiten haben dazu einen Beitrag geleistet. Sie wurden alle – mit Ausnahme des Aufsatzes von Giegel – auf einer Tagung zum Thema ›Kommunikation und Konsens‹ vorgetragen, die am 20. und 21. April 1990 in Zusammenarbeit mit der Sektion ›Soziologische Theorien‹ der Deutschen Gesellschaft für Soziologie in Marburg durchgeführt wurde. Die Autoren haben der Deutschen Forschungsgemeinschaft dafür zu danken, daß sie den Versuch, die Konsensproblematik in einem Streitgespräch zwischen Vertretern ganz unterschiedlicher Perspektiven zu analysieren, durch ihre Unterstützung möglich gemacht hat.

Literatur

Axelrod, R. (1988), *Die Revolution der Kooperation*, München.

Habermas, J. (1973), *Legitimationsprobleme im Spätkapitalismus*, Frankfurt am Main.

Habermas, J. (1981), *Theorie des kommunikativen Handelns*, 2 Bde., Frankfurt am Main.

Habermas, J. (1986), »Moralität und Sittlichkeit. Treffen Hegels Einwände gegen Kant auch auf die Diskursethik zu?«, in: W. Kuhlmann (Hg.), *Moralität und Sittlichkeit*, Frankfurt am Main, S. 16-37.

Habermas, J. (1990), *Strukturwandel der Öffentlichkeit*. Mit einem Vorwort zur Neuauflage, Frankfurt am Main.

Luhmann, N. (1986), *Ökologische Kommunikation*, Opladen.

Parsons, T. (1977), *Social Systems and the Evolution of Action Theory*, New York/London.

Schimank, U. (1992), »Spezifischer Interessenkonsens trotz generellem Orientierungsdissens. Ein Integrationsmechanismus polyzentrischer Gesellschaften«, in diesem Band.

Albrecht Wellmer
Konsens als Telos der sprachlichen Kommunikation?

I

Habermas' These, Verständigung wohne der sprachlichen Kommunikation als ihr Telos inne, läßt sich in einem starken und in einem schwachen Sinne verstehen: In ihrem *schwachen* Sinne verstanden, ist die These Ausdruck einer pragmatischen Bedeutungstheorie; trotz ihrer scheinbaren Trivialität ist sie nicht-trival, weil ihr genauer Sinn erst durch eine Explikation des internen Zusammenhanges zwischen Bedeutung und Geltung bestimmt werden kann, und das heißt zugleich: durch eine Explikation des internen Zusammenhanges zwischen kommunikativem Handeln und Diskurs. In ihrem *starken* Sinne verstanden, ist die These von Habermas Ausdruck einer Konsenstheorie der Wahrheit und daher verknüpft mit den idealisierenden Begriffen einer idealen Sprechsituation, einer idealen Kommunikationsgemeinschaft oder eines »infiniten« Konsenses. Ich halte die These von Habermas in ihrer *schwachen* Version nicht nur für richtig, sondern auch für außerordentlich produktiv in sprachphilosophischer und sozialtheoretischer Hinsicht; die These in ihrer *starken* Version halte ich für falsch und, was die kritischen Implikationen einer pragmatischen Sprachphilosophie betrifft, für unnötig.

Ich habe die starke Version der Habermasschen These – die ich im folgenden *Verständigungsthese* nennen will – an anderer Stelle kritisiert (Wellmer 1986, Abschn. VII und VIII). Ich möchte mich daher hier auf eine Erläuterung und Verteidigung der schwachen Version der Verständigungsthese beschränken. Damit der Witz einer solchen Verteidigung klar wird, sei vorweg bemerkt, daß es nicht einfach darum geht, *weniger* zu begründen als im Falle der starken Verständigungsthese notwendig wäre (insoweit sind die Worte »stark« und »schwach« eher irreführend); es geht vielmehr darum, anderes und anders zu begründen als im Fall der starken Verständigungsthese. Es geht gewissermaßen darum, das kritische und transzendierende Potential der idealisierenden Begriffsbildungen, wie sie mit der starken Verständigungsthese verknüpft sind, zu »kontextualisieren«. In gewissem Sinne ist die »schwache« Version der Verständigungsthese stärker als die »starke«, weil sie die wichtigsten Funktionen der starken Verständigungsthese erfüllt, ohne auf problematisch »metaphysische« Begriffsstrategien zurückgreifen zu müssen. Diese Funktionen sind: (1) die Verteidigung eines nicht-relativistischen Wahrheitsbegriffs; (2) die Verteidigung eines starken und mehrdimensionalen Rationalitätsbegriffs; und (3) die Begründung eines nicht-objektivistischen Begriffs der Lebenswelt bzw. der Welt sprachlichen Sinns.

II

Die Verständigungsthese in ihrem nicht-trivialen Sinne – ob stark oder schwach – läßt sich verstehen als Ausdruck einer pragmatischen Synthese aus drei in unserem Jahrhundert prominent gewordenen sprachphilosophischen Ansätzen: nämlich der intentionalistischen Bedeutungstheorie, der formal-semantischen Bedeutungstheorie und einer pragmatischen Sprachphilosophie in der Tradition von Wittgenstein und Austin. Habermas' Grundidee in diesem Zusammenhang ist die pragmatische Verallgemeinerung der insbesondere innerhalb der formalen Semantik entwickelten Idee eines internen Zusammenhangs zwischen Bedeutung und Geltung. »Wir verstehen einen Sprechakt, wenn wir wissen, was ihn akzeptabel macht«, ist die stark verkürzte Formulierung dieses sprachpragmatisch verstandenen Zusammenhangs zwischen Bedeutung und Geltung. Ich möchte in aller Kürze an den Sinn dieses bedeutungstheoretischen Grundprinzips erinnern: Wir können die pragmatische Funktion sprachlicher Äußerungen von ihrem propositionalen Gehalt unterscheiden. Die pragmatische Funktion von Äußerungen läßt sich in der Regel durch einen performativen Satz der Form »Ich X Dir« wiedergeben; einen Satz, durch dessen Äußerung ein Sprecher tut, was er sagt, indem er sagt, was er tut. Mit Hilfe eines solchen Satzes kann ein Sprecher zugleich in Zweifelsfällen die »illokutionäre Kraft« seiner Äußerung explizit machen. In leichter Modifikation einer Habermasschen These läßt sich nun behaupten, daß mit jeder sprachlichen Äußerung Geltungsansprüche verschiedener Art erhoben werden, deren Erfüllung *insgesamt* erst die Gültigkeit einer

Äußerung garantiert. Unmißverständlicher könnte man auch sagen, daß sprachliche Äußerungen stets mit Bezug auf mehrere Geltungsdimensionen *kritisiert* werden können: nämlich in Hinsicht auf das, was in ihnen als geltend behauptet oder präsupponiert wird, in Hinsicht auf die normative Angemessenheit der Äußerung als einer Handlung in einem konkreten Kontext und in Hinsicht auf die Aufrichtigkeit der vom Sprecher geäußerten Intentionen.

Geltungsansprüche sind mit einem Potential von Gründen intern verknüpft: Wir *verstehen* einen Geltungsanspruch nur, wenn wir uns in dem zugehörigen Potential von Gründen auskennen, die man gegebenenfalls für oder gegen diesen Geltungsanspruch ins Feld führen könnte. Entsprechend hängt es von dem *Sinn* eines Geltungsanspruchs ab, welches Potential von Gründen mit ihm intern verknüpft ist. Der interne Zusammenhang zwischen dem Sinn von Geltungsansprüchen und einem Potential von Gründen bedingt – im Falle strittiger Geltungsansprüche – die Möglichkeit eines Übergangs vom kommunikativen Handeln zum Diskurs. Im Diskurs – in der Argumentation – geht es um die Klärung strittiger Geltungsansprüche, wobei nicht nur die Art der möglichen Gründe, sondern auch die *Logik* der Argumentation von der Art der jeweils thematisierten Geltungsansprüche abhängt. Ästhetische, hermeneutische, naturwissenschaftliche, moralische oder philosophische Argumentationen gehorchen einer jeweils verschiedenen »Logik«, wobei freilich die verschiedenen Argumentationslogiken – oder Rationalitätstypen – auf komplexe Weise ineinandergreifen mögen. Die Frage, *wie* die verschiedenen Rationalitätstypen ineinandergreifen, ist vielleicht die schwierigste Frage im Zusammenhang einer pragmatischen Sprachphilosophie; ich werde zu dieser Frage hier nichts Wesentliches sagen, weil ich mich ganz auf diejenigen Fragen konzentrieren möchte, die in direktem Zusammenhang mit der Habermasschen Verständigungsthese stehen.

Was nun diese Verständigungsthese betrifft, so habe ich den ersten Schritt zu ihrer Erläuterung bereits getan: *Falls* es den von mir behaupteten – oder in Erinnerung gerufenen – internen Zusammenhang zwischen dem Sinn von Geltungsansprüchen und möglichen Begründungen gibt, so folgt unmittelbar zweierlei: (1) daß ein Begriff rationaler – das heißt auf Gründen oder »Einsicht« basierender – Verständigung direkt mit einem angemessenen Begriff der Sprache oder der sprachlichen Kommunikation verknüpft sein muß; und (2) daß die für sprachliche Kommunikation spezifische Rationalität sich nicht auf das Muster instrumenteller oder strategischer Rationalität zurückführen läßt: was ein rationaler Umgang mit Geltungsansprüchen oder Gründen ist, läßt sich nur unter Rekurs auf den internen Zusammenhang zwischen Geltungsansprüchen und möglichen Gründen erläutern. Habermas spricht von »kommunikativer« Rationalität, um die Rationalität eines wesentlich intersubjektiven Umgangs mit Geltungsansprüchen – des Erhebens, Akzeptierens, Zurückweisens, Begründens und Kritisierens von Geltungsansprüchen – von der spezifischen Rationalität des instrumentellen und strategischen Handelns zu unterscheiden. Die Verständigungsthese besagt dann, daß Geltungsansprüche, daß also sprachliche Äußerungen akzeptiert, und das kann jetzt nur heißen: als *begründet* akzeptiert werden wollen. Dies ist nichts anderes als eine grammatische Erläuterung dessen, was es heißt, einen Geltungsanspruch zu erheben, und daher auch dessen, was es heißt, in der Sprache zu kommunizieren. So verstanden wird die These, das Telos der sprachlichen Kommunikation sei ein rationaler Konsens (nämlich zwischen den jeweils Beteiligten), zu einer fast trivialen These. Allerdings haben wir bereits gesehen, daß diese These durchaus ihre nicht-trivialen Voraussetzungen hat; auf ihre nicht-trivialen Implikationen werde ich noch zu sprechen kommen.

III

Auf dem Hintergrund der Unterscheidungen, so wie ich sie bisher erläutert habe, können wir der Habermasschen These vom »parasitären« Charakter des »erfolgsorientierten« oder »strategischen« Sprachgebrauchs einen, wie ich denke, unproblematischen Sinn geben. »Parasitär« ist der strategische Sprachgebrauch, wie ich glaube, nicht in dem Sinne, daß der verständigungsorientierte Sprachgebrauch der *ursprüngliche* und der strategische Sprachgebrauch der *abgeleitete* Sprachgebrauch ist, noch in dem Sinne, daß jede sprachliche Äußerung sich eindeutig dem einen oder anderen Typus des Sprachgebrauchs zuordnen läßt. Parasitär ist der strategische Sprachgebrauch (ich spreche hier nur vom »verdeckt« strategischen Sprachgebrauch) vielmehr deshalb, weil er auf Täuschung oder Selbsttäuschung beruht und deshalb gegen eine sprachimmanente Aufrichtigkeitsnorm verstößt: der Sprecher muß einen Hörer oder auch sich selbst über seine Intentionen, Überzeugungen, Motive oder Gefühle *täuschen*, um mit seiner Äußerung einen angestrebten Zweck zu erreichen. Der strategische Sprachgebrauch gehört als die Möglichkeit eines Mißbrauchs einer wesentlich kommunikativen Struktur zur Logik sprachlicher Kommunikation hinzu; als Möglichkeit des Mißbrauchs hat er sich gleichsam immer schon in der Struktur sprachlicher Kommunikation eingenistet. Dem entspricht, daß auch der strategische Sprachgebrauch die Logik der sprachlichen Kommunikation – das heißt den konstitutiven Zusammenhang zwischen Geltungsansprüchen und Begründungen – in Anspruch nehmen muß; strategisch wird dieser Sprachgebrauch nicht, indem er sich dieser Logik – das heißt der Dimension kommunikativer Rationalität – entzieht, sondern indem er sie mißbraucht. Dieser Mißbrauch, wo er bewußt geschieht, beweist daher keinen Mangel an kommunikativer Rationalität, sondern einen moralischen Mangel. Allerdings wird sich auch diese These nur in einem eingeschränkten Sinne verteidigen lassen: es gibt Formen des strategischen Sprachgebrauchs – die Liebe ist vielleicht das beste Beispiel –, bei denen Täuschung und Verheimlichung einen legitimen Ort haben, gleichsam die Unschuld des Spiels annehmen oder auch ein legitimes Interesse befördern, ohne einen anderen zum Objekt zu machen. Das Interessante an der für sprachliche Kommunikation konstitutiven performativen Einstellung ist somit nicht ihr absoluter Gegensatz zum teleologischen Handeln, sondern ihre unvermeidliche Orientierung am Zusammenhang zwischen Bedeutung und Geltung: sprachlicher Sinn ist uns nur zugänglich aus der Perspektive eines an Geltung orientierten Verstehens. Statt dessen könnte man auch sagen, daß das »Sein« des sprachlichen Sinns ein *performatives* Sein ist, zugänglich – und daher »wirklich« – nur im Vollzug der Kommunikation und eines an Geltung orientierten Verstehens.

IV

Obwohl die Verständigungsthese auch in ihren bisher entwickelten Aspekten nicht trivial ist, sind es doch ihre eher trivialen Aspekte, die ich bisher erläutert habe. Ihre weniger trivialen Aspekte rücken ins Blickfeld, wenn wir uns klarzumachen versuchen, wie die in der performativen Einstellung von Sprechern und Hörern enthaltenen Unterstellungen zu verstehen sind. Wenn ich einen Wahrheitsanspruch erhebe, unterstelle ich die Möglichkeit einer begründeten Zustimmung durch jeden, der in der Lage ist, diesen Wahrheitsanspruch zu überprüfen; ich unterstelle ferner, daß das, *was* als Wahrheitsanspruch behauptet wird, sich von der Situation seiner Äußerung ablösen läßt. In diesem Sinne transzendieren Wahrheitsansprüche – das heißt intersubjektive Geltungsansprüche – die Kontexte, in denen sie jeweils erhoben werden; daß sie zu Recht erhoben werden, heißt nichts anderes, als daß jeder, der sie verstehen könnte und in der Lage wäre, sie zu überprüfen, ihnen mit Gründen müßte zustimmen können. Dies – und nichts anderes – meint die These (oder *kann* die These meinen), daß mit jedem Wahrheitsanspruch die Möglichkeit eines allgemeinen und rationalen Konsenses antizipiert wird. Daß mit dieser These nicht gemeint sein kann, daß mit jedem Wahrheitsanspruch ein real möglicher Konsens in einer idealen Kommunikationsgemeinschaft antizipiert wird, dafür sprechen verschiedene Gründe: *Erstens* nimmt die Möglichkeit einer Überprüfung von Wahrheitsansprüchen in vielen Fällen proportional zur Entfernung von der Situation ihrer Äußerung ab; *zweitens* ist der Begriff einer idealen Kommunikationsgemeinschaft (oder einer idealen Sprechsituation) in sich inkohärent, da eine ideale Kommunikationsgemeinschaft diejenige wäre, in der sprachliche Kommunikation nicht mehr notwendig wäre – also eine Kommunikationsgemeinschaft jenseits der realen geschichtlichen Bedingungen sprachlicher Kommunikation, ein Jenseits der Geschichte und der Sprache. *Drittens* ist die These, daß wir eine Äußerung verstehen, wenn wir wissen, was sie akzeptabel macht, streng genommen falsch: unsere Kenntnis der Akzeptabilitätsbedingungen empirischer Wahrheitsansprüche ist nämlich immer unvollständig. Wir können nie das Auftauchen neuer Erfahrungen, neuer Argumente und neuer Gründe ausschließen, die uns nötigen könnten, für sicher gehaltene Wahrheitsansprüche in Frage zu stellen oder aufzugeben: ein kontexttranszendierender Wahrheitsbegriff läßt sich daher nicht konsenstheoretisch, sondern nur fallibilistisch begründen. Zum richtigen Verständnis des internen Zusammenhangs zwischen Bedeutung und Geltung gehört auch, daß wir diesen Zusammenhang nicht im Sinne eines in sich geschlossenen Sprachsystems und eines entsprechend in sich geschlossenen Systems von Regeln der Argumentation und der Überprüfung verstehen; die Vorstellung eines solchen in sich geschlossenen Sprach- und Regelsystems ist vielmehr *der* Mythos, der sowohl den meisten Rationalitätstheorien der Neuzeit als auch den relativistischen Gegenpositionen gegen den rationalistischen Fundamentalismus zugrunde liegt. In Wirklichkeit gibt es keine ein für allemal scharfe Grenze zwischen Sprach- und Weltwissen; wäre es anders, so könnten wir nichts Neues lernen und könnten wir nicht die jeweils etablierten Sprachen mit Gründen überschreiten. Und da es nicht einmal eine scharfe Grenze zwischen dem Zusammenstoß zweier verschiedener kultureller oder wissenschaftlicher Paradigmen einerseits und der alltäglichsten Gesprächssituation andererseits gibt, könnten wir, wenn die These von der Geschlossenheit der Sprachsysteme richtig wäre, nicht einmal im alltäglichsten Sinne miteinander kommunizieren. Die letztere These – daß sprachliche Kommunikation unmöglich ist – wird heute in der Tat, wenn nicht explizit, so doch implizit, von dekonstruktionistischen Sprachphilosophen vertreten. Indes bezieht diese These ihre Plausibilität nur daraus, daß ein für die europäische Moderne charakteristischer, rationalistischer Begriff der sprachlichen Kommunikation auf dem Wege immanenter Kritik ad absurdum geführt wird.

Gleichwohl behält auch diese These von der Geschlossenheit der partikularen Sprachsysteme ihr partielles Recht: Wir können, wo es um die Begründung oder Kritik strittiger Geltungsansprüche geht, immer nur auf dasjenige Potential von Gründen rekurrieren, das mit *unserem* Verständnis von Geltungsansprüchen intern verknüpft ist: Geltungsansprüche müssen in dem Kontext, in dem sie erhoben werden, und mit den Mitteln, die in solchen Kontexten zur Verfügung stehen, begründet oder kritisiert werden. »An der Möglichkeit sprachlicher Verständigung können wir einen Begriff situierter Vernunft ablesen, die ihre Stimme in zugleich kontextabhängigen und transzendierenden Geltungsansprüchen erhebt: ›Diese kommunikative Vernunft ist ‚immanent', nämlich außerhalb konkreter Sprachspiele und Institutionen nicht zu finden, und zugleich transzendent – eine regulative Idee, an der wir uns orientieren, wenn wir unsere Tätigkeiten und Einrichtungen kritisieren.‹ Um es in meinen eigenen Worten zu sagen: Die für Propositionen und Normen beanspruchte Geltung transzendiert Räume und Zeiten, aber der Anspruch wird jeweils hier und jetzt, in bestimmten Kontexten und mit faktischen Handlungsfolgen akzeptiert oder zurückgewiesen« (Habermas 1988, S. 179). Im Wahrheitsbegriff hätten wir somit das Paradigma für eine »unvermeidliche« Präsupposition der Kommunikation (oder Argumentation), durch welche der lokale Kontext jeder partikularen Kommunikation mit einer kritischen und jeden lokalen Kontext überschreitenden Perspektive immanent zusammengeschlossen wäre.

V

Interessant wird diese Dialektik von Kontextimmanenz und Konexttranszendenz freilich erst dann, wenn sie sich auch in einem *praktischen* Sinne – das Wort »praktisch« hier im Sinne der »praktischen Philosophie« verstanden – behaupten ließe. Habermas hat in diesem Sinne von Wahrheit, Gerechtigkeit, Wahrhaftigkeit und Zurechnungsfähigkeit als von »heuristischen Vernunftideen« gesprochen, durch welche ein »zugleich faktisch wirksamer und idealisierter Gehalt die Alltagspraxis« durchdringt (S. 183). An anderer Stelle sagt er, daß »Konzepte wie Wahrheit, Rationalität oder Rechtfertigung ... in *jeder* Sprachgemeinschaft, obwohl sie verschieden interpretiert und nach verschiedenen Kriterien angewandt werden, *dieselbe* grammatische Rolle« spielen (S. 178). Ich möchte die erste, stärkere These von der zweiten her erläutern.

In der Tat scheint die These, daß Konzepte wie Wahrheit, Rationalität und Rechtfertigung in jeder Sprachgemeinschaft dieselbe grammatische Rolle spielen, direkt aus unseren Überlegungen zum Zusammenhang zwischen Bedeutung und Geltung zu folgen; zumindest folgt sie in dem Sinne, daß *wir*, sofern wir etwas als eine sprachliche Äußerung verstehen, eine entsprechende Unterstellung machen müssen: wir können sprachliche Äußerungen, etwa solche einer fremden Sprachgemeinschaft, nicht *als* sprachliche Äußerungen verstehen, ohne sie einzuordnen in einen Zusammenhang von Geltungsansprüchen und möglichen Begründungen.

Hierbei ist der *spezifische* Zusammenhang zwischen Bedeutung und Geltung, zwischen Geltungsansprüchen und Begründungen freilich zunächst immer durch die besonderen Kriterien, Regeln und Maßstäbe einer bestimmten Kultur oder eines konkreten sprachlichen Kontextes bestimmt. In jedem partikularen Kontext aber, und daher auch in jeder besonderen Sprachgemeinschaft oder Kultur, müssen die in den Zusammenhang zwischen Bedeutung und Geltung eingebauten besonderen Rationalitätsmaßstäbe zugleich eine kritische, und das heißt kontexttranszendierende Funktion haben: Die Spannung zwischen Behauptbarkeit und Wahrheit, welche die Spannung zwischen der Kontextimmanenz und der Kontexttranszendenz des Wahrheitsbegriffs zum Ausdruck bringt, erweitert sich zur Spannung zwischen dem, was jeweils als richtig, gültig, angemessen, gerecht *angesehen* wird, und dem, was wirklich richtig, gültig, angemessen oder gerecht *ist*. Man braucht hier nicht von »Idealisierungen« zu sprechen; es geht ja bisher nur um die in jede Sprache eingebaute Möglichkeit der Selbst-Transzendierung im Lichte neuer Erfahrungen, Einsichten oder Argumente. *So*, so könnte man sagen, sind Sprachen mit der Welt verknüpft.

Nun ist hiermit allerdings noch nicht sehr viel bewiesen. Man könnte ja zugestehen, daß jede Sprache – jede Kultur – durch eine Dialektik von Kontextimmanenz und Kontexttranszendenz bestimmt ist und gleichwohl an der Inkommensurabilität von Sprachen und Kulturen festhalten. Um Äußerungen einer fremden Sprache zu verstehen, müssen wir uns mit den Praktiken, den Lebensformen, den »Paradigmen« vertraut machen, die für den spezifischen Zusammenhang zwischen Bedeutung und Geltung in *dieser* Sprache konstitutiv sind. Und wenn wir uns weit genug in die Kontextimmanenz einer fremden Sprache und Kultur hineinbewegen, mögen die kritischen Maßstäbe unanwendbar werden, die wir aus unserer eigenen Kultur mitbringen. Ich glaube, die einzige Antwort, die man auf diesen Einwand geben kann, ist: *It depends*. Geltungsansprüche, Praktiken und Lebensformen sind ebenso miteinander verwoben wie Geltungsansprüche und Begründungen; insofern ist Kritik immer nur aus dem *Innern* einer Sprache oder Lebensform heraus möglich. Andererseits ist jede partikulare Sprache immer auch schon über ihre eigenen Grenzen hinaus, da sie als diese besondere Sprache die Welt im Ganzen erschließt; und zu dieser Welt gehören die anderen Sprachen und

Lebensformen, die wieder nur im Modus der Verständigung zugänglich sind. Wo immer zwei Sprachen oder Lebensformen aufeinanderstoßen, wird neben dem Inkommensurablen auch das Kommensurable sichtbar: nämlich in Form miteinander *konfligierender* Geltungsansprüche, die von beiden Seiten als Ansprüche auf sprach*übergreifende* Geltung verstanden werden. An solchen Stellen zeigt sich eine andere Seite der Dialektik von Kontextimmanenz und Kontexttranszendenz: Während für den *Sinn* sprachlicher Äußerungen die grammatischen Regeln, die Praktiken, Kriterien und Paradigmen eines bestimmten sprachlich-kulturellen Kontexts konstitutiv sind, transzendiert der Anspruch auf *Geltung*, der mit solchen sprachlichen Äußerungen erhoben wird, immer schon den sprachlich-kulturellen Kontext, *in* denen er erhoben wird. Geltungsansprüche sind nicht nur zeit- und raumübergreifend, sondern auch »sprachspielübergreifend«. Daher die Unterstellung der Übersetzbarkeit von Sprachen. Hierbei bedeutet Übersetzbarkeit nicht Transportierbarkeit eines semantischen Gehalts aus einer Sprache in eine andere, sondern die Möglichkeit einer »Horizontverschmelzung«: das heißt die Erweiterung der eigenen Sprache durch Aufnahme der Ausdrucks- und Wahrheitsmöglichkeiten einer anderen Sprache.

VI

Ich möchte abschließend den folgenden Satz von Habermas interpretieren: »Mit Geltungsansprüchen, die alle bloß lokalen Maßstäbe transzendieren, zieht die Spannung zwischen transzendentalen Voraussetzungen und empirischen Gegebenheiten in die Faktizität der Lebenswelt selber ein« (1988, S. 88). Habermas bezieht sich hier auf Kants Unterscheidung zwischen der intelligiblen und der empirischen Welt; er spricht daher auch von einer »Detranszendentalisierung des Intelligiblen« (ebd.). Nach Kant sind wir als intelligible Wesen frei, als empirische Wesen dem Kausalgesetz unterworfen, das heißt Gegenstand einer möglichen empirischen Wissenschaft. »Detranszendentalisierung des Intelligiblen« bedeutet, die Spannung zwischen Empirischem und Intelligiblem als Strukturmerkmal der Lebenswelt selbst zu interpretieren. Habermas hat diese Umdeutung an dem für die Sprache konstitutiven Zusammenhang der Personalpronomina verdeutlicht: exemplarisch ist die Transformation performativer in deskriptive Sätze. Die performative Einstellung zur zweiten Person und die »objektivierende« Einstellung zur dritten Person stehen in einem Verhältnis der Komplementarität; entsprechend verstehe ich mich selbst als der Andere eines Anderen immer schon in einem doppelten Sinne: als das »Du« und als das »Er« eines anderen »Ich«. In der performativen Einstellung der ersten zur zweiten Person »nehme« ich den anderen als rationales Wesen, als kompetenten Sprecher, als zurechnungsfähigen Aktor; und diese Möglichkeit einer performativen, an Geltung orientierten Einstellung ist konstitutiv auch für die Möglichkeit einer Objektivierung sprachlich vermittelter Lebenszusammenhänge: die Bedingungen der Objektivierung ergeben sich daraus, daß ein Zugang zu sprachlichem oder sprachlich vermitteltem Sinn nur aus einer an Geltung orientierten Teilnehmerperspektive möglich ist. Umgekehrt bezeichnet das performative Sein der Sprache eine Struktur der empirischen Lebenswelt; wir mißverstehen dieses performative Sein der Sprache, wenn wir es nicht im Lichte des immer möglichen Wechsels von der zweiten zur dritten Person deuten. Die erste Seite dieser Komplementarität von performativer und objektivierender Einstellung wird etwa durch Benjamins geschichtsphilosophische Thesen überscharf pointiert; die andere Seite wird überscharf pointiert durch die verschiedenen Formen eines sozialwissenschaftlichen Objektivismus. Indes kann ich zu den interessanten methodologischen Problemen, die sich aus der Verständigungsthese ergeben, hier nichts Erhellendes beitragen. Ich möchte vielmehr noch einmal auf die in der performativen Einstellung wirksamen »Unterstellungen« zurückkommen.

Habermas hatte die »unvermeidlichen« kontrafaktischen Präsuppositionen des Diskurses – und damit indirekt der sprachlichen Kommunikation – ursprünglich durch den Begriff der »idealen Sprechsituation« charakterisiert. Der Begriff der idealen Sprechsituation ist eine ingeniöse Konstruktion: durch ihn sollte die zugleich konstitutive und regulative Funktion der Ideen der Wahrheit, der (kommunikativen) Vernünftigkeit, der Gerechtigkeit, der Zurechnungs- und Sprachfähigkeit in einer formalen, das heißt zugleich kontextunabhängigen Weise expliziert werden. Wäre diese Konstruktion erfolgreich, so wäre durch sie nicht nur eine formalpragmatische Präzisierung der erwähnten – in der sprachlichen Kommunikation wirksamen – Begriffe geleistet, es wäre vielmehr auch ein idealer Maßstab für die Beurteilung faktischer Verständigungssituationen gewonnen. Nun hat sich aber schnell herausgestellt, daß dieser Maßstab – wenn es denn ein Maßstab ist – nicht von außen, sondern nur aus der performativen Einstellung von Kommunikationsteilnehmern, das heißt: unter Rückgriff auf die jeweils in spezifischen Kontexten verfügbaren Kriterien, Rationalitätsmaßstäbe und Regeln *angewendet* werden könnte; der Begriff der idealen Sprechsituation kann daher keine zusätzlichen, kontextunabhängigen Maßstäbe der Kriterien der Wahrheit, Gerechtigkeit oder Vernünftigkeit liefern. Bürdet man ihm diese Rolle auf, so wird er zu einem metaphysischen Begriff, vergleichbar dem einer intelligiblen Ordnung bei Kant. Das Problem liegt hier in der Idealisierungsoperation selbst: der Begriff einer *idealen* Rationalität oder einer *idealen* Verständigungsstruktur bedeutet, wie sich zeigen läßt, die Negation der *realen* Bedingungen, unter denen sprachliche Verständigung sinnvoll und notwendig ist; implizit also eine Negation der Bedingungen der Geschichtlichkeit. Was geschieht nun, wenn man den Begriff der idealen Sprechsituation zu »detranszendentalisieren« versucht? Was bleibt, ist die in jeder Verständigungssituation wirksame Unterstellung, daß die Bedingungen sprachlicher Verständigung erfüllt sind; diese Bedingungen aber können je nach dem Typus der Verständigungssituation *verschieden* sein. Will man diese Bedingungen *allgemein* charakterisieren, so kann man nur sagen, daß zu ihnen gehört, daß Sprecher und Hörer sich verständlich machen können, daß sie bereit und fähig sind, begründete Geltungsansprüche oder triftige Argumente zu akzeptieren und entsprechend zu handeln, daß sie einander nicht täuschen, usw. Daß diese Bedingungen erfüllt sind, ist eine *notwendige* Unterstellung in dem Sinne, daß ein Verständigungsversuch seinen Witz verliert, wenn diese Bedingungen nicht mehr erfüllt sind. *Kontrafaktisch* sind diese Unterstellungen nicht in dem Sinne, daß *in* der *realen* eine *ideale* Verständigungssituation antizipiert wird, sondern in dem viel schwächeren Sinne, daß sie sich immer, gleichsam lokal, als falsch herausstellen können: Was ich sage, erweist sich als vollkommen unklar; mein Gegenüber, den ich mit einem relativitätstheoretischen Argument zu überzeugen versuche, hat von Physik keine Ahnung; der Kellner, den ich auf einen Fehler aufmerksam mache, brüllt mich an; der Fremde, den ich nach der Uhrzeit frage, versteht meine Sprache nicht usw. Und natürlich gibt es auch den Fall, wo wir uns zu verstehen *glaubten* und dann feststellen, daß wir vollkommen aneinander vorbeigeredet haben. Es ist irreführend, bei diesen notwendigen Unterstellungen der Kommunikation von »Idealisierungen« zu reden: wie schon gesagt, macht der Begriff einer *idealen* Vernünftigkeit, Sprachfähigkeit oder Zurechnungsfähigkeit keinen Sinn.

Das heißt nun aber, daß der Begriff notwendiger kontrafaktischer Idealisierungen ungeeignet ist, die Dialektik von Kontextimmanenz und Kontexttranszendenz, die zur Idee der Wahrheit gehört, zu explizieren. Und dies ist nur ein anderer Ausdruck für meine These, daß der kontexttranszendierende Charakter des Wahrheitsbegriffs nicht konsenstheoretisch, sondern fallibilistisch gedeutet werden sollte. Es ist der Wahrheitsbegriff selbst, der, wenn man ihn weit genug faßt und nicht auf einen Begriff empirischer oder theoretischer Wahrheit einengt, auch die ethische Dimension von Lebensformen unter einen Revisionsvorbehalt stellt: auch unser Leben kann sich als falsch erweisen, und auch bei der Änderung des Lebens spielen Einsichten und Argumente eine Rolle. Aber es können immer nur die Einsichten und Argumente sein, die *uns* in einem partikularen Kontext zugänglich sind.

Literatur

Habermas, J. (1988), Nachmetaphysisches Denken. Frankfurt a. M.: Suhrkamp.

Wellmer, A. (1986), Ethik und Dialog. Frankfurt a. M.: Suhrkamp.

Max Miller
Rationaler Dissens
Zur gesellschaftlichen Funktion sozialer Konflikte[1]

I

Das Thema ›sozialer Konflikt‹ hat die Ursprünge der Soziologie mehr als irgendein anderer Themenbereich bestimmt.[2] Von Marx und Comte bis hin zu Sorel waren soziale Konflikte, insbesondere soziale Revolutionen, das zentrale Thema einer Sozialforschung, deren Grundfrage lautete: »Was treibt die Gesellschaftsentwicklung voran?« Daß es gesellschaftliche Konflikte sein könnten, dies konnte jedoch letztlich nur im Rahmen einer Metaphysik der Geschichte glaubhaft gemacht werden. In dem Maße, in dem deren Überzeugungskraft dahinschwand und sich der Sinn sozialer Konflikte nicht mehr ohne weiteres in einer ›List der Vernunft‹ zu erkennen gab, konnte jedoch auch das potentiell Destruktive und Dysfunktionale sozialer Konflikte zum Thema gemacht werden; und für eine Reihe jener Klassiker der Soziologie, die in den Jahrzehnten zwischen 1880 und 1920 ihre Hauptwerke schrieben, hieß die neue Grundfrage nunmehr: »Was hält Gesellschaften

1 Der vorliegende Aufsatz steht in einem inneren Zusammenhang zu einer längeren Arbeit, die unter dem Titel »Discourse and Morality – Two Case Studies of Social Conflicts in a Segmentary and a Functionally Differentiated Society« in *Archives Européennes de Sociologie* 1992 erscheint. Im vorliegenden Aufsatz liegt die Betonung auf elementaren Fragen einer Konfliktsoziologie, insbesondere auf der Frage, welche Rolle Konsens und Dissens in einer diskursiven Logik des Konflikts spielen; in der anderen Arbeit geht es vor allem um die Frage, ob es systematische Beziehungen zwischen einer diskursiven Logik des Konflikts und einer kollektiv geltenden Moral gibt; darüber hinaus werden dort detaillierte Fallanalysen präsentiert, während hier lediglich deren Ergebnisse referiert werden können.

2 Einen Überblick über die Entwicklung einer Soziologie des Konflikts von den Anfängen der Soziologie bis zur Gegenwart bieten u. a. die Arbeiten von Krysmanski 1971, Dahrendorf 1957, 1970 und Bühl 1972.

überhaupt zusammen?«. Insbesondere funktionalistische Analysen sozialer Konflikte (vgl. vor allem Coser 1956) konzentrierten sich in der Folge auf die Frage, ob und inwiefern Konflikte trotz ihres entzweienden Charakters zur Stabilität einer sozialen Ordnung beitragen können, das heißt, ob und unter welchen Bedingungen soziale Konflikte ein relevanter Faktor der Integration auf den unterschiedlichen Aggregationsebenen einer Gesellschaft sein können.

Die Frage, ob und inwiefern soziale Konflikte die Gesellschaftsentwicklung vorantreiben, war damit nicht erledigt. Aber als in den fünfziger und sechziger Jahren Autoren wie Dahrendorf entgegen der funktionalistischen Sichtweise Probleme des sozialen Wandels wiederum ins Zentrum einer Konflikttheorie rückten, war doch unübersehbar geworden, daß die Gesellschaft ein Doppelgesicht trägt. Stabilität und Wandel, Integration und Konflikt, Funktion und Dysfunktion, Konsens und Dissens erschienen nunmehr, wie es Dahrendorf formulierte, als »zwei gleich gültige Aspekte jeder denkbaren Gesellschaft, dialektisch aneinandergekettet und nur in ihrer Kombination erschöpfend als Beschreibung des gesellschaftlichen Prozesses» (Dahrendorf 1970, S. 113).

Diese Koexistenz des scheinbar Unvereinbaren gab den Anstoß für die Formulierung einer neuen Grundfrage der Konfliktsoziologie, nämlich: ›Worin gründet überhaupt die vergesellschaftende, das heißt sowohl reproduktive als auch strukturbildende Wirkung sozialer Konflikte?‹ Offensichtlich konnte nur eine Theorie sozialer Konflikte, die auf dieser höheren Allgemeinheitsstufe angelegt war, einen analytischen Bezugsrahmen liefern, innerhalb dessen Konflikte sowohl auf Probleme der sozialen Integration als auch auf Probleme des sozialen Wandels bezogen werden können. Eine entsprechende Theorie sozialer Konflikte war jedoch, wie Dahrendorf resigniert feststellen mußte (vgl. a.a.O., S. 113), nicht in Sicht; und dies kennzeichnet im wesentlichen auch die gegenwärtige Theorielage innerhalb der Konfliktsoziologie, soweit diese gesellschaftstheoretische Ansprüche stellt.[3]

3 Daneben gibt es seit den fünfziger Jahren eine stetig wachsende Flut nicht nur soziologischer, sondern auch sozialpsychologischer, politologischer, systemtheoretischer und spieltheoretischer Arbeiten, die vor allem an der Entwicklung von Strategien der Optimierung von Kon-

Bei einer solchen Theorielage ist Bescheidenheit angesagt. Im folgenden soll deshalb lediglich versucht werden, einige vorläufige und recht elementare Überlegungen zu der Frage anzustellen, worin die vergesellschaftende Wirkung sozialer Konflikte überhaupt gründen könnte.

Mit der Frage nach der gesellschaftlichen Funktion sozialer Konflikte wird natürlich nicht ausgeschlossen, daß es neben sozialen Konflikten auch andere Vergesellschaftungsformen gibt. Weiterhin wird im folgenden nicht unterstellt, daß alle soziale Konflikte eine vergesellschaftende, sei es reproduktive oder strukturbildende, Wirkung besitzen. Konflikte in Zweierbeziehungen, Konflikte zwischen gesellschaftlichen Gruppen oder Konflikte zwischen Nationen können auch disruptive und destruktive Folgen haben; eventuell hinterlassen sie nichts anderes als verbrannte Erde.

Wenn jedoch soziale Konflikte als soziale Konflikte eine vergesellschaftende Wirkung entfalten, so muß dies – und das war bereits eine Einsicht Georg Simmels – an einer bestimmten Art von ›Logik‹ sozialer Konflikte liegen. Im ersten Teil des Aufsatzes soll deshalb versucht werden, das in Simmels Ansatz implizit enthaltene Konzept einer ›Logik sozialer Konflikte‹ im Rahmen eines diskurstheoretischen Ansatzes etwas weiter auszuarbeiten. Im Zentrum einer solchen diskursiven Logik sozialer Konflikte steht das Konzept eines koordinierten und, in diesem Sinne, *rationalen Dissenses*.

Soziale Integration und sozialer Wandel erscheinen im Rahmen einer solchen diskursiven Logik sozialer Konflikte als zwei gleichermaßen mögliche Optionen, deren Realisierung von den sozialstrukturellen Bedingungen abhängt, unter denen Konflikte ausgetragen werden. Dies soll im zweiten Teil des Aufsatzes am Beispiel von zwei Fallstudien kurz veranschaulicht werden. Dabei wird sich nebenbei die Gelegenheit ergeben, auf einige Schwächen der Konsenstheorie der Durkheim/Parsons/Coser-Tradition und der radikalen Dissens- oder Differenztheorie der neueren soziologischen Systemtheorie (Luhmann) hinzuweisen.

fliktlösungen etwa im Bereich von Rollenkonflikten, Proporzkonflikten, industriellen Konflikten und internationalen Konflikten interessiert sind. Im vorliegenden Zusammenhang interessieren jedoch lediglich konfliktsoziologische Ansätze, die sich auf das für eine Gesellschaftstheorie relevante Problem einer Relationierung von sozialer Ordnung und sozialem Konflikt beziehen.

II

In seinem Aufsatz »Der Streit« (1908) geht Simmel zunächst davon aus, daß eine Gruppe, die schlechthin konfliktfrei und harmonisch wäre, keinen eigentlichen Lebensprozeß mehr aufweisen würde und somit empirisch unwirklich ist; daß jedoch andererseits, wenn nur noch ein Gefühl der Aversion, Feindseligkeit und der gegenseitigen Fremdheit vorherrschen, soziale Konflikte eine gesellschaftszerstörende Kraft entwickeln. Für Simmel folgte daraus, daß soziale Konflikte nur dann eine Vergesellschaftungsform sein können, wenn in ihnen ein bestimmtes »Verhältnis von Harmonie und Disharmonie« zum Ausdruck gelangt, das heißt wenn soziale Konflikte ein »Resultat beider Kategorien von Wechselwirkungen (sind), die insofern beide völlig positiv auftreten« (Simmel 1968, S. 187).

Simmel hat in seinem Aufsatz eine ganze Reihe subtiler empirischer Beobachtungen zu unterschiedlichen Aspekten sozialer Konflikte zusammengetragen; aber es bleibt doch letztlich unklar, wie in einem Struktur- und Prozeßmodell sozialer Konflikte Harmonie und Disharmonie zusammenwirken oder sich wechselseitig voraussetzen können, so daß verständlich würde, wie »der Kampf selbst schon, ohne Rücksicht auf seine Folge- oder Begleiterscheinungen, eine Vergesellschaftungsform« (ebd., S. 186) sein kann. Manche Formulierungen Simmels, z. B. daß der Konflikt »eine Synthese von Elementen ist, ein Gegeneinander, das mit dem Füreinander unter einen höheren Begriff gehört« (ebd.), erinnern an Hegels Dialektik. Die Negation erscheint hier wie in Mephistos Selbstdarstellung als ein Teil jener Kraft, die stets das Böse will und doch das Gute schafft. Andere Formulierungen legen wiederum nahe, daß Simmel geradezu nach einem empirisch quantifizierbaren Verhältnis von Harmonie und Disharmonie suchte (ebd., S. 187). Der Bezugspunkt für eine solche Quantifizierung bleibt jedoch rätselhaft. Was wäre beispielsweise in quantitativer Hinsicht unter einem ›goldenen Schnitt‹ von Harmonie und Disharmonie zu verstehen?

Simmels Theorieentwurf vermag als Theoriekonstruktion nicht zu überzeugen. Als bedeutsam erscheinen allein Simmels theoretische Fragestellung und die empirische Evidenz, die er dafür liefert, daß die vergesellschaftende und strukturbildende Funktion sozialer Konflikte weder durch eine einseitige Konsensorientierung noch durch eine einseitige Dissensorientierung erklärt werden kann.

Simmels theoretische Fragestellung wurde in der nach ihm einsetzenden und von ihm teilweise beeinflußten Soziologie des Konfliktes wieder aufgegeben bzw. auf eine einseitige Weise beantwortet. Ob sich nun Theorien des sozialen Konfliktes auf Wertkonflikte (zum Beispiel Coser 1956), Herrschaftskonflikte (zum Beispiel Dahrendorf 1957), Klassenkonflikte (z. B. Mills 1962) oder auf den Konflikt privater Interessen und Egoismen (z. B. Homans 1961) konzentrierten – mögliche thematische Aspekte, die auch Simmel nicht entgangen waren –, entweder setzten diese neueren Theorieansätze auf den Konsens oder aber auf den Dissens als den eigentlichen positiven Faktor sozialer Konflikte. Wer sich am Konsens orientierte (zum Beispiel Theorien von und in der Nachfolge von Durkheim, Parsons und Coser), betonte die integrative und reproduktive Funktion sozialer Konflikte; wer sich am Dissens (oder an Differenz) orientierte (z. B. die marxistische Theorietradition, utilitaristische Handlungstheorien oder die neuere soziologische Systemtheorie), betonte den sozialen Wandel. Simmels Einsicht, daß Konsens und Dissens aufeinander bezogen sind, wenn soziale Konflikte überhaupt eine reproduktive oder innovative Wirkung entfalten, und daß erst die Art und Weise des Aufeinanderbezogenseins von Harmonie und Disharmonie die unterschiedlichen gesellschaftlichen Funktionen sozialer Konflikte erklären kann – diese Einsicht hatte offenbar die Entwicklung einer Theorie sozialer Konflikte kaum beeinflussen können.

Die Frage ist deshalb, ob und wie sich Simmels Skizze einer Logik sozialer Konflikte weiter explizieren und ausarbeiten ließe. Da ein großer, wenn nicht gar der überwiegende Teil sozialer Konflikte zumindest phasenweise im Medium sozialer Kommunikationen ausgetragen wird und da Harmonie und Disharmonie hier als Konsens und Dissens bzw. als Ja/Nein-Stellungnahmen erscheinen und diese die elementaren Einheiten eines kommunikativen Diskurses darstellen, liegt es nahe, Simmels Ansatz auf der Ebene einer Diskurstheorie wieder aufzunehmen und die ›Logik sozialer Konflikte‹ als eine *diskursive Logik sozialer Konflikte* zu rekonstruieren.

Simmels Skizze ist jedoch so breit und allgemein angelegt, daß sie auch theoretisch ganz anders geartete Rekonstruktions- und Explikationsversuche zulassen würde. Beispielsweise diskutiert Simmel auch scheinbar diskursfreie Formen des Konfliktes wie die ›Konkurrenz‹; und seine These lautet hier, daß die Konkurrenz, obgleich sie als ein »Kampf aller gegen alle« erscheine, letztlich doch »zugleich der Kampf aller um alle« sei, weil »die subjektive antagonistische Triebfeder zur Verwirklichung objektiver Werte« (ebd., S. 215 ff.) führe. Simmel nimmt hier also ein zentrales Thema der utilitaristisch orientierten Handlungstheorien auf, die seit den schottischen Moralphilosophen bis hin zu neueren spieltheoretischen Varianten in ihren Konfliktmodellen auf den Antagonismus privater Interessen setzen und kooperative Strukturen und die Entstehung sozialer Normen und Werte daraus abzuleiten versuchen. Gegen eine solche Theorie der Vergesellschaftung ist zwar seit Durkheim immer wieder eingewendet worden, daß sie zum Scheitern verurteilt sei[4]; eine wirklich angemessene Diskussion der gerade in letzter Zeit im Rahmen von ›Rational-Choice‹-Ansätzen entwickelten Modelle einer Logik des Konfliktes[5] überschreitet jedoch die Möglichkeiten dieses Aufsatzes. Es geht im folgenden nicht darum, einen diskurstheoretischen Ansatz als den einzig möglichen hinzustellen, sondern ihn überhaupt erst einmal wenigstens in seinen Grundzügen zu entwickeln.

4 In seinem Werk *Über die Teilung der sozialen Arbeit* argumentiert Durkheim folgendermaßen: »wo (...) das Interesse allein regiert, ist jedes Ich, da nichts die einander gegenüberstehenden Egoismen bremst, mit jedem anderen auf Kriegsfuß, und kein Waffenstillstand kann diese ewige Feindschaft auf längere Zeit unterbrechen« (Durkheim 1977, S. 243). Dieses Diktum Durkheims gilt beispielsweise auch für neuere spieltheoretische Varianten des utilitaristischen Ansatzes, etwa für Axelrods (1988) Versuch, die Evolution sozialer Kooperation in einer Welt privater Egoismen zu erklären, denn auch Axelrod kann nicht umhin zuzugeben, daß sich die im Zentrum seiner Überlegungen stehende Kooperationsnorm ›tit for tat‹ (›wie du mir, so ich dir‹) in einer solchen Welt unter bestimmten Randbedingungen nur dann durchsetzen kann, wenn sie als konsentierte Norm in einer Anfangspopulation immer schon vorausgesetzt wird.

5 Vgl. z. B. die Beiträge in dem von Mueller 1990 herausgegebenen Sammelband.

III

Aus einer diskurstheoretischen Perspektive lassen sich soziale Konflikte zunächst einmal in drei Klassen unterteilen. Zur ersten Klasse gehören Konflikte, bei denen es den Beteiligten nicht gelingt, sich darauf zu verständigen, worüber sie überhaupt streiten. In solchen Konflikten ist die Sprache ohnmächtig, die Beteiligten könnten Kommunikation genausogut bleiben lassen, denn offenbar könnten sie endlos miteinander streiten und würden dennoch nicht einmal eine Verständigung über das Strittige hinsichtlich ihres Streites erzielen. In solchen Fällen käme es, wie es Coser in einer seiner späteren Arbeiten (1967) ausdrückte, darauf an, den potentiell ›unendlichen Konflikt‹ in einen ›endlichen Konflikt‹ zu überführen – damit sind wir bei der zweiten Klasse von Konflikten. Hier gelingt es den Beteiligten zumindest, etwas Strittiges gemeinsam zu identifizieren und das heißt: einen *koordinierten* und, in diesem Sinne, einen *rationalen Dissens* zu erzeugen. Wenn es ihnen auch noch gelingt, diesen Dissens in einen letztendlichen Konsens aufzulösen, so hätten wir ein Beispiel für die dritte Klasse von Konflikten.

Offensichtlich können im Rahmen diskursiv ausgetragener Konflikte reproduktive und strukturbildende oder innovative Wirkungen nur von den beiden zuletzt genannten Klassen sozialer Konflikte ausgehen, denn nur diese Konfliktformen beinhalten soziale Koordinationsleistungen. Von diesen beiden Klassen scheint jedoch die letztere weniger relevant zu sein. Ein letztendlicher Konsens ist ein eher unwahrscheinliches Ergebnis sozialer Konflikte. Dies liegt nicht nur etwa an einer mangelnden Konsensbereitschaft oder gar unterentwickelten Friedfertigkeit sozialer Akteure; gerade die tiefgehendsten und sozial polarisierenden Konflikte erscheinen den daran Beteiligten oft gerade dann, wenn sie nach einem Konsens suchen, zumindest zu einem bestimmten Zeitpunkt als objektiv unentscheidbar. Dies gilt nicht nur für Grundsatzfragen und Werturteile jeglicher Art, zum Beispiel ob es Gott gibt, was Gerechtigkeit ist, ob der Mensch einen freien Willen hat oder ob und von welchem Zeitpunkt an die Abtreibung eines Fötus einen Mord darstellt; es gilt auch für alltägliche Streitigkeiten, zum Beispiel wer Loyalitätsverpflichtungen innerhalb einer Freundschaft zuerst aufs Spiel gesetzt hat, wer in einer Ehe für die zerrütteten Verhältnisse verantwortlich gemacht werden kann oder wer an der gemeinsamen Misere einer Gruppe die größte Schuld trägt. Dies schließt jedoch nicht aus, daß sich bei allen diesen und ähnlichen Streitfragen Kontrahenten wenigstens über ihre Differenzen verständigen und, in diesem Sinne, einen rationalen Dissens erzeugen können.

Vor allem aber kann Zustimmung auch erzwungen werden. Würde man jedoch nur den in einem ›herrschaftsfreien Diskurs‹ erzielten letztendlichen Konsens gelten lassen, so würde vermutlich die Häufigkeit des Auftretens von sozialen Konflikten der zuletzt genannten Klasse gegen Null tendieren. Anders verhält es sich jedoch mit der Erzeugung eines koordinierten Dissenses.[6] Selbst Dahrendorf, dem zufolge es sich bei sozialen Konflikten »stets um Konflikte auf Grund von und um Herrschaft« (Dahrendorf 1961, S. 213) handelt, konnte noch sehen, daß für die gesellschaftliche Funktion sozialer Konflikte eine Verständigung über Differenzen konstitutiv ist. In diesem Sinne betonte er eine gewisse Einheit der Konfliktpartner und wies darauf hin, daß Konflikte, »wo auf der einen Seite diese Identität noch fehlt, (...) gewissermaßen unvollständige Konflikte« (ebd., S. 220) sind. Zumindest dann, wenn in und durch Herrschaftskonflikte sich Herrschaft legitimieren möchte, scheinen auch solche Konflikte einen koordinierten bzw. rationalen Dissens vorauszusetzen.

Inwiefern können nun bei einer Verständigung über Differenzen Konsens und Dissens als gleichermaßen konstitutive Faktoren auftreten? Hier ist zunächst eine weitere diskurstheoretische Unterscheidung wichtig, nämlich die zwischen ›kommunikativer Verständigung‹ und ›kollektiver Akzeptanz‹. Eine konträre Position verstehen heißt nicht, sie auch schon zu akzeptieren; und umgekehrt kann, was nicht akzeptiert wird, eventuell immer noch verstanden werden. Ein rationaler Dissens läßt sich dann zunächst

6 Zwar kann auch jemand gezwungen werden, einer bestimmten Konfliktdefinition zuzustimmen; aber dies würde bereits einen Dissens zweiter Ordnung über den Konflikt erster Ordnung voraussetzen. Eine iterierte Erzwingung von Konfliktdefinitionen fortschreitend höherer Ordnung wäre im übrigen ein mögliches Beispiel für den zuvor genannten ›unendlichen Konflikt‹; und dies zeigt, daß die Erzwingung einer Konfliktdefinition einem rationalen Dissens immer hinterherläuft und daß umgekehrt auch Herrschaftskonflikte einen rationalen Dissens voraussetzen müssen, wenn der Zwang zur Zustimmung nicht ins Leere gehen soll.

verstehen als eine Konfiguration von Konsens auf der Ebene kommunikativer Verständigung und von Dissens auf der Ebene kollektiver Akzeptanz. Aber leider ist diese Rekonstruktion noch zu einfach, denn spätestens seit Wittgenstein gehen zumindest Sprachphilosophen und Sprachwissenschaftler davon aus, daß kommunikative Verständigung auf einer elementaren Ebene kollektive Akzeptanz zumindest in Form eines gemeinsamen Diskursuniversums voraussetzt. Auch wenn die an einem Konflikt Beteiligten nur wechselseitig verstehen wollen, was sie wechselseitig nicht akzeptieren, setzt dies kollektiv Geltendes voraus, eventuell die kollektive Akzeptanz eines raumzeitlichen Koordinatensystems oder die Unterscheidung bestimmter Wertsphären oder Diskurstypen oder in der Wissenschaft beispielsweise bestimmte Grundlagentheorien oder Argumentationsformen. Man kann einfach nicht alles gleichzeitig in Frage stellen, wenn man in einem Konflikt die Gegenpartei wenigstens verstehen möchte. Ein rationaler Dissens setzt dann voraus, daß es den Beteiligten aufgrund von kollektiv Geltendem gelingt, sich darüber zu verständigen, was bei ihrem Konflikt kollektiv gerade nicht gilt.

In der Erzeugung eines rationalen Dissenses setzen somit – ganz im Sinne Simmels – Konsens und Dissens als potentiell gleichwertige Faktoren einander wechselseitig voraus, und der Bezug des rationalen Dissenses auf das kollektiv Geltende zeigt – auch wenn dies hier nur skizziert werden kann –, wie die reproduktive und strukturbildende Funktion sozialer Konflikte auf einer elementaren Ebene diskurstheoretisch gedacht werden kann. Wenn das kollektiv Geltende in der Regel dazu ausreicht, um eine Verständigung über Differenzen und eventuell sogar einen letztendlichen Konsens zu entwickeln, so werden soziale Konflikte eine soziale Integration im Sinne einer Reproduktion und Validierung des kollektiv Geltenden bewirken. Wenn das kollektiv Geltende jedoch nicht einmal ausreicht, um in der Regel eine Verständigung über Differenzen zu entwickeln, so wird sich zumindest auf Dauer eine Veränderung des kollektiv Geltenden und damit ein sozialer Wandel nicht aufhalten lassen. Es mag für eine soziale Gruppe oder auch für eine soziale Institution (etwa eine politische Partei) oder ein soziales System (etwa die Politik insgesamt) bereits eine Belastung sein, wenn letztendlicher Konsens nur noch sehr schwer zu beschaffen ist, und man wird sich dann behelfen müssen mit Verfahrensregelungen und Kompromißformeln für die Austragung von Konflikten. Wenn jedoch nicht einmal ein koordinierter Dissens mehr möglich ist eventuell durch eine Weiterentwicklung des kollektiv Geltenden, so sind wir wieder beim ›unendlichen Konflikt‹, und es ist dann bereits strittig, worauf sich Verfahrensregelungen oder Kompromißformeln beziehen könnten. Aus der diskursiven Logik sozialer Konflikte folgt dann, daß eine Reproduktion beispielsweise von sozialen Institutionen nur noch als sozialer Wandel möglich ist. Ob und inwiefern dies auch faktisch so sein wird, ist natürlich eine ganz andere Frage. Die Geschichte kennt zahllose Beispiele dafür, daß es auch für einen rationalen Dissens gesellschaftlicher Gruppen zu spät sein kann und daß dann soziale Institutionen einfach eliminiert werden.

Dies zugegebenermaßen noch recht elementare Konzept einer diskursiven Logik sozialer Konflikte läßt sich am Leitfaden des Begriffs des ›kollektiv Geltenden‹ auf die klassische soziologische Frage nach den möglichen Relationen zwischen sozialer Ordnung und Konflikten zurückbeziehen. Folgt man der Traditionslinie, die von Saint-Simon, Comte, Rousseau über Durkheim bis hin zu Parsons führt, so läßt sich ›soziale Ordnung‹ gleichsetzen mit der gelungenen Herstellung von Erwartungssicherheit im Hinblick auf das projektierte soziale Handeln von sozialen Akteuren, wobei diese Erwartungssicherheit unter den sozialen Akteuren gemeinsame normative und evaluative Orientierungen voraussetzt, das heißt normative Vorgaben dessen, was Akteure ›sollen‹ und ›dürfen‹, und evaluative Orientierungen im Hinblick darauf, ob und inwiefern dieses ›Sollen‹ und ›Dürfen‹ einem verallgemeinerungsfähigen Interesse entspricht; und schließlich, daß in diesem Sinne eine soziale Ordnung einen kulturellen Konsens voraussetzt.

Wenn nun jedoch soziale Konflikte im Hinblick auf eine soziale Ordnung eine vergesellschaftende und strukturbildende Wirkung entfalten können, so muß die Logik sozialer Konflikte zumindest eine gewisse Autonomie gegenüber jenem kulturellen Konsens besitzen; denn sonst wäre nicht zu verstehen, wie ein kultureller Konsens und das, in diesem Sinne, kollektiv Geltende in sozialen Konflikten reproduziert bzw. verändert werden könnte. Genau diese Autonomie bzw. ›Eigenlogik‹ sozialer Konflikte kann mit der Konsenstheorie der Durkheim/Parsons-Tradition nicht erfaßt werden; konträr dazu geht die radikale Dissenstheorie Luhmanns ebenfalls von einer Eigenlogik von gesellschaftlichen Koordinationsmechanismen aus, aber nach Luhmann läßt sich diese Eigenlogik zumindest im Falle moderner differenzierter Gesellschaften nicht mehr auf der Ebene einer diskursiven Logik sozialer Konflikte bestimmen.

Betrachten wir deshalb im folgenden kurz zwei hinsichtlich ihrer soziokulturellen und sozialstrukturellen Randbedingungen extrem unterschiedliche Fallbeispiele für soziale Konflikte. Hinsichtlich beider Fälle geht es zunächst darum, folgende Fragen wenigstens thesenartig zu beantworten: erstens, welche Form einer diskursiven Logik sozialer Konflikte der jeweiligen Auseinandersetzung zugrunde liegt; und zweitens, ob diese Konflikte eher eine reproduktive oder eine strukturbildende Funktion besitzen. Im weiteren soll anhand dieser Fallanalysen wenigstens ansatzweise überprüft werden, ob eine diskursive Logik sozialer Konflikte gegenüber der Konsenstheorie der Durkheim/Parsons/Coser-Tradition und gegenüber der radikalen Dissenstheorie Luhmanns Beschreibungs- und Erklärungsvorteile bietet.

IV

Von den Klassikern der Soziologie hat sich Durkheim in ganz besonderem Maße mit der Frage nach den Bedingungen einer sozialen Ordnung befaßt, und in seinem ersten Hauptwerk *Über die Teilung der sozialen Arbeit* (1977) versuchte er unter anderem am Beispiel der nichtvertraglichen Grundlagen eines Vertrags und vertragsrechtlicher Normen zu zeigen, daß das, was eine Gesellschaft letztlich zusammenhält, eine kollektiv verbindliche Moral ist. Sie beinhaltet das, was von den Individuen einer Gesellschaft zu einem bestimmten Zeitpunkt »unbestritten« ist, »überall« anerkannt wird und »allen Moralanschauungen gemeinsam ist« (zit. nach Wallwork 1986). Durkheim hat dieses Konsenspostulat nicht nur auf einfache Gesellschaftsformationen, z. B. archaische und segmentäre Gesellschaften, sondern auch auf moderne arbeitsteilige bzw. differenzierte Gesellschaften bezogen; und Parsons hat, daran anknüpfend, dieses Konsenspostulat zu einem zentralen Element seiner Handlungs- und Gesellschaftstheorie gemacht. Sofern ein sozialer Konflikt einen, wie Coser (1956, S. 153) es dann sagte, »breakdown of consensus« auf dieser kulturellen Ebene beinhaltete, konnten soziale Konflikte nur noch als dys-

funktional und destruktiv beurteilt werden. So betrachtete Parsons (1945) z. B. rassische und religiöse Konflikte sogar und wohl auch zu Recht als eine Art von Krankheit im sozialen Körper.
Gegen die Durkheim/Parsons-Tradition ist von Soziologen wie Gouldner (1970) eingewendet worden, daß sie mit ihrem Konsenspostulat und der daraus folgenden Abwertung sozialer Konflikte einer »Ethik der Konformität« das Wort rede – eine offensichtlich doch recht vordergründige Kritik. Das Problem scheint vielmehr zu sein, daß anders, als Simmel es im Ansatz konzipierte, für Durkheim, Parsons und Coser die vergesellschaftenden und strukturbildenden Mechanismen sozialer Konflikte von vornherein mit einer jeweiligen gesellschaftlichen Moral, d. h. mit einem System substantieller bzw. inhaltlicher Normen und Werte, zusammenfielen. Erst daraus folgt, daß innerhalb dieser Theorietradition die gesellschaftliche Funktion sozialer Konflikte im wesentlichen nur noch in der Reproduktion eines bereits vorfindlichen kulturellen Konsenses gesehen werden konnte.
Es ist jedoch nicht nur diese Einseitigkeit in der Beurteilung der gesellschaftlichen Funktion sozialer Konflikte, die eine Kritik an jener Theorietradition herausfordert. Die Frage ist nämlich, ob es der Konsens- bzw. Integrationstheorie sozialer Konflikte mit Hilfe ihres Theoriedesigns überhaupt gelingen kann, wenigstens diejenigen sozialen Mechanismen verständlich zu machen, die einer integrativen bzw. reproduktiven Funktion sozialer Konflikte zugrunde liegen.
Diese Frage soll im folgenden im Ausgang von einem empirischen Fallbeispiel weiter erörtert werden. Es soll anhand eines zentralen gesellschaftlichen Konfliktes innerhalb einer segmentären Stammesgesellschaft kurz gezeigt werden, daß sich selbst bei einem solchen empirischen Beispiel, das der Konsenstheorie sozialer Konflikte noch am ehesten entgegenkommt, die Triftigkeit der Unterscheidung zwischen kulturellem Konsens einerseits und andererseits einer diskursiven Logik des sozialen Konflikts nachweisen läßt; und ferner, daß erst auf der Grundlage einer theoretisch expliziten und empirisch evidenten Unterscheidung zwischen kulturellem Konsens und Logik des Konfliktes die potentielle gesellschaftliche Funktion dieses Konfliktes (nämlich die Reproduktion eines kulturellen Konsenses) verständlich gemacht werden kann. Es handelt sich bei diesem Fallbeispiel um eine Landstreitigkeit unter Trobriandern (die in Papua-Neuguinea leben) –

eine Landstreitigkeit, die in einer Arbeit des kognitiven Anthropologen Edwin Hutchins (1980) dokumentiert wird.
Traditionell (und auch noch zum Zeitpunkt von Hutchins' Datenerhebung im Jahre 1976) leben die Trobriander im wesentlichen vom Gartenanbau und einer entsprechenden Tauschökonomie. Landstreitigkeiten zählen somit hier zu den zentralen gesellschaftlichen Konflikten. In dem Dorf, in dem Hutchins seine Feldforschung durchführte, wurden im Jahre 1976 nahezu 100 Gärten bewirtschaftet. Nur in drei Fällen mußte über konkurrierende Landansprüche durch ein öffentliches Gerichtsverfahren entschieden werden. Eines davon wird von Hutchins dokumentiert.
Einem fremden Beobachter erscheint der Text der Landstreitigkeit zunächst als weitgehend unverständlich und rätselhaft, denn das komplexe System normativer Überzeugungen, das reguliert, wie auf den Trobriand-Inseln Land von einer Hand zur anderen und von einer Generation zur nächsten weitergereicht werden kann, wird in dieser Auseinandersetzung an keiner Stelle explizit thematisiert. Offenbar wird es von den Streitparteien ganz im Sinne von Durkheims Konzept eines ›Kollektivbewußtseins‹ auf der Ebene einer ›mechanischen Solidarität‹ in Form eines impliziten Wissens stillschweigend geteilt. Malinowski (1965), Powell (1956), Weiner (1976, 1988) und Hutchins haben jedoch mit ihren ethnographischen Beschreibungen dieses System normativer Überzeugungen, das der Beziehung zwischen Land und Leuten auf den Trobriand-Inseln zugrunde liegt, detailliert beschrieben, so daß die Dokumentation von Hutchins nahezu in allen Einzelheiten verständlich wird.
Dieses normative Wissenssystem setzt sich zusammen aus einer begrenzten Menge von Landrechten, einer begrenzten Menge von möglichen Gegenleistungen für den Transfer von Landrechten und einer begrenzten Menge von Rechtstiteln (die sich aus den möglichen Tauschhandlungen ergeben) in bezug auf ein bestimmtes Stück Land. Mit Hilfe einer diskurstheoretischen Rekonstruktion, die hier nur andeutungsweise referiert werden kann (vgl. Miller 1986, 1987a, 1992), läßt sich zeigen, daß sich dieses in seinen Einzelheiten komplexe normative System des kollektiv Geltenden vollständig in Form einer kulturellen Grammatik bzw. einer *Logik des Arguments* darstellen läßt. Eine solche Logik des Arguments definiert, was ein mögliches legitimes Argument in

Strukturen eines möglichen Legitimationspfades
für den Transfer von Allokations- und Landnutzungsrechten

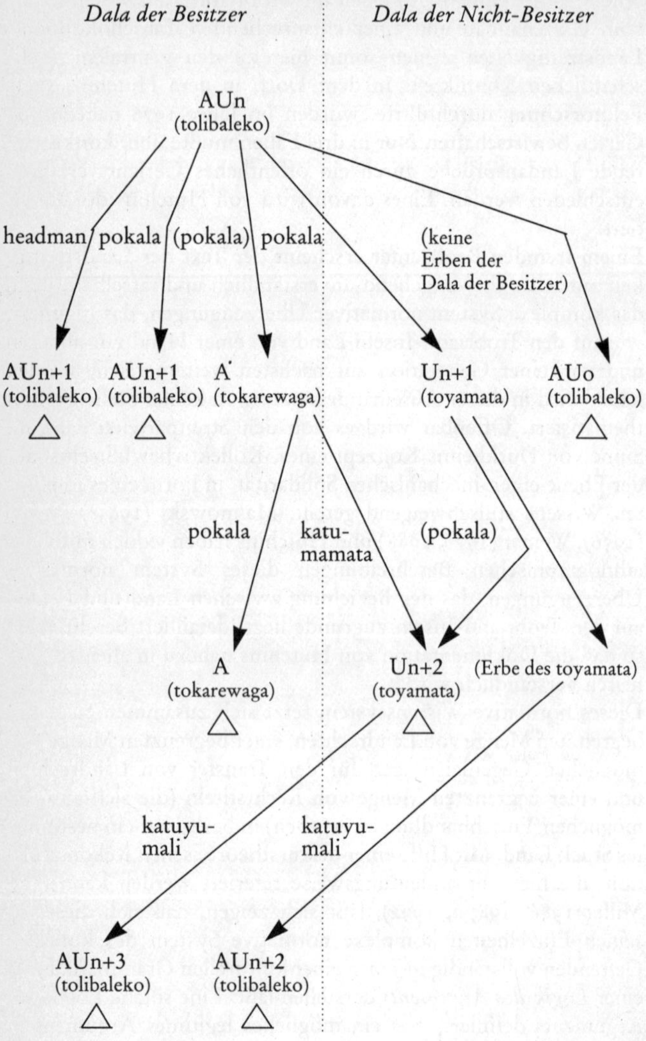

einer eventuellen Landstreitigkeit sein kann; sie bildet präzise die Menge möglicher Legitimationspfade ab, die von Kontrahenten gewählt werden können, um darzulegen, wie sich ein Stück Land durch den sozialen Raum und die soziale Zeit bewegt hat, so daß das Ende dieses Pfades bei jeweils ihnen selbst angelangt ist. Das vorstehende Diagramm repräsentiert diese Logik des Arguments.

Das Diagramm zeigt zunächst, daß zwischen Besitz-, Allokations- (A) und Landnutzungsrechten (U) unterschieden wird. Das Besitzrecht ist eine Art von allgemeinem Bürger- und Heimatrecht, und es liegt immer bei einer bestimmten Dala, das heißt einem der matrilinearen Subclans der vier großen exogamen Clans, aus denen sich die Gesellschaft der Trobriander zusammensetzt. Dem Nutzungsrecht (U) entsprechen in unserer Kultur in etwa die durch einen Pacht- bzw. Mietvertrag übertragenen Rechte, hier dem Recht, ein Stück Land für eine festgelegte Zeit zu bearbeiten. Das Allokationsrecht (A) ist eine Art Metarecht bzw. selbstreferentielles Recht. Es beinhaltet das Recht, Nutzungs- und Allokationsrechte zu transferieren.

Eine Kombination bzw. Auswahl aus diesen Rechten definiert bestimmte Rechtstitel: *tolibaleko* (A+U), *tokarewaga* (A) und *toyamata* (U). Ein Anspruch auf diese Rechtstitel kann nur damit begründet werden, daß ein legitimer Transfer dieser Rechtstitel nachgewiesen wird.

Ein solcher Transfer wird innerhalb eines Tauschsystems (allgemein als *pokala* bezeichnet) vollzogen. Dabei wird unterschieden zwischen drei unterschiedlichen Formen von möglichen Gegenleistungen für den Transfer von Rechtstiteln: *pokala* (in einem engeren Sinne), *katumamata* und *katuyumali*. Diese unterscheiden sich hinsichtlich der Größenordnung von Gegenleistungen, das heißt von Wertgegenständen (zum Beispiel Tontöpfe, Yams, Bananen und Fisch) und sozialen Dienstleistungen. Auf eine Reihe weiterer wichtiger Einzelheiten kann hier nicht weiter eingegangen werden.

Die Zahlenindizes im Diagramm (etwa U_n, U_{n+1}, U_{n+2} etc.) bringen die zeitliche Abfolge in der Übertragung von Landrechten in bezug auf ein bestimmtes Stück Land zum Ausdruck.

Das Diagramm veranschaulicht ferner, wie sich die Schlußregeln in dieser Logik des Arguments sequenziell anordnen lassen und vor allem, daß diese Regeln rekursiv auf ihren eigenen Output angewandt werden können (denn dort, wo sich im Diagramm ein Dreieck befindet, können ein übergeordneter Knoten derselben Art und der von ihm dominierte Strukturbaum wiederum eingesetzt werden). Dennoch ist es ein geschlossenes Wissenssystem, da durch eine rekursive Regelanwendung keine neuen Regeln entstehen.

Eine detaillierte Analyse der Landstreitigkeit zeigt nun, daß es den am Konflikt Beteiligten aus zwei Gründen gelingt, zunächst einmal wenigstens einen rationalen Dissens zu erzeugen: einmal aufgrund der gemeinsam vorausgesetzten Logik des Arguments, zum anderen aufgrund einer gemeinsamen *Logik der Argumentation.*[7] Eine Logik der Argumentation umfaßt all jene kommunikativen und kognitiven Verfahren, die in einem Konflikt angewandt werden, um die relevanten und unmittelbar geltenden, nicht mehr weiter zu hinterfragenden Aussagen zu ermitteln, aus denen ein rationaler Dissens und eventuell sogar ein (rationaler) letztendlicher Konsens abgeleitet werden können.

Diese Differenzierung einer diskursiven Logik des Konfliktes in eine Logik des Arguments und in eine Logik der Argumentation mag zunächst als unnötig komplex erscheinen, um die grundlegenden und allgemeinen Mechanismen zu verstehen, mit deren Hilfe ein potentiell unendlicher Konflikt in einen endlichen und eventuell sogar konsensuell gelösten Konflikt überführt werden kann. Könnten die Kontrahenten in einem solchen Landstreit auf der Grundlage ihrer gemeinsam geteilten Logik des Arguments nicht einfach die unterschiedlichen Legitimationspfade bezeichnen, auf die sie ihre sich wechselseitig ausschließenden Ansprüche zurückführen, und könnten sie auf diese Weise nicht relativ problemlos wenigstens einen rationalen Dissens erzeugen?

Wie der Verlauf der Landstreitigkeit jedoch deutlich macht, setzt bereits die gemeinsame Identifikation der Streitfrage neben der Logik des Arguments eine Logik der Argumentation voraus. Deren Aufgabe besteht im Rahmen dieses Streites im wesentlichen darin, eine gemeinsame Lösung des *Anwendungsproblems* jener Logik des Arguments zu finden.[8] Die Kontrahenten müssen nämlich in jeder Phase des Streites erneut klären, ob der Bezug auf

7 Vgl. zur Unterscheidung zwischen einer ›Logik des Arguments‹ und einer ›Logik der Argumentation‹ die Ausführungen in Miller 1986.

8 Die Annahme, daß jenes Anwendungsproblem in der diskursiven Logik des Konfliktes bei den Trobriandern eine zentrale Bedeutung besitzt, läßt sich auch durch Beobachtungen von Rechtsanthropologen (vgl. etwa Fallers 1969, Pospisil 1971 und Wesel 1985) stützen, die darauf hinweisen, daß in solchen Stammesgesellschaften Streitigkeiten weitgehend auf empirische Fakten und kaum auf (die Legitimität von) Normen bezogen werden, und daß die am Streit Beteiligten geradezu von einer Art ›Faktenhuberei‹ beherrscht zu sein scheinen.

prinzipiell mögliche bzw. legitime Legitimationspfade für den konkreten Streit überhaupt relevant ist. Relevant ist ein Legitimationspfad dann, wenn er auf kollektiv akzeptierte empirische Beschreibungen des Konfliktes, auf gemeinsam anerkannte Tatsachen, bezogen werden kann.

Für die Trobriander ist nun der Versuch einer Lösung jenes Anwendungsproblems nicht nur deshalb eine schwierige Angelegenheit, weil es keine schriftlichen Dokumente hinsichtlich der Übertragung von Landrechten gibt und eventuelle Zeugen für entsprechende Tauschhandlungen oft bei Ausbruch eines Streites nicht mehr am Leben sind. Diskurstheoretisch gesehen, besteht die eigentliche Schwierigkeit bei der Lösung jenes Anwendungsproblems darin, daß – ähnlich wie auch in vergleichbaren Streitigkeiten in unserer oder anderen Kulturen – eine kollektiv geltende, auf empirische Fakten bezogene Konfliktdefinition gefunden werden muß, jeder der Beteiligten jedoch in der Verfolgung seiner Interessen nur eine bestimmte Selektion von Fakten akzeptieren möchte; im vorliegenden Streit nämlich genau jene Fakten, die auf einen Legitimationspfad bezogen werden können, mit Hilfe dessen das eigene Interesse verteidigt werden kann.

Eine gemeinsame empirische Konfliktdefinition kann folglich nur dann gefunden werden, wenn die Suche nach kollektiv akzeptierten empirischen Aussagen von der jeweils subjektiven und interessebezogenen Referenz auf die normative Logik des Argumentes entkoppelt oder entrelativiert werden kann. Es ist eine Logik der Argumentation erforderlich, aufgrund deren zwischen einem Konsens und Dissens über normativ Geltendes und subjektive Interessen einerseits und andererseits einem Konsens und Dissens über empirische Fakten systematisch unterschieden werden kann; mit anderen Worten, es muß zwischen ›Sein‹ und ›Sollen‹ im Hinblick auf einen vorliegenden Streit differenziert werden können.

In der Tat verfügen die Trobriander über eine entsprechende Logik der Argumentation, und erst dadurch kann in der vorliegenden Landstreitigkeit ein rationaler Dissens hinsichtlich der konkurrierenden Landansprüche formuliert werden.[9] Es gelingt den Streitparteien, unter Voraussetzung eines Systems normativ geltender Überzeugungen eine Verständigung darüber zu erzielen, was empirisch gesehen kollektiv gerade nicht gilt. Im weiteren

9 Vgl. dazu die detaillierte Analyse in Miller 1992.

Verlauf der Landstreitigkeit kann es dann nur noch darum gehen, ob der Dissens über die faktische Geschichte des strittigen Landes in einen letztendlichen Konsens überführt werden kann. Hier zeigt sich nun, daß der Opponent auf differenziertere und durch Augenzeugenberichte besser belegte Fakten rekurrieren kann und daß es ihm schließlich gelingt, den Proponenten auch noch in empirische Selbstwidersprüche zu verwickeln. Für das Publikum in diesem eher informellen Gerichtsverfahren hat der Proponent damit verloren; dieser kann jedoch nur durch einen Gruppenzwang dazu gebracht werden, den Streitausgang zu akzeptieren.

Fassen wir zusammen: Wenn man der Integrations- bzw. Konsenstheorie sozialer Konflikte im Sinne der Durkheim/Parsons/Coser-Tradition folgen würde, so wäre es allein der kulturelle und normative Konsens bzw. eine entsprechende Logik des Arguments, die eine Landstreitigkeit potentiell zumindest entscheidungsfähig macht. Genau dies trifft jedoch nicht zu. Wie die Landstreitigkeit zeigt, reicht der Konsens im Hinblick auf ein bestimmtes kulturspezifisches normatives System nicht aus, um einen Konflikt entscheidungsfähig zu machen. Es bedarf dazu einer diskursiven Logik des sozialen Konflikts, durch die ein normativer Grundkonsens und ein Dissens über empirische Fakten in Form eines koordinierten oder rationalen Dissenses aufeinander bezogen werden. Erst dadurch kann dann auch ein sozialer Konflikt – im Sinne der Konsenstheorie der Durkheim/Parsons/Coser-Tradition – zur Reproduktion des normativ Geltenden beitragen. Denn die Annahme scheint zumindest plausibel zu sein, daß in dem Maße, in dem es den Trobriandern aufgrund ihrer Logik sozialer Konflikte gelingt, wenigstens eine erfolgreiche Verständigung über Differenzen zu erzielen, Konflikte zu einer Aufrechterhaltung und Reproduktion ihrer sozialen bzw. kulturellen Ordnung beitragen. Die Erzeugung eines rationalen Dissenses setzt hier ja die kollektive Geltung eines normativen Grundkonsenses voraus und läßt diesen unangetastet. Der letztlich in einem Konflikt potentiell erreichte Konsens scheint dabei vergleichsweise unbedeutend zu sein; zumindest im vorliegenden Beispiel kann er ohnehin nur durch einen Gruppenzwang herbeigeführt werden.

Die diskursive Logik des Konflikts (bzw. jene Komponente einer Logik der Argumentation) läßt sich dabei klar unterscheiden von dem System normativer Überzeugungen, das bei den Trobriandern das Verhältnis zwischen Land und Leuten reguliert. Genau diesem Unterschied kann jedoch die Konsenstheorie der Durkheim/Parsons-Tradition nicht gerecht werden; und sie kann damit auf einer theoretisch expliziten Ebene noch nicht einmal die integrative Funktion sozialer Konflikte angemessen erklären.

V

Durkheim und Parsons gingen davon aus, daß auch eine moderne arbeitsteilige bzw. differenzierte Gesellschaft nur dann ihren inneren Zusammenhalt bewahren kann, wenn es einen kulturellen Konsens gibt bzw. wenn sich dieser Konsens auch in sozialen Konflikten immer wieder herstellen läßt. In einer strikten Antithese dazu wird jedoch von Luhmann (vgl. Luhmann 1984, 1986, 1987) in einer mittlerweile auf beeindruckende Weise ausgearbeiteten Theorie der modernen, funktional differenzierten Gesellschaft die Auffassung vertreten, daß unsere Gegenwartsgesellschaft keinen die einzelnen sozialen Systeme (z. B. die Politik, die Ökonomie, das Recht, die Wissenschaft, die Religion etc.) übergreifenden kulturellen Konsens bereitstellt und daß damit ein solcher genereller Orientierungskonsens keine Bedingung der Möglichkeit sozialer Ordnungsbildung mehr sein kann. Auf soziale Konflikte bezogen heißt dies, daß für Luhmann gesellschaftliche Koordinationsmechanismen von vornherein nicht mehr – wie im Falle der Konsenstheorie – mit dem zusammenfallen können, was in sozialen Gruppen, Organisationen oder sozialen Systemen in einem normativen bzw. wertbezogenen Sinne kollektiv gilt. Auch Luhmann geht also aus von einer Autonomie dieser Koordinationsmechanismen gegenüber den nunmehr systemspezifischen Normen und Werten. Aber auf der Ebene dieser Koordinationsmechanismen kann es Luhmann zufolge keine diskursiv erzeugte Einheit, auch keine Einheit im Sinne eines ›koordinierten Dissenses‹, mehr geben. Zumindest im Hinblick auf intersystemische Konflikte vertritt Luhmann nämlich eine geradezu radikale Dissenstheorie. Die einzelnen sozialen Systeme sind für einander nur noch intransparente *black boxes*; und eine gewisse Abstimmung der Systeme kann sich sozusagen nur noch ›hinter dem Rücken‹ als nicht gezielt angestrebter und weitgehend bloß zufälliger kombinatorischer Effekt des Handelns in den verschiedenen Teilsystemen ergeben.

Wenn Luhmanns radikale Dissenstheorie haltbar ist, so würde dies bedeuten, daß eine Diskurstheorie des sozialen Konfliktes zumindest für eine Analyse intersystemischer Konflikte irrelevant ist. Gegen Luhmann, der seine Dissenstheorie letztlich auch auf der für seinen Ansatz elementaren Ebene sozialer Kommunikationen zu begründen versucht, lassen sich jedoch eine Reihe theoretischer Einwände erheben (vgl. Miller 1987, 1992). Dies würde hier jedoch zu weit führen. Im folgenden soll lediglich an Hand eines empirischen Fallbeispiels kurz versucht werden, drei Thesen ansatzweise zu belegen: erstens, daß das Konzept eines ›rationalen Dissenses‹ auch für eine Rekonstruktion der gesellschaftlichen Funktion sozialer Konflikte in einer modernen differenzierten Gesellschaft noch sinnvoll erscheint; zweitens, daß eine entsprechende diskursive Logik sozialer Konflikte sehr viel komplexer ist als im Falle der Landstreitigkeit; und drittens, daß soziale Konflikte in einer funktional hochdifferenzierten Gesellschaft tendenziell vor der Wahl stehen, in unendliche Konflikte überzugehen oder aber einen normativen Wandel bzw. einen Wandel hinsichtlich der institutionalisierten Formen von Konfliktaustragungen auszulösen.

Bei dem im folgenden kurz und aus Platzgründen nur relativ oberflächlich analysierten Fallbeispiel[10] handelt es sich um einen Expertenstreit über die Wiederaufarbeitungsanlage Wackersdorf. An diesem Streit, der im April 1988 vom Bayerischen Fernsehen ausgestrahlt wurde und der wegen seiner Härte und Heftigkeit weithin bekannt wurde, nahmen hochkarätige Vertreter der Wirtschaft, Politik, Technik, Wissenschaft und der Publizistik teil; und es ging bei diesem Expertenstreit im wesentlichen um die Frage, ob die Wiederaufarbeitungsanlage im Interesse der Allgemeinheit liegt.

Ein solcher Expertenstreit, noch dazu im Fernsehen, ist zweifellos aus verschiedenen Gründen sehr viel weniger repräsentativ für gesellschaftliche Konflikte in unserer Gegenwartsgesellschaft als die zuvor analysierte Landstreitigkeit für eine segmentäre agrikulturelle Stammesgesellschaft. In einer bestimmten Hinsicht repräsentiert dieser Expertenstreit jedoch eine für unsere Gegenwartsgesellschaft zentrale Klasse von Konflikten; nämlich soziale Konflikte, in denen sich unterschiedliche Sichtweisen, die sich den

10 Vgl. dazu auch die Analyse in Miller 1992.

ausdifferenzierten Funktionssystemen zuordnen lassen, wechselseitig ausschließen.

Der Diskursverlauf zeigt nun zunächst einmal, daß es für den Streit um die Wiederaufarbeitungsanlage keine einheitliche Logik des Arguments gibt. Bereits die Frage nach den potentiellen Risiken für die Allgemeinheit führt zu einer Reihe von Teilkonflikten, denen unterschiedliche Logiken des Arguments zugrunde liegen; zum Beispiel Konflikte über folgende Fragen: Wie sicher kann die Wiederaufarbeitungstechnik und die Technik der Endlagerung von Atommüll überhaupt sein, welche politischen Risiken ergeben sich bei einer Durchsetzung der Wiederaufarbeitungsanlage gegen einen Teil der Bevölkerung, welche wirtschaftlichen Risiken und damit letztlich Risiken für den Steuerzahler ergeben sich aus einer Forcierung der Atomwirtschaft, und welche politischen, wirtschaftlichen und ökologischen Risiken ergeben sich, wenn nicht die Risiken der Atomenergie, sondern statt dessen die Risiken einer Weiterbetreibung von Kohlekraftwerken eingegangen werden, und so fort.

Solche Teilkonflikte lassen sich zumindest teilweise als intrasystemische Konflikte beschreiben; und die jeweilige Logik des Arguments läßt sich zumindest ansatzweise mit Hilfe von Luhmanns Unterscheidung zwischen systemspezifischen binären Codes und Programmen rekonstruieren. So fällt beispielsweise die Teilfrage, ob auch beim Normalbetrieb einer Wiederaufarbeitungsanlage Radioaktivität freigesetzt wird, in den Bereich einer naturwissenschaftlichen Logik des Arguments. Durch den, zumindest idealiter, ausschließlichen Bezug auf den binären Code ›wahr/unwahr‹ erscheint diese Logik des Arguments als ein geschlossenes Wissenssystem, während der Bezug auf Programme – im vorliegenden Falle Meßtheorien für die Frage des Austritts von Radioaktivität – diese Logik des Arguments zugleich als ein offenes Wissenssystem erscheinen läßt. Zugleich zeigt sich, daß dann, wenn meßtheoretische Fragen erörtert werden und wenn das Strittige gemeinsam identifiziert werden soll, eventuell das kollektiv Geltende auf der Ebene von Grundlagentheorien erweitert werden muß. Analoges läßt sich von anderen systemspezifischen Logiken des Arguments zeigen; und das heißt, das bereits intrasystemische Diskurse auf der Ebene von Programmen tendenziell auf Lernprozesse hin angelegt sind.

In dem Expertenstreit werden solche intrasystemischen Konflikte jedoch allenfalls ansatzweise ausgetragen; in der Regel gehen diese Konflikte sogleich in intersystemische Konflikte über. Beispielsweise wird die Frage, ob auch im Normalbetrieb einer Wiederaufarbeitungsanlage Radioaktivität freigesetzt wird, sogleich auf die weitere Frage bezogen, ob dadurch gesundheitliche Risiken erzeugt werden. Hier helfen meßtechnisch und numerisch ermittelte Größen nicht mehr weiter, denn die Frage ist nun, ob das, was groß ist, wirklich groß, und was klein ist, wirklich klein ist im Hinblick auf gesundheitliche Risiken; und der Expertenstreit entwickelt sich nun zum Streit darüber, welche der in Form von funktionsspezifischen Argumenten vorgebrachten normativen Bewertungen gelten sollen. Sollen die gesundheitlichen Risiken nach der neuesten amerikanischen wissenschaftlichen Literatur bewertet werden oder nach den Richtwerten der in der BRD rechtlich verbindlichen Strahlenschutzverordnung oder nach den Werten der internationalen Strahlenschutzkommission oder nach dem Regierungsbericht der englischen Regierung über die Harmlosigkeit der Wiederaufarbeitungsanlage in Sellafield oder nach dem Sicherheitsbericht der DWK (der Dachgesellschaft der westdeutschen Atomwirtschaft) oder nach dem Ergebnis medizinischer Forschungen? Die Schwierigkeiten dieses intersystemischen Diskurses liegen nicht nur darin, daß es für die Experten und darüber hinaus auch für die Öffentlichkeit keine verbindliche Grenze dafür gibt, wo Gesundheit aufhört und Krankheit beginnt; auch nicht nur darin, daß vorgeschlagene normative Bewertungen selbst noch komparativ bewertet werden müssen – beispielsweise dann, wenn etwa radioaktive Grenzwerte aus rechtlicher Sicht als tragbar, aus medizinischer Sicht jedoch als untragbar erscheinen; oder wenn statt den Risiken der Atomenergie etwa die Risiken einer Weiterbetreibung von Kohlekraftwerken und damit ganz andere gesundheitliche, politische, wirtschaftliche, rechtliche und ökologische Risiken als im Falle der Atomenergie eingegangen werden. Auf der Ebene einer diskursiven Logik des sozialen Konfliktes besteht vielmehr die zentrale Schwierigkeit der wissenschaftlichen, technologischen, ökonomischen, politischen und juristischen Experten darin, vor allem anderen zunächst einmal einen rationalen Dissens zu erzeugen im Hinblick auf unterschiedliche Risikoeinschätzungen relativ zu unterschiedlichen Logiken des Arguments – und das heißt: relativ zu Normen relativ zu unterschiedlichen systemspezifischen Wertbezügen oder

Diskurswelten. Eine solche diskursive Logik sozialer Konflikte (bzw. deren Komponente einer Logik der Argumentation) ist offensichtlich sehr viel komplexer als die Konfliktlogik der Trobriander. Es muß nicht nur differenziert werden zwischen der Geltung empirischer Aussagen und der Geltung normativer Aussagen; es muß zusätzlich differenziert werden zwischen der Geltung normativer Aussagen relativ zu unterschiedlichen normativen Diskurswelten bzw. systemspezifischen Logiken des Arguments.

Wie komplex aber ein rationaler Dissens im vorliegenden Fall auch sein mag, er setzt doch voraus, daß aufgrund von kollektiv Geltendem geklärt werden kann, was kollektiv gerade nicht gilt; das heißt, er setzt voraus, daß sich die Experten wenigstens über ihre Differenzen prinzipiell verständigen können.[11] Was könnte jedoch in diesem Expertenstreit noch unter das kollektiv Geltende fallen?

Immerhin sind sich die Experten darin einig, daß es letztlich darum geht, die Entscheidung über die Wiederaufarbeitungsanlage von der Formulierung eines verallgemeinerungsfähigen Interesses abhängig zu machen. Das heißt, es kann auch ihnen zunächst einmal nur darum gehen, die systemspezifischen Differenzen in der Einschätzung von Risiken und Nutzen für die Allgemeinheit verständlich und den Konflikt damit entscheidungsfähig zu machen – ungeachtet der Tatsache, daß dann eine Entscheidung eventuell nur noch durch eine Bildung parlamentarischer Mehrheiten getroffen werden kann. Weiterhin wird von keinem der Experten bestritten, daß unterschiedliche systemspezifische Sichtweisen (zum Beispiel ökonomische, politische, rechtliche und wissenschaftlich/technologische Sichtweisen) hinsichtlich der Beurteilung von Risiken und Nutzen der Wiederaufarbeitungsanlage legitim sind. Das heißt, auch im Hinblick auf eine kollektive Gel-

11 Genau diese Möglichkeit wird jedoch von Luhmann aufgrund seiner sich an einer Logik der wechselseitigen Beobachtung orientierenden Kommunikationstheorie bestritten (vgl. dazu etwa Luhmann 1985, Kap. v; vgl. dazu auch die Kritik in Miller 1992). Luhmann zufolge erscheinen die Differenzen zwischen den unterschiedlichen Sichtweisen der einzelnen Funktionssysteme diesen als etwas jeweils Differentes. Für eine funktional hochdifferenzierte Gesellschaft könnte es damit noch nicht einmal mehr eine Einheit im Sinne einer diskursiven Verständigung über Differenzen geben.

tung systemspezifischer Logiken des Arguments besteht zwischen den Experten eine weitgehende Übereinstimmung. Strittig ist dagegen nicht nur die Frage, welches verallgemeinerungsfähige Interesse sich hinsichtlich der Wiederaufarbeitungsanlage formulieren läßt, sondern bereits die Frage, ob und, wenn ja, welche Differenzen sich aus den verschiedenen Logiken des Arguments im Hinblick auf eine Bewertung der Wiederaufarbeitungsanlage ableiten lassen.

Trotz ihres harten Schlagabtausches gelingt es den Experten zumindest in einer Reihe von Teilfragen, Differenzen zu klären. Sobald es jedoch um die zentrale Frage nach der Verantwortung für Risiken und Risikoeinschätzungen und, damit zusammenhängend, um die Frage nach der Verallgemeinerungsfähigkeit systemspezifischer (vor allem ökonomischer, politischer und technologischer) Interessen geht, diskutieren zumindest die Experten, die für die Wiederaufarbeitungsanlage votieren, verdeckt strategisch, das heißt, sie versuchen durch einen Wechsel von Systemreferenzen intrasystemische Differenzen zu vernebeln.

Werden beispielsweise dem leitenden technischen Experten für die Wiederaufarbeitungsanlage die Risiken seines Sicherheitsberichtes über gesundheitliche Risiken vor Augen gehalten, so kontert dieser nicht etwa mit technologischen Informationen (zum Beispiel mit Ergebnissen der wissenschaftlich-technologischen Risikoforschung), sondern mit rechtlichen Vorschriften, das heißt damit, daß die in seinem Sicherheitsbericht nachgewiesene radioaktive Emission unter den Werten der Strahlenschutzverordnung der BRD liegt und somit legal ist. Oder werden der bayerischen Landesregierung die Risiken ihrer politischen Bewertung der gesundheitlichen Risiken vor Augen gehalten, wenn sie eine Betriebsgenehmigung für die Wiederaufarbeitungsanlage erteilt, obgleich darin die gesetzliche Auflage für eine Kryptonrückhaltung nicht geregelt ist, so kontert ein anwesender bayerischer Politiker damit, daß die wissenschaftlich-technologischen Grundlagen eines entsprechenden Kryptonfilters eben noch nicht geklärt sind.

Der strategische Wechsel von intrasystemischen Konflikten auf die Ebene eines intersystemischen Konflikts dient hier lediglich dazu, die Verantwortung für systemspezifische Risikoeinschätzungen von einem Funktionssystem auf das andere zu verlagern. Dabei werden zumindest im vorliegenden Streit Probleme nicht nur in andere Funktionssysteme externalisiert, sondern die einander opponierenden Vertreter unterschiedlicher Funktionssysteme versuchen auch noch, sich wechselseitig den Schwarzen Peter zuzuschieben. Der Streit fällt somit schließlich doch noch unter die Kategorie eines potentiell unendlichen Konflikts.

Dies liegt jedoch wohl kaum daran, daß in Konflikten in modernen, funktional hochdifferenzierten Gesellschaften scharf herausgearbeitete und kollektiv akzeptierte Differenzen prinzipiell nicht möglich wären. Der Expertenstreit zeigt vielmehr, daß ein rationaler Dissens zumindest voraussetzt, daß mit der Unterscheidung systemspezifischer Logiken des Arguments auch systematisch zwischen intra- und intersystemischen Konflikten und Differenzen differenziert wird, und daß zumindest ein Teil der Experten diese diskurslogischen Unterscheidungen lediglich in strategischer Absicht zu unterlaufen versucht. Ein rationaler Dissens wird – wie nicht nur diese Expertendiskussion, sondern allfällige empirische Beobachtungen zeigen – in der Regel dadurch verhindert, daß beispielsweise Politiker über Geld, Industriemanager über Politik und Ökonomen über das Recht reden, um dem Legitimationsdruck auf die systemspezifischen Argumente, die von ihnen erwartet werden, auszuweichen bzw. um die Relation zwischen ihren normativen und selektiven Bewertungen (von Risiken und Nutzen) und ihren systemspezifischen Interessen (die ja letztlich durch entsprechende Logiken des Arguments gerechtfertigt werden) zu verschleiern und damit unangreifbar zu machen.

Im Falle der Expertendiskussion liegt dies sicherlich nicht zuletzt daran, daß es sich hier um einen politischen Medien-Schaukampf handelt, bei dem es weniger um die Klärung von Differenzen als um das Punkten ging. Zugleich liefert dies jedoch einen Hinweis darauf, daß die Möglichkeit der Erzeugung eines rationalen Dissenses in solchen Konflikten nicht mehr lediglich durch den Zwang einer mehr oder weniger informellen Öffentlichkeit wie im Falle der Trobriander, sondern nur noch durch strukturell komplexe institutionelle Formen einer Konfliktaustragung sichergestellt werden kann. Dies legt zumindest die Hypothese nahe, daß Konflikte in der modernen Gesellschaft wegen der hohen Interdependenz systemspezifischer Referenzen tendenziell vor der Wahl stehen, in unendliche Konflikte überzugehen oder aber einen normativen Wandel hinsichtlich der institutionellen Strukturen und Verfahren öffentlicher Entscheidungsprozesse auszulösen, in denen es um die Herausarbeitung entscheidungsfähiger

Differenzen geht. Daß sich intersystemische Konflikte in hohem Maße strukturbildend auswirken können, zeigt sich im übrigen in unserer Gesellschaft daran, daß sich an den Brennpunkten gesellschaftlicher Konflikte fortschreitend neue Institutionen zur Regelung intersystemischer Konflikte entwickeln (zum Beispiel Verhandlungssysteme etwa im Bereich der Sozialpolitik oder Berufsbildung, konzertierte Aktionen, Enquete-Kommissionen, Bildungsrat, Wissenschaftsrat, etc.), deren Funktion wenigstens zunächst einmal vor allem darin besteht, einen rationalen Dissens zu erzeugen und einen Konflikt damit entscheidungsfähig zu machen.

VI

Im vorliegenden Aufsatz wurde von der Frage ausgegangen, worin die vergesellschaftende, reproduktive oder strukturbildende Wirkung sozialer Konflikte überhaupt gründen könnte; und es wurde im Anschluß an Simmels Theorieskizze versucht, die gesellschaftliche Funktion sozialer Konflikte auf eine diskursive Logik sozialer Konflikte zurückzuführen, in deren Zentrum das Konzept eines rationalen Dissenses steht. Soziale Integration und sozialer Wandel erscheinen im Rahmen einer solchen Logik des Konfliktes als zwei gleichermaßen mögliche Optionen, deren Realisierung von den sozialstrukturellen und institutionellen Bedingungen abhängt, unter denen soziale Konflikte ausgetragen werden. Dies wurde anhand von zwei Fallstudien empirisch zu illustrieren versucht.

Natürlich stellt sich hinsichtlich der beiden Fallstudien die Frage, ob und inwieweit die darin jeweils zum Ausdruck gelangende diskursive Logik sozialer Konflikte repräsentativ ist für die Art und Weise, in der unter extrem unterschiedlichen soziokulturellen und sozialstrukturellen Bedingungen zentrale gesellschaftliche Konflikte diskursiv ausgetragen werden können. Dasselbe gilt für die eher reproduktive Wirkungstendenz sozialer Konflikte im Falle der Landstreitigkeit und für die eher strukturbildende Wirkungstendenz im Falle des Expertenstreites. Bei der schmalen Datenbasis, von der ausgegangen wurde, kann es sich hier ja allenfalls um interessante Hypothesen handeln.

Empirische Fallbeispiele eignen sich jedoch vor allem dazu, die Relevanz und Plausibilität von Grundannahmen theoretischer

Modellbildungen zu überprüfen. In diesem Zusammenhang zeigte sich, daß die im vorausgegangenen skizzierte diskursive Logik sozialer Konflikte gegenüber der Konsenstheorie der Durkheim/Parsons/Coser-Tradition und gegenüber der radikalen Dissenstheorie Luhmanns von theoretischen Grundannahmen ausgeht, die sowohl im Hinblick auf eine Beschreibung sozialer Konflikte als auch im Hinblick auf eine Erklärung der gesellschaftlichen Funktion sozialer Konflikte zumindest eine gewisse Ausweitung von Erkenntnismöglichkeiten versprechen.

Wenn sich nun jedoch, wie das Trobriander-Beispiel und das Wakkersdorf-Beispiel zumindest hypothetisch nahelegen, im Verlaufe von Prozessen der sozialen Differenzierung die Logik sozialer Konflikte und ihre gesellschaftliche Funktion selbst evolutionär verändern können, welche Mechanismen liegen dann einem solchen grundlegenden Wandel zugrunde? Damit sind wir am Ende doch wieder bei der Anfangsfrage ›Was treibt die Gesellschaftsentwicklung voran?‹ angelangt; und was man sich mit den vorausgegangenen Überlegungen schließlich eingehandelt hat, sind nicht nur eine Reihe empirischer Fragen, sondern auch eine Reihe neuer theoretischer Fragen und Rätsel in bezug auf eine allgemeine Theorie des sozialen Wandels.

Literatur

Axelrod, R. (1987), *Die Evolution der Kooperation*, München.

Bühl, W. L. (Hg.) (1972), *Konflikt und Konfliktstrategie. Ansätze zu einer soziologischen Konflikttheorie*, München.

Coser, L. (1956), *The Functions of Social Conflict*, New York.

– (1967), *Continuities in the Study of Social Conflict*, New York.

Dahrendorf, R. (1957), *Soziale Klassen und Klassenkonflikt in der industriellen Gesellschaft*, Stuttgart.

– (1961), *Gesellschaft und Freiheit. Zur soziologischen Analyse der Gegenwart*, München.

– (1970), »Zu einer Theorie des sozialen Konflikts«, in: W. Zapf (Hg.), *Theorien des sozialen Wandels*, Berlin, S. 108-123.

Durkheim, E. (1977), *Über die Teilung der sozialen Arbeit*, Frankfurt am Main.

Fallers, L. A. (1969), *Law without Precedent. Legal Ideas in Action in the Courts of Colonial Busoga*, Chicago.

Gouldner, A. W. (1970), *The Coming Crisis of Western Sociology*, New York.
Homans, G. C. (1961), *»Social Behavior: Its Elementary Forms*, New York.
Hutchins, E. (1980), *Culture and Inference*, Cambridge, Mass.
Krysmanski, H. J. (1971), *Soziologie des Konfliktes*, Hamburg.
Luhmann, N. (1984), *Soziale Systeme*, Frankfurt am Main.
– (1986), *Ökologische Kommunikation*, Opladen.
– (1987), *Soziologische Aufklärung*, Bd. 4: *Soziale Differenzierung*, Opladen.
Malinowski, B. (1965), *Korallengärten und ihre Magie*, Frankfurt am Main.
Miller, M. (1986), *Kollektive Lernprozesse. Studien zur Grundlegung einer soziologischen Lerntheorie*, Frankfurt am Main.
– (1987a), »Culture and Collective Argumentation«, in: *Argumentation*, Heft 1 (Dordrecht: Reidel), S. 121-148.
– (1987b), »Selbstreferenz und Differenzerfahrung. Einige Überlegungen zu Luhmanns Theorie sozialer Systeme«, in: H. Haferkamp und M. Schmid (Hg.), *Sinn, Kommunikation und Differenz. Zur Sozialtheorie von Niklas Luhmann*, Frankfurt am Main, S. 187-211.
– (1992), »Intersystemic Discourse and Coordinated Dissent. A Critique of Luhmann's Concept of Ecological Communication«, in: *Theory, Culture & Society* (im Erscheinen).
– (1992), »Discourse and Morality. Two Case Studies of Social Conflicts in a Segmentary and a Functionally Differentiated Society«, in: *Archives Européennes de Sociologie* (im Erscheinen).
Mills, C. W. (1962), *The Marxists*, Harmondsworth.
Mueller, U. (Hg.) (1990), *Evolution und Spieltheorie*, München.
Parsons, T. (1945), »Racial and Religious Differences as Factors in Group Tension«, in: Bryson, Finkelstein & MacIver (Hg.), *Approaches to National Unity*, New York, S. 182-199.
Pospisil, L. (1971), *Anthropology of Law*, New York.
Powell, H. A. (1956), *An Analysis of Present Day Social Structure in the Trobriands*, Ph. D. diss., University of London.
Simmel, G. (1908), »Der Streit«, in: G. Simmel, *Soziologie*, Berlin 1968, S. 186-255.
Wallwork, E. (1986), »Moralentwicklung bei Durkheim und Kohlberg«, in: H. Bertram (Hg.), *Gesellschaftlicher Zwang und moralische Autonomie*, Frankfurt am Main, S. 163-194.
Weiner, A. B. (1976), *Women of Value, Men of Renown*, Austin.
– (1988), *The Trobrianders of Papua New Guinea*, New York.
Wesel, U. (1985), *Frühformen des Rechts in vorstaatlichen Gesellschaften*, Frankfurt am Main.

Hans-Joachim Giegel
Diskursive Verständigung und systemische Selbststeuerung

In dem Maße, wie funktionale Teilsysteme sich ausdifferenzieren, mit hoher Autonomie sich selber zu steuern beginnen und die Komplexität ihrer Sinnbildung und ihre operativen Leistungen rasch steigern, stellt sich die Frage, ob die aufgrund dieser Ausdifferenzierung von vielen ihrer Funktionen befreite Lebenswelt, die als ein eigentümlich kompakter und diffuser Sinnzusammenhang zurückbleibt und als solcher dem Tempo und der Komplexitätssteigerung der Teilsysteme nicht mehr zu folgen vermag, diesen gegenüber hinsichtlich ihrer Ansprüche und kulturellen Wertorientierungen eine besondere Geltung beanspruchen kann. Darüber hinaus wäre zu fragen, ob sie überhaupt aufgrund der ihr zur Verfügung stehenden Kräfte eine Chance hat, solchen Ansprüchen Geltung zu verschaffen; und, wenn dies nicht der Fall wäre, was es dann noch heißen könnte, daß sie berechtigt sei, diese Ansprüche zu erheben. Schließlich wäre zu untersuchen, welche Lebenswelt denn auf dieser Geltung bestehen könnte: eine aufgeklärte, rationalisierte, zu einheitlicher Willensbildung fähige?
Im folgenden möchte ich zunächst (1) klären, ob die für die Sinnbildung in der Lebenswelt zentrale Kommunikationsform, der verständigungsorientierte Diskurs, einen spezifischen Anspruch an Humanität verkörpert. Dann (2) möchte ich die funktionalen Schwächen dieser Form der Kommunikation darstellen und (3) aufzeigen, daß sie wegen dieser Schwächen nur auf bestimmten Ebenen gesellschaftlicher Kommunikation operativ ist, während komplementär zu ihr andere Formen der Kommunikation praktiziert werden. Schließlich (4) möchte ich analysieren, welchen Einfluß Prozesse konsensorientierter Verständigung gegenüber den für funktionale Teilsysteme spezifischen, über bestimmte Codes selbstreferentiell ablaufenden Kommunikationsprozessen gewinnen könnten.

1. Die Humanität des verständigungsorientierten Diskurses

Individuelle Sinnbildung und gesellschaftliche Kommunikation können in sehr unterschiedlicher Weise aufeinander bezogen sein. In den basalen Kommunikationen der Lebenswelt stellt sich nicht das Problem, ob das Individuum sich angemessen in der Kommunikation darzustellen vermag. Der Zweifel, ob dies möglich ist, tritt erst dann ein, wenn die Kommunikationen sich differenzieren und das Individuum in unterschiedlichen Kommunikationszusammenhängen sich unterschiedlich thematisiert. Dann stellt sich die Frage, in welcher Kommunikation ihm eine authentische Darstellung seiner selbst möglich ist (Luhmann 1985 und 1989, Giegel 1987). Wenn erst einmal die Differenz zwischen Kommunikation und individueller Sinnbildung erfaßt ist, können auch Kommunikationen, in denen sich das Individuum scheinbar wie selbstverständlich darstellt, unter den Verdacht der Nicht-Authentizität geraten. Umgekehrt kann man nach Formen der Kommunikation suchen, die sich durch eine besondere Resonanz für individuelle Sinnbildung auszeichnen und die deshalb beanspruchen können, daß die in ihnen kommunizierten normativen Orientierungen vor allen sonst in der Gesellschaft thematisierten Zielsetzungen und funktionalen Imperativen Maßstäbe der Humanität setzen.

1.1 Die Beziehung von individueller Sinnbildung und gesellschaftlicher Kommunikation

Individuelle Sinnerzeugung und soziale Kommunikation führen zu unterschiedlicher Systembildung. Die Anschlußoperationen, durch die einzelne Sinnepisoden miteinander verknüpft werden, differieren, und entsprechend unterschiedlich sind die Verweisungszusammenhänge, auf die sich Sinnepisoden in den beiden Systemen beziehen (Luhmann 1988). Trotz unterschiedlicher Systembildung stehen diese Systeme aber in einer inneren Beziehung zueinander. Für jedes der Systeme stellt das Operieren des anderen nicht nur eine Irritation oder bloßes Rauschen dar, vielmehr lassen sie sich durch Beobachtung des anderen Systems und seiner spezifischen Operationsweise in ihrer eigenen Strukturbildung bestimmen.

1. Die Abhängigkeit des Aufbaus psychischer Systeme von gesellschaftlicher Kommunikation ist evident.[1] Schon in seinem basalen Prozessieren läßt sich das Bewußtsein durch Kommunikation teils dadurch bestimmen, daß es sich aufgrund kommunikativer Strukturen diszipliniert, also etwa die Abfolge seiner Gedanken durch Logik reguliert, teils dadurch, daß es an den ganzen Reichtum kommunikativ erzeugter Sinnbildung anschließt und durch selektiven Zugriff auf diese Sinnbildung seinen eigenen Aufbau betreibt (Luhmann 1984, S. 286 ff.). Durch Beobachtung der Kommunikation erfährt das Individuum auch, welches seine (ihm in ihrem Sinn verständlichen) Interessen sind.[2] Auch der Kern der Individuierung einer Person, die Herausbildung eines biographischen Orientierungsmusters, mit dem nicht nur die zentrale Interessenstruktur des Individuums, sondern auch, was als sein besonderer, gegenüber anderen unverwechselbarer Lebensentwurf gelten soll, festgelegt wird, ist nur durch Anschluß an Kommunikation möglich (Giegel u. a. 1988, S. 343 ff.). Noch das, was das Individuum als sein Eigenstes ansieht, das Geltendmachen seiner Individualität, mit der es seine Ansprüche gegenüber der Gesellschaft behauptet, ist gesellschaftlich vermittelt.[3]
Individualität ist nicht aus sich heraus ein Handlungszentrum.

1 »Auf soziokultureller Entwicklungsstufe (wird) tierisches Verhalten unter Imperativen von Geltungsansprüchen reorganisiert. Diese Reorganisation vollzieht sich in den Strukturen sprachlich erzeugter Intersubjektivität ...« (Habermas 1973, S. 21).

2 Zwar wird die Ausbildung von Interessen teilweise durch organische ›Spannungen‹ induziert, aber diese schlagen nicht unmittelbar im Bewußtsein durch, sondern nur in der Form, daß sie in Sinnbildungsprozesse aufgenommen werden. Daß diese Sinnbildungen, in denen sich Interessen formieren, wiederum auf die Beobachtung von Interaktionsstrukturen angewiesen sind, hat Mead in seiner Analyse der Internalisierung von Rollenbeziehungen nachgewiesen. Vgl. dazu Habermas 1981, Bd. 2, S. 11 ff.

3 »Wenn aber Motive und Handlungsziele nur unter traditionsabhängigen Deutungen zugänglich sind, kann der einzelne Aktor für die Fortbildung und Revision seiner Bedürfnisinterpretationen nicht selbst letzte Instanz sein ... Sowenig dem einzelnen die Tradition, in der er aufgewachsen ist, zur Disposition steht, so wenig ist er Herr der kulturellen Interpretationen, in deren Licht er seine Motive und Handlungsziele, seine Interessen und Wertorientierungen versteht« (Habermas 1981, Bd. 2, S. 146).

Erst durch Aneignung einer intersubjektiv geltenden Deutung der Welt (Kultur), durch das Erlernen von Rollenbeziehungen und der Attributionen, in denen selbstverantwortliches Handeln unterstellt wird, bildet sich der Anspruch, Ausgangspunkt für soziale Sinnbildung zu sein (Habermas 1981, Bd. 2, S. 92 ff. und 147 ff.; Schimank 1988).

Kommunikation ist schließlich auch deshalb für individuelle Sinnbildung zentral, weil diese sich nur über Kommunikation entäußern kann. Durch Kommunikation werden Anschlußpunkte für individuelle Sinnbildung bezeichnet, an denen diese ansetzen kann. Aus den Strukturen der Kommunikation bestimmt sich, wann ein kommunikativer Beitrag und welche Art von Beitrag zugelassen wird. Das Individuum kann durch Beobachtung der Kommunikation sich gleichsam das Zeichen für seinen Einsatz geben lassen. Darüber hinaus entnimmt es der Kommunikation, was aus deren Perspektive als sinnvoller Beitrag Anerkennung finden kann.

2. Kommunikation ist darauf angewiesen, daß psychische Sinnbildung in sie eingespeist wird. Sowohl kommunizierte Wahrnehmungen wie kommunizierte Interessen können in der Kommunikation Direktionskraft gewinnen. Aber auch hier gilt, daß die Differenz der beiden Systemebenen nicht einfach übersprungen und ein Produkt individueller Sinnbildung nicht einfach in Kommunikation übersetzt werden kann.[4] Erstens kommt es schon dadurch, daß Sinnepisoden in einen anderen selbstreferentiellen Verweisungszusammenhang eingebaut werden, zu Bedeutungsverschiebungen, Verständnisproblemen und Mißverstehen. Es ist prinzipiell unsicher, ob das, was psychisch gemeint ist, in einem kommunikativen Beitrag seinen Sinn behält (Luhmann 1990, S. 26). Zweitens ist die Geltungskraft, die ein psychisches Ereignis besitzt, nicht einfach auf Kommunikationen zu übertragen. Die Kommunikation bestimmt nach eigenen Prozeduren, was zum Beispiel als richtige Wahrnehmung oder als legitimes Interesse anzuerkennen ist.

4 »Um zu wiederholen: ein Kommunikationssystem ist ein an Bewußtsein gekoppeltes, durch Bewußtsein irritierbares System, das aber die eigenen Operationen nur durch die eigenen Strukturen und die eigenen Strukturen nur durch die eigenen Operationen determinieren kann« (Luhmann 1990, S. 46).

Aber es bleibt nicht bei der so aufgebauten Differenz. Diese wird nämlich wiederum, und zwar sowohl von seiten des psychischen wie des sozialen Systems aus, beobachtet. Diese Beobachtung kann wiederum kommuniziert und damit die Kommunikation zu größerer Resonanz gegenüber individueller Sinnbildung gedrängt werden. Man kann erklären, daß man mißverstanden worden ist, und die Kriterien in Zweifel ziehen, die in der Kommunikation dazu führten, eine kommunizierte Wahrnehmung zu entwerten. Beobachtete Differenzen von Bewußtsein und Kommunikation führen in dieser Weise zu Reparaturversuchen. Auch wenn individuelle Sinnbildung in ihrer eigenen Entfaltung von Strukturvorgaben der Kommunikation abhängig ist, kann sie darauf, wie sie in die Kommunikation aufgenommen und dort bewertet wird, Einfluß zu nehmen versuchen. Im Verhältnis von individueller Sinnbildung und Kommunikation geht es nicht nur um den faktischen Vollzug von Anschlußoperationen. Auf der Basis solcher Operationen werden vielmehr Differenzen beobachtet und aufgrund dieser Beobachtungen »reflexive Beziehungsurteile« (Giegel 1987, S. 22 ff.) formuliert. Das Individuum wie das soziale System reflektieren darüber, ob das durch Zugriff auf soziale Kommunikation lernende und dabei Interessen und Ansprüche aufbauende Individuum es mit einer Form der Kommunikation zu tun hat, in der es sich verständlich machen und seinem Sinn Geltung verschaffen kann. Das Individuum, das sich durch Beobachtung sozialer Kommunikation konstituiert, *markiert eine Differenz* zu dieser. Dadurch wird in psychischen und sozialen Systemen selber die Vorstellung erzeugt, daß soziale Systeme in ihren Kommunikationsstrukturen der Sinnbildung von Individuen mehr oder weniger entsprechen können. Die spezifischen Strukturen der Kommunikation und die Formen der Anbindung, die Individuen dadurch erfahren, sind danach zu unterscheiden, in welchem Ausmaß sie Sinnbildung von Individuen oder, genauer, durch Anschluß an Kommunikation aufgebauten Sinn von Individuen in sich aufnehmen.[5]

5 Damit ist nicht gesagt, daß individuelle Sinnbildungen einen angemessenen Maßstab für soziale Systeme darstellen. Nicht einmal Diskurse, die viel Resonanz für individuelle Sinnbildung aufbringen, können dies ohne weiteres beanspruchen.

1.2 Verständigungsorientierte und strategische Kommunikation

Gegenüber psychischer Sinnbildung verhalten sich Kommunikationen wie freischwebende, emergente Prozesse. Als solche können sie dann wiederum durch individuelle Zwecksetzungen funktionalisiert werden (Habermas 1981, Bd. 1, S. 385 ff.). Wer wider besseres Wissen eine Unwahrheit kommuniziert, wird sich einen Vorteil davon versprechen, daß andere nicht die Wahrheit erfahren. Wer versucht, eine von ihm behauptete Wahrheit mit aller Macht in der Kommunikation durchzudrücken und zu diesem Zweck kritische Einwände nicht zur Geltung kommen läßt, der sieht einen Vorteil darin, daß alle auf seine Wahrheit eingeschworen werden. Wer einen anderen von der Gültigkeit einer Norm zu überreden sucht, die offensichtlich nicht in dessen Interesse sein kann, der verfolgt in diesen kommunikativen Prozessen einen eigenen Nutzen. Kommunikationen, die in dieser Weise zu strategischen Zwecken funktionalisiert werden, blockieren die Möglichkeit, daß individuelle Sinnbildung sich angemessen in ihr entfalten kann. Dadurch, daß die Kommunikation nicht an ihren internen Geltungskriterien (der Wahrheit und normativen Richtigkeit) ausgerichtet ist, werden die Rationalitätspotentiale der individuellen Sinnbildung daran gehindert, sich zu entfalten bzw. sich in der Kommunikation Geltung zu verschaffen.

Von derartigen Formen der Kommunikation, die zu Zwecken strategischer Nutzenverfolgung instrumentalisiert werden, sind solche zu unterscheiden, bei denen die Individuen (1) kein anderes Motiv haben, als ein richtiges Ergebnis (eine wahre Aussage oder eine gültige normative Orientierung) zu erzielen, und die darum (2) sich ganz an die dazu erforderlichen Prozeduren halten, nämlich alle Gründe, die in diesem Kontext von Relevanz sein können, zu mobilisieren, sowohl solche, die eine Aussage stützen, wie auch solche, die sie in Frage stellen und kritisieren. Für kognitive Aussagen gelten als Gründe Beobachtungen und gültige Formen des Schließens, für normative Aussagen die Erschließung der aus der Befolgung der Normen entstehenden Weltzustände und die Behauptung, daß solche Weltzustände mit den Interessen aller übereinstimmen oder nicht übereinstimmen (Habermas 1981, Bd. 1, S. 25 ff.).

Diskurse als eine auf Wahrheit bzw. Richtigkeit zielende verständigungsorientierte Auseinandersetzung weisen unter funktionalen Gesichtspunkten Vorteile auf.[6] Weil in einer verständigungsorientierten Kommunikation nichts strategisch verschleiert werden darf, fördert sie maximale Informationsvermittlung und darüber hinaus Komplexitätssteigerung aufgrund von Sinndifferenzierungen. Wer in diskursiven Auseinandersetzungen seine Position durchsetzen will, kann dies nicht durch Abschattung von Sinn, Ausnutzen von Unwissen usw., sondern nur dadurch erreichen, daß er sich an diesem Prozeß der Sinndifferenzierung und Informationssteigerung beteiligt. Ein hohes innovatives Potential besitzen Diskurse insbesondere auch dadurch, daß sie durch ihre kritische Bewegung eher falsche Positionen eliminieren als der bloße Interessenkampf. Wer etwa eine falsche wissenschaftliche Position vertritt, wird durch den Diskurs motiviert, unter Verletzung bestimmter seiner Interessen der Wahrheit die Ehre zu geben. Und wer ungerecht über Privilegien verfügt, wird durch den Diskurs motiviert, über moralisch gebotene Selbstbegrenzung nachzudenken und zwar schon im Vorfeld einer Entwicklung, die über den sozialen Kampf dazu führt, ihm diese Reflexion oder sogar den Privilegienverlust faktisch aufzuzwingen.[7]

1.3 Humanität konsensorientierter Verständigung

Gegenüber einer strategisch orientierten Kommunikation, aber auch gegenüber Bindungen, die durch affektive Vergemeinschaftung (Durkheim), die soziale Konstruktion einer gemeinsamen Welt oder durch ›Systemintegration‹ erzeugt werden, entfaltet eine konsensorientierte Kommunikation, die allein durch das Ziel der Erzeugung richtiger Ergebnisse bestimmt ist, aus sich heraus einen spezifischen Anspruch auf Humanität.

(a) Dieser Anspruch ergibt sich einerseits daraus, daß die Individuen hier nicht (aufgrund von Unwissen) vordergründig an Kom-

6 Deswegen sind sie auch für Systemtheoretiker von Interesse. Vgl. Willke 1989, S. 135 ff.

7 Hier ist auch an die spezifische Innovationsleistung, wie sie etwa von therapeutischen Diskursen erbracht wird, zu denken. Oder an die Lernprozesse, die aus moralischen Diskursen erwachsen. Vgl. dazu Miller 1986.

munikationsbeiträge anderer angeschlossen werden, sondern der ›Anschluß‹ an eine kommunizierte Aussage in der Form zustande kommt, daß Gründe und Gegengründe mobilisiert werden und die Gründe für die Aussage argumentativ gesichert werden können. Man wird durch überzeugende Gründe zur Annahme motiviert – durch sie bestätigt sich ein Geltungsanspruch –, nicht durch sinnhafte Verkürzungen, die von anderen strategisch ausgenutzt werden können, wie zum Beispiel Reputation, Tradition oder richtige Gesinnung. Man wird nicht von anderen, indem diese die eigene Unkenntnis sich zunutze machen, irregeführt. Das Individuum entscheidet sich im Lichte aller verfügbaren Erkenntnisse für eine Wahrheit bzw. gültige Norm.[8] Wenn es durch die argumentative Bewegung mitgerissen wird, verfügt es gleichsam über das, was ihm angetan wird. Indem das Erreichen eines gemeinsamen Resultats in der Kommunikation davon abhängig gemacht wird, daß das Individuum über rationale Beweggründe verfügt, die die letztlich erreichten Ergebnisse zu rechtfertigen vermögen, ist die Bewegung der Kommunikation, die zu einem Ergebnis führt, seine eigene.[9]

(b) Im Diskurs ist die Kommunikation unter die Bedingung gestellt, daß sie dem Versuch der Übersetzung individuell aufgebauten Sinns in kommunikative Beiträge entgegenkommt. Daß das Individuum »mit seinem ›Ja‹ und ›Nein‹ letzte Instanz« ist (Habermas 1986, S. 313), heißt auch, daß es in seinen individuellsten Sinnbildungen, und seien sie noch so idiosynkratisch, ernst genommen wird. Auf der anderen Seite verlangt der Diskurs, daß das Individuum das, worauf es sich stützt, aus dem Dunkel der

8 Wenn die Idee einer rationalen Klärung von Geltungsansprüchen fallengelassen wird, bleibt als Grund für die Identitätsbildung konsequenterweise nur noch (kriterienloses) Entscheiden. Vgl. Schimank 1985. Als besonders gelungene Form der Individuierung kann dann auch die bloße Negation des Allgemeinen, nämlich Abweichung, erscheinen. Dazu Luhmann 1985, S. 429 ff.

9 »Beides, Autonomie und Kraft zu spontaner Selbstverwirklichung, schreibt Mead jeder Person zu, die sich in der revolutionären Rolle eines Teilnehmers am universellen Diskurs von den Fesseln eingewöhnter konkreter Lebensverhältnisse löst ... Dem ›appeal to the larger community‹ entspricht ›the larger self‹, eben jenes autonome Subjekt, das sein Handeln an universellen Grundsätzen orientieren kann« (Habermas 1981, Bd. 2, S. 148 f.).

privatistischen Fixierung herausholt und der intersubjektiv zugänglichen argumentativen Bewegung aussetzt.[10] Was als Grund Anerkennung finden soll, darf nicht privatistischer Natur sein, sondern muß von anderen reproduziert werden können. Kognitive Erfahrungen dürfen nicht privatistisch sein, damit ausgeschlossen werden kann, daß sie in den Bereich individueller Verrücktheiten fallen. Behauptungen über die Übereinstimmung von Weltzuständen mit den Interessen aller dürfen nicht privatistisch sein, weil die Feststellung, daß die Weltzustände mit den Interessen anderer übereinstimmen, nur von diesen getroffen werden kann.

Damit gewinnt die Bestimmung, daß das Individuum letztentscheidend ist, eine neue Bedeutung. Nicht das privatistisch sich verschließende Individuum, sondern das sich der argumentativen Bewegung öffnende erhält das Recht, darüber zu urteilen, ob Gründe überzeugend sind oder nicht.[11] Im Diskurs operiert das Individuum, das aufgrund der argumentativen Bewegung lernt. Und nur weil dies so ist, kann trotz Letztentscheidung des Individuums erwartet werden, daß eine Bewegung auf ein argumentativ begründetes Ergebnis hin (unter idealen Bedingungen) von allen geteilt wird. Diskurse sind in diesem Sinn auf einen (vernünftigen) Konsens hin orientiert. Das bedeutet nicht, daß anstelle von Wahrheit oder normativer Richtigkeit Konsens präferiert wird[12], sondern daß, wenn man sich für vernünftige Argumente anderer öffnet, zu erwarten ist, daß man sie so auffaßt wie diese, so daß fehlender Konsens sich nur einstellen kann, wenn einer der Diskursteilnehmer sich nicht von Fixierungen löst, für die keine überzeugenden Argumente sprechen.

Aufgrund dieser Diskursen eigentümlichen Resonanz für individuelle Sinnbildung erhalten die diskursiv gefundenen normativen Orientierungen eine besondere Bedeutung. Sie bezeichnen den

10 »Wer sich in seinen Einstellungen und Bewertungen so privatistisch verhält, daß sie durch Appelle an Wertstandards nicht erklärt und plausibel gemacht werden können, der verhält sich nicht rational« (Habermas 1981, Bd. 1, S. 37).

11 Zu der These, »daß das, was den Menschen zur Person macht, das ist, was er mit den anderen Menschen gemeinsam hat, was ihn zum Menschen an sich und nicht zu einem bestimmten Menschen macht ...«, vgl. schon Durkheim 1981, S. 367.

12 Zu diesem oft erhobenen Vorwurf vgl. jetzt Döbert 1992.

Eigensinn lebensweltlicher Identität, das, was nicht aufgegeben werden kann, ohne daß der Lebenswelt »das Bewußtsein unkündbarer Solidarität« (Habermas 1986, S. 313) verlorengehen würde. Nachdem die Moderne die tradierten kulturellen Wertmuster der kritischen Überprüfung ausgesetzt hat, diese deshalb aus sich heraus keine Verbindlichkeit mehr beanspruchen können, haben nur noch diskursiv gewonnene normative Orientierungen die Kraft, zumindest Minimalbedingungen für das, was als humane Existenzform gelten kann, zu bestimmen.

2. Funktionale Probleme verständigungsorientierter Koordination

2.1 Die paradoxale Selbstgefährdung von Diskursen

In den verständigungsorientierten Auseinandersetzungen des Diskurses werden vielfältige neue Sinnmöglichkeiten eingeführt und erprobt. Gleichzeitig stehen Diskurse vor der Aufgabe, diese sich differenzierenden und vervielfältigenden Sinnmöglichkeiten operativ zu bewältigen und zu synthetisieren, das heißt sie in ihrem Verhältnis zueinander zu bestimmen und Anschluß zwischen ihnen herzustellen. Diskurse dürfen nicht in voneinander isolierte Sinnpartikel zerfallen, sondern müssen ein die einzelnen Sinnmomente synthetisierendes Beziehungsnetz erarbeiten.[13] Nur wenn dies gelingt, kann man in Diskursen in rationaler Form zu Entscheidungen gelangen.

Diskurse selber aber können, gerade weil sie dazu tendieren, vorgegebene Sinnverbindungen aufzulösen, diese Synthetisierungs-

13 Wie schwierig diese Synthetisierung ist, läßt sich an den großen Anstrengungen ablesen, die zu Beginn der Neuzeit unternommen worden sind, um die Massen partikularisierten empirischen Wissens, die aufgrund der damals in Gang gebrachten Auflösung kompakter Erfahrungen erzeugt wurden, in einen überschaubaren Ordnungszusammenhang zu bringen. Es ist sogar anzunehmen, daß ohne die Schaffung geeigneter Ordnungsstrukturen, zum Beispiel in Form von Klassifikationssystemen, die enorme Steigerung der empirischen Beobachtung nicht möglich gewesen wäre. Vgl. dazu Slaughter 1982.

leistungen nicht allein aus sich heraus erbringen. Es besteht hier grundsätzlich die Gefahr einer babylonischen Sprachverwirrung, die Sinnverknüpfungen unmöglich macht. Damit die Synthetisierung differenzierten Sinns gelingt, ist deshalb der Diskurs auf einen Import stabiler Sinnbeziehungen angewiesen. Dieser Import kommt aus der Lebenswelt, die intersubjektiv verbindliche, selbstverständlich geltende Gewißheiten bereitstellt. Diskurse bedürfen solcher lebensweltlicher Gewißheiten, um die zur Sinnsynthese notwendigen Anschlüsse herzustellen.[14] Insbesondere muß auf einen festen Boden lebensweltlicher, intersubjektiv geteilter Gewißheiten zurückgegriffen werden können, um trotz des Dissenses, der in Diskursen erzeugt wird, Prozesse der Verständigung in Gang zu halten. Nur so ist das Dissensrisiko, das durch Diskurse entsteht, überhaupt tragbar.

Hier stoßen wir nun auf eine grundlegende *paradoxale Struktur von Diskursen.* Diskurse weisen ihrer eigenen Bestimmung nach eine expansive Tendenz zur Auflösung lebensweltlicher Gewißheiten auf. Für Diskurse ist der Zusammenbruch solcher Gewißheiten nicht nur Auslöser, durch den sie in Gang gesetzt werden, sondern sie führen ihn auch selber herbei. Nach ihren eigenen Regeln können sie nicht regional begrenzt sein. Schon wegen der weitläufigen Ketten, in die jedes Sinnelement eingespannt ist, tendieren Diskurse wie ein Flächenbrand dazu, sich immer wieder an neuen Sinnmaterien zu entzünden. Man will vielleicht nur an einem bestimmten Punkt Klarheit gewinnen, aber unweigerlich wird dadurch anderes, auch solches, was in entfernteren Regionen sich abspielt, zur Disposition gestellt.[15] Diskurse tendieren also nach einer Seite dahin, den Außenhalt, der ihnen durch lebensweltliche Gewißheiten geboten wird, zu zerstören. Auf der anderen Seite bleiben sie aber auf diesen Außenhalt angewiesen, damit überhaupt noch Chancen der Verständigung gesichert werden können. Aus diesem Grund ist *die Idee eines sich selber nach*

14 »Aus der situationszugewandten Perspektive erscheint die Lebenswelt als ein Reservoir von Selbstverständlichkeiten oder unerschütterten Überzeugungen, welche die Kommunikationsteilnehmer für kooperative Deutungsprozesse benutzen« (Habermas 1981, Bd. 2, S. 189; ferner Habermas 1981, Bd. 1, S. 149 f.; Habermas 1985, S. 378 f.).

15 »Im Prinzip ist das Ausloten von Konsensfähigkeit, das ›sounding out‹, eine immer weiter mögliche Operation ...« (Luhmann 1984, S. 324).

eigenen Kriterien steuernden Diskurses ein Selbstwiderspruch. Damit Diskurse über die ihnen aus der Lebenswelt gelieferten synthetisierenden Leistungen verfügen können, müssen sie deshalb daran gehindert werden, die ihnen eigentümliche expansive Tendenz voll zu entfalten. Diskurse können nicht ihrem Ideal entsprechen, sie müssen gleichsam gegen sich selber geschützt werden.[16]

Näher betrachtet nimmt dieser paradoxe Charakter von Diskursen eine Reihe von spezifischen Formen an. Diskurse haben unter anderem die Funktion, in lebensweltlichen Situationen, die wegen Unklarheiten in ihren Sinngrundlagen Probleme erzeugen, Hilfestellung zu bieten. Nun zeigt sich aber, daß Diskurse in dem Maße, wie sie lebensweltlichen Sinn auflösen und testen, statt zur Klärung der Situation beizutragen oft die Verwirrung steigern. Wenn in Diskurse sehr unterschiedliche Sinnperspektiven eingeführt werden, kann dies rasch dazu führen, daß ein gemeinsamer Nenner für die auseinanderdriftenden Sinnartikulationen nicht mehr gefunden wird. So kann statt der Klarheit, die durch Diskurse erreicht werden soll, am Ende eine nicht auflösbare Verwirrung eintreten (Hahn 1983 und 1989).

Diskurse sollen auch Mehrdeutigkeiten, die in lebensweltlichen Kommunikationen auftreten und sie belasten, beseitigen. Aber vielfach führt die diskursive Arbeit an solchen Mehrdeutigkeiten dazu, daß nun das Problem der Unentscheidbarkeit aufgrund hoher Komplexität eintritt. Zum Beispiel führen wissenschaftliche

16 Dieser Selbstwiderspruch des Diskurses wird verdeckt, wenn man das Verhältnis von Diskurs und lebensweltlichen Sinngrundlagen als das von zwei komplementären Momenten zu bestimmen versucht und glaubt, den Angriff des Diskurses auf diese Sinngrundlagen in der Form einer zeitlichen Aufeinanderfolge punktförmig ansetzender Diskurse entschärfen zu können. »Das Hintergrundwissen bleibt als ganzes unproblematisch; nur der Teil des Wissensvorrats, den die Interaktionsteilnehmer für ihre Interpretationen jeweils benützen und thematisieren, wird auf die Probe gestellt. In dem Maße, wie die Situationsdefinitionen von den Beteiligten selber ausgehandelt werden, steht mit der Verhandlung jeder neuen Situationsdefinition auch dieser thematische Ausschnitt aus der Lebenswelt zur Disposition« (Habermas 1981, Bd. 1, S. 150). Was dabei übersehen wird, ist, daß die Fixierung des Diskurses auf ein begrenztes Operationsgebiet bereits das Außerkraftsetzen bestimmter Diskursregeln impliziert.

Auseinandersetzungen, in denen die Vieldeutigkeit lebensweltlichen Sinns überwunden werden soll, gerade dadurch, daß immer neue Argumente ins Feld geführt werden, schließlich zu einer derart komplexen Erweiterung des diskursiv behandelten Sinnes, daß nicht mehr genau erkennbar ist, wie hier eine definitive Entscheidung herbeigeführt werden könnte.[17]
Dieses Dilemma wird insbesondere in jedem Streit erzeugt, bei dem es um Gerechtigkeit in einem weitgespannten Netz sozialer Beziehungen geht. Die diskursive Argumentation führt hier notwendig auf die Ebene der Formulierung einer Gesamtoption. Das heißt, die einzelnen gesellschaftlichen Positionen werden im Gesamtnetz der insgesamt eingenommenen Positionen reflektiert. Diese Gesamtoption aber ist erstens überhaupt nur in grober Annäherung zu formulieren. Zweitens ist zwischen unterschiedlichen Vorstellungen von einer solchen Gesamtoption schon wegen der Unsicherheit, die durch die extrem hohe Komplexität erzeugt wird, argumentativ keine Entscheidung herbeizuführen. Der Diskurs verlangt also einerseits, daß jeder der Beteiligten sich von der Ebene des Gesamtprozesses aus reflektiert, aber gleichzeitig ist nicht zu sehen, wie er dieser Aufforderung nachkommen könnte. Die Sachprobleme verlangen, daß der Diskurs in einen Bereich hoher Komplexität vorstößt, aber dann zeigt sich, daß er diese nicht abarbeiten kann.[18]
Auch sind Diskurse kaum in der Lage, die Verbindlichkeit in der Regulierung sozialer Beziehungen, wenn sie lebensweltlich fraglich geworden ist, wiederherzustellen. Selbst wenn Diskurse einmal zu einem definitiven Ergebnis gelangen würden, so hat dieses Ergebnis, gerade weil es durch Anschlußdiskurse wieder in Frage gestellt werden kann, gerade nicht den Index der Dauer, der etwa

17 Darum läßt man hier oft durch strategische Operationen entscheiden, wer das Feld beherrscht, bei gelegentlichen Einsprengseln von Diskursen. Vgl. die Analyse der Netzwerkbildung bei Latour (1987, S. 103 ff.) oder die Darstellung der strategischen Operationen, die die Wissenschaft selbst mit Hilfe des ›contingent repertoire‹ reflektiert, bei Gilbert/Mulkay (1984, S. 54 ff.).

18 Auch hier muß deshalb nach Ersatzlösungen und Vereinfachungen gesucht werden. Das geschieht etwa in der Weise, daß nicht über Gesamtoptionen, sondern über ausdifferenzierte Teilaspekte einer solchen Option und das in hoch generalisierter Form, zum Beispiel über Normen, diskursiv verhandelt wird.

Normen anhaftet. Diskurse bringen es gerade wegen ihrer expansiven Tendenz der Verflüssigung lebensweltlichen Sinns mit sich, daß die von ihnen erzielten Resultate jederzeit wieder zur Disposition gestellt werden können.[19] Darum hilft es auch nicht, auf den »Zwang des besseren Argumentes« (Habermas 1981, Bd. 1, S. 48) zu setzen. Dieser Zwang relativiert sich nämlich an der Möglichkeit, daß das bessere Argument noch nicht gefunden ist. Man kann, auch wenn der Argumentationsstand dagegen spricht, auf Dissens bestehen, weil man hoffen kann, daß im weiteren Fortgang der Auseinandersetzung sich Argumente finden, die die Beweislage zugunsten der dissentierenden Position umkehren.[20] Diskurse können aber auch keine Verbindlichkeiten in bezug auf sich selbst schaffen. Zum Beispiel können sie sich nicht garantieren, daß von ihnen erwartete Resultate fristgemäß geliefert werden. Es ist deshalb auch ausgeschlossen, daß die für kooperative Arbeitsprozesse erforderlichen Kettenbildungen sich bei einer unbeschränkten Zulassung von Diskursen stabilisieren könnten. Insbesondere können Diskurse aber auch nicht garantieren, daß die abgerissenen Fäden der Verständigung, die oft ihren Ausgangspunkt darstellen, durch sie wieder repariert werden. Infolge der insgesamt eintretenden Erweiterung und Komplexitätssteigerung der Sinnmaterien tritt eine Differenzierung in der Verfügung über Sinn ein. Die Individuen werden sich unterschiedliche Teile der insgesamt kommunizierten Sinnmasse aneignen. Aufgrund dieser unterschiedlichen Vertrautheit mit Sinnmaterien kommt es zu Abstufungen der Möglichkeit intersubjektiver Verständigung. Ein Wissenschaftler wird mit seinem Gegenüber anders sich verständigen können, je nachdem, ob dieser ein Wissenschaftler ist, der im selben oder im benachbarten Feld oder in einer anderen

19 »Dieser kognitiven Schwäche entspricht eine motivationale Schwäche. Jede posttraditionale Moral verlangt eine Distanzierung von den Selbstverständlichkeiten unproblematisch eingewöhnter Lebensformen. Die von der konkreten Sittlichkeit des Alltags entkoppelten moralischen Einsichten führen nicht mehr ohne weiteres die motivationale Kraft mit sich, welche die Urteile auch praktisch wirksam werden läßt« (Habermas 1987).

20 Diese Unendlichkeit der Diskursbewegung ist in dessen Struktur selber angelegt. »... unsere Kenntnis der Akzeptabilitätsbedingungen empirischer Wahrheitsansprüche ist nämlich immer unvollständig« (Wellmer 1992).

Disziplin arbeitet, oder ob es sich um einen Wissenschaftler handelt, der sich auf das Forschungsmanagement spezialisiert hat oder in eine Ministerialbürokratie übergewechselt ist, oder ob er es mit einem vielleicht wissenschaftlich aufgeschlossenen Politiker oder Richter zu tun hat. Niemand könnte ein Interesse daran haben, Sinnmaterien, die woanders ausgebildet sind, bei sich vollständig zu reproduzieren, und er könnte dies auch nicht.[21] Auf diese Weise *führt der Diskurs mit steigender Differenziertheit seiner Operationen nicht nur zu einer stärkeren Verbindung, sondern gleichzeitig auch zu einer zunehmenden Distanz und Fremdheit zwischen den Individuen.*

Die Probleme einer diskursiven Steuerung der Lebenspraxis nehmen noch einmal dadurch dramatisch zu, daß nicht alle lebensweltlichen Konflikte diskursfähig sind. Gegensätzliche Präferenzen für Lebensformen gehören dazu (Habermas 1981, Bd. 1, S. 111 f.), aber auch etwa das Problem, ob man Ungleichheit akzeptieren soll, die für den überwiegenden Teil der Gesellschaft im Vergleich zu stärker egalitären Verhältnissen eine bessere Option darstellt (Elster 1985, S. 222 ff.; Roemer 1986, S. 102 ff. und S. 110). An solchen Konfliktmaterien entzünden sich Diskurse, obgleich diese nur unzureichende argumentative Mittel bereitstellen, um derartige Konflikte zu lösen.

Nun kann man auf diese sich aus Diskursen ergebenden Schwierigkeiten wiederum mit Reparaturversuchen antworten, aber dabei nimmt die bezeichnete Paradoxie nur andere Formen an. Zum Beispiel kann man in Diskursen darauf achten, daß man sich in seinen Beiträgen nicht zu weit von der Erfahrung des anderen entfernt, damit die Fäden der Verständigung nicht abreißen.[22] Aber damit verletzt man dann ein anderes Diskursgebot, nämlich das Gebot, ohne Rücksicht auf externe Anforderungen die eigenen Perspektiven im Diskurs zur Geltung zu bringen, oder man blockiert vielleicht sogar Prozesse der Sinndifferenzierung, die zur Wahrheitsfindung erforderlich sind. Ähnlich sind andere Reparaturversuche, wie die Eingrenzung der strittigen Fragen, eine gesteigerte Verpflichtung von Experten, ihr Spezialwissen dem Laien zugänglich zu machen, die Einrichtung spezieller Bildungs-

21 »Funktionale Differenzierung ist ... nur möglich durch Verzicht auf Redundanz« (Luhmann 1986, S. 97, ferner S. 208).

22 Man arbeitet etwa mit Konsensfiktionen. Vgl. Hahn 1989.

schleifen, die als Bedingung der Teilnahme am Diskurs durchlaufen werden müssen usw., zwar Maßnahmen, die zur Stabilisierung von Diskursen beitragen können, aber sie können dies doch nur in der Form, daß sie bestimmte Diskursregeln verletzen. Dies bestätigt noch einmal die These, daß Diskurse gegen sich selbst geschützt werden müssen.

2.2 Imbalancierungen von Lebensformen und der Zwang zur Restriktion von Diskursen

Prozesse diskursiver Verständigung haben es nicht nur mit internen Problemen der Überlastung zu tun. Sie müssen auch Gleichgewichtsanforderungen beachten, die sich daraus ergeben, daß die Gesellschaft ihre Reproduktion sichern muß und Individuen die ihre Lebensform bestimmenden Interessen befriedigen wollen. Diskurse sind auch nach dieser Seite paradox, weil sie einerseits helfen, solche Anforderungen zu befriedigen, andererseits gerade dadurch, daß sie selber Zeit und Handlungspotential in Anspruch nehmen, in Konflikt mit ihnen geraten.

1. In Kommunikationen muß gesichert werden, daß die Gesellschaft ihr Handlungspotential so einsetzt, daß in den komplexen Prozessen der gesellschaftlichen Reproduktion der Bestand des gesellschaftlichen Systems gesichert wird. Kommunikationen sind hinsichtlich dieser Funktion nicht nur hilfreich, sondern unverzichtbar. Es gibt keine Reproduktion der Gesellschaft, ohne daß über die Organisation des gesellschaftlichen Handlungspotentials kommuniziert wird. Allerdings sind Kommunikationen auch nur eine Seite des Reproduktionsprozesses, sie bereiten Handlungen vor, steuern, reflektieren und korrigieren sie. Die andere Seite ist die Umsetzung des Kommunizierten in Prozesse der Weltveränderung.[23] Kommunikation darf solche Prozesse nicht blockieren, etwa dadurch, daß sie selbst zuviel Zeit und Aufmerksamkeit in Anspruch nimmt. Insbesondere Diskurse aber laufen Gefahr,

23 Evidenterweise kann der Reproduktionsprozeß nicht als ganzer erfaßt, daher auch nicht als ganzer durch Kommunikation gesteuert werden, und darum kann er auch nicht als eine einfache Umsetzung der Kommunikation in Prozesse der Weltveränderung gedacht werden. Steuerung und Evolution gehen hier eine spezifische Verbindung ein. Vgl. Schimank 1987.

durch ihre eigene Dynamik gerade ein solches Ungleichgewicht herbeizuführen. Die Neigung, sich extensiv auszudehnen, die Unbestimmtheiten, in die Diskurse hineinführen, und das steigende Dissensrisiko, das sie erzeugen, können Reproduktionsprozesse, die auf routinemäßiges Operieren angewiesen sind, empfindlich beeinträchtigen. Und es ist nicht gesichert, daß Diskurse die Vernunft aufbringen, sich selber angesichts solcher funktionaler Anforderungen auf ein angemessenes Maß zu begrenzen.

2. Schließlich ist daran zu denken, daß die Verständigung als reale Lebensaktivität andere solche Aktivitäten blockiert, in diesem Sinn also Kosten für die Lebenspraxis verursacht. Deswegen unterliegen auch Diskurse dem Zwang, gegenüber anderen Lebensmöglichkeiten abgewogen werden zu müssen. Diskursive Aufklärung zu verlangen, ist nur ein relatives Recht. Man hat auch ein Recht darauf, daß Dinge laufen, ohne daß man zur Diskussion verpflichtet wird. Je komplexer die gesellschaftlich diskutierte Sinnmaterie ist, um so mehr muß man damit rechnen, daß Verständigung hohe Kosten erzeugt.[24] Weil es neben der kommunikativen Verständigung Interessen gibt, die befriedigt werden sollen, muß man deshalb über die Freiheit verfügen, sich in bestimmten Situationen Nicht-Verstehen leisten zu können.[25] Es ist auch keineswegs so, daß eine volle Ausschöpfung des kommunikativen Potentials der Verständigung die Interessenbefriedigung immer optimal gewährleistet. In manchen Situationen wird die Handlungseffektivität gerade dadurch gesichert, daß das Individuum nicht zu neuen Sinnbildungsprozessen oder überhaupt zur Negation gereizt wird. Und bisweilen ist die Tatsache, daß eine Entscheidung ohne zureichende Information der Betroffenen gefällt wird, gerade die Bedingung dafür, daß etwas zustande kommt, was zumindest in bestimmten Hinsichten zu einem höheren Grad der Interessenbefriedigung führt. Und das wiederum wirft die Frage auf, ob es nicht Verzichte auf Diskurse und ihre humanisierenden Wirkungen gibt, die deshalb, weil sie höhere Effektivitäten

24 Dieses Argument spielt in der skeptischen Beurteilung des Diskurses bei Schmid (1992) eine wichtige Rolle.

25 Selbst in Systemen, die von der für sie charakteristischen Interessenstruktur her viel Raum für diskursive Prozesse lassen, wie zum Beispiel die Wissenschaft, sind solche Diskursverweigerungen unverzichtbar. Vgl. dazu Latour 1987, Gilbert/Mulkay 1984 und Knorr-Cetina/Amann 1992.

erzeugen, wiederum Voraussetzungen für die Realisierung von Humanität liefern.

2.3 Die Dialektik von Diskurs und Entscheiden

Der Kern aller dieser paradoxen Implikationen, die Diskurse enthalten, liegt im folgenden. Die gesellschaftliche Lebenspraxis stellt ein Bündel zahlloser nebeneinander sich entfaltender und wechselseitig voneinander abhängiger Ereignisketten dar. Jede dieser Ketten wird schon deshalb ständig vorangetrieben, weil sie durch die Bewegung der anderen in eine neue Konstellation gerät und damit neu bestimmt wird. Der Lebenspraxis werden deshalb ständig *Entscheidungen* abverlangt.[26] Diese Entscheidungsanforderungen der Lebenspraxis verlangen aber *Entscheiden unter Bedingungen des Nichtwissens und des Dissenses.* Das Entscheiden kann weder darauf warten, daß die Welt zureichend erkannt ist, noch daß die Perspektiven der Handelnden zureichend aufeinander abgestimmt sind. Der Diskurs hält in seinen auf Humanität zielenden Anstrengungen der Verständigung diese Seite der Lebenspraxis von sich fern. Darum kann auch die Identität der Lebenspraxis sich nicht alleine in einer vom Handlungsdruck befreiten Sphäre diskursiver Verständigung herstellen. Zu der Identität der Lebenspraxis gehört vielmehr auch, wie Diskurse einerseits und die auch über nicht-verständigungsorientiertes Handeln sich reproduzierende Lebenspraxis andererseits aufeinander bezogen werden. *Die Art der Relationierung von Diskurs und Lebenspraxis bestimmt die Identität der Lebenswelt.*

Die grundlegende Schwäche des Diskurses ergibt sich daraus, daß er, nur eine Seite der Lebenspraxis darstellend, *mit seiner Vernunft nicht einmal über die Relationierung von Diskurs und der auf Entscheidung angewiesenen Lebenspraxis verfügen kann.* Schon die Einrichtung eines Diskurses ist kein Resultat einer diskursiv begründeten Entscheidung. Man kann keineswegs unterstellen,

26 Gewiß kann man nicht überall, wo die Lebenspraxis sich neu bestimmt, entscheiden, vielfach wird man gezwungen sein, den Dingen ihren Lauf zu lassen. Aber auch dieses Nicht-Entscheiden wird, wenn die Kontingenz von Sinnprozessen erfahren wird, als Entscheiden zugerechnet. Dazu Oevermann 1985, S. 466.

daß die Einrichtung von Diskursen in jedem Fall eine vernünftige Option darstellt. Mit der Aussetzung einer Entscheidung werden bestimmte Dinge, die realisiert hätten werden können, nicht realisiert. Das Nicht-Entscheiden stellt ein Versäumnis dar, das durch späteres Entscheiden nicht wettgemacht werden kann. Das gilt auch dann, wenn man das Entscheiden aussetzt, um das Entscheiden zu rationalisieren, indem man etwa in Diskursen mehr Wissen und mehr Konsens zu erreichen sucht. Das spätere Entscheiden mag in mancher Hinsicht dem zunächst möglichen, aber nicht vollzogenen Entscheiden überlegen sein, aber es kann den durch den Aufschub eingetretenen Verlust nicht kompensieren.
Man kann durch Aussetzen einer Entscheidung und das Dazwischenschalten von Diskursen das Entscheiden in bestimmter Hinsicht rationalisieren. Aber die Entscheidung des Aussetzens der Entscheidung und das damit der Lebenspraxis zugemutete Versäumnis bleibt dabei außerhalb des diskursiven Klärungsprozesses. Man führt keinen Diskurs darüber, ob es sinnvoll und gerechtfertigt ist, einen Diskurs zu führen. Man müßte sich dann zumindest teilweise in diesen letzteren Diskurs hineinbegeben, aber wie sollte man wieder – und zwar mit Mitteln des Diskurses – aus ihm herauskommen? Diskurse können bestimmte Weltverhältnisse daraufhin analysieren, ob sie im Interesse aller sind. Aber sie können nicht sich selber daraufhin reflektieren, ob sie das Interesse aller treffen. Und es wäre ungerechtfertigt, dies einfach zu unterstellen. Wer sich durch Autoabgase in seiner Gesundheit bedroht fühlt und viele gute Argumente dafür hat, daß Geschwindigkeitsbeschränkungen die Abgasbelastungen senken würden, wird aus seiner Sicht die Einrichtung von Diskursen, in denen noch diesbezügliche Zweifel abgearbeitet werden sollen, als einen nicht gerechtfertigten Aufschub von Entscheidungen ansehen.[27]
Einen Diskurs führen heißt, bestimmte Möglichkeiten der Lebenspraxis ohne zureichendes Wissen und zureichenden Konsens auszuschalten. Ob dieser Verlust und insbesondere die unterschiedliche Verteilung der Kosten, die sich aus ihm ergeben, gerechtfertigt sind, wird in dem Diskurs selber nicht geklärt.
Nicht nur am Anfang, auch am Ende des Diskurses kommt es zu

27 »Je höher man die formalen Anforderungen an die Wissenschaftlichkeit über drohende Umweltbeeinträchtigungen schraubt, desto länger wird man präventives Handeln aufschieben können mit dem Hinweis, daß man noch nicht genug wisse« (Keck 1988, S. 113).

einem nicht diskursiv legitimierten Entscheiden. Gerade weil Diskurse sich selber zu fortgesetzter Expansion antreiben, finden sie aus sich selbst heraus kein Ende. Sie münden nicht in ein von ihnen selbst bestimmtes Telos. Diskurse werden deshalb aufgrund vielfältiger Bedingungen beendet, von denen nicht diskursiv geklärt ist, ob sie legitime Gründe für den Abbruch eines Diskurses sind. Man hört mit Diskursen vor allem auf, weil die Lebenspraxis aufgrund des Aussetzens der Entscheidung unter Druck gerät. Irgendwann entscheidet man, daß, weil man mit der Lebenspraxis Schritt halten muß, genug diskutiert wurde. Aber gerade diese Vorstellung ist nicht diskursiv ausgewiesen. Sie überspielt vorhandene Unkenntnisse und Dissense.
Darum wäre auch die Wirkung von Diskursen nicht angemessen bestimmt, würde man sie einfach als Einführung einer diskursiv gewonnenen Einsicht in die Lebenspraxis begreifen. Die Beendigung von Diskursen enthält nämlich immer ein strategisches, nicht diskursiv geklärtes Moment. Der Rückgang in die Lebenspraxis ist nicht nur Überleitung der diskursiv gewonnenen Einsichten, sondern auch ein nicht diskursiv geklärtes Aussetzen des Diskurses. Der Entschluß, aus dem Diskurs in die Lebenspraxis zurückzukehren, enthält immer das Risiko, daß die in die Lebenspraxis eingeführten Einsichten aufgrund des Abbruchs der diskursiven Bewegung nicht das volle Rationalisierungspotential des Diskurses in sich aufgenommen oder sogar strategische Interessen dies verhindert haben. Dieses Risiko einer strategischen Verzerrung von Diskursergebnissen, das sich beim Übergang von Diskursen in Lebenspraxis unvermeidlich einstellt, spiegelt noch einmal die Notwendigkeit wider, daß die Lebenswelt sich zu nichtverständigungsorientiertem Handeln bestimmen muß.
Diskurse können der Anforderung der Lebenspraxis, unter Bedingungen von Ungewißheit und Dissens zu entscheiden, nicht entgehen. Nicht nur ist die Einrichtung von Diskursen selber ein strategischer Zug, der unter Bedingungen von Ungewißheit und Dissens erfolgt, auch die Überführung von Diskursen in Lebenspraxis verlangt solche strategischen Operationen. Damit, daß die Lebenspraxis zu Diskursen übergeht, in denen die Teilnehmer sich allein an den in der Struktur sprachlicher Verständigung angelegten Geltungskriterien orientieren, entgeht sie nicht der Notwendigkeit eines Entscheidens, das den diskursiven Ansprüchen an Wahrheit und Richtigkeit nicht genügen kann.

Die Lebenswelt ist so gesehen das Feld, auf dem *von Diskursen zu strategischem Handeln ständig hin- und hergewechselt* wird.[28] Und dies nicht wegen der unvollkommenen Realisierung der Diskursbedingungen oder der fehlenden Selbstrationalisierung der Diskursteilnehmer, sondern weil der Diskurs als solcher immer schon ein Teil der in der Lebenswelt unter Bedingungen von Ungewißheit und Dissens ablaufenden Entscheidungspraxis ist. Mit dem Entschluß zur Einrichtung eines Diskurses treten wir nicht in ein Reich höherer Rationalität ein, das vom Reich strategischen Handelns sich abhebt, vielmehr handelt es sich um unterschiedliche Bestimmungen einer Praxis, die sich abwechselnd in den Vordergrund schieben, aber ständig ineinanderspielen. *Die Dialektik von (verständigungsorientiertem) Diskurs und (strategischem) Entscheiden holt den Diskurs selber noch ein.*[29]

3. Systemische Integration

Es ist ein zentrales Merkmal der Moderne, daß sie die Kontingenz von Sinnbildungen erfahrbar macht und damit lebensweltliche Gewißheiten erschüttert. Hierbei spielt die diskursive Verflüssigung von Sinngrundlagen eine entscheidende Rolle. Durch Auflösung und Rekombination von Sinnbeständen vervielfältigen und erweitern sich die Möglichkeiten des Erlebens und Handelns, und damit steigt die Komplexität der Sinnbildung explosionsartig an. Nun ist es aber aufgrund der beschriebenen Schwäche von Diskursen ausgeschlossen, daß diese hohe Komplexität diskursiv abgearbeitet und das aus dem Verlust lebensweltlicher Gewißheiten resultierende funktionale Defizit gesellschaftlicher Integration allein durch Steigerung diskursiver Arbeit kompensiert werden könnte. Andere Mechanismen der Reduktion hoher Komplexität

28 Damit stellt sich das Problem des Eindringens strategischen Handelns in die Lebenswelt grundsätzlicher dar, als wenn man auf die empirisch zu konstatierenden »Machtprozesse« in der Lebenswelt verweist. Dazu Greven 1991, S. 221 ff.

29 »Die ... freigesetzte Dialektik von Entscheidungs- und Begründungszwang kann nun nicht einfach durch das historisch neue, wissenschaftlich verwaltete Repertoire von Begründungen ähnlich den vorausgehenden allzuständigen Traditionen stillgestellt werden, wie es die technokratische Ideologie sich vorstellt« (Oevermann 1985, S. 469).

müssen die Bewältigung des durch diskursive Verflüssigung nicht verminderten, sondern gesteigerten Dissensrisikos übernehmen. Von zentraler Bedeutung sind in dieser Hinsicht die spezifischen Kommunikationen der funktional ausdifferenzierten Teilsysteme. Diese Kommunikationen schaffen sich dadurch eine Entlastung von Komplexität, daß sie teilsystemspezifisch jeweils bestimmte Codes zu Leitdifferenzen machen und die in den Teilsystemen ablaufenden Sinnprozesse auf diese Leitdifferenzen hin orientieren. So wird etwa in der Wirtschaft jeder Vorgang (zumindest indirekt) nach dem Code Zahlen/Nichtzahlen codiert und die Operationen im System danach gesteuert, wie Zahlungsfähigkeit gesichert bzw. gesteigert werden kann. Eine ähnliche Reduzierung und Steigerung der Kommunikation durch codespezifische Zuweisungen von Sinnoperationen setzen sich auch in anderen Teilsystemen der Gesellschaft durch.
Weiterhin ist für teilsystemspezifische Kommunikationen charakteristisch, daß sie die Abnahme von Entscheidungen oder Erleben durch den Einsatz von Kommunikationsmedien sichern. Durch solche Medien als hoch generalisierte Anreizbedingungen ist es möglich, Motivkonstellationen aufzubauen, die im Rahmen funktionsspezifischer Sinnbildung die Abnahme kommunizierter Entscheidungen oder kommunizierten Erlebens gewährleisten. Auf diese Weise werden innerhalb der einzelnen Teilsysteme hochdifferenzierte Sinnprozesse zu einer Gesamtkommunikation integriert. Bezahlt wird dieser Integrationserfolg im inneren der Teilsysteme mit der Unsicherheit darüber, wie die Systeme im Verhältnis zueinander koordiniert werden.
Für Habermas stellen solche teilsystemspezifisch reduzierten und durch Kommunikationsmedien integrierten Sinnprozesse einen Typus von Kommunikation dar, der sich prinzipiell vom Typus lebensweltlicher Kommunikation unterscheidet. Während beim letzteren wenn schon nicht jeder einzelne Kommunikationsakt, so doch die kommunikative Grundstruktur durch Verständigungsorientierung bestimmt ist[30], zielt der erstere auf den Durchgriff

30 »Die symbolischen Strukturen der Lebenswelt reproduzieren sich in Formen der kulturellen Tradition, der sozialen Integration und der Sozialisation – und diese Prozesse können sich ... allein über das Medium verständigungsorientierten Handelns vollziehen ... Deshalb steht auch den Einzelnen ... die Wahl zwischen kommunikativem und

von rein an strategischen Zwecken orientierten Operationen. Daraus ergibt sich eine grundlegende Differenz in der Art der sozialen Koordination, nämlich die von Systemintegration im ersten und Sozialintegration im letzteren Fall (Habermas 1981, Bd. 2, S. 226).[31]

Nun ist die Differenz von Prozessen lebensweltlicher Verständigung und systemischer Integration nicht ohne weiteres evident. Auch bei systemischer Integration wird diskutiert, auch hier werden Geltungsansprüche erhoben und mit Gründen verteidigt, und auch hier wird das Potential intersubjektiv verbindlicher Normen eingesetzt, um das Einverständnis anderer Akteure zu erreichen. Es ist sogar so, daß – und zwar in den jeweils teilsystemspezifisch bestimmten Grenzen – das diskursive Potential sich hier mit besonderer Kraft entfalten kann. Gerade weil Kommunikationsprozesse sich ausdifferenzieren, entfallen lebensweltlich gebotene Rücksichten und kann sich das Negationspotential frei gegenüber den Gewißheiten der Lebenswelt entfalten (Luhmann 1990, S. 241 ff.).

Im folgenden will ich überprüfen, ob die von Habermas eingesetzten konzeptionellen Mittel ausreichen, um die von ihm eingeführte Differenz zu klären (3.2). Meine These ist, daß der Habermassche Versuch, systemische Integration zu bestimmen, nicht nur unzureichend ist, sondern das eigentliche Problem, um das es ihm geht, geradezu verstellt. Das heißt nicht, daß die Differenz, die für Habermas fundamental ist, in sich zusammenfällt, sie kann aber in jedem Fall nicht mit den Mitteln, die Habermas anbietet, expliziert werden. Zunächst aber soll, um für die Analyse systemischer Integration eine geeignete Kontrastfolie zu gewinnen, die Struktur eines konstitutiven Diskurses analysiert werden (3.1).

strategischem Handeln nur in einem abstrakten Sinn, d. h. von Fall zu Fall offen« (Habermas 1983, S. 112).

31 Damit wird der Systembegriff von Habermas von vornherein viel spezifischer verwendet als in der Systemtheorie.

3.1 Das Auseinanderziehen verständigungsorientierter Kooperation durch konstitutive Diskurse

Diskurse bringen insbesondere dann untragbare Kommunikationslasten mit sich, wenn sie sich auf alles konkrete Entscheiden und Erleben ausdehnen sollen. Im folgenden betrachten wir eine spezifische Form des Diskurses, den *konstitutiven Diskurs*, der durch die folgenden zwei Merkmale bestimmt ist: Einerseits werden hier unterschiedliche Ebenen der Kooperation auseinandergezogen, nämlich die Ebene der Festlegung *allgemeiner Voraussetzungen* der Entscheidung über Kooperation (in Form der Festlegung von Regeln, der Bestimmung von Entscheidungsbefugten, der Einrichtung von Verfahren etc.) und die Ebene der die Kooperation *konkret festlegenden Entscheidungen.* Eine Reduktion von Diskurslasten kann durch dieses Auseinanderziehen verschiedener Ebenen insofern erreicht werden, als – und dies ist das zweite Merkmal konstitutiver Diskurse – der Prozeß der diskursiven Verständigung nur auf der ersten Ebene abläuft, während auf der zweiten Ebene auf sie verzichtet wird, indem hier diskussionslos nach den auf der ersten Ebene festgelegten Regeln oder durch die hier eingesetzten Entscheidungsbefugten entschieden wird.
Am Beispiel eines Spielführers, dem die Berechtigung zugesprochen wird, während eines Spiels Mitgliedern seiner Mannschaft Anweisungen zu erteilen, läßt sich der Gewinn des Auseinanderziehens verschiedener Ebenen der Kooperation gut erkennen. Hier wird zunächst die Befugnis zur Erteilung von Anweisungen verteilt, indem ein Spielführer ernannt wird. Im Spiel selber werden dann von diesem die Anweisungen erteilt, die die Kooperation konkret realisieren. Auf dieser Ebene sind die Spieler gezwungen, Entscheidungen, soweit sie durch das abgesprochene Verfahren gedeckt sind, ohne diskursive Auseinandersetzung zu übernehmen. Bei diesem Verfahren ist erstens der Aufwand der diskursiven Verständigung drastisch reduziert, weil man nur einmal, nämlich bei der Festlegung des Spielführers, dieses aufwendige Mittel der Verständigung einsetzt. Zweitens können auf diese Weise sogar einige der funktionalen Schwächen von Diskursen kompensiert werden. Zum Beispiel kann auch hier gesichert werden, daß Entscheidungen entsprechend den vorgegebenen Situationsbedingungen und Fristen rechtzeitig getroffen werden.
Auch wenn auf der zweiten Stufe der Handlungskoordination,

der des konkreten Entscheidens, die Positionen nicht mehr diskursiv aufeinander abgestimmt werden, haben wir es doch mit einem Prozeß der Kooperation zu tun, der im Modus der Verständigung verläuft. Man einigt sich (verständigungsorientiert) über eine Regel, die besagt, daß man bei ihrer konkreten Anwendung nicht mehr diskutiert. *Im Diskurs wird bestimmt, daß unter bestimmten Bedingungen auf Diskurse verzichtet wird.* Es widerspricht nicht dem Prozeß der verständigungsorientierten Herstellung eines Konsenses, daß man sich darauf einigt, (für bestimmte Phasen der Kooperation) Diskurse auszusetzen. Man kann deshalb hier von einem *verständigungsorientiert konstituierten Feld strategischen Handelns* reden.

Daß bei einem derartigen Auseinanderziehen der Handlungskoordination auf der zweiten Ebene diskussionslos einer legitimen Entscheidung gefolgt werden muß, ändert nichts daran, daß hier Verständigungsorientierung bestimmend ist. Auch nicht die Tatsache, daß durch eine solche Entscheidung die Handlungssituation der Beteiligten unter Umständen in spezifischer Weise *konditioniert* wird. Bei einem autorisierten Befehl etwa wird in der Regel Nicht-Befolgen mit Sanktionen verknüpft. Wer der Anordnung des Spielführers nicht folgt, fliegt aus der Mannschaft. Dadurch wird die Motivstruktur, die das Handeln des Adressaten der Entscheidung bestimmt, gleichsam verdoppelt. Er ist einerseits dadurch, daß er aus guten Gründen einer Regel zugestimmt hat, gebunden, einer durch diese Regel gedeckten Entscheidung zu folgen. Andererseits kommt bei ihm das Motiv der Nutzenmaximierung ins Spiel: Er ist motiviert, einem autorisierten Befehl zu folgen, um die im gegenteiligen Fall eintretenden Sanktionen zu vermeiden. Beides wirkt hier zusammen: Die Kalkulation der Nutzenmaximierung unter Bedingungen einer spezifisch konditionierten Handlungssituation und die rationale Motivation durch Gründe, die eine Regel als vernünftig ausweisen. Gerade wegen dieser Verdoppelung der Motivlage können hier Effekte wie zum Beispiel fristgemäßes Handeln, die von Diskursen für sich genommen nicht zu erwarten sind, gesichert werden.[32]

32 Dies ähnelt der Struktur einer selbstpaternalistischen Fürsorge. Man hat gute Gründe für die Regel, das Rauchen einzuschränken. Darum verändert man die Handlungssituation so, daß Nicht-Befolgen der Regel negative Effekte nach sich zieht. Wenn man jeweils nur eine Pak-

Die im vorangegangenen explizierte Form einer verständigungsorientierten Handlungskoordination, die durch Ebenendifferenzierung und konstitutiven Diskurs gekennzeichnet ist, kann uns in den folgenden Überlegungen als Folie dienen, auf der wir die Struktur systemischer Integration zu bestimmen versuchen. Zunächst werde ich die verschiedenen (wenig elaborierten) Explikationsbemühungen von Habermas diskutieren.

(a) Während »der Mechanismus der Verständigung die Handlungsorientierung der Beteiligten aufeinander abstimmt« (Habermas 1981, Bd. 2, S. 226), interveniert nach Habermas im Fall systemischer Integration »Ego in die Handlungssituation von Alter, um diesen zu einer für die Realisierung seiner eigenen Ziele günstigen Entscheidung zu veranlassen« (Habermas 1981, Bd. 2, S. 415). Habermas nennt nur zwei Extreme, nämlich die über Diskurse laufende verständigungsorientierte Auseinandersetzung, die an den Orientierungen der Beteiligten ansetzt, einerseits und die auf bloßer Konditionierung der Handlungssituation beruhende, strategische Einflußnahme auf einen Gegenspieler andererseits. Das ist deswegen problematisch, weil die systemischen Prozesse, die er explizieren möchte, Marktoperationen und politisches Handeln, sich nicht ohne weiteres in diese disjunktive Entgegensetzung einfügen. Bei Marktoperationen und politischem Handeln geht es keineswegs nur darum, Handlungssituationen zu konditionieren. Vielmehr wird abgehoben von der Ebene konkreter Entscheidungen auch über Regeln, Prozeduren usw. gestritten, durch die die Möglichkeiten zu solchen Entscheidungen geschaffen werden. (Das wird von Habermas anerkannt, wenn er davon redet, daß Medien wie Macht und Geld in der Lebenswelt institutionalisiert werden müssen.) Es stellt sich deshalb die Frage, ob wir es hier nicht mit konstitutiven Diskursen und entsprechend einem *verständigungsorientiert konstituierten Feld strategi-*

kung Zigaretten kauft, ist man zu besonderen Anstrengungen gezwungen, wenn man mehr rauchen will. Eine solche Konditionierung der Handlungssituation hilft, Willensschwäche zu kompensieren, ändert aber nichts daran, daß hier in erster Linie gute Gründe bestimmend sind. Vgl. zu derartigen Prozessen der Selbstbindung Elster 1987, S. 67 ff. und (mit explizitem Bezug auf politische Entscheidungsprozesse) S. 118 ff.

schen Handelns zu tun haben, also mit Konditionierungen von Handlungssituationen, die in einen Prozeß der verständigungsorientierten Koordination, die über die Orientierungen der Handelnden läuft, eingebettet sind. Das Problem der disjunktiven Begriffswahl von Habermas besteht darin, daß er diesen gegensätzliche Elemente miteinander verbindenden Koordinationsmechanismus nicht argumentativ abklären kann, weil er ihn gleichsam definitorisch ausschließt.

(b) »Medien wie Geld und Macht setzen an den empirisch motivierten Bindungen an; sie codieren einen zweckrationalen Umgang mit kalkulierbaren Wertmengen ...« (Habermas 1981, Bd. 2, S. 273). Die Akteure sind hier »nur an den Konsequenzen von Handlungen orientiert, (haben) also die Freiheit, ihre Entscheidungen ausschließlich von einer Kalkulation des Handlungserfolges abhängig zu machen« (Habermas 1981, Bd. 2, S. 395). Daß beim Einsatz von Macht und Geld zwangsläufig die Nutzenkalkulation der Beteiligten als eine Motivquelle ihres Handelns wirksam ist, und daß man in konkreten Situationen »ohne sich auf die Kooperationsbereitschaft zu verlassen« (Habermas 1981, Bd. 2, S. 396) operieren kann, ist evident. Aber mit dieser Feststellung ist noch nicht entschieden, ob nicht auch hier Verständigungsorientierung eine Rolle spielt, nur *auf einer anderen Ebene der Handlungskooperation.* Könnte hier nicht wie im Fall konstituierender Diskurse eine *Doppelmotivation* vorliegen: einerseits kalkuliert der Handelnde aufgrund negativ und positiv konditionierter Handlungsbedingungen, welche Handlung ihm den größten Nutzen bringt, andererseits ist er bereit, sich mit anderen darüber zu verständigen, welche Regeln, die späteres Entscheiden ermöglichen und legitimieren, gelten sollen, und, wenn diese Regeln konsensuell festgelegt sind, die Konsequenzen aus der Regelbefolgung zu akzeptieren. In diesem Fall wäre die auf Nutzenmaximierung abzielende Motivation nicht losgelöst von einer an Verständigung orientierten Kooperationsbereitschaft.

(c) Medien wie Geld und Macht »verknüpfen Interaktionen in Raum und Zeit zu immer komplexeren Netzen, ohne daß diese überschaut und verantwortet werden müßten« (Habermas 1981, Bd. 2, S. 275). Sie stabilisieren »nicht-intendierte Handlungszusammenhänge über die funktionale Vernetzung von Handlungsfolgen« (Habermas 1981, Bd. 2, S. 226). Die materielle Reproduktion der Lebenswelt »vollzieht sich als Erfüllung latenter, über die

Handlungsorientierung der Beteiligten hinausreichender Funktionen. Soweit nun die aggregierten Wirkungen kooperativer Handlungen Imperative der Erhaltung des materiellen Substrats erfüllen, können diese Handlungszusammenhänge funktional, d. h. über die Rückmeldung der funktionalen Nebenfolgen stabilisiert werden« (Habermas 1981, Bd. 2, S. 348).
Offensichtlich sind die hier vorgenommenen Kennzeichnungen viel zu ungenau und zu wenig trennscharf, um das zu explizieren, was Habermas mit systemischer Integration meint. Jedes soziale Handeln ist in seinen entfernteren Folgen unübersehbar. Daran ändert sich auch nichts, wenn soziales Handeln in praktischen Diskursen reflektiert wird und sich auf der Grundlage intersubjektiv anerkannter Normen vollzieht.[33] Und jedes Handeln muß natürlich in einem engeren oder weiteren Sinn funktional auf die Prozesse der Erhaltung einer sozialen Ordnung bezogen sein. Die handelnden Akteure können gar nicht anders, als ihr Handeln in umfassendere Funktionszusammenhänge einzuordnen. Worin also besteht das Spezifische des systemisch integrierten Handelns?
Keine der Bestimmungen, mit denen Habermas versucht, systemische von sozialer Integration zu differenzieren, ist für sich überzeugend. Offensichtlich muß man die Kriterien für systemische Integration schärfer fassen, als Habermas dies tut. Das Spezifische systemischer Integration wird, wie ich zeigen möchte, aufgrund der drei folgenden Mechanismen erzeugt:
1. In der Auseinandersetzung um die für systemische Prozesse konstitutiven Regeln spielen diskursive Prozesse im strengen Sinn nur eine marginale Rolle.
2. Es besteht hier eine systematisch erzeugte Differenz zwischen dem, was durch eine Regel, mit der ein Handlungsbereich normiert wird, als Möglichkeitsraum des sozialen Handelns festgelegt wird, und dem bei Anwendung der Regel faktisch realisierten Handeln.
3. Die systematisch produzierte Überschreitung des in der Nor-

33 Deswegen bezweifeln Handlungstheoretiker auch, daß die Tatsache unintendierter Handlungskonsequenzen es notwendig macht, zu systemtheoretischer Analyse überzuwechseln, wie Habermas empfiehlt. Vgl. etwa Joas 1986, S. 155 ff. Habermas' Antwort auf diesen Zweifel ist unbefriedigend – eben wegen seines unscharfen Begriffs systemischer Integration.

mierung intendierten Möglichkeitsraums sozialen Handelns wirkt in der Weise auf die gesellschaftlichen Akteure zurück, daß diese nicht mehr in der Lage sind, ihre kulturelle Identität autonom auszubilden und die Normierung ihrer Lebensverhältnisse autonom zu kontrollieren.

Zum ersten Punkt. Vereinfacht lassen sich die Regelsetzungen, die für das Operieren der Teilsysteme konstitutiv sind, als output der Auseinandersetzungen im politischen System bestimmen. Nun werden die hier stattfindenden Auseinandersetzungen zwar durch diskursive Prozesse, die sich in der Lebenswelt der gesellschaftlichen Mitglieder abspielen, beeinflußt, aber bestimmend sind die im politischen System selber entwickelten operativen Mechanismen wie etwa die strategische Verknüpfung von Teilgruppen zu Mehrheiten, die Durchsetzung einer politischen Option in der Wahl und der Ausschluß der Minderheitenpositionen bei der Herbeiführung politischer Entscheidungen. Man wird nun aber keinesfalls unterstellen können, daß diese strategischen Prozesse auch nur annähernd das in sich abbilden, was Diskurse in der Lebenswelt, die nach ihren eigenen Regeln sich entfalten, zum Resultat haben würden.[34] Insofern kann hier von einem konstitutiven Diskurs nicht die Rede sein.

Zur selben Schlußfolgerung führt auch das zweite Argument. Mit der Normierung eines Handlungsbereichs (zum Beispiel der Festlegung der Regeln des Erwerbs politischer Ämter oder der Regeln der Verfugungsmöglichkeiten über Eigentum) werden den Handelnden bestimmte Handlungsmöglichkeiten eingeräumt. Das geschieht in Antizipation des damit eröffneten Möglichkeitsraums sozialen Handelns. Mit diesem Begriff soll die Bandbreite der Lebenslagen der Akteure bezeichnet werden, die durch legitime Anwendung festgelegter Normen eintreten können. Mit der Etablierung einer Norm ist die Erwartung verbunden, daß sich die Lebensverhältnisse in den Bandbreiten eines bestimmten Möglichkeitsraums entwickeln. Eigentumsregeln erzeugen zum Beispiel bestimmte Erwartungen hinsichtlich des Ausmaßes (und der Begrenzung) von sozialen Differenzierungen, die durch an diesen Normen ausgerichtetes Handeln erzeugt werden. Unter bestimm-

34 Vgl. etwa die Analyse der spezifischen Zurichtung von Interessen, die durch die politische Wahl erfolgt, bei Offe 1984 und 1989 und Preuß 1989.

ten Bedingungen entsteht nun aber zwischen dem mit der Normierung antizipierten Möglichkeitsraum sozialen Handelns und dem faktisch realisierten Handeln eine Diskrepanz, die nicht kontingenterweise, sondern systematisch aus der vorgegebenen Normstruktur folgt. Es kommt hier zu einer Differenz zwischen der den Akteuren zugänglichen Oberflächenschicht des Sinns sozialer Normen und den durch normgerechtes Handeln systematisch erzeugten Wirkungen.[35] Eine solche Konstellation unterscheidet sich dadurch von dem Muster des konstitutiven Diskurses, daß hier die Regelsetzung in ihrem Sinn nicht zureichend erfaßt ist und dementsprechend auch die Zustimmung zu der Regel nicht bis auf die Ebene des an der Regel orientierten faktischen Handelns durchgreift. Der allgemeine Sinn der Regeln, der an ihnen abgelesen wird, bleibt abstrakt, da er nicht mit einer zureichenden Vorstellung der konkreten Einlösung der Regeln verbunden ist.

Das ist besonders dann der Fall, wenn im Handlungsbereich Steuerungsmechanismen, die bestimmte Relationen von Lebenslagen festlegen, wirksam sind, ohne daß dies als Sinn der den Handlungsbereich ordnenden Normierungen ausgewiesen wäre. So wird zum Beispiel das Verhältnis von Löhnen und Gewinnen in seinen Möglichkeiten und Grenzen durch systemische Selbstregulationsmechanismen festgelegt, weshalb die Löhne nur in bestimmten Proportionen zum Gewinn wachsen können – ein Zusammenhang, der aus den den Arbeitsmarkt bestimmenden Normen nicht zu erfassen ist. Orientiert an dem ihnen zugänglichen Sinn der handlungsleitenden Normen werden die Akteure hier Handlungsspielräume erwarten, die aufgrund der faktisch wirkenden Selbststeuerungsmechanismen überhaupt nicht bestehen.

Man könnte nun annehmen, daß die Lebenswelt solche Verselbständigungstendenzen systemischer Prozesse doch beobachten und sie deshalb auch entsprechend ihren Wertorientierungen verändern könnte. Hier ist nun mit den Auswirkungen des dritten der oben genannten Mechanismen zu rechnen, nämlich der Überforderung und Überformung der Lebenswelt durch systemische

35 Durch Analyse biographischer Orientierungsmuster läßt sich dieser Bezug auf ›Oberflächenformeln‹, in denen Systemstrukturen sich darstellen, nachweisen. Vgl. dazu Giegel u. a. 1988, S. 354 ff.

Prozesse. Systemische Prozesse sind nicht einfach der Beobachtung zugänglich. Dadurch, daß sie

- mit hoher Geschwindigkeit
- extrem gesteigerte Möglichkeiten des Handelns und Erlebens, also hohe Sinnkomplexität erzeugen und
- in weiträumigen sozialen Zusammenhängen operieren,

ist für die Lebenswelt nur ein kleiner Teil der hier in Gang gesetzten Prozesse beobachtbar. Selbst wenn sie mit großer Intensität die ablaufenden Prozesse verfolgen würde, bekäme sie sie nur bruchstückhaft zu Gesicht. In Diskrepanz zu den systemisch erzeugten Steigerungsprozessen tendiert sie dazu, in Nahwelten steckenzubleiben, indem sie sich an

- Lebenszeiten
- unmittelbar überschaubarer Komplexität und
- ihr nahen sozialen Ordnungen

orientiert.

Hinzu kommt, daß die systemisch produzierten Steigerungsprozesse eine enorme *Sogwirkung auf die Lebenswelt* ausüben, indem sie spezifische Interessen und Relevanzen erzeugen, wogegen die kulturelle Identität der Lebenswelt sich in der Regel als machtlos erweist. Aufgrund systemisch induzierter Steigerungsprozesse ändert sich mit extremer Schnelligkeit, was im Sinn der Lebenswelt als kulturell angemessene Form des Lebens gilt. Dabei werden die gesteigerten Sinnmöglichkeiten nicht in voller Breite, sondern höchst einseitig genutzt.[36] Diese Einseitigkeit wiederum stellt eine zusätzliche Barriere für die Fähigkeit der Lebenswelt dar, das systemisch induzierte Geschehen zu beobachten. Man ist auch deshalb in seinen Beobachtungen beschränkt, weil diese sich den aufgrund systemischer Steigerungsprozesse erzeugten Relevanzen anpassen.[37]

Die Kultur wird aufgrund des von systemischen Steigerungspro-

36 Insbesondere besteht eine Tendenz, reflektierte Interessen durch solche zu ersetzen, die durch kurzfristige Nutzenmaximierung, egoistische Orientierung und ein geringes Maß an Reflexion auf sachliche Wirkungszusammenhänge bestimmt sind. Vgl. dazu die in Fn. 34 angegebenen Analysen.

37 Man vergleiche etwa die Aufmerksamkeit, mit der die gesellschaftlichen Mitglieder die Auswirkungen von Steuergesetzen, und die, mit der sie das weltweite Sterben von Kindern aufgrund fehlender Nahrungsmittel beobachten.

zessen ausgehenden Drucks tendenziell auf diese abgestimmt, was zu einer Art sekundärer Legitimation führt. Dadurch, daß die systemisch induzierten Steigerungsprozesse zur Erosion der kulturellen Identität der Lebenswelt führen, verliert diese die Fähigkeit, eigene Sinngrundlagen gegenüber diesen Prozessen, die sie ohnehin nur bruchstückhaft beobachtet, auszubilden. Wenn systemisch integrierte Handlungsbereiche sich herausbilden, bedeutet dies demnach nicht bloß, daß die Lebenswelt sie aus sich heraus entlassen hat. Wenn Markt und politische Herrschaft sich konstituieren, findet nicht einfach ein Prozeß der Ausdifferenzierung aus der Lebenswelt statt. Es kommt auch nicht nur zu Grenzbildungen (etwa durch die Etablierung von Verfahren), mit deren Hilfe die ausdifferenzierten Teilsysteme die Ansprüche der Lebenswelt abweisen. Vielmehr wird diese durch die Ausdifferenzierungsprozesse zwangsläufig einer weitreichenden und raschen Umwälzung unterworfen. Und dieser Prozeß der Umwälzung greift so tief, daß es fraglich ist, ob sie unter dieser Bedingung überhaupt noch die Kraft zu einer autonomen Bestimmung ihrer kulturellen Grundlagen aufbringt.[38]

Ähnlich wie bei konstitutiven Diskursen zieht sich die Lebenswelt, wenn sie die Operationen der Teilsysteme diskutiert, auf abstraktere Ebenen der Sinnbildung zurück. Da ihr in den meisten Fällen die Einsicht in die besonderen Verhältnisse fehlt, führt sie die Auseinandersetzung auf der Ebene der allgemeinen Regeln, die die Ordnung der Teilsysteme bestimmen. Aber im Unterschied zu konstitutiven Diskursen ist hier nicht gesichert, daß die Ordnung der Teilsysteme durch eine autonome Identitätsbildung der Lebenswelt und den durch sie begründeten Wertorientierungen kontrolliert wird, vielmehr drohen die freigesetzten systemischen Prozesse, indem sie die Lebenswelt mit ihrer Dynamik

38 Habermas versucht, die Herausbildung systemisch integrierter Handlungsbereiche (zunächst) als bloße Ausdifferenzierung zu konzipieren, um davon eine spezifische Form des Übergreifens der Systeme auf die Lebenswelt (Kolonialisierung) zu unterscheiden – ein vergeblicher Versuch, wie sich an seinen eigenen Überlegungen zur ›Ausdifferenzierung‹ der Arbeitskraft feststellen läßt. Vgl. Habermas 1981, Bd. 2, S. 474 ff. Daß die Abstraktion der Arbeitskraft einschneidender die Rolle der Lebenswelt verändert hat als etwa eine zunehmende Verrechtlichung schulischer Beziehungen, die Habermas als Beispiel für Kolonialisierungsprozesse anführt, scheint evident zu sein.

unter Druck setzen, sich selber die für sie funktionalen Ordnungsprinzipien zu schaffen.

4. Lebensweltliche Ansprüche und die verselbständigten Steigerungsprozesse funktionaler Teilsysteme

In dem Maße, wie Handlungszusammenhänge durch funktionale Spezifizierung, Orientierung an einem systemspezifisch geltenden binären Code und Verwendung eines systemspezifischen Kommunikationsmediums sich gegenüber der Lebenswelt verselbständigen und durch Leistungssteigerung eine für die Lebenswelt nicht mehr zu überblickende Komplexität in ihren Sinnbildungsprozessen hervorbringen, zwingen sie die Lebenswelt, nicht nur für diese Expansionsprozesse ›Ressourcen‹ zur Verfügung zu stellen, sondern auch sich in ihrer inneren Struktur auf diese Prozesse auszurichten. Dies aber ist, was das Verhältnis von Lebenswelt und Systemen betrifft, nur die eine Seite. Verselbständigung systemischer Prozesse bedeutet nämlich nicht notwendig, daß die Autonomiepotentiale der Lebenswelt vollständig vernichtet und alle Ressourcen der Lebenswelt für systemische Steigerungsprozesse funktionalisiert werden. Auch wenn die Lebenswelt durch solche Steigerungsprozesse in ihren Grundlagen erschüttert wird, heißt dies nicht, daß damit die Chancen einer autonomen Sinn- und Identitätsbildung ein für allemal verlorengegangen sind. Auf jeder Stufe der historischen Entwicklung entscheidet sich immer wieder neu, in welchem Verhältnis sich der Durchgriff systemischer Operationen und die Autonomieanstrengungen der Lebenswelt mischen.[39] Auch die systemisch überformte Lebenswelt kann Kräfte entfalten, die zu autonomer Sinnbildung führen.[40] Habermas hat in seinen Analysen der Rationalisierung der Le-

39 Es handelt sich also um eine graduelle Abstufung, nicht um ein Schwellenphänomen, wie es die Figur der Kolonialisierung suggeriert.

40 Das erklärt sich nicht ›funktionalistisch‹, das heißt durch die funktionalen Probleme, die eine vollständige Durchsystemisierung der Lebenswelt erzeugen würde (vgl. etwa die Argumentation in Malsch 1986). Es müssen vielmehr die Bedingungen genannt werden, die das Autonomiepotential der Lebenswelt stärken.

benswelt und insbesondere der Entwicklung eines postkonventionellen moralischen Bewußtseins die Ressourcen bezeichnet, die der Lebenswelt für die Herausbildung persönlicher Identität und autonomer biographischer Orientierung, die Herstellung solidarischer sozialer Beziehungen und die eigensinnige Entfaltung kultureller Wertmuster in der Moderne zur Verfügung stehen. Aber mit dieser Darstellung der Ressourcen der Lebenswelt ist noch nicht geklärt, ob die Lebenswelt überhaupt eine Chance hat, eine eigene Identität auszubilden[41] und, wenn dies der Fall ist, ob sie sich mit den von ihr diskursiv entwickelten Ansprüchen gegenüber der operativen Macht verselbständigter Teilsysteme und deren Kolonialisierungstendenzen behaupten kann. Im folgenden soll untersucht werden, welche Bedingungen die Durchsetzung lebensweltlicher Ansprüche gegenüber den funktionalen Teilsystemen begünstigen (4.2). Zunächst aber muß das Verhältnis der Lebenswelt zu den funktionalen Teilsystemen genauer bestimmt werden (4.1).

4.1 Diskurs und Systeme

Weiter oben wurde gezeigt, daß die Lebenswelt auch dann, wenn sie ihr Vermögen, soziale Verhältnisse diskursiv zu klären, steigert, nicht der Notwendigkeit entrinnt, unter Bedingungen von Ungewißheit und Dissens zu entscheiden und die so bestimmten Zielsetzungen strategisch zu realisieren. Diskurse können nur selektiv an bestimmten Punkten geführt werden, und dementsprechend können die von ihnen beförderten Humanisierungstendenzen nur in bestimmten Teilprozessen der Lebenspraxis Geltung erlangen. Auch wenn durch Ausweitung diskursiver Verständigung der von ihr ausgehende Humanisierungseffekt sich verstärkt, muß vieles in nicht-verständigungsorientierten Operationen bearbeitet werden. Darum steckt auch in dem Bezug von Diskursen auf die Lebenspraxis eine eigentümliche Ambivalenz. Die Wirkung von Diskursen ist nicht einfach als Einführung einer diskursiv gewonnenen Einsicht in die Lebenspraxis zu begreifen.

41 Wie schwierig die Identitätsbildung unter Bedingungen der zunehmenden Kontingenz von Sinngrundlagen ist, zeigt sich schon an den Belastungen, die bei der Ausbildung einer personalen Identität entstehen. Vgl. dazu Brose 1989 und Giegel 1988.

Mit dem Übergang in die Lebenspraxis stellt sich unvermeidlich das Risiko einer strategischen Verzerrung von Diskursergebnissen ein. Die Identität der Lebenspraxis bestimmt sich deshalb nicht allein durch das, was in verständigungsorientierten Diskursen reflektiert wird, sondern hängt auch davon ab, wie an diskursiv gewonnenen Einsichten unter Bedingungen strategischen Handelns festgehalten wird. Und entsprechend geht es in den normativen Ansprüchen der Rationalität, die mit dieser Identitätsbildung verbunden sind, nicht alleine um die Steigerungen des Humanitätspotentials, das von Diskursen bereitgestellt wird, sondern wesentlich auch um die Form, in der Diskurse zu den nichtverständigungsorientierten Prozessen der Lebenspraxis in Beziehung gesetzt werden.
Am Grundmuster dieser Konstellation ändert sich nichts, wenn das Feld der nicht verständigungsorientiert gesteuerten Lebenspraxis die Struktur eines funktional ausdifferenzierten Teilsystems annimmt. Falsch ist die Vorstellung, daß die Lebenswelt hier mit einem ihr fremden Geschehen konfrontiert würde. Die teilsystemspezifischen Operationen stellen vielmehr zunächst nichts anderes dar als eine verwandelte Form der nichtverständigungsorientierten Prozesse, die für die Identität von Lebenswelten konstitutiv sind. Mit dem Übergang in die Operationen der funktionalen Teilsysteme kommen in spezifischer Form jene Teile der Lebenspraxis zur Geltung, denen der Diskurs sich verweigert. Darum kann auch die Grenze zwischen Lebenswelt und Systemen nicht als eine Linie verstanden werden, die bestimmte soziale Kollektive voneinander trennen würde. Tatsächlich handelt es sich hier um eine Grenze in dem Sinn, daß die Lebenswelt aus einer diskursiven Operationsweise in eine andere, nämlich eine teilsystemspezifische strategische Kommunikationsform überwechselt. Die Lebenswelt stößt nicht an etwas, was sie nicht ist, sondern sie bestimmt sich selber zur teilsystemspezifischen Operation. Die Grenze zwischen System und Lebenswelt ist so gesehen nichts anderes als der Wandel der Orientierungen, den die Lebenswelt durchläuft, wenn sie aus dem Diskurs in die Welt des nicht-verständigungsorientierten Entscheidens über Fragen der Lebenspraxis zurückkehrt, wobei diese Welt nun als funktionsspezifische Sonderkommunikation strukturiert ist.[42]

42 Mit dieser Sichtweise erledigt sich auch das aus dem Habermasschen

Gleichzeitig kommt aber mit der Ausbildung von funktionalen Teilsystemen ein neues Moment in das Verhältnis von Diskurs und strategisch operierender Lebenspraxis hinein. Die tiefgreifende Differenz zwischen diskursiven, verständigungsorientierten Prozessen einerseits und teilsystemspezifischen Operationen andererseits führt in ein *doppeltes Dilemma der Identitätsbildung der Lebenswelt.* Das erste Dilemma ergibt sich daraus, daß von keiner Position im Gesellschaftssystem aus eine Gesamtsicht der Prozesse gesellschaftlicher Sinnbildung gewonnen werden kann.[43] Entweder man kommuniziert unter den Bedingungen, die für lebensweltliche Diskurse gelten, dann kann die in den teilsystemspezifischen Kommunikationen erreichte Sinnkomplexität nicht in vollem Maß reproduziert werden. Oder man operiert von der Basis einer teilsystemspezifisch aufgebauten Kommunikation aus, dann ist die Möglichkeit blockiert, die Lebensweltperspektive zureichend zu artikulieren.[44] Dies ist das *Kompetenzdilemma.*
Das zweite Dilemma besteht darin, daß der Versuch, die in lebensweltlichen Diskursen gewonnenen Einsichten im Übergang zum Feld lebenspraktischer Entscheidungen festzuhalten, sich hier mit zwei einander *widersprechenden organisatorischen Anforderungen* konfrontiert sieht. Entweder man beachtet die für lebensweltliche Diskurse erforderliche Offenheit der Teilnahmebedingungen und vermeidet dieser Offenheit abträgliche organisatorische Fixierungen, dann ist nicht zu sehen, wie diskursiv gewonnene Einsichten in den Teilsystemen strategisch durchgesetzt werden können. Oder man überführt lebensweltliche Kommunikation in

Dualismus erwachsende Problem, wo die Staatsbürger einzuordnen sind, ob sie, weil sie in diskursiven Formen sich verständigen, zur Lebenspraxis oder, weil sie als Wähler an systemische Kommunikationsprozesse angebunden sind, zum (politischen) System zu rechnen sind. Vgl. etwa McCarthy 1986, S. 186 ff. Sie sind beides, insofern sie ständig den Übergang von einem zum anderen vollziehen.

43 Luhmann 1984, S. 629; 1986, S. 216 und S. 222.

44 Daran ändert auch die Tatsache nichts, daß Individuen ständig zwischen diesen Bereichen hin- und herwechseln, sowenig wie gesellschaftliche Steuerungsprobleme dadurch gelöst werden, daß Organisationen, wie Scharpf es ausdrückt, »multilinguale Kommunikationskompetenzen erwerben« (Scharpf 1989, S. 15). Die Hoffnungen, die man an solche Dolmetscherkompetenzen knüpft, sind, wie Schimank 1992 zeigt, überzogen.

organisatorische Strukturen, die eine strategische Auseinandersetzung mit den funktionalen Teilsystemen ermöglichen, dann besteht die Gefahr, daß die Ergebnisse der lebensweltlichen Identitätsbildung durch funktionale Imperative, die mit der Organisationsbildung sich einstellen, verzerrt werden.[45] Dies ist das *Organisationsdilemma*.

Aufgrund dieses doppelten Dilemmas droht die Gefahr, daß im Übergang vom Diskurs zum teilsystemspezifischen Operieren diskursiv aufgebaute Positionen geräumt werden und damit die *Identität der Lebenswelt zerfällt*. In der Tendenz würde die Lebenswelt einmal in der einen, dann in der anderen Weise Prozesse der Sinnbildung in Gang setzen, ohne daß diese beiden Prozesse durch eine innere Beziehung zusammengehalten würden.[46]

Habermas versucht, das Verhältnis von Lebenswelt und Systemen in folgendem Bild zu fassen: »Letztlich gründet sich also die normative Erwartung vernünftiger Ergebnisse auf das Zusammenspiel zwischen der institutionell verfaßten politischen Willensbildung mit den spontanen, nicht-vermachteten Kommunikationsströmen einer nicht auf Beschlußfassung programmierten, in diesem Sinn nicht-organisierten Öffentlichkeit ... Die rechtsstaatlich eingerichteten demokratischen Verfahren würden ... in dem Maße rationale Ergebnisse erwarten lassen, wie die Meinungsbildung innerhalb der parlamentarischen Körperschaften sensibel bleibt für die Ergebnisse einer autonomen Öffentlichkeiten entspringenden informellen Meinungsbildung in ihrer Umgebung« (Habermas 1989, S. 29 ff.).

Entgegen den Intentionen von Habermas ergibt sich aus diesem Bild gerade nicht, wie die Lebenswelt sich in der Konfrontation mit den Teilsystemen ihrer Identität vergewissern könnte. Eher

45 Vgl. die Diskussion um die funktionalen Zwänge, in die auch eine ›alternative‹ Partei, wenn sie sich am Kampf um die politische Macht beteiligt, geraten muß: Roth 1980.

46 Dies würde Webers Vorstellung vom sich verschärfenden »Kampf der einzelnen Ordnungen und Werte« entsprechen. – Im übrigen kann diese Identitätsspaltung sich auch in der Form der ›parasitären‹ Kritik äußern, einer Kritik, die sich einerseits auf den lebensweltlichen moralischen Standpunkt stellt und von dort aus das Operieren der Teilsysteme kritisiert, gleichzeitig aber, ohne dies sich einzugestehen, fest auf dem Boden dieser Teilsysteme steht, indem sie die von diesen erbrachten Leistungen für unverzichtbar hält.

bringt es die Gefahr des Identitätszerfalls zum Ausdruck, was noch dadurch verstärkt wird, daß Habermas die Systeme als etwas der Lebenswelt Fremdes darstellt und damit die innere Beziehung der Lebenswelt zu dem (hier spezifisch geprägten) Feld strategischen Handelns verdeckt.[47] Wenn die Lebenswelt sich nur als fließendes Medium, das die Teilsysteme umspült, sich diesen nähern darf, dann kann sie sich nur aufgrund einer Identitätsspaltung in den Operationen dieser Systeme bewegen.

4.2 Die Vermittlung von Diskurs und Entscheidung

Die Identitätsbildung der Lebenswelt ist darauf angewiesen, daß der Abstand zwischen Diskursen und teilsystemspezifischem Operieren überbrückt wird. Gesucht werden muß deshalb nach vermittelnden Strukturen, die solche Überbrückungsleistungen befördern. Es geht also nicht nur darum, daß die Lebenswelt sich gegenüber dem Sog der teilsystemspezifischen Steigerungsprozesse, in den sie gerät, die Autonomie sichert, Diskurse einzurichten, in denen sie zu reflektierten Orientierungen und Interessen gelangen kann. Entscheidend ist das Problem, wie angesichts der Komplexität und Dynamik teilsystemspezifischer Operationen lebensweltlichen Ansprüchen Geltung verschafft werden kann.[48] Diese Suche führt einerseits zu bestimmten funktionsspezifischen Teilsystemen, die eine spezifische Affinität zur diskursiven Bewegung der Lebenswelt aufweisen, zweitens zu spezifischen innerhalb der Teilsysteme aufgebauten Assoziationsformen, die dem lebensweltlich verfügbaren moralischen Potential entgegenkommen, und schließlich zu Kommunikationssystemen, die sich an der Grenze von Lebenswelt und Systemen organisieren.

47 Darum ist ihm auch der Vorwurf gemacht worden, daß er reale Prozesse des Eindringens lebensweltlicher Orientierungen in systemische Zusammenhänge nicht beachtet. Vgl. Berger 1986, S. 274.

48 Wenn Offe/Preuß 1990 der Frage, wie eine reflektierte Willensbildung der Staatsbürger gesichert werden kann, eine zentrale Bedeutung zusprechen, könnte man antworten, daß doch oft die Moral schon vorhanden ist, man aber nicht weiß, wie sie in die Funktionssysteme einzuführen ist.

1. Lebenswelt und kontextoffene gesellschaftliche Teilsysteme

Eine wichtige Bedingung für die Steigerung des Einflusses, den die Lebenswelt im Hinblick auf die Steuerung der Gesellschaft auszuüben vermag, ist die Tatsache, daß die Steigerungsprozesse, die die unterschiedlichen Teilsysteme in Gang setzen, in sehr unterschiedliche Richtung zielen, so daß sie sich nicht einfach wechselseitig verstärken und den lebensweltlichen Ansprüchen ein in sich geschlossenes Muster der gesellschaftlichen Entwicklung entgegenstellen. Diese Widersprüche zwischen den Teilsystemen können umgekehrt günstige Bedingungen dafür erzeugen, daß die Lebenswelt ihren Ansprüchen Geltung verschaffen kann.

Bei Habermas nehmen die in der Lebenswelt stattfindenden diskursiven Prozesse eine eigentümlich freischwebende Position ein. Gerade wegen ihrer Nicht-Anbindung sollen sie ihr spezifisches Potential entfalten können. Nun können freilich die diskursiven Potentiale der Lebenswelt, solange sich diese nur auf sich selbst stützen kann, nur eine äußerst geringe Durchsetzungskraft erlangen. Diese Schwäche kann die Lebenswelt nur kompensieren, wenn ihr gesellschaftliche Teilbereiche organisierten Kommunizierens und Handelns, die im Zentrum des gesellschaftlichen Reproduktionsprozesses operieren, entgegenkommen, weil sie eine Affinität zu lebensweltlichen Kommunikationen aufweisen. Tatsächlich gibt es solche Teilbereiche. Die bei ihnen erkennbare Affinität zur Lebenswelt ergibt sich daraus, daß sie in einem besonderen Ausmaß ›kommunikativ-reflexive‹ Formen der Sinnverarbeitung ausbilden.

In jedem Teilsystem der Gesellschaft stoßen unterschiedlich strukturierte Kommunikationsprozesse aufeinander. In der Naturwissenschaft etwa werden einerseits durch logische Operationen im Kontext eines vorgegebenen theoretischen Paradigmas und durch Erzeugung von Beobachtungssätzen im Kontext bestimmter experimenteller Anordnungen Aussagen so miteinander verknüpft, daß definitiv über ihre Wahrheit oder Falschheit entschieden werden kann. Daneben finden sich aber auch (wissenschaftstheoretische) Reflexionen über den Status von Theorien, die die eindeutige Unterscheidung von wahren und falschen Aussagen thematisieren und eventuell in Frage stellen. Ähnlich finden sich im Schulsystem einerseits ein an durch Weisung übergeordneter Dienststellen vorgegebenen Kriterien orientiertes Operieren, zum Beispiel das Notengeben, daneben aber auch Reflexionen, die den

Erziehungswert der durchgeführten Operationen thematisieren und eventuell bestreiten. Wir können nun grob gesellschaftliche Teilsysteme danach unterscheiden, ob in ihnen kommunikatives Prozessieren auf der Grundlage eines binären Codes einen überragenden Stellenwert hat oder ob das Operieren mit einem binären Code umstritten ist, so daß es zu einer konflikthaften Konfrontation verschiedener Codes kommt und die Operationen in einem stärkeren Ausmaß durch Metareflexionen kontrolliert werden. Die ersten Systeme bezeichnen wir als (relativ) *kontextgeschlossen* oder ›*technokratisch*‹ operierend, die letzteren als (relativ) *kontextoffen* oder ›*kommunikativ-reflexiv*‹ operierend.[49] Beispiele für den ersteren Systemtypus sind Ökonomie, Naturwissenschaft und Politik, Beispiele für den letzteren Erziehung, Sozialwissenschaften und verschiedene Formen der Sozialarbeit.[50] Technokratische Arbeitsstile sind dadurch gekennzeichnet, daß sie Gesamtprozesse in elementare Einheiten zerlegen, diese nach eindeutigen Regeln operativ bearbeiten und dabei die Richtigkeit dieser Operationen ohne Rücksicht auf einen umfassenderen Kontext behaupten können. Demgegenüber kann das ›kommunikativ-reflexive‹ Verfahren weder Gesamtprozesse dekomponieren, noch existieren hier eindeutige Regeln, an denen die im System durchgeführten Operationen ausgerichtet werden können, und schließlich kann auch nicht von den Zusammenhängen des weiteren Kontextes abstrahiert werden, wenn es um die Rechtfertigung der Operationen geht. Das Operieren ist hier nicht nur mit der Komplexität einer Gesamtheit von Sachverhalten belastet, es muß sich zudem mit den Sinnvorgaben, die in dem operativen Feld selber aufgebaut werden, auseinandersetzen. Sozialwissen-

49 Dazu Giegel 1989.

50 Die Differenz kontextoffen-kontextgeschlossen ist nicht identisch mit der von Habermas benutzten Differenz von mit Steuerungsmedien arbeitenden versus mit generalisierten Formen der Kommunikation arbeitenden Handlungssystemen. Die Trennlinien verlaufen unterschiedlich. Naturwissenschaft etwa gehört bei Habermas (als Wissenschaft, also als diskursiv bestimmte Kommunikation) in den zweiten Bereich, während sie nach unserer Analyse in die kontextgeschlossenen, strikt binär operierenden Systeme hineinfällt. Im übrigen müßte man gegenüber der Habermasschen Zuordnung einfach seine eigene Vorstellung, daß Technik und die sie leitende Naturwissenschaft zur »Ideologie« werden, ins Feld führen.

schaften etwa können ihre Aussagen nicht einfach nach dem Code wahr/falsch behandeln, sondern müssen mit ihnen auch performatorisch an im untersuchten Fach erhobene Geltungsansprüche anschließen und bekommen gerade dadurch auch die gesellschaftliche Stellung des Forschers selber in den Blick.[51] In pädagogischen Interaktionen kann der Pädagoge seine Klienten nicht nur unter dem Gesichtspunkt begabt/unbegabt behandeln, sondern sieht sich mit Ansprüchen einer sich bildenden verletzlichen Identität konfrontiert und stößt dadurch eventuell auf die Notwendigkeit der eigenen Erziehung. Ähnliche Reflexionsschleifen finden sich auch in bestimmten, den physiologischen Operationszusammenhang übersteigenden psychosomatischen Diagnosen und Heilverfahren.[52]

Die Handlungssysteme des zweiten Typus knüpfen keineswegs zwangsläufig an die (idealen) Diskursansprüche der Lebenswelt an. Sie können ebenso wie über Steuerungsmedien operierende Systeme versuchen, die Kontingenz, mit der sie sich konfrontiert sehen, dadurch klein zu halten und bearbeitbar zu machen, daß sie strikt mit einer binären Differenz operieren, dabei eine der Seiten positiv bewerten und sie als Maßstab für Leistungssteigerungen einsetzen. Eine solche technokratische Umpolung von Handlungsbereichen wie schulische Erziehung, Sozialarbeit, Krankenpflege, Kulturpolitik und ähnliches führt aber zwangsläufig zu gravierenden funktionalen Problemen, was die Chance eröffnet, auf einen anderen, nämlich einen ›kommunikativ-reflexiven‹, für lebensweltliche Diskurse offenen Arbeitsstil umzusteigen.[53] Nicht als zwingende Notwendigkeit, sondern als Option ist diese kommunikativ-reflexive Ausrichtung also präsent.

Wegen der Präsenz dieser Option können in solchen Teilsystemen nicht ohne weiteres funktionale Imperative verfolgt werden, die sich konträr zu den Ansprüchen der Lebenswelt entwickeln. Indem diese Teilsysteme ihre eigenen Operationen reflektieren, werden sie auf die lebensweltlichen Ansprüche verwiesen. Durch die

51 Vgl. Habermas 1981, Bd. 1, S. 152 ff.

52 Bei Luhmann erscheint diese Differenz in der Form, daß die Systeme des zweiten Typus auf unüberwindliche Schwierigkeiten bei der Ausbildung eines Kommunikationsmediums stoßen, was zur Folge hat, daß eine kommunikationsentlastete Technologie der Änderung von Personen fehlt. Vgl. Luhmann 1981, S. 31.

53 Vgl. dazu die genaue Analyse von Japp 1986.

Kommunikationsprozesse in diesen Teilsystemen werden deshalb Wertorientierungen und Einstellungen befördert, die nicht an die funktionalen Imperative der kontextgeschlossenen Teilsysteme der Wirtschaft, Politik, Wissenschaft und ähnlicher, sondern eher an lebensweltliche Orientierungen anschließen.[54] Dieses ist für die autonome Ausbildung einer kulturellen Identität und die Durchsetzung lebensweltlicher Ansprüche von außerordentlicher Bedeutung, weil in dieser Weise die lebensweltliche Sinnbildung eine Unterstützung im Kern des gesellschaftlichen Reproduktionsprozesses findet.

2. Identitätsbildende Assoziationsformen

Ob die Lebenswelt Einfluß auf die ausdifferenzierten Teilsysteme nehmen kann, hängt auch davon ab, in welchen Formen sich diese selber organisieren. Von den Teilsystemen ausgebildete Organisationsformen können zur Ausbildung bestimmter sozialer Kollektive und entsprechender Solidaritäten führen, was für die Frage der Durchsetzung diskursiv gewonnener Ansprüche von hoher Relevanz ist. Durch funktionale Teilsysteme werden aufgrund spezifischer Assoziationsformen soziale Kollektive konstituiert, durch das politische System etwa die Nation oder durch Gewerkschaften etwa eine bestimmte Gruppe von Erwerbstätigen. Solche Assoziationsformen wirken als Strukturvorgaben für lebensweltliche Kommunikation und haben dadurch einen erheblichen Einfluß auf die Entfaltung der lebensweltlichen Kultur. Sie stellen nämlich Ansatzpunkte von Identitätsbildungen dar, die wiederum die Ausbildung von kulturellen Wertmustern und normativen Orientierungen in hohem Maße bestimmen.[55] Schon dadurch, daß man sich als Mitglied einer Nation oder eines gewerkschaftlich organisierten Kollektivs begreift, wird ein spezifischer Horizont für individuelle biographische Orientierungen, solidarische Einstellungen und lebensweltlich zentrale kulturelle Muster geschaffen.

Gewiß sind damit auch Gefahren einer Ausbildung partikularistischer Einstellungen verbunden. Jedoch bieten solche Assoziationsformen andererseits auch die Grundlage für die Ausbildung

54 Zu den empirischen Befunden vgl. Cotgrave 1982, Huber 1989 und Herz 1990.

55 Offe 1989, S. 760f.

von Solidaritäten, die bei rein strategischer Einstellung kaum hergestellt werden können. Solche Solidaritäten sind insbesondere dann erforderlich, wenn die Steigerung der gesamtgesellschaftlichen Wohlfahrt darauf angewiesen ist, daß bestimmte Gruppen auf die konsequente und ungebremste strategische Verfolgung der eigenen Nutzenmaximierung verzichten. Eine derartige ›egoistische‹ Nutzenmaximierung stellt etwa die forcierte Ausbeutung und Verschmutzung der Natur durch das ›Kollektiv‹ der heutigen Gesellschaften dar, das die Kosten dieser Maximierungsstrategie auf das ›Kollektiv‹ der zukünftigen Generationen abwälzt. Oder die selektive Organisation von privilegierten Schichten in eigenen Versicherungssystemen, die zur Konsequenz hat, daß die Kosten der höheren Risiken, mit denen die weniger privilegierten Schichten konfrontiert sind, diesen selber aufgebürdet werden. Eine gesamtgesellschaftliche Wohlfahrtssteigerung ist hier nur durch Selbstbeschränkung möglich. Gerade um das für solche Selbstbeschränkungen notwendige moralische Potential zu erzeugen, ist aber, wie Offe argumentiert, eine diesem ›entgegenkommende‹ Assoziationsbildung erforderlich.[56] In dem Maße, wie man sich über Organisationsbildung mit dem Teil der sozialen Welt, in den Ressourcen umgepolt werden sollen, identifikatorisch zusammenschließt, wird nicht nur die Motivgrundlage der unreflektierten Interessenmaximierung relativiert, man kann auch sicher sein, daß die vorgenommene Selbstbeschränkung tatsächlich den angestrebten Solidaritätseffekt hat. Nur über diese Sicherheit werden moralische Ressourcen der Lebenswelt aus ihrer Latenz herausgeführt und in einen Aktivitätszustand versetzt.

3. *Verfahrensmäßige und organisatorische Verstärkung des lebensweltlichen Einflusses*

Auch unter den im vorangegangenen bezeichneten Bedingungen, die die Durchsetzung lebensweltlicher Ansprüche im Operieren der Teilsysteme begünstigen, stellen das Kompetenz- wie das Organisationsdilemma Hindernisse dar, die einen solchen Vermittlungsprozeß zu blockieren drohen. Wegen dieser Hindernisse trägt auch die Hoffnung nicht, daß durch soziale Bewegungen, die die Ansprüche der Lebenswelt zum Ausdruck bringen, diese Vermittlung geleistet werden könnte. Die frei fluktuierenden Kommu-

56 Offe 1989, S. 761.

nikationsprozesse lebensweltlicher Diskurse haben den Vorteil, daß sie sich einer Vielzahl von wechselnden Themen öffnen und für sie Resonanz schaffen können. Auf der anderen Seite erzeugt gerade diese Offenheit spezifische Defizite. Da die fluktuierende Kommunikation nicht darauf gerichtet ist, daß Aufmerksamkeiten gebündelt und Relevanzen geschaffen werden, besteht die Gefahr, daß die lebensweltlich verfügbaren moralischen Potentiale durch ihre Zerstreuung in vielfältige Problemfelder ihre Durchschlagskraft verlieren. Bedeutsamkeit gewinnen Materien, die in moralischen Diskursen bearbeitet werden, nicht einfach durch ihren Inhalt, sondern dadurch, daß sie zugespitzt und durch das Nadelöhr selektiver Aufmerksamkeit eingeführt werden. Genau diese Bündelung kommunikativer Prozesse auf bestimmte Themen hin können soziale Bewegungen leisten. Auf der anderen Seite fällt es ihnen schwer, sich durch Aneignung des teilsystemspezifisch aufgebauten Wissens eine angemessene Problemsicht der gesellschaftlichen Prozesse zu verschaffen. Auch sind ihre Möglichkeiten einer strategischen Einflußnahme auf die Teilsysteme eng begrenzt.[57] Es bedarf deshalb über die genannten begünstigenden Bedingungen hinaus spezifischer Vorkehrungen, um den Vermittlungsprozeß zwischen Lebenswelt und Systemen zu befördern. Sowohl geeignete verfahrensmäßige Regulierungen wie organisatorische Strukturen sind notwendig, um die Blockierung durch Kompetenz- und Organisationsdilemma aufzuheben.

(a) Alternative Entscheidungsverfahren. Zu den wichtigsten Grenzübergängen zwischen lebensweltlichen Diskursen und teilsystemspezifischem Operieren zählen die Verfahren, in denen die gesellschaftlichen Mitglieder als Staatsbürger Einfluß auf das politische System gewinnen können. Nun sind die in westlichen Demokratien ausgebildeten Verfahren der politischen Beteiligung, vor allem die politische Wahl, kaum in der Lage, die Ansprüche der Lebenswelt angemessen in das politische System hinein zu vermitteln.[58] Schon das Mißverhältnis, das zwischen der Singularität des Wahlaktes und der extrem ausgedehnten und komplexen Entscheidungsmaterie besteht, läßt eine solche Vermittlung nicht

57 Vgl. die Debatte um die Parteigründung der *Grünen* in Roth 1980 und die neueren Überlegungen zur Institutionalisierung neuer sozialer Bewegungen im *Forschungsjournal Neue Soziale Bewegungen* 3/1989.

58 Vgl. dazu verschiedene Beiträge in Guggenberger/Offe (Hg.) 1984.

zu. Auch befördern die spezifischen institutionellen Vorkehrungen der Wahl eine strategische Einstellung und drängen den Einfluß diskursiver Verständigung zurück.
Aus diesem Grund wird darüber nachgedacht, ob durch Veränderung des Entscheidungsverfahrens den Ansprüchen der Lebenswelt besser Rechnung getragen werden kann. Diskutiert werden etwa Volksentscheide, in denen der Wähler zu spezifischen Sachfragen Stellung nehmen kann, Erteilen von Stimmrechten, mit denen Verbände, deren Sachorientierung präferiert wird, unterstützt werden können[59], reflexives Entscheiden, in dem darüber entschieden wird, welche Materien Gegenstand von Entscheidungen werden sollen[60] usw. Alle diese Vorschläge zielen darauf, erstens durch Eingrenzung der Entscheidungsmaterie, die jeweils zur Debatte steht, eine größere Sachkompetenz der gesellschaftlichen Mitglieder zu erreichen, so daß die Entscheidungsalternativen besser im Lichte der Ansprüche der Lebenswelt überprüft werden können. Zweitens sollen dadurch die Chancen verbessert werden, diskursive Prozesse der Verständigung in Gang zu setzen, in denen nach verallgemeinerbaren Interessen gesucht wird.
(b) Die Organisation von intermediären Kommunikationsprozessen. Strukturbildungen, die von den Bedingungen der idealen Sprechsituation abweichen, erzeugen die Gefahr, daß das Rationalitätspotential diskursiver Verständigung nicht in voller Breite zur Verfügung steht. Aus diesem Grund betont Habermas die Notwendigkeit von nicht-organisierten lebensweltlichen Kommunikationsprozessen. Dies löst aber nicht das Problem, wie die diskursiv gewonnenen Einsichten auf die Ebene des nicht-verständigungsorientierten Entscheidens und des strategischen Handelns transponiert werden können. Will man diskursive Verständigung mit strategischer Durchsetzungskraft verbinden, ist die Überleitung der Prozesse diskursiver Auseinandersetzung in organisierte Kommunikationszusammenhänge zwingend erforderlich. Um das beschriebene Organisationsdilemma zu bewältigen, müssen die benötigten Kommunikationsstrukturen spezifischen Anforderungen genügen: Ihre organisatorische Form muß gewährleisten, daß an diskursiv gefundenen Einsichten festgehalten

59 Dazu im Anschluß an Schmitter Preuß 1989 und Eichener/Voelzkow 1991.
60 Offe 1984, S. 178.

werden kann, darf also einer Umorientierung auf bloß strategisches Handeln nicht Vorschub leisten. Gleichzeitig muß gesichert sein, daß auf teilsystemspezifische Operationen Einfluß in dem Sinn genommen werden kann, daß diese zu einer größeren Rücksicht gegenüber lebensweltlichen Ansprüchen gebracht werden. Vor allem müßten hier Lernprozesse möglich sein, in denen sowohl die Orientierungen und Ansprüche der Lebenswelt reflektiert wie auch genauere Einsichten in die Funktionsnotwendigkeiten teilsystemspezifischer Operationen gewonnen werden könnten.[61]

Im Rahmen systemtheoretischer Überlegungen zur Steuerung komplexer Gesellschaften haben *intermediäre Verhandlungssysteme* eine besondere Prominenz erlangt[62] (Willke 1989, Teubner/Willke 1984). Im Vergleich insbesondere zu zentralstaatlicher Steuerung werden ihnen erhebliche Vorzüge zugesprochen. Der Versuch, die Operation der Teilsysteme auf neue Bahnen zu zwingen, um auf diese Weise mehr Rücksicht gegenüber den Ansprüchen der Umwelt durchzusetzen, verbindet sich hier mit einer Rücksichtnahme in umgekehrter Richtung: Es finden hier keine die internen Operationsstrukturen störenden direkten Eingriffe in die Teilsysteme statt. Zunächst geht es darum, dem System, mit dem man interagiert, eine Verstehensleistung abzuverlangen. Man übersetzt die Ansprüche, die man an es heranträgt, so, daß sie in seiner Sprache lesbar sind (Willke 1989, S. 129). Aufgrund der so

61 Wichtig für die folgenden Überlegungen ist die (hier nicht weiter verfolgte) Debatte um die Zivilgesellschaft. Vgl. etwa Cohen/Arato 1989 und Keane (Hg.) 1988.

62 Beispiele für solche Verhandlungssysteme sind
– Anhörungsverfahren, wie sie im Prozeß der Gesetzgebung und bei Genehmigungsverfahren vorgesehen sind;
– Verhandlungssysteme, in denen (nach dem Muster der Tarifpolitik) zur Regulierung gesamtgesellschaftlich wichtiger Problembereiche Industrieverbände, Gewerkschaften, Umwelt- und Verbraucherverbände, Vertreter staatlicher Verwaltungen und der Wissenschaft usw. zusammengeführt werden (Eichener/Voelzkow 1991);
– die (meist ehrenamtliche) Arbeit in normsetzenden Vereinigungen (Mai 1990);
– substaatliche Organisationen mit regulativen Kompetenzen (zum Beispiel Wasserverbände) (Glagow 1984).
Vgl. auch die Beispiele, die Teubner (1992) für »plurale Normbildungsprozesse« anführt.

gewonnenen Kontextinformationen kann das System dann (wieder ohne tieferreichende Eingriffe) angeregt werden, sich selbst zu reflektieren, das heißt begreifen, daß und wie es selber »auch Umwelt für andere Systeme ist« (ebd., S. 121). Damit kommt es zur »Beobachtung der Wirkungen der eigenen Identität in der Umwelt ... im Unterschied zu den Wirkungen, die andere Systeme in ihrer Umwelt erzeugen« (ebd., S. 123) und darüber hinaus zur Erkenntnis der »wechselseitigen Abhängigkeiten« (ebd., S. 70). Dann können auch Kontextbedingungen des Systems konditioniert werden, wodurch ihm »solche Optionen (unterbreitet werden) ..., welche die systemische Autonomie nicht verletzen« (ebd., S. 139).

Intermediäre Verhandlungssysteme sind aber nicht nur unter Gesichtspunkten einer systemischen Steuerung von Interesse. Sie lassen auch, wenn man sie unter dem Blickpunkt betrachtet, ob sich Ergebnisse diskursiver Willensbildung in Prozesse der Gesellschaftssteuerung übersetzen lassen, bestimmte Vorzüge erkennen. Wenn die Lebenswelt über ihre Vertreter in solchen organisatorischen Zusammenhängen sich artikuliert, muß sie sich anders als Parteien nicht mit dem Anspruch einer Allkompetenz belasten. Der Sachverstand und die Problemsensitivität der Lebenswelt kann, je nachdem um welche strittige Materie es sich handelt, gezielt abgerufen werden. Durch diesen punktuellen Zugriff wird die Komplexitätssteigerung, die die Teilsysteme erzeugen, bearbeitbar. Daraus ergibt sich auch, daß die Interessen und Wertorientierungen der Lebenswelt durch diejenigen, die hier advokatorisch für sie eintreten, mit ganz anderer Intensität und in viel härterer Auseinandersetzung mit den sachlichen Gegebenheiten artikuliert werden können, als dies etwa bei der politischen Wahl der Fall ist.

Außerdem läßt sich hier ein Interesse mit viel größerer Nachhaltigkeit vertreten, weil es nicht aufgrund struktureller Vorgaben durch andere Interessen relativiert wird. Während die Bündelung vielfältiger Entscheidungsmaterien in der Wahl drastisch die Interessen reduziert, die in der Wahlentscheidung überhaupt Relevanz gewinnen können, lassen sich hier die einzelnen Interessen ihrem Gewicht entsprechend zum Ausdruck bringen und übergreifende strukturelle Verknüpfungen in Frage stellen, die sonst häufig als ungeprüfte Vorgaben die Interessenartikulation restringieren.

Schließlich unterliegt die Beteiligung an intermediären Verhandlungssystemen nicht demselben Zwang der Kompromißbildung, wie er etwa in Regierungskoalitionen vorherrscht. Während in solchen Koalitionen aufgrund des Kompromißzwanges sich ein opportunistisches Verhältnis zu den vertretenen Interessen einstellen muß, kann umgekehrt die von solchen Rücksichten freie Vertretung von Interessen in intermediären Organisationen die Ausbildung einer politischen Identität unterstützen. Aus all diesen Gründen kann sich zwischen lebensweltlichen Diskursen und der Artikulation von Interessen in intermediären Verhandlungssystemen eine positive Rückkoppelung ergeben. Einerseits können die lebensweltlichen Bewegungen des Diskurses in solchen Verhandlungssystemen einen angemessenen Ausdruck finden, andererseits kann gerade die im Vergleich zu sonstigen organisatorischen Kontexten hier relativ freie Artikulation von Interessen und Alternativen der Problembearbeitung sich vorteilhaft für die Entfaltung des diskursiven Potentials der Lebenswelt auswirken.

Trotz dieser unbestreitbaren Vorteile, die intermediäre Verhandlungssysteme mit sich bringen, stellen sie jedoch für die hier diskutierte Problematik, die Übersetzung lebensweltlicher Interessen in das Operieren der Teilsysteme, für sich genommen keine zureichende Lösung dar. Das wird gerade am systemtheoretischen Lob für solche Verhandlungssysteme deutlich. Wenn es nach systemtheoretischer Vorstellung hier alleine darum geht, daß die Teilsysteme durch Reflexion auf einen weiteren Problemhorizont, in den auch die Problemsicht der Lebenswelt eingefügt ist, ihre Strategien modifizieren, so ist davon nicht mehr zu erwarten, als daß die Systeme von einer »Maximalisierungsstrategie« zu einer »Optimierungsstrategie« übergehen (ebd., S. 123). Dabei zeichnet sich die letztere dadurch aus, daß die Systeme die Probleme, die durch eine Maximalisierungsstrategie nicht nur für ihre Umwelt, sondern aufgrund von Rückwirkungen auch für sie selber entstehen müssen, in ihren strategischen Operationen mit verrechnen. Nun ist aber nicht anzunehmen, daß eine solche Optimierungsstrategie sich mit den Ansprüchen deckt, die die Lebenswelt auf der Basis ihres kulturellen Selbstverständnisses formuliert. Aus der Sicht der Lebenswelt besteht deshalb kein Grund, sich mit den über Verhandlungssysteme ausgelösten Reflexionen und Strategiemodifikationen der Teilsysteme zufriedenzugeben. In gewisser Weise beginnt an dieser Stelle erst die eigentliche Problematik: Was geschieht, wenn die nicht länger bornierten, son-

dern durch Verhandlungssysteme aufgeklärten Teilsysteme sich den Ansprüchen der Lebenswelt entgegenstellen?
Soziale Bewegungen haben immer die Option, wenn nichts mehr läuft, auf das Mittel des ›zivilen Ungehorsams‹, das heißt der Blockierung rechtlich legitimierter oder gebotener Handlungsoperationen zurückzugreifen. Aber dieses Mittel ist nur wirksam unter der Bedingung, daß alle anderen Mittel versagen und das Problem, um das es geht, essentiell genug ist, um die Regelverletzung zu rechtfertigen. Darum kann es punktuell zu anderen strategischen Optionen hinzukommen, diese aber nicht ersetzen.
Um die Schwäche von Verhandlungssystemen zu kompensieren, wird man deshalb in einer ganz anderen Richtung suchen müssen, nämlich im Bereich staatlicher Interventionsmöglichkeiten.[63] Dies ist paradox, weil Verhandlungssysteme gerade von daher ihre Attraktivität gewinnen, daß man hoffen kann, durch sie die Defizite staatlicher Steuerung zu vermeiden. Tatsächlich gilt auch das Umgekehrte: Nur staatliche Intervention kann die Defizite von Verhandlungssystemen kompensieren. Dies geschieht zum Beispiel in der Form, daß der Staat Regelungen für Verhandlungssysteme festlegt, die Zusammensetzung der an Verhandlungssystemen Beteiligten bestimmt, Anreize für die Orientierung der Verhandlungssysteme an allgemeinen Interessen schafft, die Partizipationsfähigkeit der weniger organisations- und konfliktfähigen gesellschaftlichen Interessen gezielt stärkt und vor allen Dingen die Beteiligten dadurch unter Druck setzt, daß er für den Fall des Scheiterns der Verhandlungssysteme androht, selber die Regulierung zu übernehmen. Es ist also möglich, daß in Verhandlungssystemen vorhandene Blockierungsschwellen dadurch verschoben werden, daß der Staat in diesem Sinne regulierend eingreift (Eichener/Voelzkow 1991, S. 134 ff., 137 f., 146 ff.).
Allerdings ist damit der dem Organisationsdilemma zugrundeliegende Widerspruch nur um eine Stufe verschoben. Der Einfluß, den die Lebenswelt über intermediäre Verhandlungssysteme gewinnen kann, hängt von spezifischen Programmen ab, mit denen das politische System solche Verhandlungssysteme reguliert. Dieses wiederum wird solche Programme nur in dem Maße in Gang

63 Vgl. hierzu die breit angelegte Analyse von Cohen/Rogers 1990. Der Staat tritt auch bei Willke ein, nämlich als »der Dritte«, der »Anreize für Kooperation schafft« (Willke 1989, S. 104).

setzen, wie es von der Lebenswelt unter Druck gesetzt wird. Damit stellt sich aber der Lebenswelt die Aufgabe, auf das politische System in den dafür vorgesehenen Kanälen Einfluß zu nehmen. Sie muß sich in die teilsystemspezifischen Kommunikationen, in denen Macht generiert wird, einklinken und strategisch darauf hinwirken, daß ihr entgegenkommende Programme mit Macht ausgestattet werden. Wir stehen also vor folgender paradoxaler Situation: Die Lebenswelt muß ihre Ansprüche gegenüber den Teilsystemen zur Geltung bringen. Weil in den teilsystemspezifisch organisierten Kommunikationsprozessen eine reflektierte Willensbildung verhindert wird, erscheint es angemessener, wenn die Lebenswelt in den ihr entgegenkommenden Strukturen intermediärer Verhandlungssysteme ihre Ansprüche mit den funktionalen Imperativen der Teilsysteme konfrontiert. Damit sie nun aber in dieser Konfrontation über genügend Einflußmöglichkeit verfügt, muß der Staat für entsprechende Strukturvorgaben sorgen. Und dies wiederum verlangt, daß die Lebenswelt sich in die Auseinandersetzungen des politischen Systems hineinbegibt, um staatliches Handeln in diese Richtung zu drängen.[64]

Dies verweist noch einmal darauf, daß die Identität der Lebenswelt sich nur in der Relationierung von Diskurs und strategisch operierender Lebenspraxis herstellt. Die Lebenswelt kann sich nicht auf das Gebiet nicht-organisierter, offener Kommunikationen zurückziehen, sie kann auch nicht in den Zwischenzonen intermediärer Verhandlungssysteme, in denen es ihr erleichtert wird, an diskursiv gewonnenen Einsichten festzuhalten, stehenbleiben, sie muß vielmehr *den ganzen Weg bis in die Teilsysteme hineingehen.* Zwar muß das von ihr verlangte Operieren in den Teilsystemen durch andere Formen der Einflußnahme, die ihren diskursiven Verständigungsprozessen eher entgegenkommen, flankiert werden, aber von diesem befreit werden kann sie nicht. Sie muß das, was sie auch ist, nämlich strategisches Handeln, was sie aber in ihren auf Humanität zielenden Anstrengungen diskursiver Verständigungen von sich fernhält, schließlich doch exekutieren.

64 Man könnte diese Paradoxie dadurch aufzulösen hoffen, daß man sich auf die Habermassche Vorstellung zurückzieht, daß die frei flottierende öffentliche Kommunikation sich schon auf lange Sicht in den politischen Optionen, die durch Parteipolitik formuliert werden, niederschlagen wird. Aber dieser Gedanke führt aus den schon genannten Gründen nicht weiter.

Literatur

Berger, J. (1986), »Die Versprachlichung des Sakralen und die Entsprachlichung der Ökonomie«, in: H. Joas/A. Honneth (Hg.), *Kommunikatives Handeln*, Frankfurt am Main, S. 255-277.

Brint, S. (1984), »New Class and Cumulative Trend Explanations of Liberal Political Attitudes of Professionals«, in: *American Journal of Sociology* 90, S. 30-71.

Brose, H. G. (1989), *Zeit und Biographie.* Universitäts-Habilitationsschrift, Marburg.

Cohen, J./A. Arato (1989), »Politics and the Reconstruction of the Concept of Civil Society«, in: A. Honneth u. a. (Hg.), *Zwischenbetrachtungen*, Frankfurt am Main, S. 482-503.

Cohen, J./J. Rogers (1990), *Secondary Associations in Democratic Governance*, Ms.

Cotgrave, S. F. (1982), *Catastrophe or Cornucopia*, Chichester/New York.

Döbert, R. (1992), »Konsensustheorie als deutsche Ideologie«, in diesem Band.

Durkheim, E. (1981/1912), *Die elementaren Formen des religiösen Lebens*, Frankfurt am Main.

Elster, J. (1985), *Making Sense of Marx*, Cambridge.

– (1987), *Subversion der Rationalität*, Frankfurt am Main.

Eichener, V./H. Voelzkow (1992), *Umweltinteressen in der verbandlichen Techniksteuerung*, Dortmund (im Erscheinen).

Giegel, H.-J. (1987), »Interpenetration und reflexive Bestimmung des Verhältnisses von psychischem und sozialem System«, in: H. Haferkamp/M. Schmid (Hg.), *Sinn, Kommunikation und soziale Differenzierung*, Frankfurt am Main, S. 212-246.

– (1988), »Konventionelle und reflexive Steuerung der eigenen Lebensgeschichte«, in: H. G. Brose/B. Hildenbrand (Hg.), *Vom Ende des Individuums zur Individualität ohne Ende*, Opladen, S. 211-241.

– (1989), *Zwischen kontextgeschlossenen und kontextoffenen Teilsystemen der Gesellschaft. Neue gesellschaftliche Spannungslinien und die Differenzierung kultureller Orientierungen*, Ms., Marburg.

– (1991), »Die Architektonik der Kritischen Theorie«, in: *Berliner Journal für Soziologie* 3.

H.-J. Giegel/G. Frank/U. Billerbeck (1988), *Industriearbeit und Selbstbehauptung*, Opladen.

Gilbert, G. N./M. Mulkay (1984), *Opening Pandora's Box*, Cambridge.

Glagow, M. (1984), »Zur Delegation staatlicher Aufgaben im Umweltschutz an Selbstverwaltungskörperschaften: Die verordnete Selbststeuerung«, in: ders. (Hg.), *Gesellschaftssteuerung zwischen Korporatismus und Subsidiarität*, Bielefeld.

Greven, M. Th. (1991), »Macht und Politik in der *Theorie des kommuni-*

kativen Handelns von Jürgen Habermas«, in: ders. (Hg.), *Macht in der Demokratie*, Baden-Baden, S. 213-238.
Guggenberger, B./C. Offe (Hg.) (1984), *An den Grenzen der Mehrheitsdemokratie*, Opladen.
Habermas, J. (1973), *Legitimationsprobleme im Spätkapitalismus*, Frankfurt am Main.
– (1981), *Theorie des kommunikativen Handelns*, 2 Bde., Frankfurt am Main.
– (1983), *Moralbewußtsein und kommunikatives Handeln*, Frankfurt am Main.
– (1987), »Wie ist Legitimität durch Legalität möglich?«, in: *Kritische Justiz* 20, S. 1-16.
– (1990), *Strukturwandel der Öffentlichkeit*. Mit einem Vorwort zur Neuauflage, Frankfurt am Main.
Hahn, A. (1983), »Konsensfiktion in Kleingruppen«, in: F. Neidhardt (Hg.), *Gruppensoziologie*, Köln, S. 210-231.
– (1989), »Verständigung als Strategie«, in: M. Haller u. a. (Hg.), *Kultur und Gesellschaft*, Frankfurt/New York, S. 346-359.
Herz, T. A. (1990), »Die Dienstklasse. Eine empirische Analyse ihrer demographischen, kulturellen und politischen Identität«, in: P. A. Berger/S. Hradil (Hg.), *Lebenslagen, Lebensläufe, Lebensstile. Soziale Welt*, Sonderband 7, Göttingen, S. 231-252.
Huber, J. (1989), *Technikbilder*, Opladen.
Japp, K. P. (1986), *Wie psychosoziale Dienste organisiert werden*, Frankfurt am Main.
Joas, H. (1986), »Die unglückliche Ehe von Hermeneutik und Funktionalismus«, in: H. Joas/A. Honneth (Hg.), *Kommunikatives Handeln*, Frankfurt am Main, S. 144-176.
Keane, J. (Hg.) (1988), *Civil Society and the State*, London.
Keck, O. (1988), »Präventive Umweltpolitik als Abbau von Informationsrestriktionen«, in: U. E. Simonis (Hg.), *Präventive Umweltpolitik*, Frankfurt am Main, S. 105-125.
Knorr Cetina/K. Amann (1992), »Konsensprozesse in der Wissenschaft«, in diesem Band.
Latour, B. (1987), *Science in Action*, Cambridge, Mass.
Luhmann, N. (1981), *Soziologische Aufklärung*, Bd. 3, Opladen.
– (1984), *Soziale Systeme*, Frankfurt am Main.
– (1985), »Autopoiesis und Bewußtsein«, in: *Soziale Welt* 36, S. 402-446.
– (1986), *Ökologische Kommunikation*, Opladen.
– (1988), »Wie ist Bewußtsein an der Kommunikation beteiligt?«, in: H. U. Gumbrecht/K. L. Pfeiffer (Hg.), *Materialität der Kommunikation*, Frankfurt am Main, S. 884-905.
– (1989), »Individuum, Individualität, Individualismus«, in: ders., *Gesellschaftsstruktur und Semantik*, Bd. 3, Frankfurt am Main, S. 149-258.

Mai, M. (1990), »Die Rolle technisch-wissenschaftlicher Verbände in der Technikgestaltung und -bewertung«, in: ders. (Hg.), *Sozialwissenschaften und Technik*, Frankfurt am Main u. a., S. 155-178.

Malsch, Th. (1986), »Arbeit und Kommunikation im informatisierten Produktionsprozeß«, in: B. Lutz (Hg.), *Technik und sozialer Wandel*, Frankfurt am Main, S. 164-175.

McCarthy, Th. (1986), »Komplexität und Demokratie – die Versuchungen der Systemtheorie«, in: H. Joas/A. Honneth (Hg.), *Kommunikatives Handeln*, Frankfurt am Main, S. 177-215.

Miller, M. (1986), *Kollektive Lernprozesse*, Frankfurt am Main.

Oevermann, U. (1985), »Versozialwissenschaftlichung der Identitätsformation und die Verweigerung von Lebenspraxis: Eine aktuelle Variante der Dialektik der Aufklärung«, in: B. Lutz (Hg.), *Soziologie und gesellschaftliche Entwicklung*, Frankfurt am Main, S. 463-474.

Offe, C. (1984), »Politische Legitimation durch Mehrheitsentscheidungen?«, in: B. Guggenberger/C. Offe (Hg.), *An den Grenzen der Mehrheitsdemokratie*, Opladen, S. 150-183.

– (1986), »Die Utopie der Null-Option«, in: J. Berger (Hg.), *Die Moderne – Kontinuitäten und Zäsuren. Soziale Welt*, Sonderband 4, Göttingen, S. 97-117.

– (1989), »Fessel und Bremse«, in: A. Honneth u. a. (Hg.), *Zwischenbetrachtungen*, Frankfurt am Main, S. 739-774.

Offe, C./U. K. Preuß (1990), *Democratic Institutions and Moral Resources*, Bremen: Zentrum für Sozialpolitik.

Preuß, U. K. (1989), »Perspektiven von Rechtsstaat und Demokratie«, in: *Kritische Justiz* 22, S. 1-12.

Roemer, J. (1986), »New directions in the Marxian theory of exploitation and class«, in: J. Roemer (Hg.), *Analytical Marxism*, Cambridge, S. 81-113.

Roth, R. (Hg.) (1980), *Parlamentarisches Ritual und politische Alternativen*, Frankfurt am Main.

Schimank, U. (1985), »Funktionale Differenzierung und reflexiver Subjektivismus. Zum Entsprechungsverhältnis von Gesellschafts- und Identitätsform«, in: *Soziale Welt* 36, S. 66-81.

– (1987), »Evolution, Selbstreferenz und Steuerung komplexer Systeme«, in: M. Glagow/H. Willke (Hg.), *Dezentrale Gesellschaftssteuerung*, Pfaffenweiler, S. 45-64.

– (1988), »Biographie als Autopoiesis – Eine systemtheoretische Rekonstruktion von Individualität«, in: H. G. Brose/B. Hildenbrand (Hg.): *Vom Ende des Individuums zur Individualität ohne Ende*, Opladen, S. 55-72.

– (1992), »Spezifischer Interessenkonsens trotz generellem Orientierungsdissens. Ein Integrationsmechanismus polyzentrischer Gesellschaften«, in diesem Band.

Schmid, M. (1992), »Soziale Ordnung und kultureller Konsens«, in diesem Band.
Slaughter, M. M. (1982), *Universal Languages and Scientific Taxonomy in the Seventeenth Century*, Cambridge.
Teubner, G. (1992), »Ist das Recht auf Konsens angewiesen? Zur sozialen Akzeptanz des modernen Richterrechts«, in diesem Band.
Teubner, G./H. Willke (1984), »Kontext und Autonomie: Gesellschaftliche Selbststeuerung durch reflexives Recht«, in: *Zeitschrift für Rechtssoziologie* 5, S. 4-35.
Voelzkow, H. u. a. (1987), »Regierung durch Verbände – am Beispiel der umweltbezogenen Techniksteuerung«, in: *PVS* 28, S. 80-100.
Willke, H. (1989), *Systemtheorie entwickelter Gesellschaften*, Weinheim/New York.

Michael Schmid
Soziale Ordnung und kultureller Konsens[1]

»Manipulating causal relations in absurd ways may provide instructive thought experiments, but is unlikely to produce definite tests of a moral theory (or of any other theory embracing behavior).«

Russell Hardin 1990, S. 24

1. Einleitung und Vorüberlegungen

Die soziologische Tradition hat immer wieder die These vorgetragen, daß eine Gesellschaft nur unter der Bedingung zusammengehalten werde, daß es ihren Mitgliedern gelingt, einen kulturellen Konsens auszubilden und aufrechtzuerhalten. Ich möchte diese Auffassung in Auseinandersetzung mit den paradigmatischen Überlegungen von Jürgen Habermas diskutieren[2] und dabei mit der Gegenthese konfrontieren, daß eine Institutionalisierung von Konsensverfahren und damit eine *inhaltliche Abstimmung* der wechselseitigen Überzeugungen und Handlungsorientierungen nur unter restriktiven Voraussetzungen zu erwarten ist und daß – gerade deshalb – zumal in modernen Gesellschaften Ordnungsformen sich durchzusetzen beginnen, die der Stütze durch einen inhaltlichen Konsens nicht bedürfen, sondern mit schwächeren Formen der Verhaltensabstimmung auskommen (müssen).[3]

Um diesem Versuch einen Halt zu geben, bitte ich vorweg darum, die folgenden Festlegungen zu akzeptieren:

1 Ich danke Rolf Haubl für seine ermunternde Kritik.

2 Das heißt, ich verstehe wie Wenzel/Hochmuth 1989, S. 241, Habermas' Theorie als eine in der Tradition von Durkheim und Parsons stehende, freilich sprachtheoretisch gewendeten »Theorie normativer Ordnung«; vgl. zu dieser Wende Wellmer 1977.

3 Meine Kritik formuliert einen »gesellschaftstheoretischen« Einwand im Sinne Wellmers (vgl. Wellmer 1979, S. 145); die von Wellmer darüber hinaus zugestandenen Kritikfelder (Vermischung von Werten und Fakten, Leerheit der Diskursprinzipien und die begründungsphilosophische Ausrichtung der Konsenstheorie) lasse ich beiseite; vgl. dazu Schmid 1991a.

Zunächst möchte ich mein Verständnis dessen, was mit dem gängigen Terminus der »sozialen Ordnung« angesprochen ist, auf zwei zentrale Problemfelder beschränken[4]: Soziale Ordnung hängt für mich einmal davon ab, daß es den Akteuren gelingt, sich in den Besitz von Informationen über das projektierte Verhalten ihrer Mitakteure zu setzen. In diesem Sinne ist »soziale Ordnung« mit der gelungenen Herstellung von *Erwartungssicherheit* gleichzusetzen, zunächst ganz unabhängig von der Frage, auf welche Art der Beziehung und auf welche Beziehungserträge sie sich einzustellen haben. Damit zusammenhängend, indessen analytisch zu unterscheiden, besteht »soziale Ordnung« darüber hinaus in der Lösung des Problems der *Kooperation*, das heißt der Sicherung der Bereitschaft, sich an der wechselseitigen Versorgung mit privaten oder öffentlichen Gütern zu beteiligen. Ich gehe davon aus, daß Habermas unter den von ihm identifizierten Motivations-, Legitimations- und Integrationsproblemen (wenigstens zum Teil) jene Widrigkeiten versteht, deren Beseitigung soziale Ordnung im hier unterstellten Sinne sicherstellen kann.[5]
Sodann möchte ich den Beitrag, den die Ausbildung eines kulturellen Konsensus zur Lösung dieser beiden Probleme sozialer Ordnung leisten kann, nur insoweit untersuchen, als der vielgestaltige Begriff der »Kultur«[6] zulässigerweise auf »Regeln« (»Nor-

4 Vgl. dazu Edgerton 1985, S. 255 ff.; Elster 1989, S. 1 ff.

5 Ich denke, daß Habermas' Überlegung zur unbefragt geltenden »Lebenswelt« (Habermas 1981, Bd. 2, S. 171 ff.; 1988, S. 63 ff. u. ä.) mit »Erwartungssicherheit« gleichgesetzt werden kann und daß sein Verständnis dessen, was er gelegentlich als »Kooperation« oder »Koordination« bezeichnet (Habermas 1973, S. 69; 1976, S. 133, 145, 164 u. ä.; 1984, S. 573 f.; 1981, Bd. 1, S. 131, 151; Bd. 2, S. 493), sich mit meiner Definition des Begriffs (wenigstens partiell) deckt. Ich verkenne allerdings nicht, daß der Habermassche Koordinationsbegriff, ganz im Gegenteil zu der im Nachfolgenden vorzutragenden These, auf Formen sprachlich vermittelter Verhaltensabstimmung und das vorgängige Vorhandensein von sprechaktrelevanten Normen (der Geltungsverpflichtung) abstellt (vgl. Habermas 1981, Bd. 1, S. 149, 370, 381, 410 u. ö.; Bd. 2, S. 488, 534, 541, 582 u. ö.) und damit Voraussetzungen für eine gesellschaftliche Integration akzeptiert, um deren »evolutionäre« Erklärung aus nichtkommunikativen Interessenskonstellationen es mir in der Tat geht. Vgl. Giegel 1992.

6 Habermas 1984, S. 146, legt sich vertretbarerweise auf einen sehr allge-

men« und »Rechte«) beschränkt werden kann und entsprechend alle Erwägungen außer acht gelassen werden dürfen, die die Bedeutung vornehmlich kognitiver, emotionaler oder motivationaler Bestandteile gemeinsamer Situationsdefinitionen hervorzukehren pflegen.[7]

Vor diesem Hintergrund scheint es mir *endlich* angemessen zu sein, meine Rekonstruktion der Habermasschen Theorie des kommunikativen Handelns nicht mit der Bewertung seines Versuchs zu belasten, die Bedingungen eines gelingenden wechselseitigen Einverständnisses aus den transzendentalen oder logischen Vorbedingungen von Sprechakten zu deduzieren[8], und mir statt dessen die Freiheit zu nehmen, seine verschiedentlich vorgetragenen Überlegungen als einen Versuch zu lesen, über die *institutionellen Bedingungen* zu informieren, unter denen die Bildung eines kulturellen (und das heißt normativen oder praktischen) Konsensus zu erwarten steht.

2. Habermas' soziologisches Konsensus-Modell und seine Kritik

Jede Rekonstruktion der Voraussetzungen, unter denen Habermas die Ausbildung eines tragfähigen Konsensus erwartet, wird alsbald auf den folgenden Gedankengang stoßen[9]: Ein Konsensus über die möglicherweise ganz strittigen, ja widersprüchlichen Inhalte gesellschaftlicher Ordnung ist dann wahrscheinlich, wenn

meinen Kulturbegriff fest, wenn er darunter den Bereich der Wirklichkeit verstehen möchte, der sprachlich strukturiert ist.

7 Für einen umfassenderen Kulturbegriff, der alle Einseitigkeiten zu vermeiden sucht, vgl. Archer 1988.

8 Vgl. Wellmer 1992 als einen Versuch, eine sprechakttheoretische Deutung des Habermasschen Modells zu vertreten. Ich halte jede entsprechende Bemühung für fraglich und fehlerhaft und der Entwicklung einer soziologischen Perspektive, um die es mir alleine geht, abträglich. Vgl. dazu Skeij 1985, Wagner/Zipprian 1989, Wenzel/Hochmuth 1989; der Kritik von Zimmermann 1985, S. 269-388, habe ich nichts hinzuzufügen.

9 Habermas 1967, S. 92 f.; 1971, S. 136 ff.; 1976, S. 34 ff.; 1976 a, S. 332 ff.; 1981, 2 Bde., passim; 1983, S. 53 ff.; 1984, S. 127 ff., 187 ff., 226 ff., 428 ff. und passim.

die betroffenen Akteure sich bereit finden, in einen Diskurs darüber miteinander einzutreten, welche Regeln sie als verbindliche zu akzeptieren bereit sind. Diese Anerkennungsbereitschaft ihrerseits ist davon abhängig, daß die Akteure, zumindest auf Nachfragen hin, Gründe für bestimmte Regulierungsvorschläge vorzutragen wissen, denen die übrigen Diskutanden eben daraufhin vorbehaltlos zustimmen können.[10] Die Chancen dafür steigen unter den dreifachen Vorbedingungen, daß den Diskursbeteiligten *zum einen* genügend Zeit zur Verfügung steht und ihre Zustimmung entsprechend nach reichlicher Überlegung und nicht etwa unter Zeitrestriktionen zustande kommt; daß die Akteure *überdies* darauf verzichten, im Verlauf ihrer Debatte eigeninteressierte Vorschläge vorzutragen und zu verteidigen und statt dessen ihre Anstrengungen darauf konzentrieren, ohne jeden strategischen Vorbehalt verallgemeinerungsfähige Problemlösungen zu finden und anzuempfehlen; und daß alle Beteiligten *endlich* jeden Versuch unterlassen, etwa vorhandene Ausstattungsvorteile, unabhängig von irgendwelchen kritikfähigen Begründungen, dazu zu nutzen, ihre Mitdiskutanden zur Annahme von Vorschläge zu bewegen, und somit darauf achten, daß ihr Regeldiskurs durchgängig herrschaftsfrei verläuft.

Dieses Modell hat einige als radikal-demokratisch zu bezeichnende Implikationen[11]: *Zum einen* darf sich jeder, der unter den bislang genannten Bedingungen zu agieren bereit ist, ohne weiteres an der Debatte beteiligen, es bestehen mithin keine Zutrittsrestriktionen; *sodann* muß jeder gehört werden, das heißt jeder der Beteiligungsberechtigten kann Regulierungsvorschläge vortragen und darf darauf zählen, diese diskutiert zu sehen; es bestehen somit keine Beitragsbeschränkungen; und *endlich* hat jeder ein Anrecht darauf, die Vorschläge der anderen kritisch zu wür-

10 Man sollte dabei davon absehen, diese These durch den Hinweis zu trivialisieren, daß jeder Grund, den ein Akteur akzeptiert, ein »guter« Grund sei, weil sonst uneinsichtig wird, worüber und weshalb angesichts einer derartigen Subjektivierung von Geltungsüberzeugungen noch Diskurse zu führen sind (vgl. Habermas 1981, Bd. 1, S. 148 f., 387, 405 f. zu einem akzeptablen Verständnis debattierentscheidender Gründe). Bereits Ansgar Beckermann hat diesen Punkt in das Zentrum seiner Kritik an der Habermasschen Konsenstheorie der Wahrheit gerückt; vgl. Beckermann 1972.

11 Vgl. Wellmer 1979, S. 150.

digen und nach der Generalisierbarkeit jener Gründe zu fragen, mit deren Hilfe sie ihre jeweiligen Vorschläge durchzusetzen hoffen; es bestehen demnach keine Kritikrestriktionen.
Ich möchte nicht der Frage nachgehen, ob diese Liste der Beteiligungsrechte[12] vollständig ist und hinreichend dafür, den erwünschten Konsens zu realisieren[13]; viel mehr liegt mir an dem Hinweis, daß es sich bei dem vorgetragenen Konsensus-Modell ganz offensichtlich um eine weitgehende *Idealisierung* handelt.[14]

12 Rolf Zimmermann betont zu Recht, daß Habermas in seiner Neigung, ein »konsenstheoretisches Prinzip« zur Grundlage politischer Emanzipationsbemühungen zu machen, völlig übersieht, daß nicht »Wahrheit, sondern Freiheit das politische Grundprädikat (ist)« (Zimmermann 1985, S. 343 und 343 f.) und damit ein *Partizipationsrecht*.

13 Ich unterstelle, daß Habermas zunächst nur an die Erfassung einer (fiktiven, einen »transzendentallogischen Schein« erzeugenden) »Situation möglicher Verständigung« (Habermas 1984, S. 181 und S. 383) gelegen ist und somit an einer (philosophischen und nicht empirischen) Identifikation notwendiger Bedingungen verständigungsorientierten Sprechens (Habermas 1971, S. 140). Allerdings scheint er daran festhalten zu wollen, daß die idealiter identifizierten Bedingungen begründungsbefähigender Dialoge durchaus realisierbar sein *könnten* (Habermas 1973 a, S. 348 ff.; Habermas 1984, S. 179); um die Erhellung der in diesem Zusammenhang erwähnten »institutionellen Vorkehrungen« genau geht es mir. Inwieweit Habermas über die eher pessimistischen Analysen seiner Arbeit über den Strukturwandel der Öffentlichkeit (Habermas [5]1971) hinausgehen möchte, wird man durch die Rekonstruktion jüngerer Schriften, die ich hier nicht leisten kann, klären müssen; vgl. Habermas 1985, 1987, 1990, bereits 1969 u. ö.

14 Dieser Hinweis stellt keinen Versuch dar, die Habermasschen Überlegungen als eine Art »institutioneller Karikatur« zu kennzeichnen, wie Wellmer in einer Diskussionsbemerkung meinte; ich suche nur eine Rekonstruktion vorzulegen, die es in systematischer Weise erlaubt, über die Beschränkungen nachzudenken, unter denen Regeldiskurse stehen, um damit Habermas' vorschnelle Betrachtungen über das lebensweltzerstörende und konsensgefährdende Wirken von Systemen nicht als einzige und unabwendbare Lösung der Frage akzeptieren zu müssen, welches Schicksal die gesellschaftliche Integration unter modernen Bedingungen erwartet; vgl. dazu Habermas 1981, Bd. 1, S. 229 ff.; Bd. 2, S. 489 ff., S. 548 ff.; 1988, S. 87 ff. Gleichzeitig möchte ich mich der Habermasschen Anforderung entziehen, man habe jene Idealisierungen in jedem Falle wenigstens kontrafaktisch zu akzeptieren, weil eine »Verständigung darüber nicht erforderlich sein darf,

Der idealisierende Charakter der Habermasschen Thesen zeigt sich zunächst darin, daß sie einen Konsens nur für den Fall vorhersehen, daß eine ganze Reihe von Zwängen entfällt, unter denen Regulierungsdebatten kontingenterweise zu stehen pflegen. Das gilt in besonderem Maße für die *Transaktionskosten*[15], die regelmäßig bei dem Versuch anfallen, die übrigen Akteure dazu zu bewegen, sich an den fälligen Debatten überhaupt erst zu beteiligen. Anders formuliert: Das Habermassche Konsensmodell setzt *zum einen* voraus, daß die Akteure hinreichend motiviert sind, Beiträge zur Lösung der bereits als gemeinsame definierten Probleme zu leisten, und daß *im weiteren* der Aushandlungsprozeß selbst unter keinen restriktiven Bedingungen steht: Weder läßt das Zeitbudget der Beteiligten Sorgen aufkommen über das endliche Gelingen der Einigung, noch verfolgen sie eigensüchtige Interessen, noch bedienen sie sich letztlich illegitimer Mittel, um andere zu überzeugen, und es kommt unter ihnen überdies auch keine Meinungsverschiedenheit darüber auf, worin deren Illegitimität besteht. Mit einem Satz: Motiviertheit, Gutwilligkeit und Einsichtsfähigkeit gelten als unstrittige und kostenlos realisierte Voraussetzungen des Regeldiskurses.

Entsprechend entfallen auch alle *Verfolgungs- und Sanktionskosten*, die man für den Fall aufzubringen hätte, daß einzelne Debattanden ihre Beteiligungsrechte dazu nutzen, strategische Ziele

wenn anders Argumenten überhaupt konsenserzielende Kraft soll zukommen können« (Habermas 1984, S. 181). Diese Art, einen potentiellen Debattanden unter Konsenszwang zu stellen, scheint mir wenig Toleranz (und Humor) zu dokumentieren, weshalb mir der Verweis auf jene Lebensform, die sich hinter der Akzeptanz jener Diskursunterstellung zeigen soll (1984, S. 181), verdächtig ist – jedenfalls solange diese Lebensform nicht auch die Chance eröffnet, Diskursen aus dem Weg zu gehen (vgl. Luhmann 1982, S. 373), sie, ohne in Rechtfertigungsnotwendigkeiten zu geraten, zu beenden, ohne Lösungen aufzuschieben oder in Kompromissen bzw. manifesten Konflikten enden zu lassen bzw. auch einen »final dissens« (Beckermann 1972, S. 76) vorsehen zu dürfen. Kann es Wunder nehmen, wenn Wellmer angesichts dieser Vorgaben davon spricht, daß es notwendig sei, Habermas' politische Theorie erst noch zu rekonstruieren? Wissenschaftslogisch freilich lassen sich Idealisierungen jederzeit verteidigen, solange man weiß, welche Annahmen, mit denen man arbeiten möchte, inwieweit fehlerhaft sind; vgl. Krajewski 1977 und Giesen/Schmid 1978.

15 Vgl. Williamson 1985, S. 15 ff., S. 68 ff. u. ö.

zu verfolgen und illegitime Zwänge zu erzeugen; und ebensowenig gilt es Vorschläge zu eliminieren, die durch nachlassende Beitragsmotivation zustande kommen oder infolge der Tatsache, daß am Ende trotz aller gegenteiliger Bemühungen nicht einsichtig wird, inwieweit die vorgebrachten Rechtfertigungen zugunsten bestimmter Regulierungsvorschläge tatsächlich »gute Gründe« für sich in Anspruch nehmen können. Gleichlaufend damit erspart sich Habermas jede weitergehende Betrachtung darüber, unter welchen Bedingungen die Beteiligten sich vorweg auf Umfang und Durchführung eventueller Sanktionen zu einigen vermögen und wie sie die dabei anfallenden Belästigungen und Erschwernisse unter sich verteilen[16] und wie es ihnen gelingen mochte, sich zuallererst auf jene Menge von Restriktionen zu einigen, die sie zu vermeiden haben, um einen Regelkonsens zu erreichen und den eben dazu benötigten Diskurs zu institutionalisieren.[17] Diese Unbedachtheit dürfte insoweit eine dringliche Nachfrage erlauben, als die oben benannten Transaktions- und Sanktionskosten bereits in diesem Stadium eine Rolle zu spielen beginnen.

Und endlich zeigt sich der idealisierende Charakter des Habermasschen Konsens-Modells auch darin, daß es keinerlei Behinderung des normativen Diskurses infolge der Tatsache erwartet, daß eine Beteiligung niemandem verwehrt werden kann.[18] Infolgedes-

16 Das stellt insoweit ein Problem dar, als jeder durchaus darauf rechnen möchte, daß der Mangel an Beteiligungsmotivation und Beteiligungsbereitschaft angemahnt und wenn möglich beseitigt wird, gleichzeitig aber durchaus gut bedient wäre, wenn die anderen sich für diesen Zweck engagierten, er selbst aber von jedem Sanktionsaufwand unbehelligt bliebe. Die spieltheoretische Literatur, auf die ich mich im vorliegenden Zusammenhang berufe, diskutiert diesen Sachverhalt als eine Version des »prisoner's dilemma«; vgl. paradigmatisch Olson 1968 und 1985 und Rapoport/Chammah 1965.

17 Diese Aporie belastete bereits die Durkheimsche Theorie der Sozialintegration (vgl. Schmid 1989, S. 629 f.) und findet ihre Wiederholung in der Einführung einer »unbefragten Lebenswelt«, die die Sicherheitsgarantien für die normative Einigung enthalten soll (vgl. Habermas 1981, Bd. 1, S. 107 ff., S. 171 ff.; Bd. 2, S. 455 f.).

18 Man kann die Habermassche Position allerdings auch so verstehen, als erwüchsen einer ungezügelten Beteiligung am Diskurs durch die bisweilen geforderte Sachverständigkeit der Beteiligten einige Beschränkungen (Habermas 1971, S. 125), wobei ich darauf zähle, daß Sachverständigkeit nicht mit den allgemeinen und eher formalen Kommunika-

sen finden wir keinerlei Hinweis auf die erfahrungsgemäß durchaus gerechtfertigte Befürchtung, daß populationsreiche Gemeinschaften alleine dadurch in Nöte geraten, daß möglicherweise alle sprechen wollen, mit steigender Anzahl der Wortmeldungen die Chance auf einen erfolgreichen Abschluß des Diskurses indessen sinkt, zumal sich bei der Erstellung und Aufrechterhaltung von Debatierregeln und verallgemeinerungsfähigen Standards der Kritik die genannten Schwierigkeiten mit gleicher Schärfe und Dringlichkeit einzustellen und mit zunehmenden Beteiligtenzahlen zu vervielfältigen pflegen.[19] Daß angesichts solcher Behinderungen des Diskurses dessen Institutionalisierung selbst dann zu Belastungen führen muß, wenn man eine Norm durchzusetzen vermöchte, die die Beteiligung auf jene beschränkt, die tatsächlich in Fragen der Normfindung als kompetent gelten können, dürfte überdies naheliegen, zumal in diesem Falle das Zusatzproblem auftritt, wie jene, die sich an den Regulierungsdebatten nicht beteiligen können, ihre Zustimmung zu den gefundenen Lösungen zum Ausdruck bringen sollten bzw. die Normgeber kontrollieren können, wie demnach die aus dieser Form der Arbeitsteilung resultierenden Legitimationsprobleme zu beseitigen sind.[20] Daß dies in abschließender Weise gelingen kann, wird man so lange bezweifeln müssen, als unter keinen denkbaren Umständen vorausgesetzt werden kann, daß die normgebende Versammlung durchgängig dazu in der Lage oder willens ist, unstrittige und dazu effiziente Regeln vorzuschlagen.

tionskompetenzen zusammenfällt (vgl. etwa Habermas 1971, S. 101 ff.; 1984, S. 187 ff.).

19 Das heißt mit anderen Worten, daß Habermas darauf verzichtet, eine Diskursverfassung oder eine diskurssteuernde Geschäftsordnung vorzuschlagen, die an prominenter Stelle Stop- und Entscheidungsregeln enthält. Dies wird bedeuten, daß die Habermassche Diskursethik mit den Regeln einer Verfassungsdemokratie nichts zu tun hat; vgl. Becker 1982, S. 96.

20 Diese Legitimation ist natürlich nicht unter allen denkbaren institutionellen Voraussetzungen herstellbar und erhaltbar; vgl. paradigmatisch Michels 1955 und die Zusammenfassung der Diskussionslage für die Zeit, bevor sich die theoretische Debatte anderen Themen zuwandte, bei Kopp/Müller 1980 (zur Habermasschen Gedankenführung vgl. ebd., S. 167 ff.).

3. Bedingungen eines erfolgreichen normativen Diskurses

Diese Aufzählung der Restriktionen, unter denen das Habermassche Konsensmodell eine erfolgreiche und allgemeinverbindliche Normfindung prognostiziert, soll nicht implizieren, daß normative Diskurse gänzlich ausgeschlossen seien und unter keinen Umständen geführt werden könnten; nur ist die Behauptung nicht von der Hand zu weisen, daß dies nur so lange in erfolgversprechender Weise der Fall sein wird, als *zwei Bedingungen* erfüllt sind, die das Habermassche Modell unberücksichtigt läßt bzw. denen die Theorie des kommunikativen Handelns nicht gerecht werden kann.

Zum einen könnte man, wie meiner kritischen Rekonstruktion der Habermasschen Position zu entnehmen ist, über deren Idealisierungen – ohne in Regressionen oder Zirkelbetrachtungen zu verfallen – nur so lange hinwegsehen, als es möglich ist, ein theoretisches Argument zu stärken, das eine Erklärung des Tatbestands anzubieten hat, daß die Akteure bereit sind, die anfänglichen Investitions- oder Beteiligungskosten, ohne deren Erstattung die Institutionalisierung eines Diskurses nicht gelingt, ebenso aufzubringen wie deren Folgekosten. Ich sehe nicht, wie ein solches Argument einen Rekurs auf die Eigeninteressiertheit der Akteure am Gelingen des Regeldiskurses vermeiden sollte und damit auf eine durchaus strategisch zu nennenden Handlungsorientierung, um aus diesem kontingenten, »gemeinsamen Interesse« der Beteiligten deren selbstkontrollierte Bereitschaft zu deduzieren, sich etwa so lange an einem solchen Diskurs zu beteiligen, als die anderen dies auch tun, oder den anderen eine Partizipation in dem Umfang zuzumuten, den man für sich selbst akzeptiert.[21]

21 Vgl. Axelrod 1984, Ullmann-Margalit 1977, Regan 1980, Gauthier 1986 u.a. Nur auf diese Weise kann das sogenannte Freiwilligendilemma überwunden werden (vgl. Diekmann 1985, 1986). Das Theorem der klassischen Sozialtheorie, wonach sich die Akteure jeder Chance berauben, den »Naturzustand« unausgesetzter und wechselseitiger Schädigung erfolgreich zu verlassen, wenn sie sich auf keine vertragliche Lösung ihrer gemeinsam zu ertragenden Lage einigen können, hatte dazu gedient, diesen Rückgriff auf ein minimales, subjektives Einigungsinteresse zu rechtfertigen.

Ich hege indessen ernsthafte Zweifel, ob Habermas' durchgehende Disjunktion zwischen einem strategischen und einem diskursiv-kommunikativen Handeln und seine These, wonach ein Konsens nur dann zu erwarten steht, wenn alle Akteure vorbehaltlos auf jede Form des strategischen Taktierens verzichten, einen solchen Rekurs zulassen.[22] Dieser Zweifel stützt sich auf den zusätzlichen Umstand, daß man sich unter der genannten Voraussetzung die wechselseitige Annäherung der Standpunkte als einen *Verhandlungskompromiß* zwischen heterogenen und letztlich unvergleichbaren bzw. nur subjektiv zu bewertenden Positionen vorzustellen hätte, ein Gedanke, der angesichts der Überzeugung Habermas', daß nicht wechselseitige Abstriche der eigenen Maximalpositionen – gleichviel, wie sie zustande kommen – sondern nur verallgemeinerungsfähige »gute Gründe« bzw. »bessere Argumente« Motivations- und Bindungskraft besitzen können[23], als nur wenig vertrauensvoll gelten muß.[24]

Zum anderen wird man erfolgreiche Normierungsdiskurse dann erwarten können, wenn die im Habermasschen Modell vorgesehenen Institutionalisierungsvoraussetzungen für Diskurse innerhalb bestimmter Gruppierungen tatsächlich realisiert sind. Damit ist überall dort zu rechnen, wo sich Gesellschaftsgruppen durch eine geringe Bevölkerungsdichte und einen wenig ausgeprägten

22 Vgl. Habermas 1976, S. 32 ff.; 1981, Bd. 1, S. 126 ff.; 1984, S. 441 ff., 571 ff.; 1988, S. 63 ff. u. ö.

23 Vgl. bezüglich Habermas' kontrakttheoretischer Aversion Habermas 1973; 1981, Bd. 1, S. 131 ff., und bezüglich des »eigentümlichen Zwangs des besseren Arguments« Habermas 1984, S. 144, 161; über den epistemischen Charakter dieser These bin ich mir im unklaren; man wird indessen kaum danebengreifen, wenn man ihren »kognitiv-normativen« Doppelcharakter (Albert) hervorkehrt, was durch den bereits 1971, S. 123, nachzulesenden Hinweis gestützt werden kann, daß »Verständigung ein normativer Begriff (ist)«.

24 Vgl. dazu Habermas 1984, S. 173. Es geht Habermas um die »Wahrheitsfähigkeit praktischer Fragen« (Habermas 1973, S. 140) und nicht um Kompromisse. Elster 1989, S. 50 f., hat beiläufig, aber völlig zutreffend darauf hingewiesen, daß Habermas' These von der Relevanz »guter Gründe« Verhandlungslösungen, in denen die Akteure jeweils unakzeptable Nebenfolgen mit eventuellen Kooperationsgewinnen verrechnen können (und müssen), offenbar nicht vorsehen kann. Allein daran kann man ablesen, wie überaus unwahrscheinlich es ist, auf Habermasschen Wegen einen faktischen Konsens zu erreichen.

Grad der Arbeitsteilung auszeichnen, Bedingungen freilich, die in modernen Gesellschaften mit Regelmäßigkeit nicht erfüllt sind. Könnte man von dieser Tatsache indessen kontrafaktisch absehen, dann gewännen die folgenden Modellüberlegungen an Plausibilität.[25]

Wenn man unterstellen darf, daß die Akteure infolge der geringen Gruppengröße und der daraus resultierenden geringen Gesamtzahl an Interaktionsereignissen und Interaktionspartnern häufig miteinander zu tun haben, dann sinken die motivationsgefährdenden Kosten der Beteiligung an einem eventuellen Normendiskurs aus mehreren Gründen: *Zunächst* steht zu vermuten, daß die Beteiligungsbereitschaft unter der Bedingung steigen wird, daß es nicht allzu aussichtslos ist, die anderen für eine solche Debatte zu mobilisieren. Damit kann vor allem unter der Voraussetzung gerechnet werden, daß die negativen Effekte, die infolge mangelnder Regulierungen der Handlungen der Gruppenmitglieder bzw. infolge der Akzeptanz ineffektiver Regeln zu gewärtigen sind, jeden einzelnen unmittelbar erreichen und vornehmlich den Gruppenmitgliedern selbst zugeschrieben werden können. Das erhöht die Chance, daß einzelne Akteure für ihre Regulierungsvorschläge tatsächlich Gehör finden, die übrigen deren Begründetheit in der Folge anerkennen und daraufhin die Kosten der Überwachung des so erreichten Konsenses sinken. *Gleichzeitig* dürfte sich bisweilen auch der Umstand als beteiligungsförderlich erweisen, daß die Mitwirkung an normativen Diskursen in umfangsschwachen Gruppen nicht besonders zeitaufwendig ist. Das kann einmal dadurch bedingt sein, daß mangels attraktiver Handlungsalternativen genugend Zeit für Normdebatten zur Verfügung steht[26]; andererseits sind die Partizipationsaufwendungen in aller Regel alleine deshalb erträglich und können unter Umständen gänzlich entfallen, weil entsprechende Diskurse nicht ständig geführt zu werden brauchen, was ganz verschiedene Gründe haben mag: Entweder bleibt die Anzahl der zu lösenden Probleme infolge der geringfügigen Interaktionshäufigkeiten und/oder der vernachlässigungsfähigen Veränderungen der gruppenspezifischen Reproduktionsparameter minimal, oder die Normdebatte kann deshalb

25 Vgl. dazu Roberts 1981; Posner 1981, S. 146ff.; Taylor 1982 u. a.

26 So mögen geringe Produktivität oder geringer Verbrauch überlange Arbeitszeitinvestitionen entbehrlich machen; vgl. dazu Sahlins 1972.

relativ aufwandslos geführt werden, weil kostensparende, wenn auch nicht kostenlose Substitute, wie etwa die vorgängige und diskussionsarme Sozialisation der Gruppenmitglieder, zur Verfügung stehen oder auf wenig zeitaufwendige Verfahren moralischer Ermahnung zurückgegriffen werden kann, die den potentiellen Abweichlern die Kosten der Wiedereröffnung einer als abgeschlossen bewerteten Normdebatte auferlegen, was unter der Voraussetzung offener Gruppengrenzen eher zu deren Abwanderung denn zu Protesten führen wird.[27]

Die Bereitschaft, sich an eventuellen Normbedatten zu beteiligen, wird *zu guter Letzt* auch durch den Umstand gefördert, daß kleine Gruppen keine ernsthaften Macht- oder Ressourcendifferenzen kennen oder, falls diese doch unvermeidlich sein sollten, den benachteiligten Mitgliedern die Chance eröffnen, die jeweils Bevorzugten einer relativ leicht zu organisierenden Verwendungskontrolle zu unterziehen.[28] Dies kann vornehmlich dadurch geschehen, daß deren Taten einer beständigen Billigung oder Mißbilligung, einer »öffentlichen Meinung« (von der Durkheim und Tönnies sprachen) unterworfen werden, die jeden Versuch zum Scheitern bringen können, den Regeldiskurs durch den Einsatz von Macht- oder Herrschaftsmitteln einseitig und über die als legitim geltende Gebühr hinaus zu beeinflussen.

Mit zusammenfassenden Worten: In kleinen oder wenig arbeitsteilig verfaßten Gruppen, in denen die Anzahl der problematischen und konfliktträchtigen Kontakte zwischen den Mitgliedern durch interaktive Kontrollverfahren und Motivierungsstrategien bearbeitbar und regulierbar bleiben, ist die Institutionalisierung eines normativen Diskurses, der alle Betroffenen beteiligt oder berücksichtigt, mit einiger Wahrscheinlichkeit zu erwarten, nicht aber in modernen Gesellschaften, in denen für alle Umstände das Gegenteil gilt: Weder erlaubt das erreichte Ausmaß der Arbeitsteilung die Beschränkungen der Interaktionen auf konstante Gruppen von Akteuren, noch sind diese infolgedessen dazu in der

27 Vgl. Hirschman 1974; ich betone mit diesem Hinweis den Tatbestand, daß die Möglichkeit, in solchen kleinen Gruppen zu einem Konsens zu kommen, nicht damit verwechselt werden sollte, daß er sich tatsächlich einstellt oder von allen erwünscht wäre. Die moralischen Repressionen, die in intimen Gruppen aufkommen können, sind oft genug beschrieben worden.

28 Vgl. dazu etwa Clastre 1976, Godelier 1987 u. a.

Lage, sich wechselseitig zu erreichen oder gar bestandssichere Beziehungen miteinander aufzunehmen, noch kann angesichts dessen mit einem geringen Umfang an Konflikten und mit kostengünstigen Kontrollverfahren gerechnet werden, weshalb nicht anzunehmen ist, daß sich diskursive Konsensverfahren der von Habermas beschriebenen Gestalt außerhalb von Klein- oder Intimgruppen (seien dies Freundschaften, wie Aristoteles vorsah, Salons und Clubs, wissenschaftliche Akademien oder Seminare und religiöse Gefolgschaften oder Sippen- und Familienverbände) mit hinreichendem Erfolg auf Dauer stellen lassen.[29]
Wenn es demnach plausibel ist, in komplexen Gesellschaften nicht mit einer durchgängigen, beteiligungssicheren Institutionalisierung normativer Diskurse zu rechnen, wovon hängt dann deren durchaus beobachtbare Stabilität ab? Ich glaube, diese Frage durch den Nachweis wenigstens vorläufig beantworten zu können, daß es durchaus zwischenmenschliche Verkehrsverhältnisse gibt, die keinen oder doch nur einen ganz partiellen normativen Konsens voraussetzen und die auch dann vor aversiven und destruktiven Effekten bewahrt bleiben, wenn regulationsgenerierende Diskurse nicht eingerichtet werden können.

4. Soziale Ordnung ohne normativen Diskurs

Ich möchte ohne Anspruch darauf, dies in vollständiger und erschöpfender Weise tun zu können, *drei Beziehungsformen* unterscheiden und dem Maße folgend diskutieren, in dem gemeinsame normative Vorentscheidungen entbehrlich oder auf diskursivem Wege nur schwerlich herstellbar sind[30]: Formen egoistischer Ko-

29 Ich glaube deshalb mit Habermas [5]1971, daß der »bürgerliche Diskurs« des endenden 18. Jahrhunderts, der weit davon entfernt war, einen gesamtgesellschaftlichen Charakter zu besitzen, die äußerste Grenze eines strukturierten Diskurses, dessen Resultate in irgendeinen allgemeinverbindlichen Konsens hätten integriert werden können, bereits überschritten hatte.

30 Die Konstrukteure entsprechender Modelle gehen in der Regel davon aus, daß zwischen den Akteuren überhaupt keine Kommunikation stattfindet; vgl. paradigmatisch Ullmann-Margalit 1977 und Sudgen 1986.

operation (oder Tausch), Koordinationen auf der Basis von Konventionen und partiell regulierte Verteilungsmechanismen.

4.1 Egoistische Kooperation[31]

Die theoretische Forschung hat sich während der letzten Jahre in umfänglichen Modellstudien bemüht, die Bedingungen zu isolieren, unter denen stabile Austauschbeziehungen zwischen normativ zunächst nicht gebundenen Akteuren zu erwarten sind, um auf diese Weise eine paradigmatische Vorstellung darüber zu gewinnen, wie soziale Ordnung auch ohne vorgängigen normativen Konsens herstellbar sein könnte. Diesen Überlegungen entsprechend können Akteure dann eine *geordnete Tauschbeziehung* aufbauen, wenn folgende Voraussetzungen realisiert sind:

(a) Jeder der Akteure kann ein Angebot machen, an dem der jeweils andere interessiert ist, wobei zu dessen Bewertung keine intersubjektiven Tauschmaßstäbe akzeptiert sein müssen[32]; die subjektive Einschätzung des jeweiligen Angebotswertes ist hinreichend motivierend, sich auf das Tauschangebot des anderen einzulassen.

(b) Der einzelne Akteur kann nur dadurch auf die Motivation des anderen einwirken, daß er diesem seine Tauschbereitschaft signalisiert oder ihn durch die Verweigerung des Tauschs schädigt.[33] Das heißt, die Erwartungen, die die Akteure wechselseitig über das Verhalten des anderen hegen, sind nicht durch Verträge und den allseitig anerkannten Entschluß strukturiert, diese einzuhalten oder gegebenenfalls Vertragsverletzungen selbst zu verfolgen oder durch Dritte ahnden zu lassen.

(c) Gleichzeitig muß vorausgesetzt werden können, daß jeder sein Angebot realisieren kann, das heißt die Güter oder Leistungen, die er transferieren möchte, tatsächlich kontrolliert. Diese

31 Vgl. Ullmann-Margalit 1977, Axelrod 1984, Hardin 1982, Schotter 1981, Schotter 1986, Kliemt 1986, Sudgen 1986, Langlois (Hg.) 1986, Taylor 1987 u. a.

32 Damit kann jede inhaltliche Abstimmung der im Spiel befindlichen Bedürfnisse (Habermas 1981, Bd. 1, S. 183 u. ö.) entfallen.

33 Darin wird implizit und kontrafaktisch unterstellt, daß jeder der Akteure auf andere Formen der Schädigung (Raub, Mord, Erpressung, Magie etc.) verzichtet. Dies dürfte mit Habermas' Forderung identisch sein, daß nur Argumente motivierende Kraft haben sollten.

Kontrolle muß nicht notwendigerweise durch wechselseitig anerkannte Veräußerungsrechte abgesichert sein; faktische Verfügbarkeit reicht hin, den Tauschakt wahrscheinlich zu machen.

(d) Angesichts dieser Sachlage entsteht nur das eine Problem, wer sein Angebot als erster präsentiert und zur Übergabe anbieten sollte, ohne befürchten zu müssen, daß der andere seine Tauschzusage zurückzieht.[34] Das hierin liegende Risiko kann der Tauschinitiator dadurch in Grenzen halten, daß er die Handlungsstrategie verfolgt, ausschließlich so lange Vorleistungen zu gewähren, als er eine Gegenleistung erfährt, und sich unkooperativ zu verhalten, wenn dies nicht der Fall ist.[35] Mit zunehmender Tauschhäufigkeit kann sich sodann eine Art Vertrauen in die Verläßlichkeit der Tauscherwiderung ausbilden, was das Anfangsrisiko mindern mag; dieses »Vertrauen« ist allerdings nur so lange begründet und ungefährdet[36], als der jeweilige Tauschpartner weiterhin an dem Tauschangebot interessiert bleibt, womit nicht unter allen Bedingungen zu rechnen ist, insbesondere dann nicht, wenn günstigere Alternativangebote vorliegen und/oder die erhaltenen Leistungen in den Bereich des subjektiven Grenznutzens gelangen. Solange aber ein *wechselseitiges, komplementäres Interesse* am Abgleich angebotener Güter besteht, können sich derartig gestaltete Tauschbeziehungen erhalten und auf diese Weise das doppelte Problem der sozialen Ordnung wenigstens lokal und zeitweise lösen: Verhaltenssicherheit zu produzieren und der Kooperation dienlich zu sein.[37]

34 Auch dahinter verbirgt sich ein Freiwilligendilemma, vgl. Diekmann 1985, Diekmann 1986.

35 Eine Alternative dazu wäre der »direkte Tausch« (*barter*), das heißt die Abgleichung der Angebote vor Ort unter der Kontrolle der Anwesenden, was, wie man aus Wildwest-Filmen weiß, immer dann angebracht ist, wenn sich die Kontrahenten nicht über den Weg trauen.

36 Über die näheren Bedingungen, unter denen sich dieses Vertrauen einstellen mag oder auch nicht, vgl. Rowe 1989, S. 36ff., 95ff.

37 Manfred Kopp (1991) hat darauf verwiesen, daß dies nur möglich ist, wenn Akteure auf gemeinsame Symbolisierungen zurückgreifen können, deren Existenz als Ergebnis eines hochgradig voraussetzungsreichen Interaktionsprozesses betrachtet werden muß, der darauf angelegt ist, Kooperationsprobleme zu lösen. Wenn solche Symbolisierungen aber vorhanden sind, gewinnen güterorientierte Tauschprozesse einen vorgängigen Festigkeitsgrad, der aus den Tauschinteressen der Beteiligten allein nicht hinreichend erklärt werden kann.

Es ist natürlich einsichtig, daß die zu keiner Zeit vermeidbaren Risiken der Destabilisierung einer solchen Verkehrsform nicht unter allen Bedingungen erwünscht sind, weshalb die Akteure danach trachten können, ihre Verkehrsverhältnisse auf eine sicherere Grundlage zu stellen. Dies ist, wie *per negationem* angedeutet, unter den folgenden Voraussetzungen erfolgversprechend:

(a) Die Tauschpartner können sich *zunächst* darauf einigen, ein situationsunabhängiges Tauschmedium zu installieren und dessen Verwendung normativ zu regulieren, was die Verlängerung der Tauschketten und eine Erweiterung der Menge der Tauschpartner erlaubt.[38] Die dadurch entstehenden Risiken, die ihrerseits Kontrolle und Beseitigung erfordern, bestehen in der Neigung, die Medien zu fälschen oder in betrügerischer Absicht zu verwenden.

(b) Die Tauschpartner können sich *im weiteren* darauf einigen, Verträge über die Umstände und Voraussetzungen abzuschließen, unter denen sie Tauschakten zustimmen wollen[39], womit etwa die in vielerlei Richtung nutzbare Möglichkeit entsteht, die Erwiderung des Tauschangebots zu verzögern. Die Chancen eines zufriedenstellenden Ertrags steigen dabei, wenn sich die Akteure auf das wechselseitig gewährte Recht verständigen, sich gegen jede einseitige Vertragsverletzung zur Wehr zu setzen, entweder, indem zugelassen wird, durch direkte Sanktionen auf die Einhaltung des Vertrags zu drängen oder die Aufgabe der Überwachung und Durchsetzung der Vertragsvereinbarungen Dritten zu überantworten. Die in diesen Fällen in Kauf zu nehmenden Risiken bestehen zum einen darin, daß die Sanktionskosten den Streitwert in prohibitiver Weise übersteigen können, und zum anderen in der bisweilen nur durch weitere institutionelle Vorkehrungen zu unterbindenden Neigung der Kontroll- und Sanktionsinstanzen, auf eigene Rechnung tätig zu werden.[40]

38 Vgl. Menger 1883, S. 171 ff.; Lagerspetz 1984.

39 Man tut – woran Berger (in diesem Band) erinnert – gut daran, bei jeder genaueren Debatte dieses Problemkreises zwischen Kaufverträgen, die den einmaligen Tausch von Gütern regeln, und den verschiedenen Formen der »relational contracts« (inklusive den spezifische Probleme der Herrschaftsorganisation aufwerfenden Arbeitsverträgen) zu unterscheiden; vgl. Simon 1957, 182 ff.; Macneil 1974, 1981, 1983, 1986; Williamson 1985, S. 43 ff., S. 206 ff.; Eggertsson 1990 passim.

40 Die Debatte um die Bedingungen erfolgreicher »agency« kann einigen

(c) Es kann *überdies* sinnvoll sein, wenn die Akteure sich gemeinsam dazu verpflichten oder durch Dritte sich dazu bewegen lassen, ihre Tauschakte unter den Vorbehalt der wechselseitigen Anerkennung von sanktionsfähigen Eigentumsrechten an den angebotenen Gütern und Leistungen zu stellen[41], womit das Risiko der gewaltsamen Aneignung fremder Güter gemindert, wenn auch, wie man weiß, nicht gänzlich beseitigt werden kann.
(d) Und *endlich* lassen sich Destabilisierungen der wechselseitigen Erwartungen und Kooperationsformen dann (bisweilen) vermeiden, wenn sich das im Verlauf der Tauschbeziehungen entwickelte Vertrauen moralisch einklagen läßt, falls einer der Tauschpartner ohne Zustimmung des anderen beginnt, seine Verpflichtungen zu vernachlässigen.[42]
Es sollte deutlich geworden sein, wie man durchaus reproduktionsfähige Kooperationsformen modellieren kann, ohne darauf bauen zu müssen, daß die Akteure in einen vorgängigen normativen Diskurs miteinander eingetreten sind, daß es gleichwohl der weitergehenden Stabilisierung einer einmal entwickelten Tauschform dienlich ist, wenn es gelingt, sich zu deren Stützung auf gemeinsame Normen und Regeln zu verständigen, wobei, wie ich ohne näheren Beleg unterstelle, normative Diskurse einen Weg dafür ebnen können, dieses Einvernehmen zu erreichen. Indessen darf man, wie oben dargestellt, nicht übersehen, unter welchen durchaus unabwendbaren Beschränkungen solche normativen Diskurse stehen, was mit Nachdruck nahelegt, wenigstens theoretisch die Möglichkeit im Auge zu behalten, daß entsprechende Normierungen *auch*, wenn nicht in der Mehrzahl der Fälle, das Resultat herrschaftlichen Handelns oder zentraler Steuerung sein können und sich ihre faktische Einhaltung nicht notwendigerweise der unbeschränkten Teilhabe an normativen Diskursen und den dort verhandelten Begründungen verdankt, sondern statt dessen der überlegenen Sanktionsmacht der normierenden Instan-

theoretischen Aufschluß über die hier anfallenden Probleme geben; vgl. Hechter 1984, 1987; Jensen/Meckling 1986; Eggertsson 1990, S. 60f., 132ff.

41 Vgl. Furobotn/Pejovich (Hg.) 1974; Hesse 1983, S. 85ff.; North 1988; Eggertsson 1990, S. 89ff., 247ff.; Weede 1990, S. 40ff.

42 Vgl. Granovetter 1985.

zen[43] und/oder dem Unvermögen der Normadressaten, sich den oktroyierten Regulierungen mit Erfolg zu entziehen.[44]

4.2 Koordinationen auf der Basis von Konventionen[45]

Nicht alle Verkehrsformen indessen kommen ohne vorgängige normative Regulierungen aus. Dies gilt insbesondere in den Fällen, in denen sie zu *Koordinationsproblemen* führen. Solche Probleme werden dann unvermeidbar, wenn das folgende Szenario vorliegt:

(a) Die Akteure haben durchaus gleichsinnige Absichten in dem Sinne, daß sie ihre jeweiligen Handlungsziele nur unter der Voraussetzung realisieren können, daß dasselbe auch ihren Mitakteuren gelingt. In einer strengeren terminologischen Festlegung haben sie damit ein konfliktlos zu realisierendes, »gemeinsames Interesse«.[46]

(b) Gleichzeitig bestehen mehrere gleichbevorzugte Möglichkeiten, diese unstrittigen Zielsetzungen aufeinander abzustimmen, zwischen denen die Akteure allerdings nur schwerlich entschei-

43 Worauf sich diese Sanktionsmacht in erster Instanz stützt, bedarf natürlich der gesonderten Klärung; interessant sind in diesem Zusammenhang Untersuchungen über die Entstehung von Staaten, vgl. für viele Claessen/Skalnik (Hg.) 1978, Haas 1982, Herzog 1988.

44 Darauf hat in klassischen Analysen Max Weber immer wieder hingewiesen; vgl. Weber 1985, S. 19 f., S. 122 ff., S. 153 ff. u. ö.

45 Vgl. dazu Lewis 1975, Ullmann-Margalit 1977, Schotter 1981, Hardin 1982, Sudgen 1986.

46 Als Beispiel mag gelten, daß es den Akteuren gleichgültig ist, wohin sie zum Essen gehen, solange sichersteht, daß sie zusammen essen werden, gleichzeitig aber keiner eine Vorstellung darüber hat, welche der zahllosen Wirtschaften, in denen man essen könnte, von den anderen angesteuert wird. Man sollte darauf achten, daß der Begriff des »gemeinsamen Interesses« nicht verwechselt wird mit »gleichen Interessen«, deren Realisation zu Konflikten zu führen pflegt; nichtidentischen, »komplementären Interessen«, die sich die Akteure wechselseitig (etwa durch Tausch) erfüllen können; einem »kollektiven Interesse« der Betroffenen an der Bereitstellung eines sogenannten »öffentlichen Gutes« und endlich einem »privaten Interesse«, dessen Definition jede Erwägung externer Effekte beiseite läßt.

den können, weil sie nicht wissen, welche dieser Möglichkeiten die übrigen wählen werden.
(c) Da jeder von ihnen sich genau demselben Problem gegenübersieht, sind alle zusammen nicht dazu in der Lage, eine unzweideutige Koordination ihres Handelns zu leisten.
Das Koordinationsproblem ist unter diesen Voraussetzungen ein Problem der Informationsgewinnung, das dann gelöst werden kann, wenn die Akteure begründete Erwartungen darüber haben oder ausbilden können, wie sich ihre Mitakteure entscheiden werden, wobei für den eigenen Entschluß von Wichtigkeit ist, daß die anderen von den betreffenden Vorlieben wissen und alleine deshalb bereit sind, diese bei ihrer eigenen Entscheidungsbildung in Rechnung zu stellen.
Zwar ist ihre Lage insoweit nicht gänzlich aussichtlos, als jeder der Akteure damit beginnen kann, sein Verhalten an zurechtgelegten Hypothesen über das wahrscheinliche Verhalten der anderen zu orientieren, vielleicht zusätzlich bestärkt durch die Hoffnung, daß die Mitakteure aus eigenem Interesse dasselbe tun werden; aber mit steigender Teilnehmerzahl und der daraus resultierenden Erschwernis, sich über deren jeweiligen Absichten in Kenntnis zu setzen, ist die Chance gering, daß sie auf diesem Wege ein koordinatives Gleichgewicht finden können. Besteht indessen innerhalb der Gruppe der Akteure, die an einer Koordination ihres Handelns interessiert bleiben, eine Norm (im technischen Verständnis der hier referierten Theorien als »Konvention« zu bezeichnen), die eine der möglichen gleichgewichtigen Präferenzverteilungen als die auszeichnet, welche die Akteure unter allen Umständen bevorzugen sollten, und hat keiner der Akteure – wie bislang unterstellt – tatsächlich haltbare Gründe dafür, die allgemeinbekannte und -verbindliche Geltung einer solchen Regel in Frage zu stellen, dann rückt die Lösung ihres Koordinationsproblems in greifbare Nähe.
Ist überdies eine entsprechende Norm einmal bekannt und eingeführt, dann wird sich jeder der Beteiligten selbst schaden, wollte er beginnen, sich ohne Rücksprache mit den anderen abweichend zu verhalten. Denn solange er zur Realisation seines Ziels darauf angewiesen ist, daß die anderen sich ebenso verhalten wie er selbst, wird er durch einseitiges Fehlverhalten seine Koordinationsgewinne nur ungern aufs Spiel setzen und überdies jene gegen sich aufbringen, die sich bislang zur Erfüllung ihrer Ziele auf

seinen Beitrag verlassen mußten. Aus diesem Grund sind einmal festgelegte Koordinationsnormen relativ haltbar und werden in aller Regel nur dann aufgegeben, wenn sich die Beteiligten auf eine alternative Norm einigen, was indessen kaum kostenneutral verläuft, oder aber ihr Interesse an der Lösung des betreffenden Koordinationsproblems verlieren.[47]

Man könnte aus dieser Explikation ihrer gemeinsamen Situationslogik folgern, daß jeder der Akteure durchaus ein durch taktische Erwägungen gänzlich ungetrübtes Interesse an einer verbindlichen normativen Lösung gewinnen sollte, und daß alle zusammen sich deshalb relativ leicht darauf einigen könnten, in einen zweckdienlichen normativen Diskurs miteinander einzutreten. Indessen ist dies weder immer möglich noch besonders dringlich. *Zum einen* müssen wir uns daran erinnern, daß das Koordinationsproblem darin besteht, zwischen verschiedenen gleichwertigen Lösungsvorschlägen zu wählen, weshalb es ein relativ widersinniges Unterfangen darstellte, diese Wahl von Gründen abhängig zu machen, deren unterschiedliches Gewicht den Ausschlag zugunsten einer der vorhandenen Lösungsmöglichkeiten geben sollte. Denn gäbe es derartige Gründe, dann könnte man kaum davon sprechen, daß die Handlungsalternativen tatsächlich gleichrangig gewesen waren bzw. ein echtes Koordinationsproblem vorgelegen hatte. Angesichts dessen wird sich ein konsensdienlicher Diskurs sinnvollerweise nicht um die begründete Geltung einer Konvention kümmern wollen, sondern um die Verbreitung der Information darüber, welche Norm von der Mehrheit der Betroffenen akzeptiert werden wird, um die Koordinationsleistung sicherzustellen, was den Rest ohne weiteres Nachdenken dazu motivieren sollte, sich ihr anzuschließen.[48]

Zum anderen ist auch an dieser Stelle daran zu erinnern, daß die Kosten, die man zur Etablierung eines Diskurses aufzubringen

47 Dies kann selbstverständlich die verschiedensten Gründe haben, über die man ohne Kenntnis der genaueren Präferenzen der Akteure nur spekulieren kann.

48 Das heißt, für jede Konvention gibt es eine Mindestmenge an Befolgungswilligen, die die Grenze festlegt, jenseits derer es für die übrigen nicht länger rational ist, sich der Befolgung der Konvention zu entziehen, jedenfalls so lange, als sie ihr Interesse an der Koordination nicht aufgeben; vgl. Sudgen 1986, S. 41 u. ö.; Hirshleifer 1987, S. 227 ff., 283 ff.

hat, nicht in allen Fällen erträglich sind, weshalb eine durchaus gängige und vielfach ergriffene Alternative darin besteht, die Entscheidung darüber, welche der vorhandenen Koordinationsmöglichkeiten zu wählen sei, ohne weitere Debatte einer zentralen Befehlsinstanz, einem moralischen Unternehmer oder einem Meinungsführer zu überantworten, auch wenn dabei Asymmetrien entstehen, die nicht unter allen Folgebedingungen duldbar sind. Kostengesichtspunkte sollten *endlich* auch in dem Falle eine Rolle spielen, daß die Akteure daran interessiert sind, die bislang verfolgte Lösung des Koordinationsproblems zu verändern und zu diesem Zweck eine Debatte zu initiieren. Die wesentlichste und gewichtigste Restriktion wird in diesem Fall daraus resultieren, daß die Transaktionskosten um so umfänglicher werden, je mehr Beteiligte gefragt oder berücksichtigt werden müssen, was gleichlaufend damit den erfolgreichen Ausgang der Diskussionen in Frage stellt. Entsprechend kann es sich in vielen Fällen nicht lohnen, eine dezentrale Veränderung bestehender Koordinationsnormen auch nur zu versuchen.

4.3 Partiell regulierte Verteilungsstrukturen[49]

Gänzlich unentbehrlich werden Normen in all jenen Fällen, in denen die Verkehrsformen, in die Akteure eintreten müssen, eine *ungleiche Verteilung von Nutzungschancen* zur Folge haben. Die Logik solcher Verteilungssituationen besteht in folgendem:
(a) Es besteht aus kontingenten Gründen keine Möglichkeit, Güter und Leistungen derart zu verteilen, daß nicht mindestens ein Teil der Betroffenen (nach absoluten oder relativen Gesichtspunkten bemessen) benachteiligt wird. Eine Umkehr der Verteilungen nach dem Prinzip »Die Ersten werden die Letzten sein« ist zwar denkbar und zugelassen, verändert aber deren Ungleichartigkeit nicht.
(b) Gleichzeitig besitzen die Benachteiligten die Möglichkeit, auf den Ertrag zu verzichten, der ihnen auch in ihrer weniger beneidenswerten Position zukommt, um ihre Kontrahenten durch

49 Vgl. dazu Ullmann-Margalit 1977, S. 134 ff.; Sudgen 1986, S. 87 ff.; Hirshleifer 1987, S. 231 ff., 273 ff.

Obstruktionsversuche zu belästigen.[50] Worin diese Obstruktion besteht, kann offenbleiben; aufgrund theoretischer Überlegungen wird man indessen mit zunächst gleicher Wahrscheinlichkeit erwarten, daß dazu aktive Schädigungen des Besitzstandes der Bevorzugten ebenso zählen wie regulierungsschädigende Umverteilungsproteste oder der faktische oder angedrohte Austritt der benachteiligten Gruppenmitglieder aus dem Verband.[51]

(c) Solange angesichts einer derartigen Infragestellung der eingeführten Verteilungslösung der Einsatz von Gewalt, Täuschung und anderer illegitimer Mittel zu deren Sicherung nicht ausreicht, was allerdings nicht unter allen Bedingungen ausgeschlossen werden kann[52], werden sich möglicherweise ganz konfliktbehaftete Verhandlungen über eine Veränderung der verteilungsgenerierenden Regeln auf die Dauer nicht abwenden oder umgehen lassen. Indessen steht jeder sich anbahnende Diskurs über die normativen Grundlagen gesellschaftlicher Verteilungsprozesse regelmäßig unter Restriktionen, die durch die Vorgaben des Habermasschen Konsensmodells nur unzureichend berücksichtigt werden. Damit spreche ich im vorliegenden Fall den wiederholt erwähnten Tatbestand, daß der Mangel an Zeit, Gutwilligkeit und Einfallsreichtum die erfolgreiche Institutionalisierung eines normativen Diskurses nicht in allen Fällen erlaubt, nur im Vorübergehen an; sehr viel bedeutsamer und problematischer scheint der Umstand zu sein, daß auch die langwierigsten und aufrichtigsten Verhandlungen und Debatten nicht gewährleisten können, daß ein verbindlicher und abschließender Konsens gefunden wird. Die Gründe für ein erwartbares Versagen diskursiver Verfahren liegt dabei vornehmlich darin, daß es *de facto* keine für alle Beteiligten uneingeschränkt akzeptablen »guten Gründe« für die Anerkennung bestimmter Verteilungsregeln gibt.

Ich möchte dieses Argument in gebotener Kürze anhand der Ge-

50 Dieser Folgerung kann man entgehen, wenn man modellogisch unterstellt, daß es keine Umstände geben kann, unter denen die Benachteiligten Obstruktionsgewinne ihren bisherigen, wenn auch geringeren Auszahlungen vorziehen.

51 Hirschman 1974 hat sich um die genaueren Bedingungen bemüht, unter denen die Wahl zwischen Protest und Abwanderung steht; Moore 1978 hat sein Augenmerk auf die Voraussetzungen auch obstruktiver Gegenwehr gerichtet.

52 Vgl. paradigmatisch Waldmann 1977.

rechtigkeitsproblematik entwickeln.[53] Es ist seit langem bekannt, daß »gerecht« zu nennende Verteilungen nur dann die Chance haben, allgemein anerkannt zu werden, wenn sie auf der Basis verallgemeinerungsfähiger Regeln zustande kommen.[54] Unglücklicherweise ist es bislang, trotz unausgesetzter Bemühungen, nicht gelungen, ein eindeutiges Verteilungskriterium zu finden, das man einer als gerecht anzuerkennenden Regel zugrunde legen könnte. Der Versuch, die Güter dieser Welt in Abhängigkeit zu der zu ihrer Herstellung benötigten *Eigenleistung* zu verteilen[55], hat zwar einige Plausibilität für sich, übersieht aber, daß es Ausstattungs- und Befähigungsvoraussetzungen gibt, deren differentielle Ausprägung keiner der Beteiligten zu verantworten hat, die sich gleichwohl aber auf die relativen Erstattungsbeträge auswirken[56]; und überdies vernachlässigt dieser Lösungsvorschlag, daß ähnlich

53 Es läge nahe, an dieser Stelle darauf hinzuweisen, daß die wechselseitige Zusicherung von Eigentumsrechten das Problem asymmetrischer Verteilungen lösen kann, was unstrittigerweise der Fall ist; vgl. Sudgen 1986, S. 55 ff.; Hirshleifer 1987, S. 231 ff.; Eggertsson 1990, S. 249 ff. Ich möchte aber einen Schritt zurücktreten, um die Frage zu stellen, unter welchen Bedingungen diese Zumessung von privaten oder kollektiven Nutzungsrechten als eine legitime Verteilungslösung gelten sollte.

54 Man sollte allerdings darauf verzichten, den Appell an solche Verallgemeinerungsregeln zur transzendental-logischen Voraussetzung eines sogenannten »praktischen« Diskurses zu machen, auf die man – wie der Falsifikationist auf die Unbefragbarkeit der Bedingungen, unter denen er kritisiert – nicht verzichten könne (vgl. Habermas 1983, S. 15 f.); denn erstens tut der Kritizist nichts derartiges (vgl. Bartley 1987), und zum anderen kann man jenen »sprachtheoretischen Dekor beiseite lassen« (Zimmermann 1985, S. 386 f.), ohne in Frage stellen zu müssen, daß sich die Verallgemeinerungsregel bislang bei der Plausibelmachung von akzeptablen Regelvorschlägen offenkundig bewährt hat (vgl. Hoerster 1982, 1983) und deshalb, solange uns keine bessere Lösung zur Verfügung steht, nicht aufgegeben zu werden braucht. Dies stellt den Kerngedanken der Übertragung der Methode der Kritik von theoretischen auf praktische Probleme dar, den Hans Albert favorisiert und Habermas kritisiert (1983, S. 15 f.) und der vor jeder Art eines »Tu-quoque-Arguments« nachhaltig geschützt ist.

55 Diese Lösung des Gerechtigkeitsproblems findet sich bei Locke, Smith und Spencer.

56 Das war Durkheims Problem; vgl. Durkheim ²1988, S. 450 ff. Vgl. zu Durkheims Gerechtigkeitsvorstellung Schmid 1991.

uneinklagbare Unterschiede auch dadurch zustande kommen, daß das, was ein Akteur zumutbarerweise zu leisten bereit oder in der Lage ist, wenigstens unter marktwirtschaftlichen Voraussetzungen nicht notwendigerweise nachgefragt werden muß.
Die Suche nach einem Ausweg aus diesen Uneindeutigkeiten hat zu dem Vorschlag geführt, eine ganz anders gelagerte Regel zu akzeptieren, der zufolge als Bemessungsgrundlage der Ertragszuteilung die *Bedeutung (oder Funktionalität) einer* erbrachten *Leistung* für das Gemeinwohl oder den Kollektivertrag zu gelten habe.[57] Leider aber hat auch diese vordergründig ganz aussichtsreiche Norm einige Nachteile[58]: Zum einen koppelt sie die Erstattung, die ein Akteur gerechterweise für seinen Leistungsbeitrag erwarten darf, von jeder differentiellen Nachfrage ab, was nur so lange zu keinen ernsthaften Beitragsproblemen führt, als vorgängig feststeht, nach welchen letztlich ganz divergenten Kriterien die einzelnen Akteure ihre partiellen Leistungsbeiträge zusammenlegen sollen und inwieweit ihre Einzelbeiträge untereinander vergleichbar sind. Aber selbst wenn es gelingt, diese Frage zu beantworten und den Akteuren eine ihren Talenten angemessene und lösbare Aufgabe bei der arbeitsteiligen Herstellung des »gesellschaftlichen Reichtums« (oder anderer Arten sogenannter »kollektiver Güter«)[59] zuzuweisen, taucht unabweisbar das darüber hinaus gehende Problem auf, nach welchen rechtfertigungsfähigen Gesichtspunkten der Kollektivertrag, ist er einmal vorhanden, hernach verteilt werden sollte. Sind beide Fragen nicht zu klären, wird Trittbrettfahren prämiert, und der Gesamtertrag geht, wenn alle sich dem Anreiz ausgesetzt sehen, die anderen für die Erstellung des Kollektivgutes arbeiten zu lassen, erwartbar zurück; so daß diese Lösung des Verteilungsproblems nicht nur den Nachteil besitzt, mit der zuerst diskutierten Regel unvereinbar zu sein, sondern darüber hinaus zu deutlich ineffizienten Verteilungsergebnissen zu führen.
Beiden bislang genannten Regeln steht eine weitere letztlich unversöhnlich gegenüber, die darauf abzielt, den Kollektivertrag gemäß der *Bedürfnisse* der Anspruchsberechtigten zu verteilen, wobei vorauszusetzen ist, daß diese Anspruchsberechtigung mit den

57 Die soziologische Debatte kennt diese Position seit Davis/Moore 1945.
58 Vgl. zum Folgenden Vanberg 1982.
59 Vgl. zu deren genaueren Problematik Olson 1968, 1985.

erbrachten Leistungsbeiträgen und/oder deren funktionaler Gewichtigkeit nicht in Beziehung gesetzt werden kann. Eine solche Verteilungsregel entspricht zwar dem immer wieder eingeklagten Idealbild vollkommener Solidarität, fordert indessen zu dem mehrschichtigen Bedenken heraus, wer es wohl auf sich nehmen sollte, sich in seinem Leistungsbeitrag beständig und ausschließlich durch die Bedürftigkeit der Mitakteure motivieren zu lassen und nach welchen Kriterien jene Bedürfnisse zu bemessen und als zuteilungswürdig auszuzeichnen seien, und ob nicht die unausräumbare Unbestimmtheit, die aus der vergeblichen Suche nach einem derartigen Kriterium resultieren muß, eine ungesteuerte Bedürfniseskalation zur Folge hat, die jede Solidargemeinschaft rasch an die Grenzen ihrer Belastbarkeit führt.[60]

Wir stehen demnach vor dem vielleicht paradox zu nennenden Befund, daß Ungleichheitsstrukturen zwar in aller Regel nur dann stabil sind, wenn sie durch Regeln geschützt werden, die sich einer wenigstens minimalen Anerkennung erfreuen, daß gleichzeitig aber keine Möglichkeit, auch nicht vermittels normativer Diskurse, besteht, den Streit zwischen letztlich inkompatiblen und

60 Entsprechend kann es nicht wunder nehmen, wenn wir bedürfnisorientierte Verteilungsregeln in modernen Gesellschaften allenfalls in familienkommunistischen oder Freundschaftsgruppen beobachten können; als Grundlage eines gesamtgesellschaftlichen Verteilungsmechanismus taugen sie nicht. Überdies scheint ihre Wirkungsweise daran gebunden zu sein, daß es Knappheiten zu bewirtschaften gibt und gleichzeitig die Chance eigeninteressierter Bereicherung nicht besteht. Bei unveränderbarer, relativer Armut und bei leichter Supervision der Mitakteure mag sich solidarisches Verhalten durchsetzen, unter der Bedingung aber, daß die Subsistenzmittel zu knapp werden, erreicht es einen Grenzwert, jenseits dessen nur noch die Regel »Jeder für sich, keiner für alle« Durchschlagskraft besitzt. Eine denkbare Lösung der anstehenden Problematik stellen Versicherungssysteme in Aussicht, die aber darauf zu bestehen pflegen, Bedürftigkeit in Abhängigkeit von Beitragsleistungen zu bewerten, vgl. Heimer 1985; für das System der staatlich gestützten Sozialversicherung tauchen zusätzliche Beschränkungen auf, vgl. Offe 1990. Die weitere Alternative bestünde in der Errichtung von Stiftungen, die indessen in aller Regel nur begrenzt ausgestattet sind und deshalb bei sich abzeichnender Überforderung von jeder Bedürftigkeit absehen und zu anderen Verteilungsregeln Zugriff nehmen müssen (etwa: »Wer zuerst kommt, mahlt zuerst«, »Nur für Mitglieder« u. ä.).

jederzeit mit unvergleichbaren Nebenfolgen verknüpften Verteilungsnormen *zwingend* zu entscheiden.[61] Mehr noch: Ich vermute, daß jeder Versuch, eine solche Debatte ernsthaft zu führen, die überkommenen Rangdifferenzierungen und Verteilungsansprüche gefährdet, weshalb unterstellt bleiben muß, daß sich stabile Ungleichheitsverhältnisse nur so lange ergeben, als die Verteilungsregeln unerkannt bzw. unbestritten sind[62] und/oder sich die Akteure innerhalb des bestehenden Regelwerks Verbesserungen ausrechnen, was vermutlich so lange der Fall sein wird, als sie entweder tatsächlich zu deren Nutznießern gehören, sich durch parasitäres Verhalten Zugewinne verschaffen oder auf kompensatorische Transfers hoffen können.

61 Vgl. dazu Miller 1976, Walzer 1983 und neuerdings (zu den Vorschlägen von Harsanyi und Rawls) Schmidt 1991. Ich halte die moralische Konsequenz aus diesem Tatbestand für bemerkenswert: Es sollte angesichts der offenkundigen Unentscheidbarkeit von »Gerechtigkeitsdiskursen« unakzeptabel sein, gleichwohl den Eindruck erwecken zu wollen, es gebe eindeutige Lösungen, und man kenne sie. Es besteht keinerlei Anlaß, solchen Beteuerungen Glauben zu schenken und sich damit den moralischen Erpressungen auszusetzen, die mit ihnen verbunden zu sein pflegen.

62 Dies kann der Fall sein, weil es kostengünstiger ist, sich zu fügen, als auf die Veränderung der obwaltenden Verteilungsverhältnisse zu drängen, oder weil man an deren außeralltägliche Heiligung bzw. metaphysische Geltung glaubt. Diese zuletzt genannte These von der ideologischen Pazifizierung eventueller und latenter Veränderungswünsche ist innerhalb des Transaktionskostenansatzes, auf den meine Rekonstruktion weitgehend zurückgreift, nur zu behandeln, wenn man plausibel machen kann, daß sich das Vorhandensein von Ideologien auf die Minderung gruppeninterner Überwachungskosten auswirkt; vgl. North 1988, S. 46 ff.; Eggertsson 1990, S. 73 ff., 258. Damit ist die handlungssteuernde Bedeutung von ideologischen Überzeugungen sicher nicht ausreichend erfaßt.

5. Zusammenfassung und Folgerungen

Ich habe argumentiert, daß das Habermassche Konsensmodell einen zweifachen Mangel aufweist. Zum einen besitzt es einen unausrottbar idealisierenden Charakter und ist deshalb auf eine Vielzahl faktischer Umstände und Situationen, in denen Akteure dazu angehalten sind, sich über die normativen Grundlagen ihrer Verkehrsformen zu einigen, nicht anwendbar; zum anderen existiert eine Reihe logisch distinkter Handlungsprobleme, deren zufriedenstellende Lösung keinen normativen Konsens erfordert oder doch allenfalls ein sehr partielles und lokales Einverständnis, das überdies, wenn überhaupt, nur bisweilen ausschließlich durch normative Diskurse herstellbar ist.

Was folgt daraus für die Sozialintegration moderner Gesellschaften, und welche Rolle mögen zu deren Gestaltung normative Diskurse spielen? Ich denke, daß sich diese beiden Fragen durch folgende Hinweise beantworten lassen.

(a) Offensichtlich besteht das Reproduktionsgeheimnis moderner Gesellschaften nicht darin, zweifelsfreie und abschließende normative Debatten führen zu können, die für alle Beteiligten einen Bestand gleichermaßen verbindlicher Regulierungen bereitstellen, um auf diese Weise generelle Erwartungssicherheit und eine durchgängige Kooperation aller Gesellschaftsmitglieder zu gewährleisten. Die wechselseitige Überzeugungsarbeit, die notwendig wäre, alle Gesellschaftsmitglieder bezüglich einer immer vielgestaltigeren und letztlich unabschließbaren Menge von Themen und Problemen miteinander ins Einvernehmen zu setzen, ist weder institutionalisierbar noch wegen der Gefahr überzogener Reaktionen auf das erwartbare Scheitern aller Konsensbemühungen wünschenswert.[63] Aus beidem hat sich die mittlerweile unwi-

63 Wenn meine These von der Idealisierung des Konsensmodells zutrifft und keine Intention erkennbar ist, dieses Modell zu faktualisieren, dann wird man in ihm ein Beispiel einer aus empirischen Gründen unerfüllbaren Utopie sehen dürfen. Der moralisch ambivalente Charakter von Utopien ist hinreichend belegt, um über die Fragwürdigkeit jener Maßnahmen nachzudenken, die man wohl jenen gegenüber zu ergreifen geneigt ist, die sich weder von der Notwendigkeit normativer Diskurse noch von den vorgeblichen gut begründeten Regelvorschlägen überzeugen lassen wollen. Wenn Habermas in Reaktion auf die natürlich auch von ihm erkannte Nicht-Realisierbarkeit idealer Dis-

derrufbare Notwendigkeit ergeben, zentrale Ordnungsentscheidungen auch dann zu akzeptieren, wenn diese kaum kontrolliert bzw. gesteuert werden können und sich negative Effekte für die Betroffenen nur unzulänglich vermeiden lassen.[64]

Dieser Mangel gefährdet indessen den Zusammenhalt moderner Gesellschaften deshalb nicht über Gebühr, weil wirklich verallgemeinerungsfähige Diskursergebnisse unter den obwaltenden Bedingungen (oftmals und weitgehend) entbehrlich sind. Dies scheint mir zwei unterschiedliche Gründe zu haben: *Zum einen* fallen Kosten und aversive Effekte des gesellschaftlichen Zusammenlebens an, die grundsätzlich unvermeidbar sind und die auch dann ertragen werden müssen, wenn gute Gründe dafür sprechen, die daraus resultierenden Lasten zu meiden oder anders zu verteilen. Dies gilt zumindest so lange, als Akteure unter Unsicherheit handeln müssen und sich ein *trade-off* zwischen erwünschten Handlungszielen und unsicheren, möglicherweise desaströsen Folgen diskursiv erarbeiteter Handlungsalternativen nicht umge-

kursbedingungen (vgl. Habermas 1971, S. 136 ff.; 1973, S. 187 ff.; 1983, S. 26, 102; 1984, S. 174 ff.) einen Ausweg im therapeutischen Gespräch zu suchen beginnt (vgl. Habermas 1968, S. 262 ff. u. ö.), dann kann der Verdacht nicht ausbleiben, daß auf diese Weise ein nur wenig tolerantes Verfahren gewählt ist, um den anderen ins Gespräch zu bringen. Überdies bedarf dann wohl die Frage danach, wer das Recht haben sollte, die Rolle des Therapeuten zu spielen und wer sich als Therapierter zu betrachten habe, der dringlichen Beantwortung. Ebenso problematisch dürfte die Alternative zu solchen »therapeutischen Kritiken« (Habermas 1981, Bd. 1, S. 43) sein, die Pädagogisierung moralischer Debatten, die dem Lehrer die Rolle des Herrschers aufbürdet (vgl. Giesen 1991, S. 222).

64 Unter welchen Kautelen solche Instanzen institutionell zu gestalten sind, darum kümmert sich eine in letzter Zeit immer umfangreicher werdende, vorwiegend vertragstheoretisch argumentierende Literatur; vgl. paradigmatisch Buchanan 1975, Zintl 1983, Brennan/Buchanan 1985, Vanberg/Buchanan 1989 und zahlreiche andere. Es stellt sich durchgängig heraus, daß die situationslogischen Dilemmata, denen man auf diesem Feld der Konstitutionsdebatte begegnet, denselben Charakter besitzen wie alle übrigen Handlungsprobleme, denen sich die Akteure bei der Gestaltung ihrer Interaktionen oder Interdependenzen ausgesetzt sehen; abschließende und zeitlos stabile Lösungen sind in keinem Fall zu erwarten.

hen läßt. *Zum anderen* ist immer wieder konstatiert worden[65], daß sich die Verkehrskreise zahlloser Akteure in heterogener Weise überkreuzen, daß Differenzierungen um sich greifen, welche sie den moralischen Fraglosigkeiten und Unausweichlichkeiten alternativloser Intimgruppen notwendigerweise entziehen. Je verschiedenartiger die wählbaren Gruppenzugehörigkeiten und, damit gleichlaufend, desto vielgestaltiger die Situationen werden, innerhalb deren die Akteure sich bewegen müssen, desto entbehrlicher sind ihre Versuche, für einzelne Problemfelder verallgemeinerungsfähige normative Lösungen zu finden, und desto weniger dringlich ist die Versuchung, die in einem Bereich gefundenen Lösungen unbesehen auf eigenlogisch ganz anders strukturierte Umstände zu übertragen. Gleichzeitig besteht infolge der zunehmenden Heterogenisierung moderner Beziehungsformen die Möglichkeit, sich durch kostengünstige Distanzierungen bzw. Abwanderungen all jenen Diskursen zu entziehen, an denen man sich aus den verschiedensten Gründen nicht zu beteiligen gedenkt bzw. deren Ergebnisse unakzeptabel zu werden drohen.[66]

(b) Normative Diskurse können angesichts dieser Verhältnisse nur eine eingeschränkte, indessen außerordentlich wichtige und zentrale Bedeutung gewinnen: *Zum einen* sind sie jederzeit dort am Platz, wo es – wie im Bereich primärer oder sekundärer Sozialisation – darum geht, Probanden, denen eine entsprechende Erfahrung und Motivation fehlt, davon zu überzeugen, daß es beachtenswerte basale und situationsübergreifende Prinzipien der Verhaltensverläßlichkeit und wechselseitiger Unterstützung geben sollte. *Sodann* eignen sich solche Diskurse auch dazu, jene, die in Verfol

65 Sozialtheoretiker von Weber und Simmel über Blau und Granovetter bis Bourdieu, Beck und Lyotard (und andere Postmodernisten) haben diesen Sachverhalt in unterschiedlichsten Weisen beschrieben und bewertet.

66 Ich gestehe gerne zu, daß diese Sichtweise dazu tendiert, woran Honneth 1984 und 1990 erinnert, die dabei anfallenden »Individualisierungskosten«, besonders den erwartbaren Verlust an kommunikativer Wärme und moralischer Stütze zu übersehen, halte es aber keinesfalls für unmöglich, solche »postmodernistischen« Beschwernisse in einem erweiterten Modellierungsschritt zu berücksichtigen, der die Bedeutung von »Toleranzedikten« betonen wird, die ihrerseits zur Grundlage einer positiven moralischen Bewertung moralischer Differenzen werden können.

gung ihrer Eigeninteressen zur Schädigung ihrer Mitakteure neigen, daran zu erinnern, daß sie nicht dazu berechtigt sind, allgemeinverbindliche Regeln, deren Befolgung solche Schädigungen vermeiden kann, einseitig aufzukündigen oder zu hintergehen.[67] Auf diesem doppelten Weg wird in der Tat jenes allerdings durchgehend fragil bleibende »moralische Verständnis der Interaktionsstruktur«[68] etabliert, das jedes spätere Handeln vorstrukturiert und, ohne Kosten in Kauf zu nehmen, nicht übergangen bzw. mißachtet werden kann. Allerdings müssen entsprechende Diskurse dabei, um nicht ineffektiv zu sein, in aller Regel von der im Habermasschen Modell benannten Voraussetzung der Herrschaftsfreiheit Abstand nehmen[69] und ähneln insoweit weniger einer Debatte unter Gleichen als einer Ermahnung von Abhängigen.

Sofern sie in Gang zu setzen sind, werden normative Diskurse *überdies* und vor allem dort eine benennbare Bedeutung gewinnen, wo derzeit geltende Regulierungen unerträgliche externe Effekte generieren oder wo Problemlagen zu Bewußtsein kommen, deren bislang unbeachtetes Ausmaß Anlaß zu dem Versuch gibt, allgemeinverpflichtende Beschränkungen (oder zumindest eine Veränderung) des bisherigen Verhaltens durchzusetzen, wobei wegen der fortgeschrittenen Heterogenisierung moderner Gesellschaften allerdings *nicht* durchweg vorausgesetzt werden kann, daß diese unerwünschten Externalitäten alle Gesellschaftsmitglieder mit gleicher Dringlichkeit erreichen bzw. als Bedrohung erscheinen. Entsprechend ihrer ganz unterschiedlichen »Betroffen-

67 Hans-Joachim Giegel hat mich zu Recht daran erinnert, daß Habermas eben hierin auch unter »realistischen Bedingungen« die Funktion normativer Diskurse sieht; das heißt auch dann, wenn faktische Diskurse weder zu einem inhaltlichen Konsens führen noch zu allgemeinverbindlichen Verfahrensregeln – und wenn sie überdies regelmäßig ohne besondere Expertise der Beteiligten und beeinflußt von der überlegenen Durchsetzungsmacht »interessierter Kreise« verlaufen. Ich gestehe dies zu, allerdings ohne zu übersehen, ob Habermas mit einer solchen These nicht am Ende gänzlich auf die erhoffte Durchschlagskraft besserer Argumente verzichten muß.

68 Ich entnehme diesen Ausdruck einer persönlichen Mitteilung Hans-Joachim Giegels.

69 Den Schriften Max Millers kann man entnehmen, wie weit die Beeinflussungen gehen müssen, die sich aus der unvermeidbaren differentiellen Verteilung des Wissens zwischen »Erziehern« und Probanden ergeben; vgl. Miller 1986.

heit« wird man in Rechnung zu stellen haben, daß sie sich keinesfalls notwendigerweise dazu bereit finden müssen, sich an entsprechenden diskursiven Lösungsversuchen zu beteiligen[70], und man sich folglich schwer damit tut, sie ohne Zwangsmittel vom Gegenteil zu überzeugen. Aber selbst dann, wenn sie sich für eine Partizipation an Normdebatten gewinnen lassen, darf man sich in mehrfacher Hinsicht keine illusionären Vorstellungen über die Voraussetzungen machen, unter denen diese zum Erfolg geführt werden können. Die Arbeitsteilung, die sich bei der Institutionalisierung entsprechender Diskurse durchgesetzt hat, erlaubt schon lange nicht mehr, daß beliebig viele Akteure sich mit Sachkompetenz und argumentativer Expertise an ihnen beteiligen, und die notwendige Berücksichtigung bereits vorhandener Regulierungen macht eine erfolgreiche Partizipation immer unwahrscheinlicher.[71] Zudem stehen unter den faktisch zu beobachtenden gesellschaftlichen Umständen jene normativen Diskurse in ganz unaufhebbarer Weise nicht unter den durchsetzbaren Kautelen einer völlig desinteressierten Suche nach »eigentlichen« und allgemeinverbindlichen Begründungen, und jeder der Beteiligten[72], der dies zu übersehen neigt, wird sich alsbald einem Motivationsproblem gegenübersehen. Aus beiden Gründen zerfällt jeder einheitliche gesellschaftliche Normdiskurs in eine Vielzahl von Einzeldiskursen, die sich etwa durch allgemeine Rechtsvorschriften oder durchgängige Moralprinzipien nur noch in Einzelfällen integrieren oder steuern lassen und die sich entsprechend kaum mehr als lose wechselseitig zu kontrollieren vermögen.[73] In weiterer Folge davon existiert eine Vielzahl heterogener Einzelregelungen, deren Vereinbarkeit oder Widersprüchlichkeit nur ganz gelegentlich zum Problem wird und werden kann, was zumindest nachvollziehbar macht, wenn einige Interpreten der Sachlage dazu neigen, die daraus resultierende »Unübersichtlichkeit«[74] zum Indikator eines postmodernen Zeitalters zu erklären, dessen undurchschau-

70 Man kann dies aus den ganz differenten Vorbedingungen deduzieren, unter denen sich Akteure dazu bereit finden, sich an sogenannten »sozialen Bewegungen« zu beteiligen; vgl. dazu Opp 1978, Opp/Roel 1990 u. a.

71 Das gilt selbst für Spezialisten normativer Debatten; vgl. Teubner 1992.

72 Vgl. dazu Miller 1992.

73 Vgl. Ellickson 1991 passim.

74 Vgl. Habermas 1985.

bare und auf keine allgemeinen Entscheidungsprinzipien zurückführbare Vielgestaltigkeit zu tolerieren ist.[75]
Angesichts derartiger Beschwerlichkeiten muß der leise Zwang zur moralischen Debatte[76], den man den Habermasschen Schriften zu entnehmen meint, muß die »Grenzenlosigkeit öffentlicher Diskurse«[77] missionarisch und aufdringlich wirken und die moralischen Institutionen ebenso überfordern wie das moralische Kapital der Akteure inflationieren. Den daraus resultierenden Gefahren kann man in letzter Instanz nur dann entgehen, wenn man sich bereit findet, wirklich allgemein zugängliche und auf eine verbindliche Einigung angelegte Diskurse auf den Fall zu beschränken, daß die ganz *basalen Voraussetzungen des menschlichen Zusammenlebens* zur Debatte stehen; das heißt das Recht auf Leben und Freiheit, auf materiellen Besitz und menschliche Würde, die Pflicht zum wechselseitigen Beistand in unverschuldeter Not und zur Zurückhaltung bei der Durchsetzung schädlicher egoistischer Interessen.[78] Und wer wollte leugnen, daß uns das Verhalten vieler Menschen immer wieder dazu anhält, entsprechende Debatten zu führen? Daß diese unter Umständen zu vertretbaren Ergebnissen führen, scheint mir am Ende nicht davon abzuhängen, daß wir sie in der Absicht betreiben, in jedem Falle neue Argumente und Begründungsformen zu finden, sonderen weil sie in der Tat (unter bestimmten Bedingungen, die ich sicher nicht erschöpfend benannt habe) *zum einen* dazu dienen, die Erinnerung an jene unverzichtbaren Basisregeln menschlicher Kooperation aufzufrischen, welche Rücksichtslosigkeit und Menschenverachtung immer wieder in Vergessenheit geraten lassen, und *zum anderen*, weil sie dazu taugen, bislang unerörterte Problemstellungen aufzuhellen, die wir freilich durch den Rückgriff auf längst bekannte und im Grunde unstrittige bzw. allenfalls interpretations- und spezifikationsbedürftige Regeln zu bewältigen versuchen.[79]

75 Vgl. Feyerabend 1979; Marquard 1981, 1986; Welsch 1987 u. a.
76 Vgl. Schmid 1991, S. 272f.
77 Giesen 1991, S. 220.
78 Es wird wenig Sinn haben, aus der Vielzahl der Literatur zum Problem der Menschenrechte, Eigentumsrechte und bürgerlichen Freiheiten auch nur einen repräsentativen Ausschnitt anführen zu wollen.
79 Vgl. Hillmann ²1989, S. 119 u. ö., der darüber informiert, daß wirklich neuartige Werte kaum debattiert werden. Ich widerspreche damit, ohne

Falls es die an »alteuropäischen« Leitbildern orientierte Intention Habermas' sein sollte, eben *hierfür* einzutreten, so wird er meine Zustimmung finden – völlig unabhängig davon, daß ich an eine wirklich erfolgversprechende Institutionalisierung des von ihm vorgetragenen Konsensus-Modells nicht zuletzt deshalb nicht glauben kann, weil ich keinen Sinn darin sehe, die Formulierung einer tauglichen schädigungsminimierenden Ethik von der Erfüllung nicht-realisierbarer Bedingungen abhängig zu machen.[80]

Literatur

Archer, M. S. (1988), *Culture and Agency. The Place of Culture in Social Theory*, Cambridge.

Axelrod, R. (1984), *The Evolution of Cooperation*, New York.

Bartley, W. W. (1987), *Flucht ins Engagement*, Tübingen.

Becker, W. (1982), *Die Freiheit, die wir meinen. Entscheidung für die liberale Demokratie*, München.

Beckermann, A. (1972), *Die Freiheit, die wir meinen. Entscheidung für die liberale Demokratie*, München.

Beckermann, A. (1972), »Die realistischen Voraussetzungen der Konsenstheorie von J. Habermas«, in: *Zeitschrift für allgemeine Wissenschaftstheorie* 1, S. 63-80.

Berger, J. (1992), »Der Konsensbedarf in der Wirtschaft«, in diesem Band.

Brennan, G./J. M. Buchanan (1985), *The Reason of Rules. Constitutional Political Economy*, Cambridge.

Buchanan, J. M. (1975), *The Limits of Liberty. Between Anarchy and Leviathan*, Chicago/London.

dies genauer begründen zu wollen, einer der Basisüberlegungen von Hans Jonas 1979, wobei ich gerne akzeptiere, daß bei der Erinnerung daran, welches die angemessenen Regeln des menschlichen Zusammenlebens sind, bisweilen weniger auf den »zwanglosen Zwang des besseren Arguments« zu setzen ist denn auf externe Sanktionen und daß es mir nicht schwerfällt, diese offenkundige Form der Diskursverweigerung als ein legitimes bzw. legitimierbares Mittel der Regeldurchsetzung zu akzeptieren. Unter welchen genauen Bedingungen dies der Fall ist, kann ich an dieser Stelle selbstverständlich nicht besprechen.

80 Vgl. das Motto, das ich dieser Arbeit vorangestellt habe.

Claessen, H. J. M./P. Skalnik (Hg.) (1978), *The Early State. Theories and Hypotheses*, The Hague/New York/Paris.
Clastre, P. (1976), *Staatsfeinde. Studien zur politischen Anthropologie*, Frankfurt am Main.
Davis, K./W. E. Moore (1945), »Einige Prinzipien der sozialen Schichtung«, in: H. Hartmann (Hg.), *Moderne amerikanische Soziologie*, Stuttgart 1967, S. 347-357.
Diekmann, A. (1985), »Volunteer's Dilemma«, in: *Journal of Conflict Resolution* 29, S. 605-610.
– (1986), »Volunteer's Dilemma. A Social Trap Without a Dominant Strategy and Some Empirical Results«, in: A. Diekmann/P. Mitter (Hg.), *Paradoxical Effects of Social Behavior. Essays in Honor of Anatol Rapoport*, Heidelberg, S. 187-197.
Durkheim, E. ([2]1988), *Über soziale Arbeitsteilung. Studie über die Organisation höherer Gesellschaften*, Frankfurt am Main.
Edgerton, R. B. (1985), *Rules, Exceptions, and Social Order*, Berkeley/Los Angeles/London.
Eggertsson, T. (1990), *Economic Behavior and Institutions*, Cambridge.
Ellickson, R. C. (1991), *Order Without Law. How Neighbors Settle Disputes*, Cambridge, Mass.
Elster, J. (1989), *The Cement of Society. A Study of Social Order*, Cambridge.
Feyerabend, P. K. (1979), *Erkenntnis für freie Menschen*, Frankfurt.
Furobotn, E./S. Pejovich (Hg.) (1974), *The Economics of Property Rights*, Cambridge, Mass.
Gauthier, D. (1986), *Morals by Agreement*, Oxford.
Giegel, H.-J. (1992), »Einleitung. Kommunikation und Konsens in modernen Gesellschaften«, in diesem Band.
Giesen, B. (1991), *Die Entdinglichung des Sozialen. Eine evolutionstheoretische Perspektive auf die Postmoderne*, Frankfurt am Main.
Giesen, B./M. Schmid (1978), »Methodologische Modelle und soziologische Theoriebildung«, in: K. O. Hondrich/J. Matthes (Hg.), *Theorienvergleich in den Sozialwissenschaften*, Darmstadt/Neuwied, S. 232-254.
Godelier, M. (1987), *Die Produktion der Großen Männer*, Frankfurt/New York/Paris.
Granovetter, M. (1985), »Economic Action and Social Structure. The Problem of Embededness«, in: *American Journal of Sociology* 91, S. 481-510.
Haas, J. (1982), *The Evolution of the Prehistoric State*, New York.
Habermas, J. (1967), *Zur Logik der Sozialwissenschaften. Philosophische Rundschau*, Beiheft 5, Tübingen.
– (1969), *Protestbewegung und Hochschulreform*, Frankfurt am Main.
– (1971), »Vorbereitende Bemerkungen zu einer Theorie der kommunika-

tiven Kompetenz«, in: J. Habermas/N. Luhmann, *Theorie der Gesellschaft oder Sozialtechnologie. Was leistet die Systemforschung?*, Frankfurt am Main, S. 101-141.
– ([5]1971), *Strukturwandel der Öffentlichkeit*, Neuwied/Berlin.
– (1973), *Legitimationsprobleme im Spätkapitalismus*, Frankfurt am Main.
– (1973 a), *Kultur und Kritik. Verstreute Aufsätze*, Frankfurt am Main.
– (1976), *Zur Rekonstruktion des Historischen Materialismus*, Frankfurt am Main.
– (1976 a), »Universalpragmatische Hinweise auf das System der Ich-Abgrenzung«, in: M. Auwärter/E. Kirsch/K. Schröter (Hg.), *Seminar: Kommunikation, Interaktion, Identität*, Frankfurt am Main, S. 332-347.
– (1981), *Theorie des kommunikativen Handelns*, 2 Bde., Frankfurt am Main.
– (1983), *Moralbewußtsein und kommunikatives Handeln*, Frankfurt am Main.
– (1984), *Vorstudien und Ergänzungen zur Theorie kommunikativen Handelns*, Frankfurt am Main.
– (1985), *Die Neue Unübersichtlichkeit*, Frankfurt am Main.
– (1987), *Eine Art Schadensabwicklung. Kleine politische Schriften* VI, Frankfurt am Main.
– (1988), *Nachmetaphysisches Denken*, Frankfurt am Main.
– (1990), *Die nachholende Revolution. Kleine politische Schriften* VII, Frankfurt am Main.
Hardin, R. (1982), *Collective Action*, Washington.
– (1990), *Morality within the Limits of Reason*, Chicago/London.
Hechter, M. (1984), »When Actors Comply: Monitoring Costs and the Production of Social Order«, in: *Acta Sociologica* 27, S. 161-183.
– (1987), *Principles of Group Solidarity*, Berkeley/Los Angeles/London.
Heimer, C. A. (1985), *Reactive Risk and Rational Action. Managing Moral Hasard in Insurance Contracts*, Berkeley/Los Angeles/London.
Herzog, R. (1988), *Staaten der Frühzeit. Ursprünge und Herrschaftsformen*, München.
Hesse, G. (1983), »Zur Erklärung der Änderung von Handlungsrechten mit Hilfe der ökonomischen Theorie«, in: A. Schüller (Hg.), *Property Rights und ökonomische Theorie*, München, S. 79-109.
Hillmann, K.-H. ([2]1989), *Wertewandel. Zur Frage soziokultureller Voraussetzungen alternativer Lebensformen*, Darmstadt.
Hirschman, A. O. (1974), *Abwanderung und Widerspruch*, Tübingen.
Hirshleifer, J. (1987), *Economic Behaviour in Adversity*, Brighton.
Hoerster, N. (1983), »Moralbegründung ohne Metaphysik«, in: *Erkenntnis* 19, S. 225-238.
– (1982), »Rechtsethik ohne Metaphysik«, in: *Juristenzeitung* 37, S. 265-272 und S. 714-716.

Honneth, A. (1984), »Der Affekt gegen das Allgemeine«, in: *Merkur*, S. 893-899.
– (1990), »Pluralisierung und Anerkennung. Zum Selbstverständnis postmoderner Sozialethiken«, Ms., Marburg.
Jensen, M./W. H. Meckling (1976), »Theory of the Firm: Managerial Behavior, Agency Cost and Ownership Structure«, in: *Journal of Financial Economics*[3] S. 305-360.
Jonas, H. (1979), *Das Prinzip Verantwortung. Versuch einer Ethik für die technische Zivilisation*, Frankfurt am Main.
Kliemt, H. (1986), *Antagonistische Kooperation. Elementare spieltheoretische Modelle spontaner Ordnungsentstehung*, Freiburg/München.
Kopp, M./H. P. Müller (1980), *Herrschaft und Legitimität in modernen Industriegesellschaften. Eine Untersuchung der Ansätze von Max Weber, Niklas Luhmann, Claus Offe und Jürgen Habermas*, München.
Kopp, M. (1991), *Handlungstheorie und Zeichentheorie*, in: *Sozialwissenschaftliche Disziplinen und ihre Gegenstandskonstitution, Forschungsberichte der Fakultät für Pädagogik der Universität der Bundeswehr*, Neubiberg/München, S. 231-268.
Krajewski, W. (1977), *Correspondence Principle and Growth of Knowledge*, Dordrecht.
Lagerspetz, E. (1984), »Money as Social Contract«, in: *Theory and Decision* 17, S. 1-9.
Langlois, R. N. (Hg.) (1986), *Economics as a Process. Essays in the New Institutional Economics*, Cambridge.
Lewis, D. (1975), *Konventionen. Eine sprachphilosophische Abhandlung*, Berlin/New York.
Luhmann, N. (1982), »Autopoiesis, Handlung und kommunikative Verständigung«, in: *Zeitschrift für Soziologie* 11, S. 366-379.
Macneil, I. (1981), »Economic Analysis of Contractual Relations: Its Shortfalls and The Need for a ›Rich Classificatory Apparatus‹«, in: *Northwestern University Law Review* 75, S. 1018-1063.
– (1986), »Exchange Revisited: Individual Utility and Social Solidarity«, in: *Ethics* 96, S. 567-593.
– (1974), »The Many Futures of Contracts«, in: *Southern California Law Review* 47, S. 691-816.
– (1983), »Values in Contract: Internal and External«, in: *Northwestern University Law Rewiew* 78, S. 340-418.
Marquard, O. (1981), *Abschied vom Prinzipiellen*, Stuttgart.
– (1986), *Apologie des Zufälligen*, Stuttgart.
Menger, C. (1883), *Untersuchungen über die Methode der Sozialwissenschaften und der politischen Ökonomie insbesondere*, Tübingen 1969.
Michels, R. (1911), *Zur Soziologie des Parteiwesens in der modernen Demokratie. Untersuchungen über die oligarchischen Tendenzen des Gruppenlebens*, Stuttgart 1955.

Miller, D. (1976), *Social Justice*, Oxford.
Miller, M. (1986), *Kollektive Lernprozesse. Studien zur Grundlegung einer soziologischen Lerntheorie*, Frankfurt am Main.
– (1992), »Rationaler Dissens. Zur gesellschaftlichen Funktion sozialer Konflikte«, in diesem Band.
Moore, B. (1982), *Ungerechtigkeit. Die sozialen Ursachen von Unterordnung und Widerstand*, Frankfurt am Main.
North, D. C. (1988), *Theorie des institutionellen Wandels. Eine neue Sicht der Wirtschaftsgeschichte*, Tübingen.
Offe, C. (1990), »Akzeptanz und Legitimität strategischer Optionen in der Sozialpolitik«, Ms., Marburg.
Olson, M. (1968), *Die Logik des kollektiven Handelns*, Tübingen.
– (1985), *Aufstieg und Niedergang von Nationen. Ökonomisches Wachstum, Stagflation und soziale Starrheit*, Tübingen.
Opp, K. D. (1978), *Theorie sozialer Krisen*, Hamburg.
Opp, K. D./W. Roel (1990), *Der Tschernobyl-Effekt. Eine Untersuchung über die Ursachen politischen Protests*, Opladen.
Posner, R. A. (1981), *The Economics of Justice*, Cambridge, Mass./London.
Rapoport, A./A. M. Chammah (1965), *Prisoner's Dilemma*, Ann Arbor, Michigan.
Roberts, S. (1981), *Ordnung und Konflikt. Eine Einführung in die Rechtsethnologie*, Stuttgart.
Regan, D. H. (1980), *Utilitarism and Co-operation*, Oxford.
Rowe, N. (1989), *Rules and Institutions*, New York/London/Toronto/Sydney/Tokio.
Sahlins, M. (1972), *Stone Age Economics*, Chicago.
Schmid, M. (1989), »Arbeitsteilung und Solidarität. Eine Untersuchung zu Emile Durkheims Theorie der sozialen Arbeitsteilung«, in: *Kölner Zeitschrift für Soziologie und Sozialpsychologie* 41, S. 619-643.
– (1991), »Emile Durkheims Theorie der sozialen Gerechtigkeit«, Ms., Augsburg.
– (1991 a), »Konsensillusion und institutionelle Utopie«, in: *Geschichte und Gegenwart* 10, S. 259-283.
Schmidt, J. (1991), *Gerechtigkeit, Wohlfahrt und Rationalität. Axiomatische und entscheidungstheoretische Fundierungen von Verteilungsprinzipien*, Freiburg/München.
Schotter, A. (1981), *The Economic Theory of Social Institutions*, Cambridge.
– (1986), »The Evolution of Rules«, in: R. M. Langlois (Hg.), *Economics as a Process. Essays in the New Institutional Economics*, Cambridge, S. 117-133.
Simon, H. A. (1957), *Models of Man. Mathematical Essays on Rational Human Behavior in a Social Setting*, New York.
Skjei, E. (1985), »A Comment on Performative, Subject and Proposition in Habermas' Theory of Communication«, in: *Inquiry* 28, S. 87-105.

Sudgen, R. (1986), *The Economics of Rights, Cooperation and Welfare*, Oxford.
Taylor, M. (1982), *Community, Anarchy and Liberty*, Cambridge.
– (1987), *The Possibility of Cooperation*, Cambridge.
Teubner, G. (1992), »Ist das Recht auf Konsens angewiesen?«, in diesem Band.
Ullmann-Margalit, E. (1977), *The Emergence of Norms*, Oxford.
Vanberg, V. (1982), *Markt und Organisation. Individualistische Sozialtheorie und das Problem des korporativen Handelns*, Tübingen.
Vanberg, V./J. M. Buchanan (1989), »Interests and Theories in Constitutional Choice«, in: *Journal of Theoretical Politics* 1, S. 49-62.
Wagner, G./H. Zipprian (1989), »Habermas on Power and Rationality«, in: *Sociological Theory* 7, S. 102-109.
Waldmann, P. (1977), *Strategien politischer Gewalt*, Stuttgart.
Walzer, M. (1983), *Spheres of Justice. A Defense of Pluralism and Equality*, New York.
Weber, M. ([5]1985), *Wirtschaft und Gesellschaft. Grundriß der verstehenden Soziologie*, Tübingen.
Weede, E. (1990), *Wirtschaft und Gesellschaft. Zur Soziologie der kapitalistischen Marktwirtschaft und der Demokratie*, Tübingen.
Wellmer, A. (1977), »Kommunikation und Emanzipation. Überlegungen zur sprachanalytischen Wende der kritischen Theorie«, in: U. Jaeggi/A. Honneth (Hg.), *Theorien des Historischen Materialismus*, Frankfurt am Main, S. 465-500.
– (1979), »Praktische Philosophie und Theorie der Gesellschaft. Zum Problem der normativen Grundlagen einer kritischen Sozialwissenschaft«, in: W. Oelmüller (Hg.), *Normen und Geschichte*, Paderborn/München/Wien, S. 140-174.
– (1992), »Konsens als Telos der sprachlichen Kommunikation?«, in diesem Band.
Welsch, W. (1987), *Unsere postmoderne Moderne*, Weinheim.
Wenzel, H./U. Hochmuth (1989), »Die Kontingenz der Kommunikation«, in: *Kölner Zeitschrift für Soziologie und Sozialpsychologie* 41, S. 241-269.
Williamson, O. E. (1985), *The Economic Institutions of Capitalism. Firms, Markets, Relational Contracting*, New York/London.
Zimmermann, R. (1985), *Utopie – Rationalität – Politik. Zur Kritik, Rekonstruktion und Systematik einer emanzipatorischen Gesellschaftstheorie bei Marx und Habermas*, Freiburg.
Zintl, R. (1983), *Individualistische Theorien und die Ordnung der Gesellschaft. Untersuchungen zur politischen Theorie von James M. Buchanan und Friedrich A. v. Hayek*, Berlin.

Johannes Berger
Der Konsensbedarf der Wirtschaft

I

In einem sehr lesenswerten Aufsatz: »Why Economists Disagree« hat Herbert A. Simon (1988/89) die Frage behandelt, ob der anhaltende Streit zwischen den wirtschaftswissenschaftlichen Lagern nicht doch durch einen Satz gemeinsamer Grundüberzeugungen zusammengehalten werde. Wie Simon zeigt, verfügen die Wirtschaftswissenschaften tatsächlich über einen festen Kern theoretischer Grundannahmen, der die Einheit der Disziplin ausmacht und den Erkenntnisfortschritt auf ihrem Gebiet sichert. Dieser Kern läßt sich meines Erachtens in eine handlungstheoretische und eine sozialtheoretische Komponente zerlegen. Handlungstheoretisch pflichten so gut wie alle Ökonomen der Annahme individueller Nutzenmaximierung bei, und sozialtheoretisch ist für die Wirtschaftswissenschaften die Annahme bezeichnend, daß das individuelle Angebots- und Nachfrageverhalten, das aus der Maxime der Nutzenmaximierung folgt, im Aggregat zu einem Gleichgewicht führt, dem bestimmte Optimalitätseigenschaften zukommen.

Im Vergleich zu den Wirtschaftswissenschaften ist der Grad der Übereinstimmung in der Soziologie viel schwächer. Es erscheint ja durchaus fraglich, ob das Fach überhaupt über einen theoretischen Kern verfügt, dem alle Soziologen (und Soziologinnen) beipflichten. Aber auch wenn es an faktischer Übereinstimmung mangelt: es gibt immerhin einige Annahmen, die den Anspruch erheben können, zu diesem Kern zu gehören. In handlungstheoretischer Hinsicht wird man in erster Linie an das »voluntaristische Modell des Handelns« (Münch 1982) denken müssen, wenn es darum geht, die Soziologie von anderen Sozialwissenschaften abzugrenzen, und »sozialtheoretisch« liegt der einigende Grundgedanke in der mit jenem Modell verknüpften Annahme, daß die Stabilität einer sozialen Ordnung ganz wesentlich von dem Ausmaß der Zustimmung der Beteiligten abhängt. Die Mobilisierbarkeit von Zustimmung ist für die Stabilität der Ordnung am Ende sogar »wichtiger« als die Kontrollmöglichkeiten der Ordnungskräfte. Diese Zustimmung ist ihrerseits wiederum bedingt von der »Legitimität« der Ordnung.[1]

Wenn die Legitimität einer sozialen Ordnung – die keine inhärente Eigenschaft dieser Ordnung ist, sondern in einem (kontingenten) Legitimitätsglauben (Weber) besteht – eine so entscheidende Rolle für die Aufrechterhaltung der Ordnung spielt, dann ist es naheliegend, daß die Frage nach den Quellen der Legitimitätsbeschaffung in den Mittelpunkt des soziologischen Interesses rückt. In funktional differenzierten Gesellschaften variieren diese Quellen mit den Funktionsbereichen. Das politische System moderner Gesellschaften verfügt zum Beispiel über ein einfaches und einleuchtendes Mittel der Legitimitätsbeschaffung: freie Wahlen. In solchen Wahlen erhält nicht nur das Führungspersonal einer Partei die Zustimmung zur Ausübung der Regierungsmacht; sondern es wird – da in Wahlen immer auch die Option, überhaupt wählen zu können, gleichsam »mitgewählt wird« – von jeder Person, die zur Wahl geht, zugleich die Zustimmung zu einer politischen Ordnung, Regierungen über Wahlen zu bestellen, erteilt.

Die Frage, die ich in diesem Aufsatz verfolgen möchte, lautet: Wie gelingt es dem wirtschaftlichen System moderner Gesellschaften, das Problem der Konsensbeschaffung zu lösen? Natürlich könnte man daran denken, im Bereich der Wirtschaft das gleiche Mittel zur Anwendung zu bringen, das offensichtlich im Bereich der Politik so erfolgreich ist. Das würde auf die Wahl von Unternehmungsleitungen, Wirtschaftsparlamenten etc. hinauslaufen. Es ist jedoch fraglich, ob in der Wirtschaft dieses Mittel den gleichen Ertrag erbringt wie in der Politik. Die Verfechter einer Demokratisierung der Wirtschaft werden dies bejahen, ihre Gegner verneinen. Die gewiß »dornigen« Fragen einer Wirtschaftsreform sind aber nicht der Gegenstand dieses Aufsatzes. Anstelle der Frage, ob durch eine Wirtschaftsreform die Legitimität der Wirtschaft erhöht werden kann, möchte ich die vorgelagerte Frage behandeln, mit welchen Mitteln die Wirtschaft der modernen Gesellschaft dieses Problem tatsächlich löst. Unbestritten scheint mir zu

1 Auch wenn meine Beschreibung eines »soziologischen Kerns« auf eine lange Tradition zurückzublicken vermag: die Einwände gegen sie können das nicht minder. Die verwandte Begrifflichkeit, so lautet ein Einwand, sei weich und ausdeutbar; sie begünstige eine auf Stabilität und Ordnung ausgerichtete Fragestellung, so lautet ein anderer.

sein, daß auch die Wirtschaft der modernen Gesellschaft mit einem Konsensproblem konfrontiert ist (und daß sie es – vielleicht mehr schlecht als recht – zu lösen in der Lage ist). Es kann sogar sein, daß solche Probleme in der Wirtschaft gravierenderer Natur sind als in anderen Bereichen, etwa wegen wirtschaftsspezifischer »Widersprüche«.[2] Welchen Konsensbedarf hat die Wirtschaft, und wie deckt sie diesen Bedarf? Mit dieser Frage werden sich die folgenden Ausführungen beschäftigen.

Im Prinzip könnte es natürlich sein, daß dieser Bedarf ausschließlich mit wirtschaftsfremden Mitteln gedeckt wird. Mir geht es aber im folgenden darum, den Beitrag der Wirtschaft selbst zur Deckung dieses Bedarfs zu ermitteln. Auch wenn die wirtschaftsspezifischen Mittel der Konsensbeschaffung in der Werteordnung der modernen Gesellschaft verankert sind: im Vordergrund dieses Beitrags steht nicht diese »Rückversicherung«, sondern die Analyse spezifisch wirtschaftlicher Instrumente der Konsensbeschaffung.[3] Zum besseren Verständnis sei noch vorausgeschickt, daß diesem Aufsatz ein relativ »schlichter« Konsensbegriff zugrunde liegt. Für die Anwendung dieses Begriffs wird nichts weiter verlangt, als daß Akteure einem Vertragsinhalt, einer Anordnung oder einer Ordnung »aus freien Stücken« ihre Zustimmung erteilen. Die

2 Daß ein Zusammenhang zwischen der Erreichung wirtschaftlicher Ziele und der Mobilisierung von Konsens besteht, ist der älteren industriesoziologischen Forschung noch bewußt gewesen. Zum Beispiel hat Mayo (1933) die Vorbedingung der wirtschaftlichen Erholung in der Weltwirtschaftskrise Anfang der dreißiger Jahre in der »human collaboration« erblickt. Das Land, so Mayo (S. 176), das die Probleme der Zusammenarbeit zwischen Kapital und Arbeit am schnellsten löst, »will infallibly outstrip the others in the race for stability, security and development«.

3 Darunter verstehe ich »objektive« Strukturen des Subsystems »Wirtschaft«. Mit dieser Eingrenzung soll die legitimierende Rolle gesellschaftsweit verbreiteter und im Wertesystem der Gesellschaft verankerter Ideologien keineswegs geleugnet werden. Gegenstand dieses Aufsatzes ist jedoch die legitimatorische Qualität »objektiver« Sachverhalte, also die Fähigkeit ökonomischer Formen, aus sich selbst heraus eine tragfähige Rechtfertigung kapitalistischer Wirtschaftssysteme zu schaffen ... Das Vorbild für eine solche Untersuchung ist natürlich Marx (1867), dessen Thema die bewußtseinsbildenden Eigenschaften ökonomischer Kategorien wie Warentausch, Lohn etc. waren. Zur Entstehung, Ausbreitung und Funktion etwa von Management-Ideologien vgl. nur die klassische Studie von Bendix 1956.

Gründe für diese Zustimmung können, wie dies insbesondere für Herrschaftsbeziehungen zutrifft, sehr unterschiedlicher Natur sein. Interessenharmonie, gemeinsam geteilte Wertvorstellungen oder gar auf Einverständnis zielende Diskurse können, aber müssen nicht vorliegen, um von Konsens zu reden. Auch Klugheitsgebote können einen Akteur veranlassen, einem Vorschlag zuzustimmen. Welche Gründe auch immer einen Akteur zur Zustimmung veranlassen: »ein bestimmtes Minimum an Gehorchen*wollen*«, so sehr pointiert Weber (1972, S. 122) »gehört zu jedem Herrschaftsverhältnis«. Die Grenze zwischen Zustimmung und Zwang wird dort überschritten, wo die Androhung »nackter Gewalt« die Ursache dafür ist, sich dem Willen eines anderen zu beugen. Auch wenn Klugheit gebietet, der Gewalt zu weichen, kann nicht davon die Rede sein, die Androhung physischer Gewalt – oder gar ihre Anwendung – hätten Zustimmung gefunden.

Daß es wirtschaftsspezifische Mittel der Konsensbeschaffung gibt, die sich von denen im politischen System unterscheiden, müßte ein für die soziologische Theorie eigentlich naheliegender Gedanke sein. Schließlich ist – mit der Ausnahme des Hegel-Marxismus – die soziologische Analyse der modernen Gesellschaft heute von einem »Dekompositions-Paradigma« (Mayntz 1988, S. 14) beherrscht. Diesem Paradigma zufolge zerfallen moderne Gesellschaften in disparate Lebensbereiche oder, um einen fachspezifischeren Begriff zu wählen: disparate Subsysteme. Moderne Gesellschaften sind kein integratives, sondern ein disjunktives Phänomen, hat Bell (1976) formuliert. Diese Disjunktion findet ihren schlagenden Ausdruck darin, daß die Subsysteme der modernen Gesellschaft sich auf bereichsspezifische Aufgaben konzentrieren, typische Rationalitätsstandards zur Erledigung dieser Aufgaben ausbilden, Codes entwickeln, nach denen die Zuordnung von Handlungen zu Bereichen ver- und entschlüsselt wird, über Medien der Kommunikation verfügen, spezifische Integrationsmechanismen ausformen und eben auch spezifische Konsensprobleme (und eventuell Mittel zur Lösung dieser Probleme) besitzen.

Auf Talcott Parsons geht bekanntlich der Vorschlag zurück, genau vier Subsysteme der modernen Gesellschaft zu unterscheiden.[4]

4 In Parsons Terminologie zerfällt die moderne Gesellschaft in die folgen-

Dieser Vorschlag ist in der Soziologie auf keine große Gegenliebe gestoßen, was wahrscheinlich in erster Linie mit der Ablehnung des AGIL-Schemas[5] zu tun hat. Aber auch wenn die starke Behauptung der Zerlegung der modernen Gesellschaft in genau vier Subsysteme nicht akzeptiert wird, so herrscht doch weitgehend Einigkeit darüber, daß deren Wirtschaft das »Musterbeispiel« eines differenzierten Subsystems darstellt. Ich gehe daher im folgenden davon aus, daß es sich bei der Wirtschaft der modernen Gesellschaft (a) um einen spezialisierten Funktionsbereich handelt, der (b) mit einem wirtschaftsspezifischen Zustimmungsproblem konfrontiert ist (dem »Antagonismus von Kapital und Arbeit«) und der (c) über ein wirtschaftseigenes Mittel der »Integration« verfügt: den Arbeitsvertrag. Im Fluchtpunkt der folgenden Ausführungen steht die Frage, ob – und gegebenenfalls wodurch – der Arbeitsvertrag in der Lage ist, das Grundproblem abhängiger Beschäftigung zu lösen. Dieses Grundproblem besteht – aus der Sicht des »Arbeitgebers« – in der Sicherung einer »ausreichenden« Arbeitsbereitschaft der Beschäftigten. In der wirtschaftswissenschaftlichen Literatur hat dieses Problem verschiedene Bezeichnungen erhalten: Marxistische Autoren (etwa Bowles/Gintis) sprechen vom Arbeitsextraktions-Problem, Transaktionskostentheoretiker von der Vermeidung opportunistischen Verhaltens (Williamson 1985). Aus der »Principal-Agent«-Literatur stammt der Terminus »Agency-Probleme«.[6] Ich möchte zeigen, daß im Rahmen von Arbeitsverträgen verschiedene Mechanismen bestehen, dieses Problem anzugehen. Um hierüber Klarheit zu gewinnen, sollen im vierten und letzten Abschnitt dieses Aufsatzes drei verschiedene Sichtweisen auf den Arbeitsvertrag vorgestellt werden, die jeweils unterschiedliche Geltungsgründe für die bindende Wirkung von Arbeitsverträgen gegeben sehen.

den vier Bereiche: the economy, the polity, the societal community und »the fiduciary subsystem«.

5 Hierzu Luhmann (1988b).

6 Die industrie- und organisationssoziologische Literatur, die sich mit der gleichen Thematik beschäftigt, wird nur am Rande gestreift. Was den in der Tradition von Marx stehenden Teil dieser Literatur betrifft, so konstatiert Thompson (1983): »The objective and subjective factors which legitimize social relations in the work place have been neglected in the main body of labour process theory« (S. 154). Eine Ausnahme bildet das Buch von Burawoy (1979).

Auf der einen Seite steht die neoklassische Sicht des Arbeitsvertrags. Ihr zufolge garantiert der Arbeitsvertrag die Einhaltung von Leistungsnormen, weil er ein Vertrag ist wie jeder andere auch. Auf der anderen Seite stehen Ansätze, die von der Neoklassik abweichen. Sie bestreiten, daß Arbeitsverträge Arbeitsleistungen determinieren können; wenn die Beschäftigten gleichwohl im Interesse des Kapitals handeln, dann kann dies entweder an der Macht des Kapitals über die Arbeit liegen, also an seiner Fähigkeit, die Einhaltung von Leistungsnormen zu erzwingen, oder an einer normativ motivierten Akzeptanz der Befehlsgewalt.

Anders als Betriebe gelten Märkte als Zonen herrschaftsfreien Verkehrs der Privatleute. Es wäre aber falsch, aus der Abwesenheit von Herrschaft zu schließen, Märkte kämen gänzlich ohne Zustimmung aus. Das integrative Grundproblem der Wirtschaft, die Deckung eines Konsensbedarfs, stellt sich auch für diese Sphäre. Ich möchte im folgenden zeigen, daß die Wirtschaft dieses Problem in zweierlei Weise lösen kann: entweder durch Absenkung des Bedarfs oder durch Mobilisierung von »Deckungsmitteln«. Bevor ich mich dem Problem der Mobilisierung von »Deckungsmitteln« über Arbeitsverträge zuwende (Abschnitt IV), werde ich mich mit der Möglichkeit der Absenkung des Konsensbedarfs auf Märkten befassen (Abschnitt III). Zunächst gilt es aber zu klären, was unter »Wirtschaft« und »moderner Wirtschaft« verstanden werden soll (II).

II

Schon mehrfach war von der Wirtschaft der Gesellschaft oder der »modernen Wirtschaft« die Rede, ohne daß ich geklärt hätte, was unter diesen Ausdrücken zu verstehen sei. Aus soziologischer Sicht werden mit solchen Begriffen weder Dinge noch Rechtstitel (und ihre Verteilung) bezeichnet, sondern Handlungsbereiche.[7]

7 In soziologischer Sicht ist die »Wirtschaft« – wie andere Teilbereiche der Gesellschaft auch – nichts als eine Kollektion von Handlungen (Kommunikationen) eines bestimmten Typus. Die Verteilung von Eigentumsrechten hingegen betrifft die Struktur (oder besser: eine der Strukturen) dieses Handlungsbereichs. Zum Beispiel werden Sozialismus und Kapitalismus als konkurrierende Organisationsformen der Wirtschaft ge-

Die entscheidende Frage ist dann, welche Arten von sozialen Handlungen oder »Kommunikationen« der »Wirtschaft« zugerechnet werden.[8] In der soziologischen Theorie ist nun generell ein Vorurteil wirksam, das im Effekt auf die Eliminierung von Wirtschaftsorganisationen (wiederum verstanden als eine Kollektion von Handlungen oder Kommunikationen) aus der Wirtschaft hinausläuft. Daß dieses Vorurteil tiefgreifenden Einfluß auf die Problemstellung dieses Aufsatzes hat, liegt auf der Hand.

Teils in der Übernahme von Alltagsvorstellungen, teils beeinflußt von der neoklassischen Doktrin, wird die Wirtschaft der modernen Gesellschaft in aller Regel mit der Sphäre des Tausches gleichgesetzt. So wie die Politik die Sphäre hoheitlicher Ausübung von Verfügungsgewalt ist, so ist die Wirtschaft in dieser Sichtweise die Sphäre des Tauschs von Gütern und Diensten zwischen Warenbesitzern. Diese Gleichsetzung wirtschaftlicher Akte mit Tauschakten findet sich sowohl im Parsonianismus (vgl. Parsons/Smelser 1956) als auch bei Habermas (1981).[9] Auf die Spitze getrieben ist sie in Luhmanns (1988) Reduzierung der Wirtschaft auf Zahlungen. In einem nur aus Zahlungen bestehenden Handlungsraum haben die in Wirtschaftsorganisationen ablaufenden sozialen Prozesse keinen Platz. Anders sähe dies bereits dann aus, wenn die Wirtschaft nicht als ein Zusammenhang von Zahlungsakten bestimmt würde, sondern als der »Kosmos« von Handlungen, der

wöhnlich durch die unterschiedliche Verteilung von Eigentumsrechten charakterisiert.

8 Eine für die Grundlegung der Soziologie entscheidende Weichenstellung besteht in der Wahl zwischen (sozialem) Handeln (Weber) oder Kommunikation (Luhmann) als basalem Element eines Handlungsbereichs. Da ich keine grundlagentheoretische Abhandlung schreibe, darf ich diese Frage hier unentschieden lassen.

9 Habermas' Behandlung der Wirtschaft ist insofern ambivalent, als auch bei ihm die Wirtschaft einerseits mit Marktvorgängen gleichgesetzt wird, andererseits der Autor aber sehr genau sieht, daß der Marktvorgang des Kaufs von Arbeitskräften eine Sonderstellung besitzt. Die Sonderstellung des Arbeitsmarkts dient ihm aber nicht als Ausgangspunkt für die Analyse der kapitalistischen Unternehmung. Am Arbeitsmarktgeschehen ist der Autor primär interessiert, um Prozesse analytisch in den Griff zu bekommen, welche die »Mediatisierung der Lebenswelt« in eine »Kolonialisierung« umschlagen lassen (vgl. Habermas 1981, Bd. 2, S. 473, 471). Habermas' Begrifflichkeit muß hier notgedrungen unerläutert bleiben.

über Zahlungen erschlossen werden kann. Formulierungen dieser Art finden sich bei Luhmann, allerdings ohne daß das Spannungsverhältnis zu der »reduzierten« Definition geklärt würde. Wird die Wirtschaft hingegen als ein Handlungsgeflecht begriffen, das entweder aus Zahlungen besteht oder – ohne selbst Zahlung zu sein – in Zahlungen mündet, dann ist genügend Platz geschaffen, um die Differenz zwischen Tauschsphäre und Wirtschaftsorganisation in den Blick zu bekommen. Einerseits bestehen die organisationsinternen »Transaktionen«[10] nicht lediglich aus Zahlungen, andererseits gewinnen sie aber ihren Zusammenhalt dadurch, daß gezahlt und daß Zahlungsfähigkeit aufrechterhalten wird.

Theorien, die das wirtschaftliche Geschehen auf Tauschakte zusammenschrumpfen lassen, haben es einfacher, die Frage, wie sich dieser Handlungsbereich den nötigen Konsens beschafft, zu beantworten als Theorien, für die die Differenz zwischen Unternehmungen und Märkten ein zentrales Merkmal der modernen Wirtschaft ist. Letztere müssen diese Frage gleichsam zweimal stellen und beantworten: einmal für Marktvorgänge und das andere Mal für das innerbetriebliche Geschehen, dessen Legitimität ja nicht schon dadurch gesichert ist, daß der Warentausch konsensuell vonstatten geht. Gerade in einer Gesellschaft, die sich von ihren Vorgängern durch die primäre Lokalisierung von Verfügungsrechten über Handlungen bei den jeweils handelnden Individuen auszeichnet, stellt die Abtretung solcher Verfügungsrechte im Arbeitsvertrag ganz andere Konsensanforderungen als der »einfache« Warentausch. Doch bevor ich hierauf näher eingehe, möchte ich das Verständnis der für die »moderne« Wirtschaft konstitutiven Unterscheidung zwischen Märkten und Organisationen vertiefen. Der hierbei für mich entscheidende Gesichtspunkt ist, daß ein ganz schiefes Bild einer kapitalistischen Wirtschaft entstünde, wenn Wirtschaftsorganisationen der Umwelt der Wirtschaft zugerechnet würden; vielmehr ist für die »moderne« Wirtschaft kennzeichnend, daß neben individuellen Akteuren korporative Ak-

10 Diesen Begriff gebrauche ich in Anlehnung an Williamson (1985, 1988). Transaktionen – nach Williamson »the basic unit of analysis« – sind nicht identisch mit Zahlungen. Zahlungen *bewirken* Transaktionen auf Märkten. Innerhalb einer Unternehmung wird das Zustandekommen von Transaktionen jedoch nicht durch Zahlungen, sondern durch Hierarchie garantiert.

teure auf Märkten auftreten.[11] Genauer müßte man sagen: korporative Akteure agieren nicht *neben* individuellen Akteuren, sondern sie dominieren (als Nachfrager auf dem Arbeitsmarkt und als Anbieter auf dem Gütermarkt) das Geschehen. Diese Aussage mag manchem Leser trivial vorkommen. Aber wenn man die in der Soziologie übliche Charakterisierung des wirtschaftlichen Subsystems der modernen Gesellschaft (»Marktwirtschaft«, »Zahlungsketten« etc.) wörtlich nimmt, dann sind Wirtschaftsorganisationen nur als Anbieter, Nachfrager, Zahler etc. Teilnehmer am Wirtschaftsleben, und ihr »Innenleben«, woraus immer es bestehen mag, gehört nicht zur Wirtschaft.[12]

Was die wirtschaftswissenschaftliche Diskussion im engeren Sinne anbelangt, so gebührt Coase das Verdienst, mit dieser Reduktion der Wirtschaft auf Tauschvorgänge gründlich aufgeräumt zu haben. In seinem klassischen Beitrag von 1937, »The Nature of the Firm«[13], holt er die Wirtschaftsorganisation in die Wirtschaft zurück – übrigens mit Argumenten, die sich bis auf Marx zurückverfolgen lassen. »An economist«, so lautet seine Kritik an der vorherrschenden (neoklassischen) Denkweise, »thinks of the economic system as beeing coordinated by the price-mechanism.« Ökonomen neigen daher dazu, die Gesellschaft als Organismus und nicht als Organisation anzusehen (»society becomes not an organisation but an organism«, S. 387).[14] Die Gleichsetzung des wirtschaftlichen Geschehens mit der Koordination von Tauschakten über den Preismechanismus hält Coase für ein ganz unzutref-

11 Anders gewendet: in der (modernen) Wirtschaft treten zwei Sorten von Akteuren auf: individuelle und »korporative« (vgl. Coleman 1990). Das Auftreten korporativer Akteure ist keine hinreichende, sondern lediglich eine notwendige Bedingung für Kapitalismus.

12 Dahrendorf (1988) ist gewiß zuzustimmen, wenn er meint, daß der Begriff des Kapitalismus nicht besonders »ambiguous« sei. Wenn er aber dann den Kapitalismus definiert »by three elements: private actors coordinate their economic activity through the market in order to achieve accumulation and growth« (S. 23), unterschlägt er eben jene Komponente des »corporate actors«, auf die es mir hier ankommt.

13 In: *Economica* 1937, S. 386-405.

14 Coase wollte gewiß nicht sagen, daß die Wirtschaft richtigerweise eine Organisation ist (oder gar sein sollte!). Entscheidend ist, daß sie nicht nur »organism« ist, sondern daß sich zwischen die Handlungsketten des Typs »organism« Handlungsketten des Typs »Organisation« schieben.

fendes Bild der Wirtschaft. »Within a firm, the description does not fit at all«. Eine Verwechslung der innerbetrieblichen Integration von Handlungen mit dem Preismechanismus würde das Wesen der modernen Unternehmung restlos verfehlen. Deren charakteristische Eigenschaft besteht ja gerade darin, an die Stelle des »Markts« das Direktionsrecht des Unternehmers als Grundform der Handlungsintegration gesetzt zu haben. Könnten die einen Produktionsvorgang ausmachenden Handlungsketten problemlos über Preise integriert werden, dann bliebe es »ökonomisch« unerklärlich, wieso es überhaupt zur Entstehung von Organisationen kommt.

Für Coase bestand das Bezugsproblem, das den »Umschlag« von marktförmiger in organisatorische Integration erklärlich macht, in den Transaktionskosten des Preismechanismus. Letzterer stellt seine Leistungen offensichtlich nicht kostenlos zur Verfügung. Ein starkes Motiv, marktförmige Sozialbeziehungen durch betriebliche zu ersetzen, besteht daher immer dann, wenn die Koordinationsleistungen des Preismechanismus über das unternehmensspezifische Koordinationsinstrument »Herrschaft« preiswerter zu haben sind. Kapitalismus und Sozialismus unterscheiden sich somit nicht durch ihr affirmatives oder negatives Verhältnis zu zentraler Steuerung, sondern dadurch, daß im Kapitalismus über das Ausmaß zentraler Lenkung nach ökonomischen (und nicht nach politischen oder ideologischen) Gesichtspunkten entschieden wird.

Eine kapitalistische Wirtschaft besteht also aus mehr als sich selbst regulierenden Märkten. Das unterscheidet sie ja gerade von der, marxistisch gesprochen, einfachen Warenproduktion. In ihr wirken immer zwei »integrating forces« (Coase) zusammen: der Preismechanismus auf Märkten und die »herrschaftliche« Entscheidung in Betrieben. Theoriegeschichtlich gesehen hat Coase insofern nur einen alten Gedanken von Marx wieder aufgegriffen: Unter kapitalistischen Bedingungen wird die Integration wirtschaftlicher Handlungen nicht einfach der freien Marktpreisbildung überlassen. Vielmehr greifen kapitalistische Systeme zur Lösung des wirtschaftlichen Koordinationsproblems auf eine für sie typische Kombination von Märkten und Organisationen zurück. Wo die Trennungslinie zwischen beiden Größen verläuft, steht nicht ein für allemal fest, sondern ändert sich im Zuge der wirtschaftlichen Entwicklung. Vor diesem Hintergrund ist dann der eigentlich neue, über Marx weit hinausführende Gedanke von Coase, daß über den Verlauf dieser Trennungslinie eben nach Transaktionskosten-Gesichtspunkten entschieden wird. Am Anfang ist immer der Markt. Ob und wann es zu einem Wechsel des Organisationsprinzips kommt, entscheidet sich nach den jeweils anfallenden Transaktionskosten.[15]

Ob Coases Ansatz, die Entstehung von hierarchisch gesteuerten Unternehmungen aus (der Senkung von) Transaktionskosten zu erklären, letztlich befriedigend ist, kann ich hier dahingestellt sein lassen. Worauf es in unserem Zusammenhang allein ankommt, ist Coases entschiedene Zurückholung der Unternehmung in das wirtschaftliche Geschehen – und in die mit ihm befaßte Theorie; jenes läßt sich nicht auf Markt- oder Zahlungsvorgänge reduzieren, und diese geht nicht auf in einer Analyse der Koordination wirtschaftlicher Handlungen über Märkte. Vielmehr bedarf sie – jedenfalls dann, wenn sie sich nicht dem Vorwurf der Realitätsferne aussetzen will – einer Theorie der Unternehmung.

Mit letzterer hat sich der neoklassische Ansatz bekanntlich schwergetan. Dies mag damit zusammenhängen, daß in einer Welt, in der Ressourcen mobil geworden sind und die Übertragung von Ressourcen durch Verträge zustande kommt, für Herrschaft kein Platz mehr zu sein scheint. In der Tat unterscheidet sich die moderne Welt von ihren Vorgängern genau dadurch, daß der Geltungsbereich freiwillig eingegangener Beziehungen sich enorm ausgedehnt hat und Bindungen, die nicht verlassen werden können, auf einen Restbereich zusammengeschrumpft sind. Diesen Vorgang hatte Maine (1861) mit seinem Diktum im Auge, daß die Bewegung der progressiven Gesellschaften eine Bewegung von Status zu Kontrakt sei. Das soll nicht heißen, daß die moderne Welt eine Welt ohne Bindungen sei. Der Sinn dieser Aussage ist vielmehr, den gewandelten Charakter von Bindungen zu betonen. Unter den Bedingungen der entfalteten Moderne sind soziale Beziehungen typischerweise freiwillig, weil sie entweder auf einer vertraglichen Grundlage basieren oder weil es den Individuen im

15 Weder sind Transaktionskosten linear, noch sind die organisationsspezifischen Transaktionskosten immer ein bestimmtes Vielfaches der marktförmigen. Das Kostenkalkül ist – wie stets bei ökonomischen Kostenbetrachtungen – ein Grenzkostenkalkül. In Marxscher Perspektive lassen sich Transaktionskosten am besten als Appropriations- oder Vergesellschaftungskosten betrachten.

Prinzip offensteht, diese Beziehung auch dann zu verlassen, wenn sie *nicht* durch einen Vertrag zustande gekommen ist.
Dieser fundamentale Wandel ergreift auch die Herrschaftsbeziehung. Generell ist eine Herrschaftsbeziehung immer dann gegeben, wenn die Kontrollrechte einer Handlung nicht bei dem Handelnden selbst, sondern bei einem anderen Akteur liegen.[16] Zwar kann das Handeln selbst dem Handelnden nicht abgenommen werden – und in diesem Sinne verfügt dieser nach wie vor über seine Handlungen –, aber die Prämissen des Handelns werden nicht durch ihn, sondern durch den »Herrn« gesetzt. An diese Kontrollrechte kann der in der Herrschaftsposition befindliche Akteur auf ganz verschiedene Weise gelangen. Für die Moderne typisch ist, daß diese Herrschaftsbeziehung durch ein »vesting in authority« (Coleman) zustande kommt, in dem die Kontrollrechte von Handlungen – in einem gewiß zu spezifizierenden Sinn – freiwillig auf den »Herrn« übertragen werden. Herrschaftsbeziehungen, die nicht durch die »gewaltsame« Aneignung von Kontrollrechten, sondern durch ihre freiwillige Übertragung zustande kommen, werfen für die Sozialforschung ein Rätsel auf: Welche Überlegungen könnten rational handelnde Individuen dazu veranlassen, in ihrem Besitz befindliche Kontrollrechte abzutreten? In Beantwortung dieser Frage führt Coleman die Unterscheidung zweier Klassen von Herrschaftsbeziehungen ein: »In the first class one actor vests authority in another because the first actor believes that he will be better off by following the other's leadership. He vests rights of control unilaterally, without extrinsic compensation. In the second class the actor transfers rights of control without holding this belief, but in return for some extrinsic compensation« (1990, S. 73). Das wichtigste Beispiel für den ersteren Typus ist die politische Herrschaft, das wichtigste Beispiel für den zweiten die moderne Wirtschaftsorganisation. Coleman nennt die erste Klasse von Herrschaftsbeziehungen »conjoint relations«, weil sie auf einer Interessen-Koinzidenz von »superordinate« und »subordinate« beruhen. Von einer solchen Interessen-Koinzidenz darf man bei der zweiten Klasse der »disjoint rela-

16 Vgl. Coleman 1990, S. 65 f: »An authority relation of one actor over another exists when the first has the rights of control over certain actions of the other«. Die Ausführungen im Text sind an Colemans Herrschaftsanalyse (ebd., vor allem Kap. 4) angelehnt.

tions« hingegen nicht ausgehen. In ihr fallen die Interessen von Herrn und Beherrschtem prinzipiell auseinander. Für unseren Zusammenhang besonders wichtig scheint mir, daß von einer vertraglichen Grundlage der Herrschaft im eigentlichen Sinne nur für die Klasse der »disjoint relations« gesprochen werden kann, während die vertragliche Grundlage der politischen Herrschaft ja durchaus fiktiver Natur ist. Damit ein Arbeitsvertrag zustande kommt, muß er tatsächlich abgeschlossen werden, während die politische Ordnung ihre Legitimität daraus bezieht, daß sie als durch einen Gesellschaftsvertrag zustande gekommen *gedacht* werden kann.

Beide Klassen von Herrschaftsbeziehungen leiden an einem grundsätzlichen, wenn auch sich aus unterschiedlichen Quellen speisenden Defekt, der bei »reinen« Marktbeziehungen nicht gegeben ist. Anders als Tauschakte auf Märkten müssen Herrschaftsverhältnisse gerade dann, wenn sie, wie im Falle des Arbeitsvertrags, auf Tauschvorgängen aufbauen, ein Mobilisierungsproblem überwinden. Denn Herrschaft unterscheidet sich einerseits von purem Zwang durch das Moment der »Zustimmung«, andererseits versteht es sich nicht von selbst, daß Privatleute sich freiwillig einem Herrschaftsverhältnis unterwerfen.[17] Allerdings sind wegen der verschiedenen Grundlagen politischer und betrieblicher Herrschaft die Arten des verlangten »commitments«, die Barrieren, die seiner Erzeugung im Wege stehen, und die Mittel zur Überwindung dieser Barrieren jeweils andere. Die einem politischen Herrschaftsverhältnis Unterworfenen stehen untereinander nicht in Vertragsbeziehungen. Kein Verbandsmitglied muß also bangen, ob der Vertragspartner seinen eingegangenen Verpflichtungen auch nachkommt. Der (rationale) Grund für die Teilnahme an einem politischen Herrschaftsverband liegt in dem gemeinsamen Gut, das durch den Herrschaftsverband bereitgestellt und dessen Genuß seinen Mitgliedern vorbehalten wird. Da der Genuß des Kollektivguts bekanntlich aber nicht von der individuellen Anstrengung eines Verbandsmitglieds abhängig ge-

17 Vielleicht sollte man zutreffender sagen: Mit dem Übergang von vormodernen zu modernen Gesellschaften wird die Einwilligung in Herrschaftsverhältnisse »prekär«, weil jetzt jede »außergesellschaftliche« Legitimation der Herrschaft durch religiöse Weltbilder wegfällt (oder zumindest ihrerseits prekär wird) und es vernünftiger Gründe für die Einwilligung in Herrschaftsbeziehungen bedarf.

macht werden kann, hat der politische Verband typischerweise mit dem Problem zu kämpfen, hinreichend viel »Gemeinwohlorientierung« zu erzeugen oder, negativ formuliert, »Free-rider«-Verhalten wirksam zu unterbinden. Ersatzweise greift er zum Mittel des Zwangseinzugs ihm zustehender Beiträge.

Anders ist der Fall betrieblicher Herrschaft gelagert. Zwar stehen auch die Beschäftigten einer Unternehmung in keinem Vertragsverhältnis zueinander, aber für die Entstehung einer Unternehmung ist der Sachverhalt konstitutiv, daß alle Beschäftigten in einem solchen Verhältnis mit der Unternehmensleitung stehen. Das wichtigste Motiv für den Vertragsabschluß und damit die Mitgliedschaft besteht in der Erwartung einer »extrinsischen Kompensation« (Coleman 1990, S. 72 u.ö.) in der Gestalt von Lohn- und Gehaltszahlungen. Die prinzipielle Barriere für die Erzeugung von »commitment« liegt darin, daß schon wegen des mit steigender Arbeitsbelastung auch steigenden »Arbeitsleids« an Motiven, Eigeninteressen zu pflegen, kein Mangel herrscht und ein derartiges Verhalten durch Arbeitsverträge nicht zuverlässig unterbunden werden kann.[18] Das Mittel, das der Unternehmung zur Lösung dieses Problems zur Verfügung steht, ist einmal, auf die Einhaltung des Vertrags zu pochen, zum anderen, Anreize zu schaffen, die dafür sorgen, daß die Beschäftigten Eigeninteressen unterdrücken und sich im Unternehmensinteresse verhalten.[19]

Obwohl es für den Fortgang der Argumentation wichtig war, den Unterschied von politischer und betrieblicher Herrschaft zu verdeutlichen, kommt es im folgenden nicht auf diese Differenz an, sondern auf die zwischen betrieblichen Herrschaftsbeziehungen

18 Im Text habe ich »Free-rider«-Probleme des politischen Verbands und Probleme, die der Unternehmung durch die Verfolgung von Privatinteressen seitens der Angestellten entstehen, einander gegenübergestellt. Es wäre aber auch möglich, das letztere Problem, die Neigung zu opportunistischem Verhalten, als das generelle Problem zu sehen und »Free-rider«-Verhalten als eine Variante opportunistischen Verhaltens zu interpretieren. Mir kam es aber darauf an, strukturelle Unterschiede zwischen der Situation in einem politischen Verband und einem Industriebetrieb deutlich zu machen.

19 Trotz der Bedeutung, die »incentives« für das betriebliche Geschehen haben, ist ihre Rolle in der ökonomischen Literatur stiefmütterlich behandelt worden – so Stiglitz (1987). Für die Soziologie vgl. den klassischen Beitrag von Barnard (1938).

und Markttransaktionen, die beide in den Umkreis wirtschaftlicher Sachverhalte fallen. Es liegt auf der Hand, daß erstere mit ganz anderen Konsenserfordernissen belastet sind als letztere. Bevor ich – in der Form eines Durchgangs durch verschiedene Interpretationen des Arbeitsvertrags – auf die Frage eingehe, wodurch Unternehmungen in der Lage sind, sich den für ihre Operationen nötigen Konsens zu verschaffen, möchte ich zunächst darlegen, wie sich das Konsensproblem auf (Produkt-)Märkten stellt – und wie es dort gelöst wird.

III

In den Versuchen, das »Moderne« der modernen Wirtschaft zu begreifen, nehmen Annahmen über den »abgesenkten Konsensbedarf« der Wirtschaft (sowohl im Vergleich zu vormodernen Wirtschaftsformen wie zu anderen Subsystemen der modernen Gesellschaft) einen prominenten Platz ein. Insbesondere die *Theorie kommunikativen Handelns* von Jürgen Habermas (1981) arbeitet mit dieser Annahme, deren »locus classicus« Karl Polanyis *Great Transformation* (1957) ist. Sowohl aus marxistischer Sicht als auch aus der Sicht des wirtschaftswissenschaftlichen »mainstream« dürfte es schwerfallen, die Vorstellung nachzuvollziehen, die Operationen der Wirtschaft kämen entweder ohne Konsens oder mit einem deutlich geringeren Konsens aus als andere Handlungsbereiche. Marx hat bekanntlich mit einem wachsenden industriellen Protest im Verlauf der kapitalistischen Entwicklung gerechnet, der seine Wurzel in dem wirtschaftsspezifischen Antagonismus von Kapital und Arbeit hat. Dieser Antagonismus läßt eher erhöhte denn abgesenkte Konsenserfordernisse an die Wirtschaft erwarten.[20]

Aus wirtschaftswissenschaftlicher Sicht wäre es geradezu widersinnig anzunehmen, daß wirtschaftliche Vorgänge konsensfrei abliefen. Vielmehr ziehen sie »konsensuelle« Vorteile aus der Tatsa-

20 Die Annahme, die Wirtschaft leide an einer Konsenslücke, die zu einer Bedrohung für die gesellschaftliche Stabilität werden könne, ist keineswegs nur auf den Marxismus beschränkt. Ein ganzer Wissenschaftszweig (die Industrie- und Betriebssoziologie) hat mit dieser Annahme operiert. Auf das rein Fachliche kann sie sich erst mit der Integration des Proletariats in die Gesellschaft zurückziehen.

che, daß Tauschakte als die basalen Einheiten von Marktprozessen Vertragscharakter besitzen und daraus ihre Legitimität schöpfen. Ihrem Sinne nach sind Kontrakte freie Vereinbarungen »als Rechtsgrund der Entstehung von Ansprüchen und Pflichten« (Weber 1972, S. 401). Wenn man Weber folgen darf, waren Kontrakte »in früheren ... Epochen und Stadien der Rechtsentwicklung« gerade auf solchen Gebieten weit verbreitet, »auf welchen heute die Bedeutung der freien Vereinbarung geschwunden oder weit zurückgetreten ist: dem öffentlichen und Prozeßrecht, dem Familien- und Erbrecht« (ebd., S. 401), dagegen aber untypisch für den wirtschaftlichen Gütererwerb, der heute durchgängig kontraktförmig organisiert ist. Die Umstellung auf Marktvergesellschaftung führt dazu, daß das gesamte wirtschaftliche Geschehen über Kontrakte abläuft, sei es, daß es selbst einen Kontrakt darstellt oder über einen solchen eingeleitet wird. Es wäre aber ganz falsch, anzunehmen, Kontrakte kämen ohne Konsens aus. Sie verdanken ihre Sonderstellung dem Umstand, daß sie ihre Legitimität nicht extern beziehen, sondern intern schöpfen. Im Normalfall stiften sie erst den Konsens, der für ihre Abschließung und Einhaltung erforderlich ist.[21]

Die Idee der konsensstiftenden Funktion von Verträgen ist so attraktiv, daß sie in den Theorien des Gesellschaftsvertrags von zwei auf n Personen übertragen worden ist und dort ganz allgemein zur Rechtfertigung sozialer Ordnung dient. Welche Voraussetzungen gegeben sein müssen, damit eine vertragstheoretische Rechtfertigung sozialer Ordnung wirklich greift, ist hier kein Thema. Statt dessen möchte ich der Frage nachgehen, ob die These des reduzierten Konsensbedarfs der Wirtschaft nicht doch begründbar ist. Meines Erachtens gibt es eine Reihe schwerwiegender Gründe, diese Behauptung tatsächlich für den Tausch auf (Produkt-)Märkten aufzustellen, wohingegen ich es für den Augenblick dahingestellt

21 Zur konsensstiftenden Rolle von Verträgen vgl. Koller 1987, S. 12: »Wenn jemand eine vertragliche Vereinbarung mit anderen trifft, so gibt er seine Zustimmung zu den Rechten und Pflichten, die ihm aus dieser Vereinbarung erwachsen. Sofern seine Zustimmung freiwillig und unter Bedingung seiner gleichberechtigten Beteiligung an den Vertragsverhandlungen erfolgt, hat er kein Recht, sich über die aus der Vereinbarung resultierenden Rechte und Pflichten zu beklagen und muß sie als für sich verbindlich akzeptieren, nach dem Motto: Volenti non fit iniuria!«

sein lassen möchte, ob betriebliche Sozialbeziehungen mit einer Legitimation durch Verträge auskommen.[22]

Wie schon erwähnt, ist die These des reduzierten Konsensbedarfs der Wirtschaft in jüngerer Zeit von Jürgen Habermas wiederbelebt und in den Rahmen einer umfassenden Sozialtheorie eingefügt worden. Habermas sieht moderne Gesellschaften durch den fundamentalen Gegensatz zwischen »System« und »Lebenswelt« charakterisiert. Zum »systemischen« Bereich zählt er Wirtschaft und staatliche Administration, zur Lebenswelt (unter anderem) Familie und Öffentlichkeit. Mit der Hervorhebung dieser Unterscheidung möchte er einem verbreiteten Mißverständnis des soziologischen Funktionalismus entgegentreten, für den Lebenswelten prinzipiell keinen anderen Status als den funktional differenzierter Subsysteme besitzen. Eine derartige Parallelisierung von »System« und »Lebenswelt« würde aber – so Habermas – den Zugang zu einem adäquaten Verständnis der »Lebenswelt« verbauen.

Habermas zufolge unterscheiden sich beide Bereiche der modernen Gesellschaft im Kern danach, welche Rolle in ihnen ein diskursiv erzielter Konsens spielt. Während Lebenswelten über sprachliche Verständigung integriert sind, stehen die individuellen und korporativen Akteure des systemischen Bereichs über »entsprachlichte Kommunikationsmedien« (1981, Bd. 2, S. 230, 232, 462 u.ö.) miteinander in Verbindung. Wo es zur Systembildung kommt, wird die Handlungskoordinierung umgestellt von Sprache auf »Steuerungsmedien« oder »systemische Mechanismen«. Im einen Fall kommt die notwendige Handlungskoordination über den Konsens der Beteiligten zustande, im anderen Fall, wie es blaß genug heißt (1981, Bd. 2, S. 278), »über funktionale Handlungszusammenhänge«, die nicht intendiert sind und als solche auch gar nicht wahrgenommen werden müssen.

Es überrascht, daß Habermas seine These eines reduzierten Konsensbedarfs der Wirtschaft nicht in Form einer Auseinandersetzung mit vertragstheoretischen Argumenten eingeführt hat. Auch wird man im Text vergeblich nach einer ausführlichen Begrün-

22 Dies ließe sich schon deswegen bezweifeln, weil die von Koller (1987) erwähnte Fairneßbedingung bei Arbeitsverträgen womöglich nicht gegeben ist. Deren Fehlen hat Weber (1972, S. 439) mit ähnlich scharfen Worten wie Marx gebrandmarkt.

dung für diese These suchen. Die Funktion einer Begründung müssen die über den Text verstreuten Hinweise über die Wirtschaft als »normfreier Kontext« und »sittlich neutralisiertes Handlungssystem« übernehmen. Fragt man sich, wieso die Integration in dem einen Bereich über Verständigung laufen kann und muß, der andere Bereich hingegen ohne dieses Integrationsinstrument auskommen soll, so könnte eine den Duktus der *Theorie kommunikativen Handelns* treffende Antwort lauten: die Wirtschaft ist »ein Stück normfreier Sozialität« (ein Sachverhalt, der etwa für einen Parsonianer begrifflich ausgeschlossen wäre), eine Art »sittliches Vakuum«. Dem entsprechen Formulierungen von Habermas, wonach die Handlungskoordination im Bereich der Lebenswelt durch normativ gesicherten oder kommunikativ erzielten Konsens gewährleistet ist, im »System« hingegen auf der nicht-normativen Steuerung subjektiv unkoordinierter Einzelentscheidungen beruht (1981, Bd. 2, S. 226; Bd. 2, S. 179).

Wir haben es also mit einer doppelten Behauptung über die Wirtschaft der modernen Gesellschaft zu tun: (a) die Integration wirtschaftlicher Handlungen läuft nicht über Verständigung, sondern »systemisch« über »funktionale Zusammenhänge« (zur Konkretisierung dieser Auffassung denke man etwa an den Preismechanismus); (b) die Wirtschaft ist ein Stück normfreier Sozialität.[23] Im folgenden will ich mich auf die zweite Behauptung konzentrieren, schon weil sie zur Begründung der ersteren dient. Ich möchte drei aufeinander verweisende Argumente anführen, welche die Be-

23 Die Antwort auf die Frage, in welchem Ausmaß wirtschaftliche Handlungen Konsens benötigen, variiert naturgemäß stark mit einer Feststellung darüber, was unter Konsens verstanden werden soll und »wer oder was« die Wirtschaft ist. Zur letzteren Frage vgl. Abschnitt II dieses Aufsatzes. Habermas legt einen in diskursiver Hinsicht hochgradig aufgeladenen Begriff von Verständigung zugrunde. Sie liegt nicht schon dann vor, wenn zwei Akteure faktisch der gleichen Meinung sind. Verständigung ist ein Prozeßbegriff. Zu seiner Anwendung ist erforderlich, daß eine auf gültiges Einverständnis abzielende Kommunikation stattfindet (1981, Bd. 1, S. 525). Das Resultat gelungener Verständigung ist der Konsens der Akteure. Der Autor räumt allerdings ein, daß es auch Konsens ohne vorangegangene Diskurse gibt, und spricht diesbezüglich von einem normativ gesicherten Konsens (z. B. 1981, Bd. 1, S. 383). Wie schon erwähnt, verwende ich in diesem Aufsatz einen »abgespeckten« Konsensbegriff.

hauptung stark machen können, daß zwar nicht die Wirtschaft als ganze, jedenfalls aber *Märkte* »moralfreie Zonen« (Hausman 1990) sind: (1) Kaufentscheidungen sind preisgesteuert; (2) der Referenzpunkt des Preismechanismus ist Effizienz, nicht Gerechtigkeit; und (3) Märkte sind der Prototyp einer »unpersönlichen Ordnung«.[24] Zuvor gilt es aber klarzustellen, in welchem Sinne davon die Rede sein kann, daß Märkte »moralfreie Zonen« sind oder ein »sittliches Vakuum« darstellen.

Gänzlich moralfrei sind nicht einmal Tauschakte auf sogenannten Spotmärkten. Selbst der simpelste »Händewechsel der Ware« (Marx) ist mit normativen Vorstellungen besetzt. Zum einen beruhen Kontrakte auf nicht-kontraktuellen normativen Grundlagen, die zu einem guten Teil die Bindungsfähigkeit vertraglicher Vereinbarungen erklären können. Zum anderen formuliert jeder Vertrag moralische Anforderungen an die Vertragspartner: von ihnen wird etwa die den Gewaltverzicht einschließende wechselseitige Anerkennung als Subjekte sowie das Versprechen verlangt, geschlossene Verträge auch einzuhalten.

Obwohl Märkte also keine moralfreien Zonen im strikten Sinne des Wortes sind, ist die Moral des Markts anspruchsloser als die anderer Handlungsbereiche; sie ist »sittlich ausgedünnt«. Sie ist vom Typus einer *moral order*, nicht einer *moral community* (Buchanan 1986).[25] Damit Märkte funktionieren, ist keinerlei »Sittlichkeit« (im Hegelschen Sinne des Wortes) vonnöten, sondern eben nur »Moral«. »Each individual treats other persons as

24 Koslowski 1982, S. 21, macht auf ein viertes Argument aufmerksam: »Der Kapitalismus als System der Vertragsfreiheit und technischen Innovation erforderte historisch eine Abschwächung der rigoristischen Moral, eine Duldung externer Effekte.« Der Autor hat sogenannte technische Externalitäten im Auge. Daß auch pekuniäre Externalitäten ein moralisches Problem aufwerfen, darauf verweist z. B. Hausman (1990).

25 Den Moral-Begriff verwende ich (ebenso wie das zugehörige Adjektiv »moralisch«) in diesem Aufsatz in einem zweifachen Sinn: zum einen zur Kennzeichnung einer hochabstrakten, lediglich die wechselseitige Anerkennung der Subjekte fordernden Moral, zum anderen zur Charakterisierung eines bestimmten Typus der Kritik. Die »moralische« Kritik mißbilligt individuelles Verhalten und soziale Regelungen dann, wenn diese nicht den normativen Standards der Kritiker entsprechen. Diese Doppeldeutigkeit der Begriffsverwendung läßt sich nicht immer vermeiden.

deserving of mutual respect and tolerance, even though there exists no necessary sense of belonging to a community or a collectivity of shared values and loyalties« (ebd., S. 11). Die moralischen Funktionsvoraussetzungen des Markts sind also deswegen besonders anspruchslos, weil von den Tauschpartnern nur wechselseitiger Respekt, aber keine darüber hinausgehenden Loyalitäten, wie sie für Gemeinschaften typisch sind, erwartet werden. »Als gesellschaftliche Organisationsform«, so Streißler (1980, S. 4), »setzt Marktwirtschaft minimale Kooperationswilligkeit der beteiligten Gesellschaftsmitglieder voraus. Sie eignet sich daher insbesondere als Organisationsform für anonyme Großgruppen, in denen mit der Verdünnung des gegenseitigen Bekanntheitsgrades eine Verdünnung des Solidaritätsgefühls Hand in Hand geht und daher mit geringer Kooperationswilligkeit zu rechnen ist«. Die Marktwirtschaft, so spitzt Streißler zu, »ist selbst unter Teufeln funktionsfähig« (ebd., S. 4).[26]

Wenn Streißler recht hätte, würden sich sogar Teufel auf Konkurrenzmärkten wie ehrbare Kaufleute benehmen. So weit möchte ich nicht gehen. Aber glücklicherweise muß hier nicht entschieden werden, ob Teufel ehrbare Kaufleute sein können, sondern allenfalls, ob Kaufleute Teufel sind. Unsere Annahme eines moralischen Minimalkonsenses, der für das Funktionieren von Wettbewerbsmärkten erforderlich ist, schloß dies aus. Zwar sind Märkte moralisch keineswegs voraussetzungslos, aber die Moral des Markts ist beschränkt auf die wechselseitige Anerkennung der Subjekte als freie und gleiche Personen einerseits und eine Art Ehrbarkeitsunterstellung andrerseits. Im übrigen sorgt der Sachverhalt, daß die Vertragsschließenden ihre Vereinbarungen freiwillig getroffen haben (faire Vertragsbedingungen vorausgesetzt), für die Legitimität der Vertragsinhalte. Schließlich sind sie durch frei-

26 Für die moralischen Anforderungen der Marktwirtschaft ist insbesondere ein Vergleich mit Planwirtschaften erhellend. »In unserer Gesellschaft«, schreibt von Hayek (1945, S. 84), »gibt es weder Anlaß noch Grund dafür, daß sich die Menschen übereinstimmende Ansichten darüber bilden, was man in der oder jener Lage tun soll. Aber dort, wo alle Produktionsmittel Kollektiveigentum sind und im Namen der Allgemeinheit nach einem einheitlichen Plan verwendet werden sollen, muß eine ›kollektive‹ Orientierung der wirtschaftlichen Aktivität alle Entscheidungen bestimmen. In einer solchen Welt würden wir bald feststellen, daß unser Moralkodex voller Lücken ist.«

willige Zustimmung abgesegnet. Wie sollte etwas an ihnen »falsch« sein?[27]

(1) Die erste hier vorzustellende Begründung für den Sachverhalt, daß Märkte sittlich neutralisierte Handlungsbereiche sind, beruft sich auf die spezifischen Eigenschaften von Tauschakten auf Märkten. Sie vermag an freiwillig und fair zustande gekommenen Transaktionen nichts Falsches zu erkennen. Als moralisch fragwürdig und daher »nicht zustimmungsfähig« können die Entscheidungen von Marktteilnehmern nur dann erscheinen, wenn sie an anderen normativen Standards als denen einer *moral order* gemessen werden, die sich darauf beschränkt, gewaltsames und betrügerisches Verhalten zu sanktionieren. Moralische Auflagen, die an die Entscheidungsfindung strengere Anforderungen stellen als eine *moral order*, sind in der mikroökonomischen Preistheorie jedenfalls nicht vorgesehen. Bei gegebenen Präferenzen sind die Mengenentscheidungen der Marktteilnehmer daher ausschließlich preisgesteuert. Daraus folgt zum Beispiel, daß persönliche Vorlieben für bestimmte Käufer oder Verkäufer keine Rolle spielen (sollen) oder daß für »rationale« Konsumenten die Produktionsbedingungen einer Ware unerheblich sind. Bei homogenen Gütern läßt sich ein solcher Konsument allein vom Preis der Ware leiten und nicht etwa davon, ob der Betrieb, aus dem die Ware stammt, ökologisch produziert oder sozial orientiert ist. Ein rationaler Konsument wird immer »das Beste« aus seinem Geldbesitz machen wollen. Er wird daher seine Ausgaben so auf die verschiedenen Verwendungsmöglichkeiten lenken, daß das »Zweite Gossensche Gesetz« erfüllt ist: im Nutzenmaximum sind die Grenznutzen aller Verwendungsarten des Geldes gleich. Jede »letzte« Mark, die ein ökonomisch rationaler Haushalt ausgibt, bringt den gleichen Nutzen, egal welches Gut mit ihr erworben wird.

Schon knappe Andeutungen der Verhaltensmaximen ökonomisch

27 Unter der Voraussetzung, daß aus freiwilligen Vereinbarungen keine externen Effekte entstehen, werfen deren Inhalte allenfalls Zustimmungsprobleme für »Dritte« auf. Diese haben es aber leichter, zuzustimmen, wenn sie sehen, daß gezahlt wurde, ein Interessent also nicht durch Beziehungen oder schwer durchschaubare Ermessensentscheidungen von Ämtern, sondern durch die Entrichtung des geforderten Entgelts in den Besitz des begehrten Guts gekommen ist. Legitimationsbedürftig ist dann allerdings wieder die ungleiche Verteilung von Zahlungsfähigkeit.

rationaler Akteure genügen, den soziologisch informierten Protest hervorzurufen: Verbraucher handeln nicht ausschließlich nach nutzenmaximierenden Gesichtspunkten[28]; sie bevorzugen etwa bestimmte Produkte wegen ökologischer und sozialer Aspekte bei ihrer Herstellung und Verwendung (und sie handeln zudem rational, wenn sie sich so verhalten). Andernfalls gäbe es keinen »consumerism«, keine Verbraucherbewegung mit dem Ziel, die Abhängigkeit der Produktion vom Konsum dazu zu nutzen, auf die Produktion im Sinne bestimmter, von den Verbrauchern gewollter Gütekriterien einzuwirken.

Obwohl Einwände dieser Art berechtigt sind, wenn die Frage zur Entscheidung ansteht, wie Marktteilnehmer sich tatsächlich verhalten, verfehlen sie die Intention des Postulats, daß das Verhalten auf Wettbewerbsmärkten ausschließlich preisgesteuert und insofern eben nicht von einem diskursiv erzielten Konsens geprägt ist. Annahmen dieser Art dienen nicht nur dazu, tatsächliches Verhalten zu erklären, sondern bestimmte Eigenschaften von Märkten abzuleiten, wie etwa die Pareto-Effizienz des Marktgleichgewichts und die Neutralität von Marktprozessen.[29] Für Märkte, auf denen alle Akteure »Preisnehmer« sind, die ihre Entscheidungen unabhängig voneinander treffen, besitzt die Hypothese preisgesteuerten Verhaltens die vergleichsweise höchste Plausibilität. Nur sind nicht alle Märkte wie die Wettbewerbsmärkte der Preistheorie beschaffen. Welche Rolle Preise bei Konsumentscheidungen tatsächlich spielen, hängt unter anderem von der Marktform ab. Block (1990) zum Beispiel hat vorgeschlagen, ein Kontinuum der Marktförmigkeit ökonomischer Transaktionen zu konstruieren »with spot markets at the high end of the scale and transactions organized through organizational hierarchies at the low end. High marketness means that there is nothing to interfere with the dominance of price considerations« (S. 51).[30]

28 Ökonomen haben zwei Möglichkeiten, diesen Einwand mit dem Gesichtspunkt der Nutzenmaximierung zu versöhnen: entweder bilden Normen, nicht-materielle Interessen etc. ein Argument der Nutzenfunktion, oder sie definieren als *constraint*, welche Wahlmöglichkeiten zum *attainable set* gehören.

29 Vgl. hierzu Gauthier 1986.

30 In die Lehre von den Marktformen scheint Bewegung gekommen zu sein. Die etablierte Marktformenlehre, die Märkte nach der Zahl der Anbieter und Nachfrager unterscheidet, gibt für unser Problem –

(2) Was hier für das Optimierungsverhalten auf Konkurrenzmärkten festgestellt wurde: daß es sich in moralisch dünner Luft bewegt, gilt auch für den Preismechanismus selbst. Auch dieser enthält nur schwache normative Konnotationen. Seine Funktion besteht darin, mittels flexibler Preise Angebot und Nachfrage auf allen Märkten zum Ausgleich zu bringen. Das Bezugsproblem des Preismechanismus ist somit die Bewältigung der Knappheit, nicht die Herstellung von Gerechtigkeit. Wenn Preisen erlaubt wird, frei zu variieren, lenken sie – vorausgesetzt, Individuen verhalten sich ökonomisch rational – knappe Mittel so auf Ziele unterschiedlichster Art, daß ein »Optimum« der Zielverwirklichung erreicht wird. Die Eigenschaften dieses Optimums sind in der mikroökonomischen Theorie geklärt worden, die wichtigste ist die allokative oder Pareto-Effizienz, ein Zustand, in dem kein Teilnehmer an Marktprozessen bessergestellt werden kann, ohne einen anderen schlechterzustellen. Insofern garantiert der Preismechanismus, daß individuelles Optimierungsverhalten in gesellschaftliche Wohlfahrt (im Sinne allokativer Effizienz) umschlägt. Die Aufgabe eines Systems beweglicher Preise besteht also darin, die Märkte zu räumen. Verteilungsgerechtigkeit liegt außerhalb seines Horizonts. Wieviel für eine Ware bezahlt werden muß, ist in erster Linie eine wirtschaftliche und keine moralische Frage. Es gibt keine gerechten Preise, wußte schon Hobbes. Ein gerechter Preis müßte dem Wert einer Sache entsprechen, aber die Vorstellung eines Werts »hinter« den Preisen ist der mikroökonomischen Theorie jedenfalls fremd. Preise sind keine inhärente Eigenschaft von Dingen, sondern drücken eine Relation aus. Bei gegebenem

Preissteuerung des Verhaltens, Ausblendung moralischer Faktoren – wenig her, da etwa auch auf Monopolmärkten das Verhalten preisgesteuert ist, nur eben durch »andere« Preise. Der Monopolist setzt zwar Preise, aber eben nicht nach »moralischen« Kriterien. Ein für unsere Problemstellung wichtiger Vorschlag zur Differenzierung von Marktformen findet sich bei England/Farkas 1986. Die Autoren unterscheiden zwischen Spot-Märkten, *Contingent-claim*-Märkten und Märkten, deren Grundlage »implizite Kontrakte« sind. Ein Beispiel für den zweiten Typus sind etwa Wohnungsmietverträge, die Preissteigerungsklauseln enthalten, ein Beispiel für den dritten Typus Arbeitsmärkte. Vgl. hierzu Abschnitt IV dieses Aufsatzes. Besonders anregend für die Unterscheidung zwischen verschiedenen Marktformen ist natürlich Williamson 1985.

Angebot reflektiert die Höhe des Preises einer Ware nichts anderes als die Zahlungsbereitschaft von potentiellen Interessenten. Wiederum stellt sich die Frage, was an der beschriebenen Funktion des Preismechanismus moralisch »falsch« sein sollte. Eine implizite Antwort auf diese Frage enthalten die beiden Hauptsätze der Wohlfahrtsökonomie. Stark vereinfacht besagt der *erste* Hauptsatz, daß das Gleichgewicht auf Konkurrenzmärkten Pareto-effizient ist; wenn ein solcher Zustand einmal erreicht ist, gibt es keine Möglichkeit mehr, irgendeinen Marktteilnehmer durch weitere freiwillige Transaktionen besserzustellen, ohne einen anderen schlechterzustellen.[31] Die Idee der Pareto-effizienten Allokation kann dann als ein schwaches normatives Kriterium in Anschlag gebracht werden, wenn es darum geht zu begründen, daß Zustände mit dieser Eigenschaft solchen ohne diese vorzuziehen sind. Es handelt sich um ein schwaches Kriterium, weil es einerseits moralisch »voraussetzungslos« ist – wer könnte schon etwas dagegen haben, Personen so lange besserzustellen, als andere nicht schlechtergestellt werden[32] –, und es andererseits untauglich ist, eine Wahl zwischen Pareto-effizienten Zuständen zu rechtfertigen.

Gewiß rührt die »normative Unschuld« des Marktgleichgewichts auch daher, daß für die Herleitung der behaupteten Optimalitätseigenschaften außerordentlich restriktive Annahmen getroffen werden. Sie sind so gewählt, daß eine Reihe von Sachverhalten, die ein moralisches »Ärgernis« enthalten können, wie zum Beispiel externe Effekte, von vornherein ausgeschlossen sind. Aber auch dann sind Konkurrenzmärkte nicht gänzlich gegen »moralische« Einwände gefeit. So stellen auch die über den Markt, also intern vermittelten Folgen individuell rationalen Verhaltens, etwa der Untergang von Industriezweigen mit veralteter Technik, einen

31 Vgl. Varian 1989, S. 462 ff.

32 Wie man sieht, rechnet die Wohlfahrtsökonomie mit einer »neidfreien« Gesellschaft. Die Besserstellung anderer darf die Wohlfahrt all derer, denen nichts genommen, aber auch nichts gegeben wird, nicht tangieren. Zu der beschränkten Eignung des Pareto-Prinzips, gesamtwirtschaftliche Alternativen zu bewerten, vgl. auch Hahnel/Albert 1990, S. 16: »In the neoclassical theorist's view the great advantage of the principle of Pareto optimality is that it is uncontroversial, whereas its disadvantage is that it does not provide a complete theory of social choice.«

»moralischen« Sachverhalt erster Güte dar. Das gleiche läßt sich von der Einkommensverteilung behaupten. Die Frage ist aber, ob der Preismechanismus für soziale Ungleichheit verantwortlich gemacht werden kann. Wenn man der Logik des *zweiten* Hauptsatzes der Wohlfahrtsökonomie folgt, muß die Antwort negativ ausfallen. Diesem Theorem zufolge ist der Preismechanismus in der Lage, *jede* Pareto-effiziente Allokation, die gesellschaftlich gewollt wird, zu realisieren. Die einzige Voraussetzung, die hierfür gegeben sein muß, ist, daß zuvor die Anfangsausstattung der Individuen mit Ressourcen aller Art in geeigneter Weise geändert werden.

Das besagte Theorem kann als wirtschaftspolitisches Plädoyer gelesen werden, die Probleme der effizienten Allokation und der Verteilungsgerechtigkeit getrennt anzugehen. Die Wohlfahrtsökonomie steht auf dem Standpunkt, daß soziale Ungleichheit nicht dem Preismechanismus angelastet werden kann. Letzterer ist »hinsichtlich der Verteilung neutral; was auch immer die Kriterien einer guten oder gerechten Verteilung sind, man kann Konkurrenzmärkte verwenden, um sie zu erreichen« (Varian 1989, S. 480).[33]

(3) Die soeben dem Preismechanismus attestierte »moralische Unschuld« spielt auch noch in dem dritten Argument für den Sachverhalt, daß Konkurrenzmärkte mit vergleichsweise geringen normativen Anforderungen auskommen, eine Rolle. Diesmal steht nicht ein Verhalten und auch nicht ein Mechanismus, sondern eine spezifische Ordnung, die Wettbewerbsordnung, im Mittelpunkt des Interesses. Schon sehr früh ist gesehen worden, daß sie in evolutionärer Hinsicht einen Sonderfall sozialer Ordnung darstellt. Um diesen Sonderfall begrifflich zu fassen, hat Menger (1883) die Unterscheidung zwischen Sozialgebilden »pragmatischen« und »organischen« Ursprungs eingeführt. Nur bei erste-

33 Varian 1989, S. 480: Die kritische Auseinandersetzung mit der Wohlfahrtsökonomie wäre fehlgeleitet, wenn sie versuchen würde, das fundamentale Resultat der »Schule«, die Äquivalenz von Konkurrenzgleichgewicht und Pareto-Effizienz, in Zweifel zu ziehen. Viel fruchtbarer ist es, die hochspeziellen Voraussetzungen, die benötigt werden, um dieses Ergebnis abzuleiten, ins Licht zu rücken und daraus Konsequenzen für die Verallgemeinerbarkeit des besagten Resultats zu ziehen. Für eine jüngere Kritik der Wohlfahrtsökonomie auf dieser Linie vgl. Hahnel/Albert 1990.

ren ist »die Erklärung des Wesens und des Ursprungs der ... Socialphänomene aus den Absichten, den Meinungen und den verfügbaren Mitteln der geselligen Vereinigungen der Menschen, bzw. ihrer Machthaber die der realen Sachlage angemessene« (ebd., S. 162). Hingegen gehört die Wettbewerbsordnung zu den Institutionen, »welche auf keinen pragmatischen Ursprung zurückweisen, sondern das Ergebnis ›organischer‹, d. i. unreflectierter gesellschaftlicher Entwicklung sind« (ebd., S. 154). Wegen dieser Besonderheit fühlt sich Menger auch berechtigt, die Organismus-Analogie, über deren Grenzen er sich im übrigen sehr wohl im klaren ist, zur Charakterisierung von Märkten zu benutzen.
Es fällt auf, daß von Marx bis v. Hayek diese Ordnung immer wieder mit gleichlautenden Begriffen beschrieben worden ist, deren gemeinsamer Nenner ihr Abstand zu normativen Kriterien ist, wie sie für Gemeinschaften typisch sind. Die beiden vielleicht wichtigsten Kennzeichnungen in unserem Zusammenhang sind »Selbstregulierung« einerseits, »unpersönliche Ordnung« andererseits. Eine sich selbst regulierende Ordnung ist einem Automaten vergleichbar, dessen Funktionieren allenfalls technische, aber kaum moralische Fragen aufwirft. Ebenso ist eine unpersönliche Ordnung der Sache nach »moralischen« Einwänden weniger zugänglich als eine persönliche Ordnung, deren Ergebnisse unmittelbar von ihren Schöpfern verantwortet werden müssen. Was die Unpersönlichkeit der Marktordnung betrifft, so besteht allerdings insofern ein Unterschied zwischen v. Hayek und Marx, als jener in der Unpersönlichkeit einen unschätzbaren Vorzug von Marktordnungen erblickt, wohingegen Marx, weil er die »Gesellschaft der Zukunft« als Wiederherstellung der Gemeinschaft denkt, in der Unpersönlichkeit einen zu überwindenden inhumanen Zustand erblickt. Wie dem auch sei: Die Betonung der »Unpersönlichkeit« kann die Wettbewerbsordnung nicht völlig aus der »moralischen Schußlinie« herausnehmen, da sie, obwohl keinem »Gemeinwillen« (Menger) entspringend, historisch kontingent ist und daher andere Gestaltungen der wirtschaftlichen Beziehungen zwischen Individuen denkbar sind.

IV

In eine ganz andere Welt geraten die Teilnehmer an Tauschprozessen, wenn sie die Sphäre des Markts verlassen und in eine Wirtschaftsorganisation eintreten.[34] Von anderen Organisationen unterscheidet diese sich dadurch, daß sie zwischen Märkte »eingespannt« ist: Die Fortexistenz von Wirtschaftsorganisationen hängt ab von Entwicklungen auf ihren Faktor- und Produktmärkten sowie davon, ob es ihnen gelingt, sich diesen Entwicklungen anzupassen. Wirtschaftsorganisationen können ganz unterschiedlich organisiert sein.[35] Die folgenden Überlegungen konzentrieren sich auf den mit Abstand wichtigsten Typus, die kapitalistische Unternehmung.

In einer solchen Unternehmung treffen zwei ganz verschiedene Personengruppen aufeinander: Arbeitnehmer und Arbeitgeber. Die Mitgliedschaft in einer Unternehmung stellt an die Akteure gänzlich andersartige Verhaltensanforderungen als Kauf- und Verkaufsakte. Wie wir gleich sehen werden, ist dies keineswegs eine triviale Aussage, da ein Grundgedanke der herrschenden Arbeitsmarktdoktrin darin besteht, diese Aussage zurückzuweisen. Nach Ansicht des neoklassischen *mainstream* wird von Unternehmens-

34 Die klassische Formulierung für diese Auffassung findet sich bei Marx 1867, S. 140: »Beim Scheiden von dieser Sphäre ... des Warenaustauschs, woraus der Freihändler vulgaris Anschauungen, Begriffe und Maasstab für sein Urtheil über die Gesellschaft des Kapitals und der Lohnarbeit entlehnt, verwandelt sich, so scheint es, schon in etwas die Physiognomie unserer dramatis personae. Der ehemalige Geldbesitzer schreitet voran als Kapitalist, der Arbeitskraft-Besitzer folgt ihm nach als sein Arbeiter.« Wichtige Strömungen der aktuellen Forschung tendieren dazu, den Gegensatz zwischen Unternehmungen und Märkten einzuebnen. Teils gibt es Versuche, die sozialen Beziehungen innerhalb eines Unternehmens als eine Art Markt anzusehen (z. B. Alchian/Demsetz 1972), teils gewinnt die Auffassung Anhänger, daß der Idealtypus des Auktionsmarkts wenig hilfreich für die Analyse von realen Marktprozessen ist (z. B. Okun 1980). Man kann sich die in dem Subsystem »Wirtschaft« möglichen Formen sozialer Beziehungen auf einer Linie angeordnet denken, deren Endpunkte Auktionsmärkte einerseits und hierarchische Unternehmungen andererseits bilden. Die Polarität nimmt ab, wenn Märkte und Unternehmungen von den Endpunkten der Linie wegrücken.

35 Ein Überblick bei Meade 1986.

mitgliedern nichts anderes verlangt als von Marktteilnehmern auch, nämlich einmal abgeschlossene Verträge auch einzuhalten. Hätte diese Auffassung recht, dann gäbe es kein spezifisches Konsensproblem für die Mitgliedschaft in Organisationen. Im folgenden möchte ich die entgegengesetzte Position stark machen, die betont, daß von den Unternehmensmitgliedern ganz neue Rollen beherrscht werden müssen, für die auf Märkten absolut kein Platz war. In einer Unternehmung ist jede Position mit einer Rolle verknüpft, in die dispositive und ausführende Elemente in unterschiedlicher Mischung eingehen. Im einfachsten Fall sind alle dispositiven Befugnisse beim Unternehmenseigner konzentriert, und den Beschäftigten obliegt es, die Anordnungen des Inhabers auszuführen.

Das Problem, dessen Untersuchung noch aussteht, ist dann, ob ein von Marktprozessen so verschiedenes Arrangement wie eine kapitalistische Unternehmung ebenfalls kontraktlich legitimiert werden kann. In »soziologischer Perspektive« ist ihr wesentliches Kennzeichen die »Beschäftigungsbeziehung«, marxistisch formuliert: das Verhältnis von Kapital und Arbeit. Gestiftet wird diese Beziehung durch Arbeitsverträge. Es steht daher zu erwarten, daß sich die Eigenschaften dieser Beziehung im Arbeitsvertrag widerspiegeln. Wie bei allen Verträgen, bei denen »Zeit« mit im Spiel ist, sind Arbeitsverträge mit dem Problem behaftet, wie garantiert werden kann, daß die Vertragspartner sich an die einmal eingegangenen Verpflichtungen halten. Zum Beispiel erwarten die Beschäftiger von den Beschäftigten, daß diese nicht im Eigeninteresse, sondern im Unternehmensinteresse handeln. Ohne Konsens werden sie dies nicht tun. Die Frage ist daher, ob der Arbeitsvertrag in der Lage ist, jenen Konsens zu mobilisieren, der benötigt wird, damit die Beschäftigten das Interesse des Unternehmens zu ihrem eigenen machen.

Die Literatur zu dieser Frage kann in zwei große Blöcke aufgespalten werden. Auf der einen Seite steht die neoklassische Interpretation des Arbeitsvertrags. Sie beantwortet diese Frage umstandslos mit ja. Auf der anderen Seite sind verschiedene Forschungsrichtungen angesiedelt, deren gemeinsamer Nenner darin besteht, in einem entscheidenden Punkt von der neoklassischen Doktrin abzuweichen: Die Unternehmenseigner können nicht damit rechnen, daß die Arbeitsproduktivität ebenso wie die Eigenschaften von Kapitalgütern eine fixe, den Käufern bekannte

Größe darstellt. Daher können sie sich nicht darauf beschränken, auf die Einhaltung vertraglich festgelegter Pflichten zu pochen, wenn die Beschäftigten weniger leisten, als die Unternehmenseigner von ihnen erwarten.

Bevor ich mich zwei verschiedenen Sichtweisen auf den Arbeitsvertrag zuwende, die miteinander die Abweichung von der neoklassischen Position gemeinsam haben, soll diese kurz charakterisiert werden.

Die neoklassische Arbeitsmarkttheorie ist deswegen zum Ausgangspunkt »abweichender« Theorieentwicklungen geworden, weil sie die einzige Theorie ist, für die der Arbeitsmarkt ein Markt ist wie jeder andere auch. Sie leugnet jede Besonderheit des Arbeitsmarkts und der Ware Arbeitskraft. Ihr Fundament ist die Walrasianische allgemeine Gleichgewichtstheorie. In methodischer Hinsicht kann dieser Ansatz sich daher darauf beschränken, das Instrumentarium dieser Theorie auf den Arbeitsmarkt als einen Spezialfall anzuwenden. Drei Annahmen bilden den harten Kern der Allgemeinen Gleichgewichtstheorie[36]: (a) Individuen verhalten sich ökonomisch rational, das heißt sie optimieren unter Nebenbedingungen; (b) die Koordination individueller Entscheidungen geschieht über flexible Preise; und (c) es gibt immer ein Preisniveau, bei dem Gleichgewicht von Angebot und Nachfrage herrscht.[37] Übertragen auf den Arbeitsmarkt erlauben diese Annahmen, (a) Angebot und Nachfrage nach Arbeitskraft aus dem Grenznutzentheorem bzw. dem Grenzproduktivitätstheorem abzuleiten, und (b) zu zeigen, daß bei geeigneten Marktbedingungen prinzipiell ein Lohnniveau erreichbar ist, das (c) den Arbeitsmarkt räumt.

Es würde vom Argumentationsziel des Aufsatzes weitab führen, diese Annahmen im einzelnen durchzugehen. Für diese Zwecke existiert eine verzweigte, durchaus auch kritische Spezialliteratur.[38] Ich konzentriere mich statt dessen auf jene Eigen-

36 Vgl. zum folgenden Lärm 1982.

37 Genauer müßte es natürlich heißen: unter der Voraussetzung »vertretbarer« Einschränkungen bezüglich der Gestalt von Präferenzen und der Produktionsfunktion gibt es immer ein Preisniveau usw. Innerhalb dieser Einschränkungen sind die Individuen aber völlig frei, ihre Pläne zu machen. Der Markt bringt dann das »Wunder« zuwege, diese Pläne so zu koordinieren, daß sich ein Gleichgewicht einstellt.

38 Vgl. nur Brinkmann 1981, Rothschild 1988.

schaft der neoklassischen Arbeitsmarkttheorie, die für unser Problem der Konsensbeschaffung durch Verträge die entscheidende ist.

Wie Bowles/Gintis (1990, S. 166) herausgearbeitet haben, teilt die neoklassische Arbeitsmarkttheorie mit der Allgemeinen Gleichgewichtstheorie »(the) critical assumption that conflicts of interest in the economy are resolved in contracts that are either voluntarily observed or are enforceable at no costs to the exchanging parties«. Entscheidend ist der Sachverhalt, daß Streitfälle vor Gericht gelöst werden können. Die Voraussetzung hierfür ist, daß Verträge Regelungen für alle denkbaren Konfliktfälle enthalten, also hochspezifiziert, allumfassend oder vollständig sind. Für solche Verträge gilt in der Tat, daß sie entweder freiwillig eingehalten werden oder ihre Einhaltung durch eine dritte Instanz erzwungen werden kann.[39] Bowles/Gintis reservieren für Verträge dieses Typus den Begriff »exogenous claim enforcement«. Die neoklassische Arbeitsmarkttheorie läßt sich dann dahingehend zusammenfassen, daß sie Arbeitsverträge als eine Untergruppe dieser Vertragskategorie mißversteht.

Mit dieser Interpretation reiht sie sich in eine Denktradition ein, die sich bis auf Hobbes (1651/1965) zurückverfolgen läßt. Jede Vertragstheorie muß eine Antwort auf die Frage parat haben, wieso Verträge eingehalten werden. Hobbes sieht sehr genau, daß ohne das »Gesetz«, »Versprechen müssen erfüllt werden, ... alle Verträge nichtig und nichts als Worte« wären (Hobbes 1965, S. 113). Gerechtigkeit, so Hobbes, besteht in der Einhaltung von Verträgen. Sie einzuhalten, meinte er, sei ein Gebot der Vernunft. Mit dem gleichen Rekurs auf Kalküle individueller Zweckrationalität, mit dem Hobbes den Beitritt zu einem Sozialverband erklären wollte, versucht er auch zu zeigen, daß es »wider die Vernunft, d. h. gegen den eigenen Nutzen« (ebd., S. 116) ist, einen Vertrag nicht einzuhalten. Die Hobbessche Begründung für die Einhaltung von Verträgen, daß ein solches Verhalten vom Eigennutz geboten würde, mag für vollständig spezifizierte und exogen erzwingbare Verträge ausreichen, obwohl auch hier Zweifel ange-

39 Die Allgemeine Gleichgewichtstheorie trifft zudem noch die idealisierende Annahme, daß bei den Vertragsparteien keine Kosten für die Durchsetzung von Rechtsansprüchen anfallen.

bracht sind.[40] Für Verträge, die nicht alle möglichen Konfliktfälle regeln und einen hinreichend großen Interpretationsspielraum über den Vertragsinhalt lassen, gilt die Hobbessche Begründung jedoch nicht mehr. Wenn nicht klar ist, welches Verhalten ein Vertrag vorschreibt, dann greift die Gerechtigkeitsregel nicht, die besagt, daß Verträge eingehalten werden müssen. Bowles/Gintis haben diesen Einwand auf den Punkt gebracht: »If the homo oeconomicus who inhabits the Walrasian world calculates marginal rates of substitution between apples and oranges at the grocery so as to implement a utility maximizing program, one wonders why he does not optimize as thoroughly while deciding how hard to work for his employer of whether to default on a loan« (1990, S. 170). Sie ziehen aus dieser Kritik den Schluß, daß der »oversocialized agent of Walrasian theory – who maximizes only while shopping and who plays by the rules even when they may be advantageously ignored«, einen unzureichenden »sozialen Begriff« der Wirtschaft vermittle (ebd., S. 171). Bowles/Gintis bemängeln in erster Linie das Fehlen eines Begriffs wirtschaftlicher Macht. Daß sich Akteure in Organisationen an Regeln halten und und Eigeninteressen unterdrücken, führen sie auf die Macht des Kapitals über die Arbeit zurück. Wir werden weiter unten sehen, daß »Macht« nur eine der möglichen Lösungen des Grundproblems der Beschäftigungsbeziehung ist. Folgt man Williamson (1985), dann entspringt dieses Grundproblem der unausrottbaren Neigung der menschlichen Natur zu opportunistischem Verhalten. Opportunismus definiert er als »interest seeking with guile«. Insofern wäre es im Sinne Williamsons wohl zutreffender zu formulieren, daß Marktteilnehmer sich an Regeln (ehrbarer Kaufleute) halten, wenn sie »nur« maximieren, während in betrieblichen Beziehungen wegen des Fehlens von »exogenous claim enforcement« (Williamson spricht von »court ordering«) der Opportunismus voll durchzubrechen droht, falls er nicht anderweitig gebannt werden kann. Andere, in der Literatur gebräuchliche Begriffe zur Kennzeichnung des Grundproblems der Beschäftigungsbeziehung sind: *shirking, moral hazard* und eben auch: Agency-Probleme (vgl. Williamson 1990, S. 190). Darunter versteht man ganz allgemein Probleme, die sich in der Beziehung zwischen Auftraggebern (*principal*) und Auftragnehmern

40 Zum Beispiel kann kurzfristige Vorteilssuche zu anderen Ergebnissen führen als langfristige.

(*agent*) einstellen können. Es ist nicht nötig, wie Williamson dies tut, die Wurzel dieser Probleme in der menschlichen Natur zu suchen. Auch wenn sie »nur« sozial bedingt sind, bleiben sie nicht minder ernsthaft.

Agency-Probleme werden heute vornehmlich in konktrakttheoretischer Perspektive studiert. Eine neuere, vornehmlich mit den Beziehungen zwischen »Prinzipal« und »Agent« befaßte Forschungsrichtung ist von der universellen Bedeutung des fraglichen Problems in einer auf Verträgen ruhenden Welt überzeugt. Praktische Relevanz gewinnt sie durch ihr Interesse an *designs*, die geeignet sein könnten, Agency-Probleme aus der Welt zu schaffen. Solche Probleme stellen sich immer dann, wenn in einer vertraglichen Beziehung zwischen zwei Akteuren wenigstens einer eine Handlung wählen kann, die für den anderen nachteilig ist, ohne daß eine Möglichkeit besteht, diese Wahl im Rahmen des bestehenden vertraglichen Arrangements zu unterbinden. Problematisch ist also der Sachverhalt, daß wegen der Abhängigkeit der Vertragspartner voneinander A's Wahl B schädigen kann. Solche Situationen können immer dort auftauchen, wo Verträge das Verhalten nicht zweifelsfrei determinieren.

Mit Hilfe des Agency-Konzepts läßt sich die Substanz der neoklassischen Arbeitsmarkttheorie dann so reformulieren: Sie leugnet die Existenz von Agency-Problemen und hält daher Streitfragen zwischen Beschäftigern und Beschäftigten im Prinzip für gerichtlich lösbar (ohne daß hieraus Kosten für die Beteiligten entstünden). In Vertragsbeziehungen jedoch, die durch solche Probleme geplagt werden, ist die Anrufung der Gerichte zur Lösung der anstehenden Streitfragen funktionslos. Gelöst werden sie nicht durch »exogenous claim enforcement«, sondern durch »endogenous claim enforcement«.[41] Das soll heißen: Welche »Lieferbeziehungen« tatsächlich stattfinden, wird nicht von außen, sondern intern durch die konkrete Gestaltung der Beziehungen zwischen Vertragspartnern entschieden.

Die soeben vorgenommene Unterscheidung zwischen Verträgen, deren Einhaltung exogen erzwungen wird, und solchen, deren Einhaltung endogen erzwungen wird, provoziert die interessante Anschlußfrage, durch welche Faktoren der Wechsel zwischen den

41 Bowles/Gintis 1990, S. 167: Williamson 1985 spricht diesbezüglich von »private ordering«.

Vertrags-Regimes gesteuert wird. Ich habe die Rolle betont, welche die Unbestimmtheit eines Vertrags für die Entstehung von Agency-Problemen spielt. Allerdings darf eine Antwort auf diese Frage nicht bei dem Verweis auf Vertragslücken stehenbleiben. Zum einen können auch andere Faktoren eine Rolle spielen, so etwa mangelnde Beobachtungsmöglichkeiten der Handlungen des Agenten durch den Prinzipal. In diesem Fall können selbst bei vollständigen Verträgen Agency-Kosten entstehen. Zum anderen wäre es erforderlich, die Bedingungen zu ermitteln, die dafür verantwortlich sind, daß Verträge zwangsläufig unbestimmt bleiben. In der Literatur gibt es keine einheitliche Antwort auf diese Frage. Teils wird mit der Komplexität der Vertragssituation argumentiert, die einen vollständigen Vertrag ausschließe[42], teils mit der mangelnden Informiertheit des Prinzipals nicht darüber, was seine Auftragnehmer tatsächlich tun, sondern darüber, was sie tun *sollten*. Diese Begründung verweist auf ein Interesse der Auftraggeber, die Verträge in der Hoffnung, später besser Bescheid zu wissen, offenzuhalten. Ich bin jedoch im folgenden nicht weiter interessiert an den *Quellen* von Agency-Problemen, sondern daran, mit Hilfe welcher Mechanismen solche Probleme auf dem Gebiet der Beschäftigungsbeziehung gelöst werden können.

Wie wir gesehen haben, läuft die neoklassische Position darauf hinaus, Agency-Probleme abzustreiten. Alle von der Neoklassik abweichenden Ansätze kommen nun darin überein, die Existenz von Agency-Problemen einzuräumen und zum Ausgangspunkt der Theoriebildung zu machen; gleichwohl bestehen erhebliche Unterschiede zwischen ihnen insofern, als sie auf jeweils unterschiedliche Mechanismen zur Lösung des »Arbeitsextraktionsproblems« setzen. Die verbleibenden Seiten des Aufsatzes sollen dazu dienen, zwei einander entgegengesetzte Lösungen dieses Problems vorzustellen: ein Shirking-Modell einerseits, ein Rollenakzeptanz-Modell andererseits. Shirking-Modelle machen sich eine Idee zunutze, als deren Quelle gemeinhin Marx angesehen wird. Danach sind es letztlich von der Kapitalseite eingesetzte Machtmittel, welche die Beschäftigten dazu veranlassen, sich im Sinne der Geschäftsleitung zu verhalten. Das entscheidende Instrument, das der Kapitalseite in einer Ökonomie verbleibt, in der

42 Vgl. Williamson 1990, S. 185: »all complex contracts are unavoidable incomplete«.

alle sozialen Beziehungen entweder selbst Verträge sind oder durch solche gestiftet werden, ist die Entlassungsdrohung. Sie wirkt aber nur dann, wenn die Beschäftigten fürchten müssen, daß ihnen aus der Kündigung Nachteile erwachsen.[43] In Modellen der Rollenakzeptanz kommen die Beschäftigten deswegen den Verhaltenserwartungen der Geschäftsleitung nach, weil diese »legitim« sind. Die Quelle solcher Auffassungen ist natürlich Max Weber. Das Verdienst, die konsensuelle Sicht der Herrschaft in der Organisationsforschung etabliert zu haben, gebührt aber Barnard (1938). In dieser Sichtweise verbietet es sich, Zwang und Konsens als zwei alternative Möglichkeiten anzusehen, das Arbeitsextraktionsproblem zu lösen. Vielmehr läßt dieses sich als ein Mitwirkungs-, Beitrags- oder Konsensproblem reformulieren.[44] Die Furcht vor Nachteilen und die Achtung legitimer Herrschaft sind dann zwei verschiedene Motive, sich im Interesse der Geschäftsleitung zu verhalten. Allerdings erschöpfen sie die Skala möglicher Beweggründe nicht. Zunächst aber zu dem ersten Modell.

(1) Ihrem Ursprung nach sind Shirking-Modelle eine Variante sogenannter Effizienzlohn-Theorien.[45] Diese sind zu dem Zweck

43 Es ist zweckmäßig, zwischen Mechanismen oder Strategien der Geschäftsleitung an die Arbeitskraft der Beschäftigten heranzukommen, einerseits und Motiven der Beschäftigten, individuelle Interessen denen der Geschäftsleitung unterzuordnen, andererseits zu unterscheiden. In Shirking-Modellen ist dieses Motiv Furcht, in Rollenakzeptanz-Modellen »Achtung«. Zwischen Strategien und Motiven besteht aber eine enge Korrespondenz.

44 Zum Problem vgl. auch Vanberg 1986, S. 104: »Interpretiert man ›Konsens‹ als Bereitschaft zur Mitwirkung und sieht man das Kriterium für die Bereitschaft zur Mitwirkung darin, daß die Organisationsmitgliedschaft gegenüber alternativen Handlungsmöglichkeiten vorgezogen wird, so bietet die Konsensannahme offensichtlich kein Kriterium, anhand dessen sich Systeme organisierten Handelns in konsensuelle und nicht-konsensuelle unterscheiden ließen.«

45 Hierzu Akerlof/Yellen 1986. Das bekannteste Shirking-Modell stammt wohl von Shapiro/Stiglitz 1984. Die Ausführungen im Text beziehen sich auf eine marxistische Variante des Modells (Bowles/Gintis 1990, vgl. auch Bowles 1985). Diese fußt auf der Marxschen Unterscheidung von Arbeitskraft und Arbeit. Käuflich ist nicht Arbeit, sondern nur die Arbeitskraft. Die Arbeiter haben daher immer die Wahl zwischen »work« und »shirk«. Die Unternehmer müssen Gegenstrategien ergreifen, welche die Arbeiter dazu bringen, nicht zu »bummeln«.

entworfen worden zu erklären, warum Mengenungleichgewichte auf Arbeitsmärkten nicht – wie bei anderen Konkurrenzmärkten auch – durch Preisvariationen abgetragen werden. Die Erklärung unfreiwilliger Arbeitslosigkeit aus Lohnrigiditäten ist ja so lange unbefriedigend, als nicht ein ökonomisches Interesse an dieser scheinbaren Irrationalität nachgewiesen werden kann. Effizienzlohn-Ansätze sind deswegen so attraktiv, weil sie zum einen zeigen können, daß Lohnrigiditäten nicht Folge irgendwelcher Irrationalitäten (»Macht«) sind, sondern sich ökonomisch rationalem Verhalten verdanken; zum anderen, weil sie die Rolle der Unternehmungen bei der Entstehung unfreiwilliger Arbeitslosigkeit beleuchten, hierfür also nicht die Beschäftigten und ihre Organisationen verantwortlich machen. In effizienzlohntheoretischer Sicht ist Arbeitslosigkeit deswegen unvermeidlich, weil die Unternehmer bereit sind, höhere als die markträumenden Löhne zu zahlen. Ihr Motiv hierfür ist, daß die Zahlung sogenannter Effizienzlöhne ihre Arbeitskosten minimiert. Bei geringeren Löhnen würden sie einen Verlust machen, da die Produktivität der Beschäftigten eine Funktion des Lohns ist und bei jeder Abweichung vom »Effizienzpunkt« der Lohn-Leistungskurve entweder stärker fallen oder schwächer steigen würde als der Lohn. »It appears«, so kommentiert Carmichael (1990, S. 272), »that efficiency wage models provide the elusive choice theoretic rationale for persistent fixed wage unemployment.«
In unserem Zusammenhang ist nicht die effizienzlohntheoretische Erklärung von Arbeitslosigkeit von vorrangigem Interesse, sondern die Begründung dafür, warum die Arbeitsproduktivität mit der Lohnhöhe variiert.[46]

46 Mit dieser allen Effizienzlohn-Ansätzen gemeinsamen Annahme wird der neoklassische Bezugsrahmen gesprengt, der auf der Unabhängigkeit von Grenzproduktivität und Löhnen aufbaut. Effizienzlöhne dürfen nicht mit variabler, leistungsbezogener Entlohnung verwechselt werden. Zum Problem von Leistungslöhnen vgl. die Studie von Lutz (1975). Trotz ihrer auf Entlohnungsformen zugespitzten Fragestellung ist diese Studie für unser Thema besonders einschlägig, weil sie die betriebliche Leistungspolitik in der Perspektive von Legitimationsproblemen untersucht. »Der Industriebetrieb«, so Lutz (programmatisch ebd., S. 49), »hat die Herrschaft, die in ihm ausgeübt wird, nach zwei Seiten hin zu rechtfertigen: einmal gegenüber der Gesamtgesellschaft und insbesondere gegenüber den politischen Herrschaftsinstitu-

Die Shirking-Variante von Effizienzlohnmodellen erklärt die Einhaltung der von den Unternehmen erwarteten Leistungsnormen mit den von den Beschäftigten *befürchteten Nachteilen* eines Arbeitsplatzverlusts. *Nachteile* aus einem Arbeitsplatzverlust erwachsen den Beschäftigten nur dann, wenn tatsächlich Arbeitslosigkeit herrscht. Entsprechende *Befürchtungen* müssen sie hegen, wenn ihre Leistungen hinter den Erwartungen der Geschäftsleitung zurückbleiben und dieser Sachverhalt entdeckbar ist. Zwei Tatbestände müssen also zusammenkommen, damit Shirking-Motive wirksam unterbunden werden: eine Situation objektiver Arbeitslosigkeit, welche alle von Entlassung Bedrohten schlechter stellen würde, und die Fähigkeit sowie der Wille der Unternehmung, die Aufrechterhaltung eines Beschäftigungsverhältnisses von der Einhaltung von Leistungsnormen abhängig zu machen. Diese Kombination der Zahlung von (Arbeitslosigkeit nach sich ziehenden) Beschäftigungsrenten einerseits, der Überwachung von Arbeitsleistungen und Androhung entsprechender Strafen andererseits ist es also, welche die Beschäftigten dazu bringen soll, zu arbeiten statt zu »bummeln«.

Shirking-Modelle bestechen durch ihre Geschlossenheit, die ihnen einen gewissen ästhetischen Glanz verleiht. Die »Stick«-Komponente der Entlassungsdrohung wäre ja nicht wirksam ohne die »Carrot«-Komponente von Löhnen oberhalb des markträumenden Niveaus. Gleichwohl sind sie schwerwiegenden empirischen Einwänden ausgesetzt, die ihrer Verallgemeinerbarkeit im Wege stehen. Der »objektive« Ast dieses Mechanismus der Sicherung von Leistungsbereitschaft erscheint mir hierbei weniger kritisch als der »subjektive«. Die entscheidende und allenfalls in einer Situation antagonistischer Interessen plausible Verhaltensannahme lautet ja, daß ohne die Entlassungsdrohung des Prinzipals die Agenten die gewinnmaximale Arbeitsleistung nicht erbringen würden.

Wenig spricht dafür, daß ein Modell, in dem die Entlassungsdrohung einen zentralen Platz einnimmt, geeignet ist, die Realität entwickelter kapitalistischer Wirtschaften zutreffend wiederzuge-

tionen, zum anderen gegenüber seiner eigenen Belegschaft oder – wenn er zum Beispiel daran denkt, letztere zu vermehren – gegenüber den auf dem Arbeitsmarkt rekrutierbaren potentiellen Arbeitnehmern.«

ben. Zumindest für den primären Sektor der Wirtschaft[47] gilt, daß die Entlassungsdrohung doch recht unglaubwürdig ist. Zwar kommen auch hier Entlassungen vor, aber gegen sie als Mittel, Leistungsnormen zu garantieren, spricht nicht nur die geringe Arbeitslosigkeit in diesem Bereich; auch Zweifel an dem Willen der Arbeitgeber, zu diesem Mittel zu greifen, sind angebracht. Es steht zu erwarten, daß eine solche Strategie wegen möglicher Reaktionen derer, die weiter beschäftigt bleiben, mit hohen Kosten verbunden ist. Sie könnte sich wegen des lähmenden Einflusses auf Initiative und Kreativität geradezu als kontraproduktiv erweisen und auch in der sozialen Umwelt des Unternehmens zu Reputationsverlust führen – das Ansehen eines Unternehmens ist jedoch eine knappe Ressource, die schonend behandelt sein will. Die Zweifel an der Verallgemeinerbarkeit des Shirking-Modells verstärken sich, wenn es in eine historische Perspektive gerückt wird, wie dies Burawoy/Wright (1990) getan haben. Dann zeigt sich, daß die Entlassungsdrohung als Instrument der »Arbeitsextraktion« zwar in verflossenen Stadien der kapitalistischen Entwicklung mit schwacher Arbeiterbewegung, einer dequalifizierten Arbeiterschaft und dem Fehlen jeglicher sozialstaatlicher Sicherungen gegriffen haben mag, es aber seine Wirkung unter den heute geltenden Bedingungen betrieblicher Arbeit mit hoher Wahrscheinlichkeit verfehlt.

(2) In der zweiten, jetzt noch vorzustellenden Klasse von Modellen, die ich Rollenakzeptanz-Modelle nennen möchte[48], ist nicht die Androhung von Sanktionen, sondern die Anerkennung von bei der Unternehmensleitung liegenden Berechtigungen und Zuständigkeiten der kausale Mechanismus, der die Einhaltung von Leistungsnormen sichert. Es wäre aber ganz falsch, den Unterschied zwischen beiden Modellen so zu konstruieren, daß im einen Falle rationale Motive des Eigennutzes, im anderen irrationale Motive eines nicht weiter aufklärbaren Rollenverhaltens die Ursache für die Kooperationsbereitschaft wären. Auch im zweiten Fall sind es rationale Motive, die dazu führen, daß betriebliche Herr-

47 Primär nicht im Sinne der Sektoren-Theorie, sondern der Arbeitsmarkt-Segmentationsforschung.

48 Von einem Rollenakzeptanz-Modell spreche ich deswegen, weil die Fügsamkeit gegenüber Befehlen jetzt Bestandteil einer Rolle ist und nicht durch die Androhung nachteiliger Folgen erzwungen werden muß.

schaft akzeptiert wird. Besonders klar ist dieser Sachverhalt in einem Aufsatz von Simon (1957) herausgearbeitet, an den ich mich daher im folgenden halten werde. Dieser Aufsatz ist für unseren Zusammenhang deswegen so zentral, weil der Autor eine kontrakttheoretische Perspektive wählt. Simon will zeigen, wodurch Arbeitsverträge sich von gewöhnlichen Kaufverträgen unterscheiden. Zugleich legt er die Kriterien offen, welche die Wahl zwischen den beiden Vertragsformen steuern. Ziel des Aufsatzes ist nachzuweisen, daß es für beide Vertragsparteien rational ist, einen Arbeitsvertrag einem Kaufvertrag vorzuziehen. Anders gesagt: es ist sowohl für »Arbeitgeber« wie »Arbeitnehmer« rational, in ein Herrschaftsverhältnis einzutreten.
Beide Vertragsformen haben, was den Inhalt der Transaktion angeht, die gleiche Zielsetzung. Der Käufer will in den Genuß einer bestimmten Dienstleistung kommen und der Verkäufer in den Genuß einer bestimmten Geldsumme. In einem Kaufvertrag einigen sich beide Vertragspartner (a) darüber, welche Tätigkeiten der Verkäufer der Dienstleistungen im einzelnen auszuführen hat und (b) welche Zahlung er als Gegenleistung hierfür erhält. Dieses Arrangement ändert sich prinzipiell auch dann nicht, wenn Unsicherheit mit im Spiel ist. Die einzige Änderung für diesen Fall besteht darin, daß jetzt die Maximierung des gemeinsamen Erwartungsnutzens die *terms* des Vertrags steuert.
Ganz anders der Arbeitsvertrag. In ihm wird zwar auch (a) die Zahlung fixiert, aber nicht die konkrete Gegenleistung. Diese besteht vielmehr in einer generellen Zusage des Verkäufers, daß der Käufer zu einem späteren Zeitpunkt die Dienstleistung spezifizieren darf, die der Verkäufer ausführen muß. Arbeitsverträge unterscheiden sich also dadurch fundamental von Kaufverträgen, daß sie (b) zum Zeitpunkt der Vertragsschließung offenlassen, welche Handlung der Verkäufer der Dienstleistung auszuführen hat. Um dieses Arrangement für den Verkäufer überhaupt erträglich zu machen, muß (c) im Kaufvertrag die Menge von Handlungen festgelegt werden, aus der der Käufer legitimerweise wählen kann. Die Käufer müssen aber damit rechnen, daß die Verkäufer den Handlungsselektionen der Käufer keineswegs indifferent gegenüberstehen. Auch in dieser Hinsicht unterscheiden sich Arbeitsverträge also von Kaufverträgen, bei denen das Interesse des Verkäufers an seiner Ware nach Abschluß der Transaktion erlischt. Für den Fall, daß die Selektionen der Käufer sich in einer Zone

aufhalten, die Barnard (1938) »Indifferenzzone« und Simon »Akzeptanzzone« genannt haben, darf diese Wahl aber keine Konsensprobleme aufwerfen, da sie durch die *terms der* Vertragsschließung gedeckt ist. – Dennoch bleibt die Frage offen, welche Motive für die Vertragsparteien bestehen, in eine solche Konstruktion einzuwilligen. Für die Käufer läßt sich diese Frage recht einfach beantworten. Sie haben den Vorteil, zu einem späteren Zeitpunkt die Handlung festlegen zu dürfen, die dem Unternehmensinteresse am besten dient. Allerdings müssen sie dafür den Nachteil einer höheren Zahlung in Kauf nehmen. Aber dieser wiegt leichter als der Vorteil, die Entscheidung über die auszuführende Handlung bis zu dem Zeitpunkt hinausschieben zu können, an dem mehr Klarheit herrscht, welche Handlung optimal ist. Schwieriger gestaltet sich die Antwort für die Verkäufer der Dienstleistung. Schließlich muß er in ein Herrschaftsverhältnis in dem genauen Sinne des Wortes einwilligen, daß einem anderen Akteur (A) die Befugnis zugestanden wird, jene Handlung auszuwählen, die B ausführen muß. Zwei Gründe machen es B leicht, einzuwilligen: »if it does not matter to him ›very much‹ which x (within the agreed-upon area of acceptance) B will choose« (S. 185) oder (das »oder« in einem nicht ausschließlichen Sinn verstanden) wenn er in Gestalt höherer Löhne dafür entschädigt wird, eine Handlung auszuführen, die er eventuell nicht selbst gewählt hätte.
Simons Analyse der Beschäftigungsbeziehung überzeugt durch die Kombination rationaler und normativer Momente. Zwar wird der Arbeitsvertrag aus rationalen Erwägungen geschlossen, aber die Gründe dafür, Eigeninteressen Organisationsinteressen unterzuordnen, stammen aus der Übernahme von Verpflichtungen, die mit der Mitgliedsrolle verknüpft sind. Wie Luhmann unterstrichen hat, wird durch diese Konstruktion gesichert, daß »Autorität im System generell, unbestimmt und ohne Rücksicht auf die Person akzeptiert ... wird« (1967, S. 90). Die Funktion einer über Arbeitsverträge gestifteten Mitgliedschaft in Arbeitsorganisationen besteht ja genau darin, Erwartungen seitens der Vorgesetzten zu formalisieren und die Motivation zur Mitwirkung seitens der Untergebenen zu generalisieren: »Der Vorgesetzte kann in einer bestimmten Zone von Entscheidungsmöglichkeiten für seine Untergebenen Wahlen treffen ... Der Untergebene ist als Mitglied gehalten, solche Entscheidungen ... unkritisch und indifferent in seine Situation zu übernehmen« (ebd., S. 96).

Allem Anschein nach sind in Simons Modell des Arbeitsvertrags alle durch ein betriebliches Herrschaftsverhältnis aufgeworfenen Zustimmungsprobleme gelöst. Der Beitritt zur Unternehmung erfolgt freiwillig und ist jederzeit revidierbar. Das Herrschaftsverhältnis ist zeitlich sowie sachlich begrenzt und stellt keine unzumutbaren Forderungen, da es innerhalb einer von vornherein vereinbarten Akzeptanzzone verbleibt. Die Zustimmung ist generalisiert und bildet ein inhärentes Element des »Rollensets« der abhängig Beschäftigten. Deren Handlungswahl ist so vorstrukturiert, daß der Eintritt in eine Wirtschaftsorganisation zwar freiwillig geschieht, aber mit dem Eintritt zugleich Gehorsamspflichten übernommen werden. Dadurch soll ausgeschlossen werden, einer Organisation beizutreten und gleichzeitig die damit verbundenen Erwartungen an die eigene Arbeitsleistung zurückzuweisen.[49]

Unbestreitbar besitzt Simons Rollenakzeptanz-Modell im Vergleich zu einem reinen Sanktionsmodell viele Vorzüge.[50] Dennoch ist es auch erheblichen Einwänden ausgesetzt. Es läßt sich nämlich nicht übersehen, daß Rollenakzeptanz nur ein bedingt taugliches Mittel ist, Zustimmung zu mobilisieren. Einerseits ist bloße Fügsamkeit gegenüber Befehlen schwerlich in der Lage, (a) über das Normalmaß hinausgehende »Spitzenleistungen« hervorzubringen; andererseits ist (b) das durch Fügsamkeit gesicherte Zustimmungsniveau einem schleichenden Erosionsprozeß ausgesetzt.

(a) Der Mitgliedsrolle fällt die Aufgabe zu, die Unbestimmtheit des Arbeitsvertrags in Bestimmtheit zu übersetzen. Die Unternehmung gewinnt auf diese Weise die für turbulente Umwelten benötigte Anpassungskapazität. Allerdings wird dieser Vorteil erkauft durch den Nachteil, daß die Mitgliedsrolle nur zu normaler und nicht zu besonderer Leistung verpflichtet. Eine gewisse Indifferenz bezüglich der Probleme, welche die Organisation zu lösen hat, ist die Kehrseite jener generellen, allein durch die Tatsache der Mitgliedschaft bedingten Motivation. Wie schon Bar-

49 Insofern wird von den Organisationsmitgliedern doch nichts anderes verlangt, als einmal abgeschlossene Verträge auch einzuhalten. In der Tat lebt in Simons Modell ein Stück Neoklassik weiter. Der Unterschied zwischen vollständigen und unvollständigen Verträgen wird eingeebnet, wenn die Unternehmer die Tätigkeit der Beschäftigten restlos determinieren können und hierfür deren Zustimmung erhalten.

50 In diesem beschränkte sich die sichere Leistung der »Agenten« auf die Anwesenheit am Arbeitsplatz.

nard hervorgehoben hat, reicht aber das Minimum an Leistungen, das für die Bewahrung des Mitgliedsstatus nötig ist, gewöhnlich nicht aus, um den Bestand einer »produktiven« Organisation zu gewährleisten. Besonders schmerzlich macht sich diese Trennung von Teilnahmemotivation und Leistungsmotivation angesichts der Daueraufgabe von Prozeß- und Produktinnovationen bemerkbar. Sie sind nicht nur für das Überleben der Einzelwirtschaft, sondern auch für die höhere Rationalität der Gesamtwirtschaft die Schlüsselgröße. Angesichts dieser Daueraufgabe versagt das Modell der Rollenakzeptanz vollständig. Definitionsgemäß handelt es sich bei Innovationen um nicht planbare Ereignisse. Daher ist es nicht damit getan, daß die Untergebenen tun, was die Vorgesetzten sagen. Fügsamkeit wäre nur dann eine hinreichende Bedingung für Innovationen, wenn das hierfür erforderliche Wissen tatsächlich bei den Vorgesetzten konzentriert wäre. Solange dies nicht als gesichert gelten kann, wäre es besser, die Untergebenen würden selbst die Initiative ergreifen und nicht einfach Befehle ausführen. Sie sollen tun, was nach *ihrem* Wissensstand das Beste für die Unternehmung ist. Die bloße Mitgliedsmotivation bietet jedoch keine ausreichende Basis für ein entsprechendes Handeln. Um zu gewährleisten, daß die Beschäftigten ihr ganzes Können in den Dienst der Unternehmung stellen, müßte mehr geschehen als die temporäre Übertragung von Herrschaftsrechten auf die Unternehmensleitung. Die Unternehmung müßte etwa von einem »Teamgeist« beseelt sein, dessen Ausbreitung aber gerade durch die Abtretung von Entscheidungsbefugnissen an die Unternehmensspitze konterkariert wird.

(b) Arbeitsverträge ermächtigen die Unternehmensleitung, Leistungsnormen so festzulegen, daß der Gewinn der Unternehmung maximiert wird. Es wäre purer Zufall, wenn eine nach diesem Kriterium getroffene Wahl für die Beschäftigten die gleichen Folgen zeitigte wie eine Wahl, die sich nicht allein an der Maximierung des Gewinns, sondern auch an den Interessen der Belegschaft, etwa an angenehmen Arbeitsbedingungen orientiert. Daß die Ausnutzung des von Arbeitsverträgen für die Beschäftiger eröffneten Spielraums, die Entscheidungen ausschließlich an Maßstäben der Gewinnmaximierung auszurichten und Interessen der Angestellten völlig zu übergehen, möglicherweise suboptimal ist, hat Simon durchaus gesehen. Er war jedoch der Auffassung, daß die gleichen Rationalitätskalküle, die zum Abschluß von Arbeits-

verträgen führen, den Unternehmern keine andere Wahl ließen, als rein nutzenmaximierende Entscheidungen zu treffen. Die Untergebenen haben nach dem Vertragsabschluß keine Mittel in der Hand, die Wahl der Handlungen durch die Unternehmensleitung zu beeinflussen. Aber auch dann, wenn die Beschäftigten keinerlei Mitwirkungsrechte bei innerbetrieblichen Entscheidungen haben, können sie die Selektionen der Unternehmensleitung immerhin beobachten. Werden die Erwartungen der Untergebenen, daß ihre Gefühle und Interessen bei der Handlungswahl wenigstens zu einem gewissen Teil berücksichtigt werden, dauerhaft enttäuscht, so könnte trotz grundsätzlicher Akzeptanz der Herrschaft eine Abwärtsspirale des Vertrauensentzugs in Gang gesetzt werden, die sich höchst nachteilig auf das Unternehmensinteresse auswirkt. Es besteht die Gefahr, daß »high trust relations« (im Sinne von Fox 1974) weiter erodieren und »low trust relations« Platz machen, obwohl die Unternehmung mit »high trust relations« besser »fahren« würde. Um diese Abwärtsspirale zu stoppen und eine Umkehrbewegung einzuleiten, wäre vor allem erforderlich, »kurzfristig« rationales Verhalten gegen »langfristig« rationales Verhalten einzutauschen, in dem die Pflege vertrauensvoller Beziehungen zwischen den Vertragspartnern ihren Platz hat. Eine Chance hierzu bietet schon der Sachverhalt, daß Arbeitsverträge keine einmaligen, sondern wiederkehrende Ereignisse sind. Bei jeder Wiederholung des »Spiels« zwischen Arbeit und Kapital könnten die Untergebenen signalisieren, mit geringeren Löhnen zufrieden zu sein, wenn nur ihre Interessen bei der Handlungswahl berücksichtigt werden; entsprechende Zusagen im Austausch gegen moderate Lohnforderungen zu machen, liegt durchaus im Interesse des Kapitals. Allerdings werden entsprechende Angebote dadurch blockiert, daß jeder »Spieler« damit rechnen muß, sich schlechterzustellen, wenn der andere nicht »kooperiert«.
Die Grenzen eines Modells »rationaler« Fügsamkeit sind dadurch gezogen, daß die für Innovationen erforderliche Leistungsbereitschaft nicht durch pure Mitgliedschaftsmotivation gesichert werden kann und die Gehorsamsverpflichtung selbst einer schleichenden Erosion ausgesetzt ist. Diese Defekte lassen sich kaum durch die Ausdehnung von Akzeptanzzonen via Lohnerhöhungen reparieren. Im Rahmen des Simonschen Modells könnte eine solche Strategie nur bewirken, daß die Menge der Befehle, bei

denen die Beschäftigten ihre Eigeninteressen nicht berührt sehen, sich vergrößert. Für die Zwecke der Sicherung der Leistungsmotivation und der Abwehr eines drohenden Vertrauensverlusts wäre es eher hilfreich, den Herrschaftscharakter betrieblicher Beziehungen »zurückzufahren« und mehr auf die Kreativität und die Kompetenzen der Beschäftigten zu setzen. Motive dieser Art können besser in Theorien »impliziter Kontrakte« berücksichtigt werden als in einem reinen Herrschaftsakzeptanz-Modell. Unter »impliziten Kontrakten« werden wechselseitige Versprechen zwischen Unternehmung und Belegschaft verstanden, die, obwohl sie nicht schriftlich niedergelegt sind, gleichwohl beide Seiten binden. Zum Beispiel kann die Geschäftsleitung versprechen, auch bei schlechter Konjunktur keine Kürzungen an den Gehältern vorzunehmen; im Gegenzug versprechen die Angestellten, nicht jede sich bietende Gelegenheit zum Wechsel des Arbeitsplatzes zu ergreifen. Auf der Basis derartiger Kontrakte können sich dann vertrauensvolle Beziehungen zwischen Unternehmung und Belegschaft herausbilden, die für beide von Vorteil sind. Okun (1980) faßt die Essenz einer Theorie »impliziter Kontrakte« so zusammen: »firms with no explicit contractual obligations nonetheless act, in the pursuit of long term profitability, to fulfill certain general commitments to their employees« (ebd., S. 6). Wenn Unternehmungen sich an dieser Maxime orientieren, sind sie, wie Okun sehr einprägsam formuliert, »guided by an invisible handshake as well as by Adam Smith's invisible hand«. Wie Okun allerdings betont, können implizite Kontrakte ihre Wirksamkeit nur in einer Umgebung entfalten »that incorporates a sense of mutual respect and a consensus on principles of fair play and good faith« (ebd., S. 8). Je besser die Chancen für solche Einstellungen sind, um so größer wird der Konsens sein, der über Arbeitsverträge mobilisierbar ist.

Literatur

Akerlof, George A./Janet L. Yellen (Hg.) (1986), *Efficiency Wage Models of the Labor Market*, Cambridge: Cambridge University Press.

Alchian, Armen A./Harold Demsetz (1972), »Production, Information Costs, and Economic Organization«, in: *American Economic Review* 72, S. 777-795.

Barnard, Chester (1938), *The Functions of the Executive*, Cambridge, Mass.

Bell, Daniel (1976), *The Cultural Contradictions of Capitalism*, London: Heinemann.
Bendix, Reinhard (1966), *Work and Authority in Industry. Ideologies of Management in the Course of Industrialization*, Berkeley: University of California Press.
Block, Fred (1990), *Postindustrial Possibilities. A Critique of Economic Discourse*, Berkeley: University of California Press.
Bowles, Samuel (1985), »The Production Process in a Competitive Economy: Walrasian, Neo-Hobbesian and Marxian Models«, in: *American Economic Review* 75, S. 17-36.
Bowles, Samuel/Herbert Gintis (1990), »Contested Exchange: New Microfoundations for the Political Economy of Capitalism«, in: *Politics and Society* 18, S. 165-222.
Brinkmann, Gerhard (1981), *Ökonomik der Arbeit*, Stuttgart: Klett-Cotta.
Buchanan, James (1986), *Liberty, Market, and the State*, New York: New York University Press.
Burawoy, Michael (1979), *Manufacturing Consent: Changes in the Labour Process under Monopoly Capitalism*, Chicago: University of Chicago Press.
Burawoy, Michael/Erik Olin Wright (1990), »Coercion and Consent in Contested Exchange«, in: *Politics and Society* 18, 2, S. 165-222.
Carmichael, H. Lorne (1990), »Efficiency Wage Models of Unemployment – One View«, in: *Economic Inquiry* 37, S. 269-295.
Coase, Richard W. (1937), »The Nature of the Firm«, in: *Economica* 4, S. 386-405.
Coleman, James (1990), *Foundations of Social Theory*, Cambridge, Mass.: Belknap Press.
Dahrendorf, Ralf (1988), *The Modern Social Conflict*, New York: Weidenfeld.
England, Paula/George Farkas (1986), *Households, Employment and Gender: A Social, Economic and Demographic View*, New York: Aldine Publishing.
Fox, Alan (1974), *Beyond Contract. Work, Power and Trust Relations*, London: Faber and Faber.
Gauthier, David (1986), *Morals by Agreement*, Oxford: Oxford University Press.
Habermas, Jürgen (1981), *Theorie des kommunikativen Handelns*, 2 Bde., Frankfurt/M.: Suhrkamp.
Hahnel, Robin/Michael Albert (1990), *Quiet Revolution in Welfare Economics*, Princeton: Princeton University Press.
Hausman, Daniel M. (1990), »Are Markets Morally Free Zones?«, in: *Philosophy and Public Affairs*.
Hayek, Friedrich August von (1971), *Der Weg zur Knechtschaft*, München: Verlag Moderne Industrie.

Hobbes, Thomas (1965), *Leviathan*, Reinbek: Rowohlt.
Koller, Peter (1987), *Neue Theorien des Sozialkontrakts*, Berlin: Duncker und Humblot.
Koslowski, Peter (1982), *Ethik des Kapitalismus*, Tübingen: J. C. B. Mohr.
Lärm, Thomas (1982), *Arbeitsmarkttheorie und Arbeitslosigkeit*, Frankfurt/M.: R. G. Fischer Verlag.
Luhmann, Niklas (1964), *Funktionen und Folgen formaler Organisation*, Berlin: Duncker und Humblot.
– (1988), *Die Wirtschaft der Gesellschaft*, Frankfurt/M.: Suhrkamp.
– (1988), »Warum AGIL?«, in: *Kölner Zeitschrift für Soziologie und Sozialpsychologie* 40, S. 127-139.
Lutz, Burkhart (1975), *Krise des Lohnanreizes*, Frankfurt/Köln: Europäische Verlagsanstalt.
Maine, Sir Henry Sumner (1861), *Ancient Law. Its Connection with the Early History of Society and its Relation to Modern Ideas*, Dorset Press 1986.
Marx, Karl (1867), *Das Kapital. Kritik der politischen Ökonomie*, Hamburg: Otto Meissner.
Mayntz, Renate (1988), »Funktionelle Teilsysteme in der Theorie sozialer Differenzierung«, in: R. Mayntz/B. Rosewitz/U. Schimank/R. Stichweh, *Differenzierung und Verselbständigung*, Frankfurt/M.: Campus, S. 11-14.
Mayo, Elton (1933), *The Human Problems of an Industrial Civilization*, New York: The Viking Press.
Meade, James E. (1986), *Alternative Systems of Business Organization and Worker's Remuneration*, London: Allen & Unwin.
Menger, Carl 1883, *Untersuchungen über die Methode der Socialwissenschaften und der politischen Ökonomie insbesondere*, in: *Gesammelte Werke*, Bd. 2, Tübingen: J. C. B. Mohr 1969.
Münch, Richard (1982), *Theorie des Handelns*, Frankfurt/M.: Suhrkamp.
Okun, Arthur (1980), »The Invisible Handshake and the Inflationary Process«, in: *Challenge* 70, 6, S. 5-12.
Parsons, Talcott/Neil Smelsen (1956), *Economy and Society*, London: Routledge and Kegan Paul.
Rothschild, Kurt W. (1988), *Theorien der Arbeitslosigkeit*, München: Oldenbourg.
Shapiro, Carl/Joseph Stiglitz (1984), »Equilibrium Unemployment as a Worker Discipline Device«, in: *American Economic Review* 74, S. 433-444.
Simon, Herbert A. (1942), »A Formal Theory of the Employment Relation«, in: ders., *Models of Man*, New York: John Wiley 1957, S. 183-195.
– (1988/89), »Why Economists Disagree«, in: *Journal of Business Administration* 18, S. 1-19.

Solow, Robert M. (1980), »On Theories of Unemployment«, in: *American Economical Review* 70, S. 1-11.
Stiglitz, Joseph E. (1987), »Principal and Agent«, in: *The New Palgrave. A Dictionary of Economics* 4, S. 966-972.
Streißler, Erich (1980), »Kritik des neoklassischen Gleichgewichtsansatzes als Rechtfertigung marktwirtschaftlicher Ordnungen«, in: Erich Streißler/Christian Watrin, *Zur Theorie marktwirtschaftlicher Ordnung*, Tübingen: J. C. B. Mohr.
Thompson, Paul (1983), *The Nature of Work. An Introduction to Debates on the Labour Process*, London: Macmillan.
Vanberg, Viktor (1986), »Eine vertragstheoretische Interpretation sozialer Organisation«, in: Lucian Kern/Hans-Peter Müller (Hg.), *Gerechtigkeit, Diskurs oder Markt?*, Opladen: Westdeutscher Verlag.
Varian, R. (1989), *Grundzüge der Mikroökonomik*, München, Wien: R. Oldenbourg.
Weber, Max (1972), *Wirtschaft und Gesellschaft*, Tübingen: J. C. B. Mohr.
Williamson, Oliver E. (1990), »Chester Barnard and the Incipient Science of Organization«, in: ders. (Hg.), *Organization Theory. From Chester Barnard to the Present and Beyond*, Oxford: Oxford UP 1990, S. 172-206.
– (1988), »Transaction Cost Economics«, in: Richard Schmalensee/Robert D. Willig (Hg.), *Handbook of Industrial Organization*, Bd. 1, North-Holland: Elsevier Science Publishers, S. 136-181.
– (1985), *The Economic Institutions of Capitalism*, New York: Free Press.

Gunther Teubner
Ist das Recht auf Konsens angewiesen?
Zur sozialen Akzeptanz des modernen Richterrechts

I

In guter Juristenmanier beginne ich mit drei Rechtsfällen.

Fall 1: »Boxberg«. Wie einst der Müller gegen den Preußenkönig, zog ein schwäbischer Bauer gegen den Großkonzern Daimler-Benz vor Gericht, um sich gegen die willkürliche Enteignung seines Grundstücks zu wehren – und obsiegte. Zur Beschaffung von Arbeitsplätzen in einer strukturschwachen Region hatte nach einem schwierigen und langwierigen »neo-korporatistischen« Abstimmungsverfahren zwischen Großunternehmen, Verbänden, Kommunen, Landesregierung, Landtag von Baden-Württemberg, Verwaltungsgerichtshof Mannheim und dem Bundesverwaltungsgericht Berlin der Konzern sein Ziel fast erreicht, eine Teststrecke in einem Gebiet einzurichten, auf dem das Grundstück des Bauern lag. Doch eine Verfassungsbeschwerde machte alle hochfliegenden Pläne zunichte. Das Gericht gab dem Bauern sein Grundstück und sein Recht zurück.

Grund: Für eine solche Enteignung zugunsten Privater zur Beschaffung von Arbeitsplätzen in strukturschwachen Gebieten bedürfe es der Legitimation des »Gesetzes«, sei das Recht auf parlamentarischen Konsens angewiesen. Nur der demokratisch legitimierte Gesetzgeber, nicht die Verwaltung, nicht die Gerichte – auch nicht das Bundesverfassungsgericht selbst – seien in der Lage, den gesellschaftlichen Konsens für einschneidende Maßnahmen solcher Art zu beschaffen. Dem Gesetzgeber stünden zwei Wege offen, die Legitimität der Enteignungslegalität herzustellen: entweder »in einem Strukturverbesserungs- und Industrieansiedlungsgesetz abstrakt-generelle Regelungen zu schaffen« oder sich der »Möglichkeit eines auf dieses Projekt beschränkten Gesetzes« zu bedienen. Mit der ausdrücklichen Erwähnung von »Beratungen in den zuständigen Ausschüssen, mit regelmäßig öffentlichen Anhörungen und der zu erwartenden Augenscheinnahme« kennzeichnet das Gericht eigens die erforderlichen Verfahren für den Konsens, auf den das Recht hier angewiesen ist (BVerfG 74, 264).

Fall 2: »Jansen«. Als der als Atomkritiker und Umweltschützer profilierte Energieminister Günther Jansen seine Öko-Politik über ein Aufsichtsratsmandat in den Hamburger Energiekonzern HEW hineinzutragen versuchte, schlug das Unternehmen zurück. Es enthob den Minister seines Aufsichtsratspostens wegen Verletzung seiner Sorgfaltspflichten. Das Oberlandesgericht Hamburg bestätigte den Hinauswurf.

Grund: Jansens Politaktivitäten, die auf den sofortigen Ausstieg aus der Kernenergie zielten, seien mit dem »Unternehmensinteresse« des Energiekonzerns nicht vereinbar. Das Gericht stützt seine Rechtsfindung auf den Rechtsbegriff des Unternehmensinteresses, welcher seine konkrete Ausgestaltung nicht im objektiven Recht, sondern in der Satzung des Unternehmens, im »Vertrag« zur Gesellschaftsgründung, letztlich im Konsens der Anteilseigner findet (OLG Hamburg – 23.1.1990 – 11 W 92/89).

Fall 3: »ÖTV-Lufthansa«. Mit dem Slogan »Die ÖTV will aus der Lufthansa einen CDU-Laden machen« stellte sich eine innergewerkschaftliche Oppositionsgruppe der ÖTV gegen die offizielle ÖTV-Liste zur Wahl des Lufthansa-Betriebsrats und gewann eine erhebliche Anzahl von Betriebsratssitzen. Mit der Begründung, er habe im Wahlkampf gewerkschaftsschädigende Täuschungsmanöver begangen, warf der Hauptvorstand der ÖTV den Kläger aus der Gewerkschaft. Die Gerichte machten den Ausschluß rückgängig.

Grund: Zwar rechtfertige die Freiwilligkeit des Verbandsbeitritts, also letztlich der Konsens des Vertrages, die Unterwerfung unter die verbandsautonome Disziplinargewalt, die auch das Recht anerkenne und im Prinzip nicht gerichtlicher Nachprüfung unterwerfe. »Die freiwillige Unterwerfung unter die Vereinsstrafgewalt kann jedoch nicht dahin ausgelegt werden, die Mitglieder seien bei ihrem Eintritt damit einverstanden, für Taten verantwortlich gemacht zu werden, die sie nicht begangen haben.« Der Bundesgerichtshof brach hier mit einer alten Tradition der Gerichte, Vereinsmaßnahmen nicht inhaltlich zu überprüfen, und erklärte die gesamte Tatsachenermittlung des Hauptvorstandes der ÖTV für gerichtlich überprüfbar (BGHZ 87, 377).

II

Alle drei Fälle rühren an ein Problem, in dessen Diskussion die Fronten wieder in Bewegung geraten: das Problem richterliche Rechtsfortbildung und gesellschaftlicher Konsens (vgl. Ogorek 1986; Achterberg 1986). Gerichte wenden – entgegen der Montesquieuschen Legende von der *bouche de la loi* – nicht einfach vorgegebene Normen auf konkrete Rechtsfälle an, sondern setzen selbst Recht. Ob es sich um die Definition der Voraussetzung einer »Enteignung zugunsten Privater« (Boxberg), um den Konflikt von Umweltpolitik und Profitinteresse (Jansen) oder um die Kollision von Unternehmensverfassung und Gewerkschaftsverfassung (Lufthansa) handelt, in allen diesen Fällen haben die Richter das geltende Recht massiv verändert. In allen Fällen stellt sich die Frage: Stößt die Legitimität der Richterrechts-Legalität heute an ihre Grenzen? Und zwar im doppelten Sinne ihrer Legitimation durch rechts- und politiktheoretische Konstrukte wie durch aktuellen Konsens der Rechtsunterworfenen?
In der Nachkriegszeit hatte das Richterrecht seinen Siegeszug angetreten. Schon vorbereitet war das Terrain durch die Rebellion der Freirechtsbewegung, des Rechtsrealismus und der soziologischen Jurisprudenz gegen den Gesetzespositivismus und gegen die Begriffsjurisprudenz. Flankenschutz gab der Große Bruder mit dem *judicial activism* des Supreme Court. Dynamik erhielt die Bewegung durch die Institutionalisierung umfassenden Gerichtsschutzes als Reaktion auf das rechtsstaatlich fragwürdige Nazi-Regime. Ihren rechtstheoretisch ausgereiften Ausdruck fand die Legitimität der justiziellen Rechtsfortbildung, nicht nur *secundum legem*, sondern ausdrücklich *praeter legem* und *contra legem*, im Werk von Josef Esser (1956a, 1970). Die Titel sind paradigmatisch: »Grundsatz und Norm in der richterlichen Fortbildung des Privatrechts«, »Vorverständnis und Methodenwahl in der Rechtsfindung«. Nicht mehr der Gesetzgebung wurde die Qualität der Normgeltung beigelegt (Gesetzgebung war »Fahrt ins Blaue«), sondern dem konkretisierenden, applizierenden, die eigentliche Norm aufbereitenden Richterakt.
Doch heute beginnt das Richterrecht an Konsensauszehrung zu leiden (vgl. etwa Müller 1986, S. 65 ff.). Politisch läßt sich der Legitimationsentzug nicht festmachen: Es gibt eine aggressive »rechte« Kritik des *judicial activism* (Bork, USA) wie eine be-

sorgte »linke« Kritik seines demokratischen Defizits (Maus 1986, 1989). Und in einigen neueren Entscheidungen hat das Bundesverfassungsgericht begonnen, die rechtsfortbildenden Aktivitäten der Bundesgerichte zu beschneiden (etwa BVerfG 49, 304 – »Sachverständigen-Haftung«; BVerfG 65, 182 – »Sozialplan im Konkurs«; BVerfG 72, 155 – »Minderjährige als Mitglied einer Erbengemeinschaft«). Auch das Boxberg-Urteil ist Teil dieser Tendenz, die Produktion gesellschaftlich wichtigen Rechts dem Richterrecht zu entziehen und dem demokratisch legitimierten Gesetzgeber zurückzugeben, wo Wahlen, Öffentlichkeit und institutionalisierte Interessenvertretung den gesellschaftlichen Konsens beschaffen.

Aber nicht nur in der Gesetzgebung sucht das Recht den Konsens, auf den es angewiesen ist. Im Jansen-Fall etwa stießen die Richter auf eine Konsensquelle, die nicht im Staat, sondern in der Gesellschaft sprudelt – auf das »Unternehmensinteresse«. Dies verweist nach herrschender Auffassung auf den Konsens der Anteilseigner (etwa Wiedemann 1980, S. 625 ff), also letztlich auf die Institution des Vertrags, der für das Recht die zweite reiche Springquelle gesellschaftlichen Konsenses darstellt.

Was geht hier vor sich? Meine These: In der historisch beobachtbaren Daueroszillation zwischen Inflation und Deflation des Rechtskonsenses »externalisiert« das Recht wieder einmal seine Konsensprobleme und holt sich konsensuelle Unterstützung aus der Politik und aus der Wirtschaft. Doch verfällt es damit einer Selbsttäuschung. »Gesetz« und »Vertrag« – die berühmte Doppelkonzession der bürgerlichen Gesellschaft – sind in ihren Konsenskapazitäten schon zu weit ausgelastet, als daß sie ihre Konsensproduktion entsprechend dem heutigen Normierungsbedarf noch steigern könnten. Es ist deshalb absehbar, daß das Recht sich bald wieder auf seine Eigenproduktion im Richterrecht zurückgeworfen sieht und, um seinen Konsensbedarf zu befriedigen, andere Konsensquellen anzapfen muß – die gesellschaftliche Normproduktion pluraler Rechtsdiskurse.

III

Ist Richterrecht denn tatsächlich irreversibel? Die neuere Kritik des Richterrechts scheint davon auszugehen, daß man die Entwicklung des Richterrechts in relevantem Maße zurückschrauben könne (Müller 1986). Es fällt auf, daß das Phänomen des Richterrechts rechtssoziologisch ziemlich unterbelichtet geblieben ist. Max Webers verächtliche Kommentare über die deutschen Richterkönige und ihre Freirechtsideologie sind bekannt (Weber 1967, S. 336 ff.). Ebensowenig scheint Niklas Luhmann das Richterrecht sonderlich ernst zu nehmen, auch wenn sich in neueren Veröffentlichungen Korrekturen abzeichnen (Luhmann 1972, S. 202 f., 235 ff.; 1981, S. 126 f., 434 f.; Neueinschätzung in Luhmann 1990). Luhmanns dichotomische Stilisierungen von konditional programmierter Justiz und zweckprogrammierender Gesetzgebung, von Selbstbindung der Justiz an *stare decisis* und Bindungsfreiheiten der Legislative, von Lernunbereitschaft und Folgenentlastung der Justiz und von folgenorientierter Lernbereitschaft der Legislative scheinen ihn relativ blind für die Positivierung des Richterrechts zu machen. Für jemand, der mit dem Justizbetrieb vertraut ist, ist es jedoch keine Neuigkeit, daß sich jedenfalls in den Obergerichten, also den höchstinstanzlichen Bundesgerichten und erst recht im Bundesverfassungsgericht, *de facto* eine »Nebengesetzgebung« institutionalisiert hat, die dem Gesetzgeber nicht nur erfolgreich Konkurrenz macht, sondern häufig genug die politische Gesetzgebung zur Nach-Kodifikation von Richterrecht degradiert.

Die Gründe für die Zunahme des Richterrechts liegen auf der Hand. Juristen sprechen von einem »Versagen« des Gesetzgebers, der allzuoft seinem gesellschaftlichen Regelungsauftrag nicht nachkomme. Weniger moralisierend sollte man dies »Versagen« als ein Auseinanderfallen von politischen Konflikten und Rechtskonflikten deuten: Gesetzgebung orientiert ihre Prioritäten am Politikprozeß, an den dort wahrgenommenen Problemen und den Machterhaltungsstrategien der politischen Parteien und nicht an den individuell vorgetragenen Rechtskonflikten der Bürger und den Orientierungsbedürfnissen der Gerichte (vgl. Teubner 1988, S. 596 ff.). So sind die Gerichte häufig gezwungen, sich ihr Recht fallweise selbst zu schaffen. Letztlich liegt dem Phänomen des Richterrechts der unersättliche Normenhunger der modernen

Gesellschaft zugrunde, der auch für andere Phänomene dezentraler Gesetzgebung (öffentliche Verwaltung, Quangos, AGB etc.) verantwortlich ist. Trotz der immensen Ausweitung der Gesetzesproduktion ist die parlamentarische Gesetzgebung den Normierungsforderungen, die aus der sozialen Differenzierung folgen, auch nicht annähernd gewachsen.
Eine Irreversibilität des Richterrechts ist damit aber noch nicht begründet. Diese wird erst deutlich, wenn man eine Zusatzüberlegung einbezieht. Richterrecht konfrontiert das Recht mit einem Problem, das es sich selbst eingebrockt hat. Es ist nicht nur der primäre Normierungsbedarf der gesellschaftlichen Teilsysteme, sondern auch der sekundäre Normierungsbedarf der Massenproduktion von Recht, auf den das Richterrecht reagiert. Das Problem heutiger Rechtsfindung ist nicht mehr der Normmangel der Gerichte, der einst im Mittelalter die Richter dazu brachte, sich fremdes Recht aus Städten wie Magdeburg, die für ihren Normenreichtum bekannt waren, zu borgen (Watson 1985, S. 59). Heute ist das Problem der Normenüberfluß, dem man nur mit neuen Normierungen beikommen kann. Rechtsfälle sind heute, wie jeder Jurist aus Erfahrung weiß, nicht normativ unterdeterminiert, sondern überdeterminiert. Für jeden unserer drei Fälle stehen eine Unmenge von einschlägigen Normmaterien, Rechtsprinzipien, *policies* bereit, die es gegeneinander abzugrenzen, zu prioritisieren, abzuwägen, zu harmonisieren gilt. In Boxberg war dies Baurecht, Gewerberecht, Landschaftsschutz, Enteignungsrecht, im Jansen-Fall Gesellschaftsrecht, Umweltrecht, Aufsichtsrecht, im Lufthansa-Fall Betriebsverfassungsrecht, Unternehmensverfassung und inneres Vereinsrecht. Für solche Kollisionssituationen muß das Recht mit neuen Normierungen antworten, die nicht allgemein programmierbar sind. Und mindestens in bezug auf solche Normkonflikte, die in unvorhersehbarer Weise in neuen Einzelfallkonstellationen anfallen, ist Richterrecht notwendig und irreversibel. Wo aber ist seine konsensuale Grundlage?

IV

Die Konsensprobleme des Richterrechts sind chronisch. Seit seinen Ursprüngen, seit der Ausdifferenzierung von Richterrollen besteht das Problem in aller Schärfe. Das hat zunächst noch gar nichts mit der »Richtigkeit« des Rechts zu tun, die etwa durch Konsens aller oder durch Konsens »aller billig und gerecht Denkenden« indiziert wäre, sondern schlicht mit seiner gesellschaftlichen Funktion. Wenn Recht die Funktion der Erwartungsstabilisierung wahrnehmen soll, dann bedarf es ausreichender sozialer Generalisierung (Luhmann 1972, S. 99 ff.). Es muß sichergestellt sein, daß im relevanten Kommunikationsraum überall die gleichen Erwartungen gleichartige Kommunikationen verknüpfen. Je normativer aber das Recht ist, um so schwieriger ist die Beschaffung der sozialen Generalisierung. Ursprünglich dient hierzu der faktische Konsens in der sozialen Gemeinschaft, das »Miterwarten Dritter«. Wenn jedoch Richterrollen institutionalisiert werden, dann gewinnt das Recht zwar an normativen Entwicklungsmöglichkeiten, verliert aber zugleich seine ursprüngliche soziale Verankerung und muß nach Ersatz für fehlenden Konsens Ausschau halten. In diesem grundsätzlichen Sinne ist Recht »immer schon« auf Konsens angewiesen. Durch die Normativierung von Erwartungen produziert das Recht selbst das Problem seines Konsenses. Und die Fragestellung »Ist das Recht auf Konsens angewiesen?« verlagert sich vom Ob auf das Wie: Welchen Ersatz-Konsens oder welchen Konsens-Ersatz sucht sich das Recht unter welchen gesellschaftlichen Bedingungen?

»Gesetz« und »Vertrag«, die beiden historisch bedeutenden externen Konsensquellen des Rechts, haben für lange Zeit das Recht zum Blühen gebracht. Doch treten neuerdings Irrigationsprobleme auf. Die Nachbarprovinzen Politik und Wirtschaft benötigen ihre Bewässerungsanlagen selbst und versuchen ihrerseits, dem Recht das Wasser abzugraben. Besonders attraktiv waren natürlich die Konsensquellen der Politik. Je machtvoller der historische Prozeß der Demokratisierung der Politik voranschritt, um so kräftiger sprudelten die politischen Konsensquellen des »Gesetzes« auch für das Recht. Und im Zweifelsfalle genügte die Liquidität der politischen Macht als Konsens-Ersatz. Das führte zu der auch heute wie selbstverständlich geltenden Vorstellung, daß die konsensuale Grundlage allen Rechts im demokratisch verfaßten

Politikprozeß liege. Die institutionalisierte Trennung von Gesetzgebung und Rechtsprechung stützte die Fiktion, daß relevante Rechtsbildung nur in der Gesetzgebung stattfinde, deren Konsens politisch abgesichert war.
Nachhaltig erschüttert wurde diese Vorstellung gar nicht so sehr durch interne Zweifel der Juristen an der *bouche de la loi*: »Richterkönig oder Subsumtionsautomat?« (vgl. die historischen Analysen von Ogorek 1986). Entscheidend waren vielmehr neuartige Konsensprobleme der Politik selbst. Die wohlfahrtsstaatliche Massenproduktion von bindenden Entscheidungen steigerte den Konsensdurst der Politiker in einem solchen Maße, daß nun auch die eigentlich auf Konsensproduktion spezialisierte Politik begann, ihren Konsensbedarf zu »externalisieren«. Statt dem Recht als Konsensquelle zu dienen, ist heute umgekehrt die Politik dabei, ihren fehlenden Konsens im Recht zu suchen. Deutlicher Indikator dafür ist, daß die Politik, wenn kein ausreichender Konsens zu beschaffen ist, die eigenen Entscheidungsprobleme ins Rechtssystem verlagert. Die »Flucht in die Generalklauseln«, die »politischen Formelkompromisse« der Gesetzgebung, die Instrumentalisierung der Verfassungsgerichtsbarkeit für politische Entscheidungen sind dafür markante Beispiele (vgl. die kritischen Analysen von Maus 1986, 1989).
Diese Art der »Politisierung« des Rechts verschärft natürlich ihrerseits die Konsensprobleme des Rechtsbetriebs. Ja, sie kontaminiert zugleich die zweite große Konsensquelle des Rechts, den »Vertrag«. Ersatz-Konsens ist hier der tagtägliche massenhafte Abschluß von Verträgen, wo der Konsens der Privaten die Rechtsbildung legitimiert. Und Konsens-Ersatz bietet der funktionierende Marktmechanismus selbst. Wie jedoch die Beispiele des Arbeitsrechts und des Kartellrechts zeigen, erzeugt diese Externalisierung der Konsensprobleme des Rechts ihre eigenen Probleme. Sie werden dann besonders akut, wenn sie nicht nur »politisiert«, sondern zugleich »verrechtlicht« werden. Wenn die Politik die politischen Kontrollen des Marktmechanismus ins Recht abschiebt, wenn also die Rechtsprechung selbst die »Verwaltung« und »Kontrolle« der grundlegenden Mechanismen der Privatautonomie übernehmen muß, dann muß das Recht sogar seine eigenen Konsenslieferanten aus der Wirtschaft mit neuem Konsens beliefern.
Geradezu verzweifelte Versuche werden derzeit im Rechtssystem

unternommen, dennoch die klassischen Konsensquellen zu reaktivieren. »Boxberg« macht die Verzweiflung deutlich. Welchen Sinn hat es, für die deutlich gefühlten Probleme der sozialen Akzeptanz der famosen Versuchsstrecke auf das »Gesetz« zu verweisen? Was hilft es dem Bürger, wenn er das Gesetz gewönne und nähme doch Schaden an seinem Grundstück? Geben die Richter mit dem Hinweis auf die notwendige Form des Gesetzes hier nicht Steine statt Brot? Ist dies nicht ein eher hilfloses Ausweichen auf den formalen Charakter des Gesetzes, ein naives Vertrauen auf die Begründungsfähigkeit der Gesetzgebung, eine vergebliche Hoffnung auf Weisheit der Gesetzgebung angesichts der faktischen Interessenkonstellationen, eine überzogene Erwartung an Konsensproduktion durch Gesetzgebung? Wichtiger als dieses Hin und Her der Kompetenzverschiebungen erscheint demnach die Qualität der Rechtsproduktion. Daher dürfte der Hinweis von Wiethölter (1988, S. 23) auf andere Konsensquellen aussichtsreicher sein, der Hinweis auf die »Wahrnehmung generalisierten Systemvertrauens als ›Spiel‹ unter identifizierbaren und kontrollierbaren Spiel-Regelungen und unter vorbehaltener Extern-Kontrolle«. Aber welches soziopolitische Spiel ist geeignet, Vertrauen zu erzeugen?

Im »Jansen«-Fall kann sich die Verzweiflung nur noch steigern. Das Gericht fand den Ersatzkonsens des »Unternehmensinteresses« bereits so politisch kontaminiert, daß es sich nicht auf den von ihm selbst beschriebenen Integrationsprozeß eines interessenpluralistisch zusammengesetzten Aufsichtsrats verlassen wollte und statt dessen »sunk costs« als Konsens-Ersatz benutzte. Das Kernkraftunternehmen habe schon derart viel in die Kernenergie investiert, daß aus diesem objektiven Grunde eine Ausstiegspolitik als fundamentale Änderung seiner Unternehmenspolitik gegen das »Unternehmensinteresse« verstoße. Sollte das die Logik der rechtlichen Konsensexternalisierung sein: Wenn die Privatautonomie zu stark »politisiert« ist, dann müssen eben wirtschaftliche Sachzwänge Rechtsfragen entscheiden?

Oder heißt die Alternative »Mikropolitisierung« der Gerichte? Der Konflikt ÖTV–Lufthansa zeigt wiederum die Probleme eines solchen Vorgehens. Unweigerlich werden die Richter in die Strudel interner Politikprozesse in wirtschaftlichen Großorganisationen gezogen und können kaum noch ihre »Unparteilichkeit« überzeugend darstellen. »Hauptfolgen in der jüngeren Vergangenheit: Gerichte mußten materielle Kriterien von ›Gewerkschaftsfeindlichkeit‹ bilden. Das ist ›politische Jurisprudenz‹ *at its worst* (Gerichte loben oder verdammen z. B. ›linke‹ Betriebsräte, befreien Gewerkschaften von ›ihren Feinden‹ oder muten sie ihnen zu, kooperieren mit Unternehmen gegen Betriebsräte oder mit Betriebsräten gegen Unternehmen, alles unter großen und hehren Worten von Freiheit, Gerechtigkeit, Solidarität, Demokratie und Recht)« (Wiethölter 1988, S. 21).

V

Also muß sich das Richterrecht seinen gesellschaftlichen Konsens selbst beschaffen. Also muß es den direkten »Durchgriff auf gesellschaftliche Wertungen« selbst wagen. Dieser Durchgriff kann sich auf eine lange Tradition im Recht stützen. Die *boni mores* und die *bona fides* des römischen Rechts, die gewohnheitsrechtliche Bildung von Normen, die Verkehrssitten und Handelsbräuche sind ebenso wie die neuzeitlichen Generalklauseln von den »guten Sitten« und »Treu und Glauben« eine Anbindung der Richterrechtsbildung an Mechanismen gesellschaftlichen Konsenses. Im Rückgriff auf spontane gesellschaftliche Normierungsprozesse kann das Recht ein bedeutendes Konsenspotential aktivieren. Und nicht umsonst findet man gerade im Werk Josef Essers, das dem modernen Richterrecht die adäquaten rechtstheoretischen Formulierungen geliefert hat, durchgängig die Empfehlung an den Richter, auf gesellschaftlich lebendige Wertungen zurückzugreifen.

Soziologisch fällt es jedoch nicht schwer, die Vergeblichkeit eines solchen Bemühens zu durchschauen. Es verläßt sich auf eigentlich vormoderne gesellschaftliche Normbildungsmechanismen, die in segmentären und stratifizierten Gesellschaften eine wesentliche, auch rechtsbildende Rolle gespielt haben. Die funktionale Differenzierungsform der modernen Gesellschaft aber verurteilt solche diffusen sozialen Normbildungen zur Irrelevanz (Rottleuthner 1987, S. 29 ff.). Oder anders: Im Durchgriff auf spontane gesellschaftliche Normbildungsprozesse greift das Recht heute ins Leere.

Dies macht zugleich deutlich, warum die Formeln des Rechts, mit denen es unmittelbar gesellschaftlichen Konsens beansprucht, so merkwürdig hohl klingen. Das »Anstandsgefühl aller billig und gerecht Denkenden«, eine Formel, die auch von den Gerichten des zwanzigsten Jahrhunderts benutzt wird, ist nichts als eine Unterstellung von gesellschaftlichem Konsens, die als Basis für richterrechtliche Normproduktion benutzt wird. Als Unterstellung hat sie durchaus ihre soziale Realität und eine nicht zu unterschätzende operative Bedeutung. Sie betont die Sozialdimension richterlichen Handelns, die Thematisierung der gesellschaftlichen Akzeptanz rechtsspezialisierter Normbildung, die Testfrage der sozialen Generalisierbarkeit gefundener Ergebnisse in der Rechtsarbeit. Und hier zweigt eine ganze Debatte ab, die einer Argumentationstheorie des Rechts, aber auch der Argumentationspraxis der Gerichte und der Dogmatik Richtungsangaben machen. Die berühmte Formel des Schweizer Zivilgesetzbuches, der Richter müsse in der Situation des Normenmangels wie ein Gesetzgeber handeln, gehört hier ebenso dazu wie die Universalisierungsformeln klassischer und moderner Prägung, die als Qualitätsmerkmal guter Normvorschläge deren Zustimmungsfähigkeit angeben. Doch sind dies natürlich nur Konstruktionen der Gesellschaft im Rechtsdiskurs, kein Rückgriff auf real ablaufende gesellschaftliche Normbildungs- und Konsensprozesse.

Doch – so muß man sich fragen – gibt es nicht auch in der modernen, hochgradig differenzierten Gesellschaft solche realen gesellschaftlichen Normbildungs- und Konsensprozesse, auf die das Richterrecht Bezug nehmen kann? Gibt es nicht moderne Äquivalente der diffusen, unspezifizierten Bildung sozialer Normen in Sitten und Gebräuchen unserer Altvorderen, deren Recht sich aus solchen obskuren Quellen speiste? Es liegt nahe, die Antwort in den autonomen Funktionsbereichen der Gesellschaft und in den formalen Organisationen zu suchen. In hochgradiger Autonomie und hochgradiger Spezialisierung sind hier neuartige Normbildungsmechanismen am Werke, die nicht auf den Vertragsmechanismus des Funktionsbereichs Wirtschaft beschränkt sind, sondern – weniger spektakulär – andere gesellschaftliche Teilbereiche (Technik, Gesundheitswesen, Kultur, Wissenschaft, Erziehung) umfassen. Die neuere Forschung über Rechtspluralismus ist dabei, diese Normbildungsmechanismen, die eine Art »Proto-Recht« der modernen Gesellschaft darstellen, zu analysieren (Merry 1988). Und eine der wichtigsten Fragen betrifft die Beziehung dieses Proto-Rechts zum offiziellen Recht der staatlichen

Gerichte (Henry 1983, S. 102 ff.). In der juristischen Auseinandersetzung mit solchen hochspezialisierten Normbildungsprozessen mag das Richterrecht zugleich gesellschaftlichen Konsens gewinnen, der sich nicht aus »Gesetz« oder »Vertrag« speist.

VI

Folgende Phänomene gesellschaftlicher Normbildung stehen im Vordergrund:

1. Organisationsinternes Recht: Im korporativen Binnenrecht formaler Organisationen sucht das Recht seine konsensualen Grundlagen in den Selbstreproduktionsprozessen nicht nur der Wirtschaft, sondern auch ganz anderer gesellschaftlicher Teilsysteme, etwa des Gesundheitswesens, der Massenmedien, der Religion, des kulturellen Bereichs. Hier ist es der Eintritts-/Austrittsmechanismus, auf den sich innerorganisatorische Rechtsbildung stützen kann (Teubner 1987b, S. 117ff.) und den das Recht wiederum für seine soziale Abstützung benutzen kann. Innerorganisatorische Strukturbildungen in Wirtschaftsunternehmen, Interessenverbänden, Gewerkschaften, Presseorganisationen, Krankenhäusern, kulturellen Organisationen werden damit zu einer weiteren reichen Quelle »gesellschaftlichen Rechts«, das vom offiziellen Recht rezipiert, diszipliniert und kontrolliert werden kann (Edelman 1990).

2. Inter-Organisations-Recht: Allgemeine Geschäftsbedingungen, Abkommen der Spitzenverbände von Unternehmen und Banken und andere private Regulierungen in durchorganisierten Märkten, das System der Tarifverträge und andere Formen kollektiver Rechtsbildung in den industriellen Beziehungen lassen die klassische pluralistische Rechtsbildung im Institut des Individualvertrages heute weit hinter sich. Inzwischen gibt es ein elaboriertes privates Inter-Organisations-Recht und Inter-Vertrags-Recht. Ja, man muß von einer neuartigen »Vernetzung« dieser Rechtsdiskurse in einem gesellschaftlichen, nicht-staatlichen Super-Rechts-Diskurs, einer »Rechtsdogmatik der Kautelarjuristen« sprechen (als erste systematische Darstellung Rehbinder 1982, S. 11 ff.). Im Unterschied zum klassischen offiziellen Dogmatikrecht und zum *common law* stehen wir hier vor einer neuartigen Verknüpfung gesellschaftlicher Rechtsepisoden (zur Episodenverknüpfung

Teubner 1987a, S. 432 ff.). Ein ganzes Netzwerk kollektiver Akteure fungiert als »gesellschaftlicher Gesetzgeber«: Unternehmen, Verbände, Gewerkschaften, Handelskammern, Kartellamt, Quangos, Kommunen, Anwaltskanzleien, Wirtschaftsrechtslehrstühle. Die gesellschaftliche Rechtsbildung findet nicht in einer Unzahl von Individualverträgen, sondern über kollektive Verhandlungen, strategische Kommunikation, kurz: über Machtbeziehungen in organisierten Märkten statt (Joerges 1986).

3. Institutionalisierung pluralistischer Normbildung: Inzwischen hat auch die Politik die gesellschaftlichen Normbildungsmechanismen entdeckt und ist dabei, sie für Konsensbeschaffung zu benutzen. Unter der Suggestivkraft von Staatsentlastung, Dezentralität, Gesellschaftsnähe, Selbstorganisation werden allerorten Ethikkommissionen, Runde Tische, mikrokorporatistische Verhandlungsgremien, mittlergestützte Verhandlungssysteme gegründet. Während die Verfahren der technischen Standardsetzung schon auf eine lange Tradition gesellschaftlicher Rechtsbildung zurückblicken können, stehen zur Zeit »Ethikkommissionen« im Vordergrund des Interesses, in der für die Normierung von Wissenschaft und Gesundheitswesen die gesellschaftlichen Konsensgrundlagen gesucht werden (Daele 1990).

Die Vernetzung von Richterrecht und solchen pluralen Rechten läßt sich als Integration zweier Lernprozesse sehen: Das Richterrecht nimmt solche gesellschaftliche Normierungen zur Kenntnis und baut sie in seine eigenen Rechtsbildungsprozesse ein. Die pluralen Normbildungsprozesse antizipieren ihre Rezeption im Rechtsbetrieb und stellen sich lernend darauf ein. Ähnlich wie der Gesetzgeber oder die Vertragspartner müssen solche pluralen Normsetzungen es lernen, solche Normen zu produzieren, von denen sie annehmen können, daß die Gerichte sie akzeptieren. Es handelt sich um ein Wechselspiel von Autonomie und struktureller Kopplung, das vom Recht im Prinzip anerkannt, dann aber zunehmend durchnormiert wird.

Die sensibelsten Beobachtungen solcher Tendenzen finden sich bei Rudolf Wiethölter (1988, S. 22). »Jeweilige ›Autonomie‹ wird in sich, ›als solche‹, gerechtfertigt, wenn und weil sie den verändernden Maßstäben, Foren und Verfahren ›denkend gehorcht‹. Sie sind und bleiben im Streit, aber die Umstellung auf sie ist der ›Paradigma‹-Wechsel. ... Denn nicht so sehr die beschworene Sorge vor ›Vergerichtlichung‹ eines jeden Vorgangs in x-beliebigen

Gruppen wird voraussichtlich die zukünftigen Erfahrungen beherrschen als vielmehr die Möglichkeit von ›externalisierter Kontrolle‹ in Fällen nicht zu rechtfertigender ›internalisierender‹ Prozeduren. Wenn im Maße verbesserter Innenwelt-Aktivitäten wegen der – auf Kontrollen hin – gebilligten Maßstäbe, Foren, Verfahren die jeweilige Autonomie ›im Recht‹, ›frei‹ ist und bleibt, dann ändert sich gesellschaftliches Lernen en gros und en detail nicht durch Befehl und Gehorsam, nicht durch Vergerichtlichung und Verrechtlichung, sondern ›systemisch‹, ›kommunikativ‹, ›ökonomisch‹«.

Literatur

Achterberg, Norbert (Hg.) (1986), *Rechtsprechungslehre*, Köln: Heymann.

Daele, Wolfgang van den (1990), »Regeldurchsetzung und Normbildung bei der Kontrolle biomedizinischer Forschung«, in: *Kölner Zeitschrift für Soziologie und Sozialpsychologie* 42, S. 428-451.

Edelman, Lauren B. (1990), »Legal Environments and Organizational Governance: The Expansion of Due Process in the American Workplace«, in: *American Journal of Sociology* 95, S. 1401-1440.

Esser, Josef (1956), *Grundsatz und Norm in der richterlichen Fortbildung des Privatrechts: Rechtsvergleichende Beiträge zur Rechtsquellen- und Interpretationslehre*, 3. Auflage 1974, Tübingen: Mohr (Siebeck).

– (1970), *Vorverständnis und Methodenwahl in der Rechtsfindung. Rationalitätsgarantien der richterlichen Entscheidungspraxis*, Frankfurt: Athenäum.

Henry, Stuart (1983), *Private Justice*, Boston: Routledge and Kegan Paul.

Joerges, Christian (1986), »Quality Regulation in Consumer Good Markets: Theoretical Concepts and Practical Examples«, in: T. C. Daintith und G. Teubner (Hg.), *Contract and Organisation*, Berlin: de Gruyter, S. 142-163.

Luhmann, Niklas (1972), *Rechtssoziologie*, 2 Bde., 2. Auflage 1983, Opladen: Westdeutscher Verlag.

– (1981), *Ausdifferenzierung des Rechts. Beiträge zur Rechtssoziologie und Rechtstheorie*, Frankfurt am Main: Suhrkamp.

– (1990), »Die Stellung der Gerichte im Rechtssystem«, in: *Rechtstheorie* 21, S. 459-473.

Maus, Ingeborg (1986), *Rechtstheorie und Politische Theorie im Industriekapitalismus*, München: Fink.

– (1989), »Die Trennung von Recht und Moral als Begrenzung des Rechts«, in: *Rechtstheorie* 20, S. 191-210.

Merry, Sally E. (1988), »Legal Pluralism«, in: *Law & Society Review* 22, S. 869-901.
Müller, Friedrich (1986), *»Richterrecht«. Elemente einer Verfassungstheorie*, Berlin: Duncker & Humblot.
Ogorek, Regina (1986), *Richterkönig oder Subsumtionsautomat? Zur Justiztheorie des 19. Jahrhunderts*, Frankfurt: Klostermann.
Rehbinder, Eckard (1982), *Vertragsgestaltung*, Frankfurt: Metzner.
Rottleuthner, Hubert (1987), »Volksgeist, gesundes Volksempfinden und Demoskopie«, in: *Kritische Vierteljahreszeitschrift für Gesetzgebung und Rechtswissenschaft* 2, S. 20-38.
Teubner, Gunther (1987a), »Episodenverknüpfung. Zur Steigerung von Selbstreferenz im Recht«, in: D. Baecker, J. Markowitz, R. Stichweh, H. Tyrell und H. Willke (Hg.), *Theorie als Passion*, Frankfurt am Main: Suhrkamp, S. 423-446.
– (1987b), »Hyperzyklus in Recht und Organisation: Zum Verhältnis von Selbstbeobachtung, Selbstkonstitution und Autopoiese«, in: H. Haferkamp und M. Schmid (Hg.), *Sinn, Kommunikation und soziale Differenzierung: Beiträge zu Luhmanns Theorie sozialer Systeme*, Frankfurt am Main: Suhrkamp, S. 89-128.
– (1988), »Napoleons verlorener Code: Eigendynamik des Rechts als politisches Problem«, in: *Festschrift für Werner Maihofer*, Frankfurt am Main: Klostermann, S. 587-601.
Watson, Alan (1985), *The Evolution of Law*, Baltimore: John Hopkins University Press.
Weber, Max (1967), *Rechtssoziologie*, 2. Auflage, Neuwied: Luchterhand.
Wiedemann, Herbert (1980), *Gesellschaftsrecht*, München: C. H. Beck.
Wiethölter, Rudolf (1988), »Zum Fortbildungsrecht der (richterlichen) Rechtsfortbildung: Fragen eines lesenden Recht-Fertigungslehrers«, in: *Kritische Vierteljahreszeitschrift für Gesetzgebung und Rechtswissenschaft* 3, S. 1-28.

Karin Knorr-Cetina
Klaus Amann

Konsensprozesse in der Wissenschaft

1. Der herkömmliche Konsensbegriff in der Wissenschaft und seine Kritik

Konsensprozesse sind von grundlegender Bedeutung für die Wissenschaft. Herkömmliche Vorstellungen vom »Erfolg«, vom »Fortschritt« und von der »Überlegenheit« der modernen Naturwissenschaft beziehen sich auf Konsensprozesse. Sie nehmen an, daß der Konsensprozeß dasjenige Element der Wissenschaft darstellt, an dem sich die Differenz zwischen wissenschaftlichen und nichtwissenschaftlichen Erkenntnissystemen markiert. Der Begriff der Konsensformation bezieht sich in der Wissenschaftsforschung auf den Prozeß, durch den Ergebnisse wissenschaftlicher Forschung zur allgemeinen Akzeptanz gelangen. Von der Annahme eines solchen »allgemeinen Akzeptierens« bestimmter Ergebnisse in der Naturwissenschaft hängt der Fortschrittsgedanke ab, der traditionell mit Konzepten der Wissenschaftsentwicklung verknüpft ist. Fortschritt in der Wissenschaft ist nach dieser Vorstellung gegeben, wenn wissenschaftliche Ergebnisse so aufeinander aufbauen, daß jeweils »überlegene«, neue Ergebnisse vorhergehende ablösen. Dieses Aufbauen und Ablösen setzt Einigkeit darüber voraus, worin die »überlegenen« Ergebnisse bestehen. Aktivitäten in einem Gebiet, in dem Uneinigkeit über die Präferenz und Präferierbarkeit der Ergebnisse besteht, lassen sich nicht zu einer Fortschrittssequenz aufsummieren. Die Erzielung von Einigung kann nach dieser Vorstellung nur gelingen, wenn allgemeingültige Entscheidungskriterien existieren, mit denen die Beteiligten die Auswahl von Ergebnissen treffen. Die Geschichte der Wissenschaftsphilosophie in diesem Jahrhundert kann als Geschichte verschiedener Versuche gewertet werden, diese Kriterien als *Rationalitätskriterien* zu spezifizieren und den Prozeß der Konsensformation als Prozeß der *rationalen Entscheidungsfindung* zu etablieren.

Aber die Geschichte der Wissenschaftsphilosophie ist auch eine Geschichte des Scheiterns dieser Bemühungen. Schon Kuhn

(1962) und Feyerabend (z. B. 1975) haben aus wissenschafts*historischer* Sicht den Rationalitäts- und Fortschrittsgedanken in Frage gestellt, in den solche Konsensvorstellungen eingebaut sind. Für die Wissenschafts*philosophie* waren die zentralen Ergebnisse, deren Aufeinanderfolge wissenschaftlichen Fortschritt ausmachen sollte, wissenschaftliche Theorien. Konsensprozesse wurden in der Auseinandersetzung um Theorien thematisiert und betrafen die Bewertung des repräsentationalen Inhalts dieser Theorien (korrespondenztheoretischer Realismus), die Beurteilung von deren empirischen Adäquatheit (Neo-Positivismus) oder die Entscheidung über deren Problemlösungseffektivität (Pragmatismus). Kuhns Kritik an diesen Modellen stellte nun die »rationale« Vergleichbarkeit solcher Theorien selbst in Frage. Er wies darauf hin, daß sich zwischen verschiedenen Theorien (und Theoriegebäuden) auch konzeptuelle Bedeutungen, methodische Präferenzen, die Formulierung der »eigentlich« interessanten Probleme, Objektselektionen und metaphysische Annahmen ändern, so daß eine Vergleichbarkeit anhand gleichbleibender Rationalitätskriterien gar nicht möglich erscheint. Kann man nicht weiter von der sukzessiven Selektion der »objektiv« besseren Theorien nach gleichbleibenden Rationalitätsstandards ausgehen, so kann es auch nicht zu *einer* ununterbrochenen Fortschrittslinie von Theorien kommen. Kuhn hat konsequenterweise die Fortschrittsidee durch ein Modell wissenschaftlichen »Wandels« ersetzt und durch Annahmen über die »revolutionäre« Form dieses Wandels ergänzt. Eine weitere Problematisierung des rationalen Konsens- und Fortschrittsmodells erfolgte durch die neuere Wissenschaftssoziologie, die *empirisch* zeigte, daß sich in wissenschaftlich kontroversen Situationen keine Einigung darüber herstellen läßt, was als gültige Kriterien der Bewertung von Forschungsresultaten dienen soll. Es wurde gezeigt, daß sich mit der Durchsetzung eines neuen wissenschaftlichen Paradigmas zugleich die Bewertungskriterien für Forschungsresultate ändern. Die neuere Wissenschaftssoziologie hat außerdem Belege dafür geliefert, daß sich in kontroversen Situationen Theorien bzw. empirische Ergebnisse

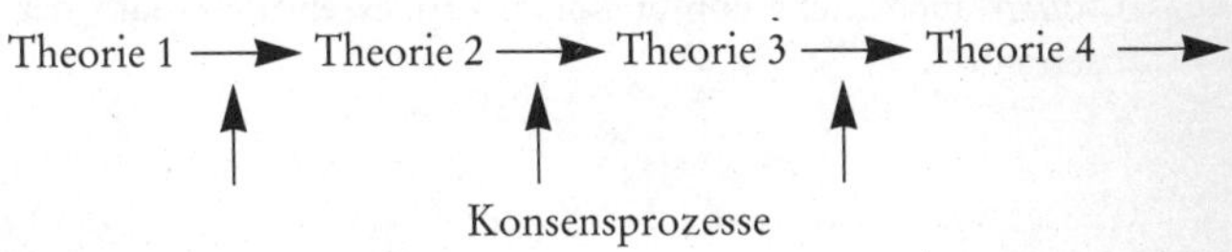

durchsetzen, *obwohl* die Verliererseite *gute Gründe* für ihre Position geltend machen kann (z. B. Collins 1975, 1985). Dies bedeutete das Ende für das Rationalitätsmodell der Konsensfindung und seiner beiden Grundannahmen, daß sich »überlegene« wissenschaftliche Erkenntnisansprüche mit Hilfe allgemein akzeptierter Bewertungsstandards feststellen lassen und daß sich die »besseren« Gründe bei der Selektion von Erkenntnisansprüchen durchsetzen. Unklar blieb zunächst, was an die Stelle dieses Modells treten sollte. Die vorhandenen »Belege« waren vordringlich Negativbeweise, die zwar die Fragwürdigkeit des herrschenden Modells vor Augen führten, aber keine Alternativen anboten. Nicht die Formulierung solcher Alternativen, sondern die Öffnung der Konsensfrage und die Konsequenzen dieser Öffnung beschäftigten seit Mitte der siebziger Jahre die Wissenschaftsforschung. Die oben genannten Ergebnisse hatten das Rationalitätsmodell der Konsensbildung in Frage gestellt, ohne jedoch die Existenz von Konsensprozessen anzuzweifeln. Für Kuhn etwa blieb die Konsensfindung ein wichtiges Element seiner Theorie wissenschaftlicher Revolutionen. Er sah nur den rationalen Mechanismus der Konsensbildung ersetzt durch einen in Analogie zu religiösen »Bekehrungen« gefaßten Wahrnehmungswandel der Beteiligten. Für die Wissenschaftsforschung scheint sich mit der Öffnung der Frage, wie Konsens in der Wissenschaft zustande kommt, jedoch auch der Konsensbegriff aufzulösen. Dies ist einerseits ein Effekt der Bearbeitung anderer Fragestellungen, wie etwa der wissenssoziologischen Untersuchung sozialer Einflußfaktoren auf die Wissenschaft. Andererseits ist die Auflösung des Konsensbegriffs eine Konsequenz der *mikrosoziologischen Wende* in der Wissenschaftsforschung, durch die die Diversität und Heterogenität wissenschaftlicher Prozesse erstmals im Detail ins Blickfeld geriet. Aus »naturalistischer«, an realzeitlichen Prozessen interessierter Perspektive erscheint es heute unwahrscheinlich, daß wir mit *einem* Akzeptanzmodell, mit *einem* Mechanismus zur Beschreibung wissenschaftlicher Entwicklung auskommen. Möglicherweise unterscheiden sich entsprechende Prozesse in der Wissenschaft auch nicht von analogen Prozessen außerhalb der Wissenschaft.

2. Die Differenzierung von »Konsens«prozessen

Bedient man sich einer mikrosoziologischen Optik, so ist die Auflösung des Konsensbegriffs mit folgenden Differenzierungsnotwendigkeiten verbunden:

2.1 Differenzierung nach verschiedenen Forschungsbereichen

Die Frage, wie Akzeptanzprozesse »in der Wissenschaft« verlaufen, ist mit großer Wahrscheinlichkeit schon deshalb falsch gestellt, weil man nicht davon ausgehen kann, daß sie in allen Wissenschaftsbereichen gleich oder ähnlich verlaufen. Die Annahme der Einheit der Wissenschaft, die sich hinter allgemeinen Fragestellungen wie den obengenannten verbirgt, ist bei einer Betrachtung realzeitlicher wissenschaftlicher Prozesse nicht aufrechtzuerhalten. Diese Einsicht beginnt sich auch in der Wissenschaftsphilosophie durchzusetzen[1], beschäftigt aber vor allem die empirische Analyse wissenschaftlichen Handelns. Verschiedene Wissenschaftsbereiche weisen zum Beispiel verschiedene soziale und technologische Infrastrukturen auf, die zugleich unterschiedliche Voraussetzungen für Akzeptanzprozesse bilden. Beispiele liefern untersuchte Strukturen in der Teilchenphysik und Molekularbiologie, wie sie weiter unten (4.1 und 4.2) beschrieben werden.

2.2 Differenzierung nach Prozessen

Eine weitere Unterscheidung muß sich an der Verschiedenartigkeit der Prozesse orientieren, mit denen Konsens gebildet wird. Das Modell, das der traditionellen Auffassung zugrunde liegt, macht eine Reihe von Annahmen, die es in die Nähe des Habermasschen Konzepts der idealen Sprechergemeinschaft rücken, für die es als Quelle gedient haben mag – zum Beispiel die Annahme der Beteiligung individueller Akteure am Konsensbildungsprozeß, die Annahme, daß es sich um »freie« Entscheidungsprozesse

1 So wurde zum Thema der »Disunity of Science« vor kurzem erstmals eine Konferenz mit dem Titel »Disunity and Contextualism: New Directions in the Philosophy of Science« (Stanford, März/April 1991) abgehalten.

handelt, die nicht durch materiale oder Interessengegebenheiten vorstrukturiert sind, oder die Annahme, daß alternative Theorien bekannt sind und zur Debatte stehen oder gestellt werden. In der Wissenschaftsforschung ist die Vorstellung vom rationalen Konsens, soweit sie überhaupt empirisch verankert ist, an den kommunikativen Auseinandersetzungen bei wissenschaftlichen Kontroversen orientiert, wobei diesen Kontroversen ein im Prinzip rationaler Verlauf unterschoben wird. Realzeitliche Abläufe außerhalb von Kontroversen sind aber häufig durch andere Gegebenheiten als die einer bloßen *Sprecher*gemeinschaft gekennzeichnet. So etwa durch die Aktivitäten von Kollektiven anstatt von Einzelwissenschaftlern, durch infrastrukturelle Restriktions-, Selektions- und Strukturierungsprozesse statt durch mentalistische Entscheidungsprozesse oder durch die *Vermeidung* der Feststellung von Übereinstimmung ebenso wie von Nicht-Übereinstimmung. Darüber hinaus zerfallen langwierige und komplexe Durchsetzungsprozesse in der Wissenschaft naturgemäß in Teilprozesse, deren Mechanismen, beteiligte Gruppen und Lokalitäten durchaus verschieden sein können.

Die durch heutige Forschungen erzeugten »Konsens«szenarien zeigen sowohl diese Vielfalt der Prozesse als auch ein Abgehen von Vorstellungen, die Konsensbildung als Meinungs*teilung* nach dem Modell einer einstimmig abgeschlossenen Konversation auffassen. Befand sich der rationale Konsensmechanismus der Wissenschaftsphilosophie in der Nähe dieses Modells, so liegen die heute beschriebenen Mechanismen weit entfernt davon. Es handelt sich einerseits um Beschreibungen von Verfahren, die die Durchsetzung wissenschaftlicher Ergebnisse in die Nähe von *Interessenprozessen* und ökonomischen Verkaufsstrategien bringen, und andererseits um solche, die sich mit der *Infrastruktur des Konsenses* in verschiedenen Wissenschaftszweigen beschäftigen. Eine Gliederung der entsprechenden Prozesse ergibt folgende Unterscheidungen[2]:

Durchsetzungsprozesse – wie werden für wissenschaftliche Ergebnisse bzw. Erkenntnisansprüche Anhänger gewonnen, und wie

2 Diese Gliederung beansprucht keine Vollständigkeit. Die meisten der hier beschriebenen »Mechanismen«, »Szenarien« bzw. »Modelle« sind überdies nur implizit in den vorhandenen Arbeiten enthalten oder befinden sich in Ausarbeitung.

setzen sich diese Ergebnisse in einem wissenschaftlichen Feld (oder in der Praxis) durch?

Stabilisierungsprozesse – wie geschieht die *Prä-formierung* von Konsens durch *infra-strukturelle* Mechanismen, unabhängig von Durchsetzungsprozessen oder vom »An-den-Mann/die-Frau-Bringen« von Resultaten?

Schließungsprozesse – welche Mechanismen der Abschließung bzw. Beendigung von Forschungen im engeren Sinne gibt es, die zu der Schließung von Interpretationsspielräumen, zur Beendigung wissenschaftlicher Debatten und ähnlichem führen?

Wichtig ist zu sehen, daß für die Beschreibung und Strukturierung dieser Prozesse der *Herstellungskontext* von Forschungsresultaten nicht aus der Betrachtung ausgeschlossen ist, sondern den zentralen Ort der konsensetablierenden Tätigkeit darstellt. Die traditionelle Trennung zwischen »context of discovery« und »context of justification« implizierte dessen Ausschluß auf der Basis der Annahme, daß Forschungsresultate unabhängig von ihren Entstehungsprozessen in einem wissenschaftlichen Feld Akzeptanz finden und die Entstehungsprozesse so ignoriert werden könnten.[3] Die Plausibilität eines solchen Vorgehens ergibt sich aus der Gleichsetzung von Herstellungskontexten mit dem vermeintlich idiosynkratischen Auftreten neuer Ideen im Kopf eines Wissenschaftlers. Sie ist eine Folge der Ausblendung des gesamten sozialen Fabrikationsprozesses von Wissen im Labor, ebenso wie der dabei zum Tragen kommenden Selektionen vorhergehender Forschungsresultate bei der Generierung neuer Resultate. Die neuere Wissenschaftssoziologie[4] hat dagegen argumentiert, daß

3 Erst in jüngster Zeit wird von philosophischer Seite gegen die Ausblendung des »context of discovery« aus der Wissenschaftsphilosophie argumentiert, die diesen lange für irrelevant für ihre Fragestellungen – insbesondere für Fragen der Akzeptanz und Rechtfertigung von Wissen – erklärt hatte. Siehe dazu etwa Nickles 1980.

4 Unter die neuere Wissenschaftssoziologie werden üblicherweise die Arbeiten des »strong programme« der Wissenssoziologie (etwa Bloor 1976, Barnes 1977), der »Bath school« (etwa Collins 1975, 1985), des konstruktivistischen (»Laborstudien«-)Ansatzes (etwa Latour und Woolgar 1979, Knorr 1977 sowie die in den Fußnoten 5 und 6 zitierten Arbeiten) und des diskursanalytisch-reflexivistischen Ansatzes (z. B. Gilbert und Mulkay 1984, Woolgar 1988) zusammengefaßt. Zu einer

der Herstellungsbereich der Ort *interner* Überzeugungsprozesse ist, die die Art der resultierenden Ergebnisse vorstrukturieren. Darüber hinaus hat sie klar gemacht, daß der Herstellungskontext von Forschung – abgesehen von kontroversen Situationen – der *einzige* Ort sein dürfte, an dem eine systematische Selektion von bereits erzeugten Forschungsresultaten – durch deren Einbau in neue Resultate – erfolgt.[5] Insbesondere Stabilisierungs- und Schließungsprozesse involvieren das Labor, wie wir sehen werden, in zentraler Weise. Wichtig ist überdies zu sehen, daß keiner der genannten Prozesse Meinungsteilung als *Mechanismus* der Konsensbildung impliziert. Meinungseinheitlichkeit mag als *Konsequenz* (und Voraussetzung) von Durchsetzungs- und Stabilisierungsprozessen auftreten, sie ist jedoch weder Mittel noch notwendiger Aspekt der Prozesse selbst.

3. Durchsetzungsprozesse: die Verbreitung von wissenschaftlichen Resultaten

Durchsetzungsprozesse werden in der gegenwärtigen Wissenschaftsforschung hauptsächlich durch Modelle thematisiert, die die *Interessen* der Teilnehmer als Erklärungsmechanismus heranziehen. Eine erste Version eines solchen »Interessenmodells« wurde von Pickering (1980, 1984) vorgestellt. Pickering versuchte zu zeigen, daß die Akzeptierung wissenschaftlicher Erkenntnisansprüche davon abhängt, inwieweit diese bestehende Forschungsrichtungen und deren Resultate bestätigen und legitimieren und sie »food for thought« darstellen, das heißt, inwieweit sie lösbare »puzzles« für weitere wissenschaftliche Untersuchungen generieren. Im Bestätigungsfall werden durch die neuen Erkenntnisansprüche die Investitionen von Wissenschaftlern in gegebene Forschungsrichtungen abgestützt, und die Resultate werden von den Betroffenen daher gern akzeptiert. Im »Generierungs«fall wird durch Erkenntnisansprüche die Möglichkeit für Anschlußforschungen eröffnet; hierdurch werden Anhänger »rekrutiert«,

Übersicht über die verschiedenen Ansätze siehe Knorr-Cetina und Mulkay 1983.

5 Näheres zu dieser Argumentation bei Knorr-Cetina 1984, Kap. 1.4 und 1.5.

die sich mit diesen Anschlußtätigkeiken beschäftigen wollen. Leisten Erkenntnisansprüche weder das eine noch das andere, so bleiben sie, soziologisch gesehen, *ad hoc* und haben wenig Chancen, sich durchzusetzen. In diesem Modell müssen Forschungsresultate an die Interessen der Betroffenen, das heißt derjenigen, die als »Abnehmer« für die Resultate in Frage kommen, anschließen.

Callon und Latour (1981) sowie Latour (1984) fügen dem Inter essenbegriff noch den »Übersetzungs«begriff hinzu. Demnach wird die Durchsetzung wissenschaftlich-technischer Ergebnisse genau dann gelingen, wenn die Interessen der potentiellen »Abnehmer« durch die Proponenten eines Erkenntnisanspruchs so definiert (»übersetzt«) werden können, daß diese »Abnehmer« die Ergebnisse als ihren Interessen entsprechend ansehen und übernehmen. Callon und Latour haben ihre Untersuchungen in angewandten Wissenschaftsbereichen durchgeführt und die Durchsetzung von wissenschaftlich-technischen Resultaten im außerwissenschaftlichen Bereich beobachtet. Der verwendete Übersetzungs- und Interessenbegriff wird lose definiert und vielfach umschrieben. Im Zentrum steht die Frage, wie es einem Aktor gelingt, sich »unumgänglich« zu machen, also etwa andere Aktoren dazu zu zwingen, sich seiner Kapazitäten zu bedienen, wenn diese ihre Interessen erfolgreich wahrnehmen wollen. Hierbei werden von den Proponenten eines Durchsetzungsgegenstandes heterogene Elemente verknüpft und zu einer »Aktor-Welt« zusammengefügt. In dem von den Autoren analysierten Beispiel des von *Electricité de France* zu einem bestimmten Zeitpunkt propagierten Elektro-Automobils bezieht sich diese Zusammenfügung auf den Verbrennungsmotor, dem der Effekt zugeschrieben wird, die Umwelt zu vergiften und als Statussymbol zu fungieren – und dessen Verschwinden vorausgesagt wird; darüber hinaus auf traditionelle Autohersteller wie Renault, denen die Rolle zugeschrieben wird, für das neue Elektro-Auto Teile herzustellen; ebenso auf das Ministerium, das die nötigen Vorschriften entwickeln und Subventionen für die Einführung des Autos bereitstellen soll usw. Das Elektro-Automobil wird als koextensiv mit der projizierten Aktorwelt bezeichnet. Das Projekt bricht auseinander, wenn sich eines der genannten Elemente aus dem Zusammenhang entfernt oder nicht kooperiert.

Wie aus dem Beispiel zu ersehen ist, setzt das Interessenübersetzungszungsmodell zusätzlich Prozesse der Rekrutierung, Verpflichtung und Zusammenbringung von in ihren Interessen heterogenen Beteiligten durch Interessenübersetzung voraus, um *Durchsetzungsprozesse* beschreiben zu können. Die Heterogenität der Interessen von Beteiligten ist zugleich die Voraussetzung für erfolgreiche Durchsetzung und Stabilisierung: Die Stabilisierung gelingt demnach um so eher, je mehr sie *verschiedene* (soziale, politische und technische) Komponenten vereinigt. Dieses Modell leidet jedoch darunter, daß es als *Erklärung* für den Erfolg (das heißt die Durchsetzung) bestimmter wissenschaftlicher Resultate nur *post hoc* bzw. zirkulär funktioniert: Der Versuch, die Interessen anderer Beteiligter zu definieren und diese Beteiligten von »ihren« Interessen zu überzeugen, gelingt nur dann, wenn das Angebot »im Interesse« der Beteiligten liegt oder wenn diese von ihren Interessen überzeugt werden können. Der Unterschied zu Pickerings Verwendung einer Interessenerklärung liegt darin, daß in dessen Modell die einen Erkenntnisanspruch anbietenden Wissenschaftler die Interessen ihrer Adressaten nicht, wie im Interessenübersetzungsmodell, strategisch vordefinieren, so daß die Akzeptierung des Erkenntnisanspruchs ausschließlich über die dominierenden Anschlußhandlungen und Bestätigungsinteressen der Rezipienten plausibel gemacht wird. Callons und Latours Modell ist ein Modell des strategischen Handelns der Anbieter eines Erkenntnisanspruchs. Pickerings Modell ist ein Modell der interessengeleiteten Selektion der Rezipienten.

4. Stabilisierungsprozesse: Die Infrastruktur von Konsensus

Die folgenden Vorstellungen unterscheiden sich von den obengenannten dadurch, daß sie nicht die Durchsetzungs- bzw. Selektionsstrategien von Aktoren, sondern die infrastrukturellen Voraussetzungen der »Allgemein-Gültigkeit« wissenschaftlicher Rituale betreffen. Anders ausgedrückt, sie beschäftigen sich mit der *Prä-formierung* von Konsens – mit der Schaffung derjenigen Voraussetzungen, die Konsens im Wissenschaftsbereich als emergentes Phänomen generieren und gegebenenfalls Konsensprozesse über Forschungs*ergebnisse* ersetzen bzw. unnötig machen. Hierbei wird nicht der Akzeptanzweg eines wissenschaftlichen Resultats (einer kontroversen Theorie, einer experimentellen Entwicklung) verfolgt, sondern es werden die Bedingungen untersucht, unter denen Resultate hergestellt werden. Diese Bedingungen unterscheiden sich in verschiedenen Forschungsbereichen. Konsensprozesse antworten auf und variieren mit diesen Bedingungen. Das Interessenübersetzungsmodell »paßt« auf jede Verkaufsstrategie, die den Nutzen eines Produktes für verschiedene Klientele herausstellt und Überzeugungskraft daraus gewinnt, verschiedenen Teilnehmern ihre Interessenvorteile und Involvierungen kenntlich zu machen. Es ist ein Modell des strategischen Handelns von Aktoren. Die folgenden Szenarien kennzeichnen dagegen nicht Aktoren, sondern *epistemische Kulturen*; sie beziehen sich auf Praktiken, die in den verschiedenen Ontologien, sozialen Formen, technischen Gegebenheiten und sonstigen Strukturen verschiedener Wissenschaftsbereiche verankert sind. Entsprechend können die dargestellten Szenarien auch nicht in allen Wissenschaftsbereichen Anwendung finden. Die folgenden Prozesse wurden im Rahmen einer Untersuchung festgestellt, die als vergleichende Analyse von Wissensprozessen in der Molekularbiologie sowie in der Teilchenphysik durchgeführt wurde.[6] Hierbei gilt, daß die Komponenten des nachfolgenden Universalisierungsmodells (4.1) keine Gültigkeit für die Teilchenphysik beanspruchen können, wie wiederum der Summierungsmechanismus (4.2) der letzteren nicht für die Molekularbiologie zur Anwendung kommt.

6 Die Ergebnisse des ersten Abschnitts dieser vergleichenden ethnographischen Studie finden sich zusammengefaßt in Knorr-Cetina et al. 1992. Zur Untersuchung der Molekularbiologie siehe Amann 1990. Teilergebnisse finden sich unter anderem in Knorr-Cetina et al. 1988, Amann und Knorr-Cetina 1988 und Knorr-Cetina 1991. Die Untersuchung umfaßt die direkte Beobachtung von Wissenschaftlern an der Arbeit sowie die Verfolgung ihrer Tätigkeit über mehrere Jahre. Zu einer genaueren Beschreibung des Forschungsansatzes sowie der untersuchten Forschergruppe in der Molekularbiologie siehe Amann 1990. Zu einer Anwendung des Ansatzes auf den medizinischen Bereich siehe Hirschauer 1991.

4.1 Das Universalisierungsmodell

Das Problem der Konsensformation kann auch als Problem des Übergangs von lokal erzeugten Erkenntnisprodukten zu universell verwendbaren wissenschaftlichen Tatsachen definiert werden. Hierbei wird »Universalität« allerdings nicht mit »Objektivität« im Sinne einer bewiesenen Tatsachenexistenz gleichgesetzt, sondern als Resultat von jeweils spezifischen *Universalisierungsleistungen* betrachtet. Auch die Verkaufs- und Selektionsstrategien von Wissenschaftlern könnten als Teil dieser Leistungen angesehen werden. Sie unterscheiden sich jedoch als *Überzeugungsleistungen* von solchen Leistungen, die Forschungsergebnisse an anderen Orten reproduzierbar, verwendbar, »brauchbar« machen – und die hier zur Debatte stehen. Solche Leistungen betreffen die Herstellung von Verallgemeinerbarkeitsbedingungen, die lokale (Re-)Generierung von Verallgemeinerbarkeit und die Manipulation von Resonanzchancen. Ein Beispiel für die Herstellung entsprechender Reproduzierbarkeitsbedingungen ist der Export bzw. die Multiplikation der Laborumstände, unter denen ein wissenschaftliches Phänomen etabliert wurde. In Hinblick auf Louis Pasteur wurde etwa gezeigt, wie dieser seine Entdeckung bestimmter Krankheitserreger dadurch etablierte, daß er »das Labor in den Tierstall exportierte« (Latour 1984). Dies heißt, daß die Bedingungen der Tierhaltung im bäuerlichen Stall so verändert wurden, daß sie den Bedingungen entsprachen, unter denen das wissenschaftliche Ergebnis seine Gültigkeit beanspruchen kann.[7]
Was für die Anwendung wissenschaftlicher Ergebnisse in der Praxis gilt, gilt ebenso für deren Weiterverwendung innerhalb der Wissenschaft. Wenn etwa Produkte aus anderen Laboratorien übernommen werden sollen, muß ein wesentlicher Teil von Laboraktivitäten jeweils darauf verwendet werden, die lokalen Laborumstände so zu verändern, daß die Bedingungen den Herstellungsbedingungen des zu übernehmenden Produkts an seinem Ursprungsort entsprechen oder funktionale Äquivalente gefunden werden. Solches »Äquivalentmachen« kann selbst dann einen Gutteil der Tätigkeit von Wissenschaftlern einnehmen, wenn diese selbst das Produkt kennen bzw. an einem anderen Ort eingesetzt haben.

7 Fujimura 1986 und 1988.

Ein Mechanismus, der hier Universalisierungseffekte erzielt, ist der der *Vernetzung* von Laboratorien und Forschern. Zum Beispiel sind Laboratorien in der Molekularbiologie auf vielfältige Weise miteinander verbunden: durch den Austausch von *post docs* und anderen Wissenschaftlern; durch den Austausch von Forschungsmaterialien, Teilen von Experimenten und Verfahrensprotokollen; und durch orale Kommunikation, das heißt den Austausch von mündlichen Informationen über die Verwendungsweise und Probleme von Materialien, Methoden (und Wissenschaftlern). Zwar sind nicht alle Laboratorien zu allen Zeitpunkten gleichmäßig in die relevanten Netzwerke eingeklinkt. Aber das Ausmaß der Einklinkung, das Ausmaß des Zugangs zu den Bedingungen und Kapazitäten anderer Laboratorien bestimmt auch die Erfolgschancen, die ein Labor bei der Generierung von Forschungsresultaten hat.

Es ist wichtig zu sehen, daß es sich hier um infrastrukturelle Vernetzungen handelt. Gemeint ist nicht die Kommunikation durch und über schriftliche Publikationen, sondern der Fluß von Materialien, Hilfestellungen und Ressourcen, der sich zwischen Laboratorien etabliert. Laborleiter sind die »facilitators« und die »Clearing-Stelle« dieses Materialflusses. Dessen Ausmaß hängt von *ihren* Kontakten und Verbindungen ab, ebenso wie von dem Ausmaß, in dem in ihrem Labor entwickelte Materialien Ressourcen für andere Laboratorien darstellen.

Der Fluß an Materialien und Personen *vereinheitlicht* Laborbedingungen und Selektionen durch die *Transplantation* – und die nachfolgende *Regenerierung* – von Forschungsbedingungen und Forschungselementen. Einen weiteren Beitrag liefert die Abspaltung und Neugründung von Laboratorien aus Teilen von Ursprungslaboratorien. Aber die Vernetzung durch Transplantation und Reproduktion stellt nur eine Seite der Universalisierungsleistungen dar. Eine weitere Seite resultiert aus der strategischen Beobachtung des Feldes und der Risikominimierung bei der Durchführung von Forschung. Wissenschaftler beobachten ihr Forschungsfeld mindestens ebenso, wie sie »Realität« beobachten. Sie tun dies in der Molekularbiologie durch die Profilierung von Beobachterpositionen und Aktivitäten, wobei diese auf die Spitzen der Hierarchie eines Labors, insbesondere aber wiederum auf den Laborleiter, entfallen. Die Beobachtung anderer Laboratorien durch den Laborleiter ist Voraussetzung für das Einklinken des eigenen Labors in die obengenannten Netzwerke und deren Aktivierung für eigene Zwecke. Laborleiter müssen wahrnehmen, was in welchem Labor geleistet wird, welches Labor über welche experimentellen Ressourcen und Verfahrenskompetenzen verfügt und ähnliches mehr. Die Beobachtung hat aber noch einen weiteren Effekt. Beobachtet wird auch, in welche Richtung sich ein Forschungsfeld bewegt und was diese Bewegung beeinflussen bzw. die Tätigkeit des eigenen Labors in diesem Zusammenhang fördern kann. Auch diese Beobachtung erfolgt im Sinne der obengenannten Vernetzung nicht nur über das Lesen von Publikationen, sondern durch den Besuch anderer Laboratorien und von Konferenzen, also durch Deplazierung des Beobachters. Aus der Wahrnehmung resultieren Fünf- bis Zehnjahrespläne im Kopf der Beteiligten, die spezifizieren, in welche Richtung in einem Feld Investitionen gemacht werden müssen. Mit anderen Worten, die Beobachtung führt zu Überlegungen dahingehend, in welchen Bereichen und mit welchen Mitteln im genannten Zeitrahmen epistemischer Profit zu erzielen sein wird. Forschungen, die »profitträchtig« erscheinen, werden bevorzugt realisiert.

Die Kalkulation läuft darauf hinaus, die Resonanz auf zukünftige Forschungsergebnisse vorweg abzuschätzen und die Bedingungen für die Erzielung von Resonanz zu verbessern. Auch hierdurch wird eine Konsens*vor*leistung erzielt, indem die Universalisierungsmöglichkeiten für zukünftige Resultate durch deren Anpassung an die Interessen und Entwicklungstendenzen anderer Laboratorien verbessert werden. Eine weitere, von den Teilnehmern wahrgenommene Verbesserung der Verbreitungsmöglichkeiten zukünftiger Resultate erfolgt durch *Risikomanipulation und Risikostreuung* bei der Generierung von Resultaten. Ein Beispiel ist das gezielte »Probieren«lassen von Forschungsstrategien durch wissenschaftlichen Nachwuchs und *post-docs*, wobei durchaus damit gerechnet wird, daß nicht alle Strategien aufgehen und zum Erfolg führen können. Für nicht-erfolgreiche Arbeiten existieren Auffangmaßnahmen, die es den Betroffenen erlauben, zum Beispiel dennoch eine Qualifikationsarbeit abzuschließen. Auch die Organisationskultur gemeinsamer »sozialer« Veranstaltungen, sportlicher Betätigungen und Exkursionen kann zum Ausgleich für entstehende persönliche Fehlschläge offeriert werden. Trotzdem bleibt ein Teil der Lasten einer schiefgegangenen »Probe«forschungsstrategie an den betroffenen Wissenschaftlern hängen und muß von ihnen durch andere Anstrengungen kompensiert werden. Die Risikostreuung hat für das Labor jedoch den Effekt, die Chance des Erfolgs eines Teils der Arbeiten zu erhöhen, das heißt resonanzträchtige Forschungsergebnisse zu produzieren.

4.2 Der Summierungsmechanismus

Für die Molekularbiologie kann man behaupten, daß sie in einem Durchsetzungsregime operiert, daß aber, wie Universalisierungsprozesse zeigen, hierbei auch Prä-Stabilisierungsmechanismen berücksichtigt werden müssen, die lange *vor* der Veröffentlichung und dem Verbreitungsversuch eines Resultats zum Tragen kommen. Allerdings weisen die letztgenannten Prozesse auch auf eine Problemverschiebung hin. Demnach ist die Frage nicht nur bzw. nicht mehr in erster Linie, wie ein wissenschaftliches Produkt dazu kommt, daß es »abgenommen« und akzeptiert wird, sondern die Frage lautet auch, wie man schneller wissenschaftliche Produkte entwickelt, *von denen gewußt wird*, daß sie gesucht, gebraucht und abgenommen werden. In der Teilchenphysik erscheint dieser Aspekt nun zum Extrem entwickelt. Hierzu muß man wissen, daß die Universalisierungsproblematik in der Molekularbiologie auch mit deren sozialer und territorialer Struktur zu tun hat, zum Beispiel mit ihrer Existenz in Form einer Vielzahl kleiner Laboratorien, die um Ressourcen, Anerkennung, Mitarbeiter und ähnliches miteinander konkurrieren und eine Art von Abnehmermarkt für die Produkte der Teilnehmer darstellen. Viele partikulare Laboratorien entsprechen vielen partikularen Herstellungsbedingungen und vielen partikularen, konkurrierenden Interessen. Das Universalisierungs»problem« erscheint durch diese Struktur mitgeneriert und aufrechterhalten.

In der Teilchenphysik liegt dagegen eine ganz andere soziale und territoriale Struktur vor. Insbesondere in der Colliderphysik existieren weltweit nur wenige Laboratorien (für die von uns untersuchte Suche nach dem *top quark* das CERN in Genf und FERMILAB in Chicago), die sich mit vergleichbaren Problemen beschäftigen. Auch die Zahl der Experimente, die zu einem gegebenen Zeitpunkt an diesen Collidern operational sind, liegt nicht höher. Gleichzeitig beschäftigen solche Experimente mehrere hundert Physiker und dauern zwischen 10 und 20 Jahren. Für diese Experimente besteht das Ziel darin, für einen bestimmten Zeitraum die Herstellung von »Physikresultaten« im gewünschten Bereich zu dominieren. Das Problem der Konkurrenz zwischen Laboratorien in der Molekularbiologie (und in anderen Wissenschaften) erscheint transformiert in ein Problem der Einklinkung von Experimenten/Laboratorien in eine Zeitsequenz, die durch aufeinanderfolgende »Generationen« von Collidern und Detektorenregimes (gekennzeichnet durch bestimmte Energiekapazitäten) aufgespannt wird. In dieser Sequenz können bestimmte Laboratorien und Experimente für bestimmte Zeitspannen das Monopol über die Ergebnisproduktion haben. In der Tat entstehen in der Teilchenphysik Legitimationsprobleme dann, wenn statt dem zeitlichen Nacheinander Parallelität von Experimenten/Laboratorien entsteht, wenn also diese Einheiten »unnötig« miteinander konkurrieren. Die gegenwärtigen Diskussionen um den Bau eines europäischen »Large Hadron Colliders« parallel zu dem in Amerika gebauten »Superconducting Supercollider« erwächst aus einer solchen Problematik.

In der Teilchenphysik legt die Art der Detektoren (und die Energiekapazität der Beschleuniger) die Art der Physik fest, die gemacht werden kann. Hieraus, und aus der zumindest zum Teil monopolistischen Struktur ergibt sich das Phänomen, daß Fragen der Durchsetzung und Universalisierung von Resultaten transformiert erscheinen in die Frage, welcher Detektor (und Beschleuniger) für ein Experiment gebaut wird. Natürlich müssen Detektoren und Collider zum Funktionieren gebracht werden, und an den Details der geführten Nachweise können sich Debatten entspinnen. Es ist jedoch unvorstellbar, daß die Produkte funktionierender Maschinen bzw. Detektoren, wie etwa der derzeit laufenden LEP-Experimente am CERN, ignoriert werden. Zwar können die Ergebnisse »enttäuschend« (weil negativ) oder »langweilig» (weil nur der Präzisierung dienend) sein, aber sie werden trotzdem zur Kenntnis genommen und bestimmen die Form der Anschlußarbeiten.

Der Mechanismus, dessen sich die Teilchenphysik hier bedient, ist ein *Summierungsmechanismus*. Er stellt in gewisser Weise das Gegenstück zu den Universalisierungsleistungen in anderen Wissenschaften dar: Er beruht nicht auf der Herstellung von Verallgemeinerbarkeitsbedingungen, auf der Manipulation von Resonanzchancen und auf der lokalen Regenerierung von Verallgemeinerbarkeit, sondern auf der Summierung und lokalen »Verdichtung« des Wissens und der Kompetenzen in einem Feld. In der Teilchenphysik muß nicht verallgemeinert werden, da »das Allgemeine« an *einen* Ort geholt, untersucht und zusammengefaßt wird. Es wird in den gebauten Maschinen verdichtet und dient dann der Produktion von Ergebnissen, deren »Allgemeinheit« (im Sinne ihres allgemeinen Interesses und ihrer allgemeinen Akzeptanz) automatisch gesichert erscheint. Auch dieser Mechanismus ist ein Prä-Stabilisierungsmechanismus. Betrachten wir an einem Beispiel, wie er funktioniert.

Das Beispiel, das wir heranziehen wollen, sind Konferenzen in der Teilchenphysik. Diese weisen eine gegenüber anderen Wissenschaften völlig neue Struktur auf: Sie bestehen nämlich in zentraler Weise aus »summary talks« und »summaries of summaries«, wobei der Unterschied zwischen den verschiedenen Arten von Beiträgen häufig darin besteht, worauf sich die Zusammenfassungen beziehen. Der letzte »Large Hadron Collider Workshop« des »European Committee for Future Accelerators« in Aachen wies, wie andere Konferenzen, eine Zweiteilung der Vortragsstruktur in Plenarveranstaltungen und »working groups« auf. In ersteren wurden zu spezifischen Themen »status reports« zum Stand von Arbeiten, von Einrichtungen sowie instrumenteller Entwicklungen präsentiert, während das Programm der Plenarsitzungen Zusammenfassungen über die Physikprogramme der relevanten Großlaboratorien, Zusammenfassungen der instrumentellen und Physik-Arbeitsgruppen sowie eine Zusammenfassung der Zusammenfassungen vorsah. Da auch die Arbeitsgruppen aus Zusammenfassungen ganzer Forschungsfelder bestanden (und im übrigen gelegentlich auch noch zusätzliche »talks« beinhalteten, die die »working group« zusammenfaßten), ergibt sich eine Hierarchie von drei Ebenen von Summierungen:

Ebene 1:	*Working Groups* – Zusammenfassung ganzer Arbeitsbereiche
Ebene 2:	*Plenary Sessions* – Zusammenfassung der Arbeitsgruppen
Ebene 3:	*Plenary Sessions* Zusammenfassung der Zusammenfassungen der Ebene 2

Andere Konferenzen sind ähnlich strukturiert. Insbesondere die »eigentlich interessanten« Plenarvorträge stellen immer »summary talks« dar. Aber auch die von diesen unterschiedenen »experimental talks« in den üblichen Arbeitsgruppen, bei denen die Sprecher kürzer zu Wort kommen, geben in der Regel Übersichten über ganze Experimente in Hinblick auf eine Fragestellung und berichten nicht über die Forschungstätigkeit einer Person oder einer kleinen Gruppe. Eine Voraussetzung für diese Situation ist die Tatsache, daß in dem genannten Bereich experimentelle Ergebnisse nicht von einer Person (und auch nicht von kleinen Gruppen von 2-4 Personen wie in der Molekularbiologie) produziert werden können. Dies erklärt jedoch nicht die Einrichtung von »summary talks« und »summary of summary talks« auf allgemeinerer Ebene, die alle Konferenzen strukturieren. Ad-personam-Einladungen an Personen zu Konferenzvorträgen sind in der Regel Einladungen zu »summary talks«. Ähnlich die Einladungen, die an Experimente (bzw. deren »spokesmen«) gehen und die auf zusammenfassende »status reports« zu bestimmten Analysen lauten.

Die ständige Herstellung von Übersichten hat wichtige Funktionen in der experimentellen Teilchenphysik. Sie dient nicht nur der Information zu, sondern vor allem auch der *Rekrutierung* von instrumentellen Entwicklungen, von anderen experimentellen Komponenten und von Instituten, mit denen in einem Experiment zusammengearbeitet werden kann. Durch sie bündelt sich das Gebiet kontinuierlich neu, bewegt sich von einem Gesamtzustand zum nächsten und versichert sich einer Evolution von Entwicklung auf instrumentellem und »physikalischem« Gebiet. Hierbei entsteht der Eindruck, daß die Notwendigkeit der Rekrutierung funktionierender bzw. überlegener experimenteller Komponenten so groß ist, daß es sich das Gebiet gar nicht leisten kann, solche Komponenten zu übersehen oder den »freien« Konkurrenz- und Überlebensbedingungen in einem marktähnlichen Feld zu überlassen.

Die experimentelle Teilchenphysik ist eine komplexe Wissenschaft. Der genannte Summierungsmechanismus steht im Zusammenhang mit anderen Mechanismen, zum Beispiel dem der sogenannten Monte-Carlo-Simulation und Prognose. Durch Simulationen werden neue Detektorkonstellationen und deren mögliche Ergebnisse entfaltet, variiert, verglichen mit anderen Konstellationen und Ergebnissen und so lange weiter detailliert, bis auch die Ergebnisse eines noch nicht realisierten Experiments vorverstanden, vor»verkauft« (an Interessenten), vorakzeptiert erscheinen. Hier ist nicht der Ort, diese Mechanismen weiter zu spezifizieren. Es muß genügen, darauf hinzuweisen, daß die experimentelle Teilchenphysik durch solche Mittel das ursprüngliche Problem der Konsensformation eliminiert bzw. auf eine Ebene verschoben hat, wo es sich als »Akzeptanz-« und »Durchsetzungsproblem« für Forschungsergebnisse kaum mehr stellt. Da Detektoren und Beschleuniger für neue Großexperimente neu gebaut werden, kann auch das Universalisierungsproblem als vor-verschoben angesehen werden – es erscheint aufgelöst in der Selbstverständlichkeit der Design-, Entwicklungs- und Installationsarbeiten am Ort eines neuen Experiments. Die experimentelle Teilchenphysik nimmt mit ihrer Transformation von Konkurrenz in temporale Sequenzierung, mit ihrer kontinuierlichen Feldsummierungsstrategie und mit anderen Mechanismen eine besondere Stellung unter den experimentellen Naturwissenschaften ein. Sie treibt bestimmte Gegebenheiten ins Extrem und führt damit mögliche Entwicklungslinien von Wissenschaften vor. Gerade deshalb sind ihre Mechanismen von besonderem Interesse.

5. Schließungsprozesse

Mit der letzten Art von Prozessen verlassen wir die Ebene der Prä-formation von Akzeptanz und betrachten Schließungsprozesse im engeren Sinn. Hier erscheinen vor allem diejenigen Schließungsmechanismen von Interesse, die zur Abschließung von Forschungsaufgaben, zur Schließung von Interpretationsspielräumen, zur Evidenzfixierung[8], zur Reflexivitätsreparatur[9] und ähnlichem führen – generell also zu Praktiken und Prozessen, die den Abschluß bestimmter Aktivitätsepisoden zustande bringen und Anschlußhandlungen motivieren, die diesen Abschluß voraussetzen. Auch Schließungsprozesse dieser Art sind, etwa bei wissenschaftlichen Kontroversen, außerhalb des Labors von Interesse. Im folgenden beschränken wir uns jedoch auf letzteres

8 Siehe dazu Amann und Knorr-Cetina 1988.
9 Ein Beispiel dafür bei Knorr-Cetina 1991.

und kehren zurück zur Molekularbiologie; illustriert werden soll die Organisation von Schließung bei der Fixierung von Forschungsresultaten durch wissenschaftliche Veröffentlichungen.
Was charakterisiert den Prozeß der Forschungsabschließung durch die Veröffentlichung eines Papiers? Wie kommt der Entschluß zur Veröffentlichung selbst zustande?
Zunächst ist wichtig festzuhalten, daß die Veröffentlichung nicht einfach den emergenten Endpunkt eines beendeten Projektes darstellt. Sie setzt also nicht an dem Punkt an, an dem ein Problem restlos aufgeklärt ist, ein Sättigungspunkt an empirischer Evidenz erreicht erscheint oder an dem die Teilnehmer sich von der Validität, Korrektheit und Robustheit ihrer Ergebnisse überzeugt haben. Vielmehr ist der Abschluß einer Forschung fast immer problematisch. Es ist die Frage der *Abschließbarkeit* ihrer Forschungen, die die Teilnehmer beschäftigt und die durch aktive Überlegungen, durch Verhandlungen mit involvierten Wissenschaftlern und Laborleitern und durch entsprechende experimentelle Schritte überlegt und *hervorgerufen* werden muß.
Hierbei gilt, daß die Abschließung von Forschungsresultaten durch ein Papier nicht erst zu bestimmten Zeitpunkten »am Horizont der Möglichkeiten« auftaucht, sondern immer schon mitgedacht, immer schon Begleitphänomen von durchgeführten Forschungsarbeiten ist. Forschungen werden, wie man sagen könnte, in Hinblick auf ihre Schließungsprodukte von Anfang an formatiert. Diese Formatierungen verändern sich zwar im Verlauf des experimentellen Geschehens, bestimmen aber das Geschehen schon vor Beginn der experimentellen Tätigkeit. Dies liegt daran, daß viele Forschungen ursprünglich durch eine »story«[10] initiiert und projiziert werden, die voraussagt, was in einem resultierenden Papier gezeigt werden muß, gezeigt werden wird oder gezeigt werden kann. Diese *Vorhaben-Story* ist selbst nicht durch eine abstrakte Problemstellung hervorgerufen, deren Klärung man sich zur Aufgabe macht. Vielmehr basiert sie auf einem konkreten, oft experimentellen Hinweis auf die Möglichkeit der Gewin-

10 Der Begriff »story« wird hier nicht normativ verstanden, so als ob irgendwelche »Geschichten« konstruiert würden. Wir wollen damit vielmehr darauf hinweisen, daß nicht nur theoretische Schlußfolgerungen über den Zeitpunkt und die konkrete Struktur einer Veröffentlichung bestimmen, sondern die im Folgenden skizzierten sozialen und lokalen Faktoren dabei mit entscheidend sind.

nung eines bestimmten Resultats, von dem man weiß, daß es auf Interesse stoßen, eine »gute Story« ergeben wird. Es ist diese angezeigte Realisierungsmöglichkeit, die Vermutung eines möglichen Erfolges auf der Grundlage experimenteller Hinweise, die zur Detaillierung einer Vorhaben-Story Anlaß gibt und die weiteren experimentellen Schritte motiviert.

Zusätzlich zur Formatierung einer Forschung durch eine initiale, sich im Projektverlauf verändernde Vorhaben-Story wird die Abschließung der Forschung zu einem späteren Zeitpunkt konkret überlegt und vorbereitet. Hierdurch wird eine Forschungsphase initiiert, die man als *Vorabschlußphase* bezeichnen könnte. Sie wird markiert durch folgende Schritte: (a) die Vornahme einer »Inventur« der in der Forschung gesammelten Resultate und Beweismaterialien; (b) durch das »Warten« auf eventuell noch positiv sich ergebende, in der experimentellen Endphase befindliche Resultate; (c) durch »letzte« Versuche, die ein bestimmtes Resultat verbessern oder als fehlend betrachtete Evidenzen hinzufügen sollen; und (d) durch »Rückstrukturierungsaktivitäten« und Passungsversuche, durch die Evidenzen (meist figurative Darstellungen), negative Beweise und Beobachtungen »zusammen«strukturiert und miteinander integriert werden.

Interessant erscheint vor allem die Initiierung dieser Vorabschlußphase. Wann tritt sie auf, wodurch wird sie hervorgerufen? Die folgenden Anlässe wurden beobachtet: (1) *Biographische* Anlässe, zum Beispiel das Zu-Ende-Gehen eines *Post-doc*-Vertrages, das dazu führt, daß man versucht, nun auch eine Serie von Experimenten durch ein Papier zum Abschluß zu bringen. (2) Eine zweite Art von Anlässen bestehen aus *externen Aufforderungen*, etwa der Aufforderung eines Zeitschriftenherausgebers, der bei einem Konferenzvortrag von den »interessanten« Maus-Embryobildern eines Vortragenden begeistert ist und diesen zur Publikation auffordert. Hier wird das Papier in der Regel »versucht«, auch wenn die Daten für eine überzeugende Publikation (noch) nicht in der Hand sind. (3) Eine dritte Art von Anlässen sind schließlich *situativer* Art; sie erwachsen aus partikularen Gegebenheiten, wie etwa daraus, daß ein Laborteilnehmer sich über seine, vom Laborleiter verordnete Plazierung an zweiter Stelle in der Autorenfolge eines Papiers ärgert und beschließt, sich von nun ab auf ein »eigenes« Projekt zu konzentrieren – wodurch der Abschluß eines Kooperationsprojekts mit Kollegen notwendig wird.

Die resultierenden veröffentlichten Ergebnisse enthalten in der Regel beweistranszendierende Überschußinterpretationen. Die ursprüngliche Vorhaben-Story ist meist eine »starke Geschichte«. Die Geschichte der Vorabschlußphase, das heißt diejenige, die man aufgrund des Forschungsverlaufs tatsächlich zu erzählen vermag, ist dagegen meist eine viel schwächere Geschichte. Das Problem liegt häufig bei einem »fehlenden Phänomen« – etwa dem fehlenden Beweis dahingehend, wie ein exogenes Gen die Entwicklung eines Tieres tatsächlich beeinflußt. Stellt man etwa Stunden nach der Geburt einer möglicherweise transgenen Maus deren zurückgebliebenes Wachstum und deren Tod fest, so ist damit noch kein Beweis für einen Zusammenhang mit dem exogenen Gen gegeben. Die Geschichte muß zwecks Veröffentlichung daher vervollständigt werden. Dies geschieht durch die retroaktive Aufnahme und Kombination von früher »bemerkten« Gegebenheiten. Solche »bemerkten« Gegebenheiten reichen vom im Gedächtnis festgehaltenen Beobachtungen (etwa dem »aufgedunsenen Darm« beim Sezieren einer Maus) bis zu im Laborprotokoll notierten Daten und Messungen. Zum »Bemerken« kommen negative Evidenzen (zum Beispiel die Ergebnisse beauftragter Zusatzstudien, wie histologischer Untersuchungen), publizierte, im Gedächtnis vorhandene Resultate (zum Beispiel über Gegebenheiten bei der Genexprimierung), Hinweise Dritter und ähnliches. Die hierdurch entstehende Überschußinterpretation kann ausschließlich auf indirekte und negative Beweismaterialien rekurrieren. Sie schließt trotzdem die Kluft zwischen dem gesammelten Beweismaterial und »dem, was gezeigt werden muß«, damit eine Schließung (das heißt eine Abschließung durch akzeptierte Publikation) zustande kommt.

Das obige Schließungsszenario hinterläßt ebenso wie die Untersuchung anderer Schließungsprozesse (etwa der Evidenzfixierung) den Eindruck, daß die Schließung verfrüht, nicht vollständig gerechtfertigt, nicht allein abhängig von den »eigentlichen« schließungsrelevanten Gegebenheiten erfolgt. Offenkundig folgen Schließungen einer anderen Logik als der der Erkenntnisbeendigung. Die zu ihr führenden Prozesse liegen auf einem anderen Strang: Dies ist der Strang, der Karriereaktivitäten, Laborplazierungsstrategien und Gelegenheitserwägungen vereint mit der Frage, was für ein (Publikations-)Produkt reicht oder reichen muß. Mit anderen Worten, Schließungsszenarien bringen die volle

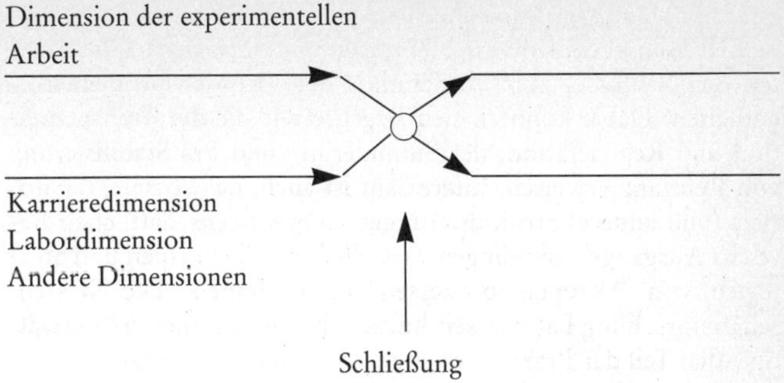

Dimensionalität des Forschungsprozesses in Anschlag, die neben der Logik der Entwicklung einer Erkenntniskonstruktion zumindest auch die auf Einzelwissenschaftler bezogene Karrieredimension sowie eine Labordimension (bezogen etwa auf den Status des Labors im Feld) sowie situative Komponenten umfaßt. Das Ergebnis legt nahe, daß Schließungsprozesse unterdeterminiert sind durch die Phänomene, die in ihnen »eigentlich« zur Debatte stehen.

6. Schlußbemerkung

Welche Schlußfolgerungen ergeben sich aus dieser Übersicht über »Konsens«prozesse in der Wissenschaft? Sicherlich nochmals der Hinweis auf die *Nicht-Einheit* der Wissenschaft im Hinblick auf diese Prozesse. Das zuletzt genannte Schließungsszenario kennzeichnet die Molekularbiologie und möglicherweise strukturverwandte Bereiche, aber nur ungenügend die Teilchenphysik. Insgesamt hat das Gebiet der Akzeptanzuntersuchungen vor allem durch die Aufgabe jeder Anlehnung an das Modell von Konsens als einstimmig abgeschlossene, rationale Konversation gewonnen. Wissenschaft und Technik bringen heute massive Infrastrukturen an Laboratorien und Experimenten ins Spiel. Der überwältigende Teil der Tätigkeit von Wissenschaftlern, der Strukturen, Restriktionen und Praktiken wissenschaftlicher Kulturen bleiben in den Diskursen und Debatten, die die Teilnehmer gelegentlich führen und an denen sich Konsensmodelle gern orientieren, unsichtbar. Die in diese Praktiken und Strukturen eingewobenen Filter-, Eliminations- und Selektionsmechanismen, die mit ihnen verbundenen Konsens-Problemverschiebungen und -Ersatzprozesse dürften den Schlüssel zum Verständnis der »Konsensproblematik« enthalten. Dabei könnten sich Begriffe wie die der Transplantation und Regeneration, der Summierung und Prä-Stabilisierung von Relevanz erweisen. Interessant ist auch, daß soziale, territoriale (und andere) Strukturierungen eines wissenschaftlichen Bereichs Ausgangsbedingungen darstellen, die die Formen und Strategien von Akzeptanzprozessen mitbestimmen. Die Wissenschaftsforschung hat erst seit kurzem begonnen, diesen überwältigenden Teil der Praxis der zeitgenössischen Wissenschaft zu beschreiben und zu analysieren. Aber sie steht am Beginn der Aufgabe, die sie sich gestellt hat.

Literatur

Amann, K. (1990), »Natürliche Expertise und künstliche Intelligenz. Eine empirische Untersuchung naturwissenschaftlicher Laborarbeit«, Dissertation, Universität Bielefeld, Fakultät für Soziologie.

Amann, K. und K. Knorr-Cetina (1988), »The Fixation of (Visual) Evidence«, in: *Human Studies* 11, S. 133-169.

Barnes, B. (1977), *Interests and the Growth of Knowledge*, London: Routledge & Kegan Paul.

Bloor, D. (1976), *Knowledge and Social Imagery*, London: Routledge & Kegan Paul.

Callon, M. und B. Latour (1981), »Unscrewing the Big Leviathan: How Actors Macrostructure Reality and How Sociologists Help Them to Do So«, in: K. Knorr-Cetina und A. Cicourel (Hg.), *Advances in Social Theory and Methodology: Toward an Integration of Micro- and Macro-sociologies*, London: Routledge & Kegan Paul.

Collins, H. (1975), »The Seven Sexes: A Study in the Sociology of a Phenomen, or the Replication of Experiments in Physics«, in: *Sociology* 9, 2, S. 205-224.

– (1985), *Changing Order. Replication and Induction in Scientific Practice*, London: Sage.

Feyerabend, P. (1975), *Wider den Methodenzwang*, Frankfurt am Main: Suhrkamp 1976.

Fujimura, J. H. (1986), »Bandwagons in Science: Doable Problems and Transportable Packages as Factors in the Development of the Molecular Genetic Bandwagon in Cancer Research«, Ph. D. Dissertation, University of California, Berkeley.

– (1988), »The molecular biological bandwagon in cancer research: Where social worlds meet«, in: *Social Problems* 35, S. 261-283.
Hirschauer, S. (1991), »Soziale Konstruktion der Transsexualität«, Dissertation, Universität Bielefeld, Fakultät für Soziologie.
Knorr, K. (1977), »Producing and Reproducing Knowledge: Descriptive or Constructive? Toward a Model of Research Production«, in: *Social Science Information* 16, S. 669-696.
Knorr, Cetina, K. (1984), *Die Fabrikation von Erkenntnis*, Frankfurt am Main: Suhrkamp.
– (1991), »Epistemic Cultures: Forms of Reason in Science«, in: *History of Political Economy* 23, 1.
Knorr, Cetina, K. et al. (1988), »Das naturwissenschaftliche Labor als Ort der ›Verdichtung‹ von Gesellschaft«, in: *Zeitschrift für Soziologie* 17, 2, S. 85-101.
– (1992), *Epistemic Cultures: How Scientists make Sense*, im Erscheinen.
Knorr-Cetina, K. und M. Mulkay (Hg.) (1983), *Science Observed*, London: Sage.
Kuhn, T. S. (1962), *Die Struktur wissenschaftlicher Revolutionen*, Frankfurt am Main: Suhrkamp 1967.
Latour, B. (1984), *Les Microbes. Guerre et paix suivi de Irreductions*, Paris: A. M. Metailie.
Latour, B. und S. Woolgar (1979), *Laboratory Life. The Social Construction of Scientific Facts*, Beverly Hills: Sage.
Mulkay, M. und N. Gilbert (1984), *Opening Pandora's Box: A Sociological Analysis of Scientists' Discourse*, Cambridge: Cambridge University Press.
Nickles, T. (Hg.) (1980), *Scientific Discovery, Logic and Rationality*, Dordrecht: Reidel.
Pickering, A. (1980), »The Role of Interests in High Energy Physics: The Choice between Charm and Colour«, in: K. Knorr, R. Krohn und R. Whitley (Hg.), *The Social Process of Scientific Investigation. Sociology of the Sciences Yearbook*, Bd. 4, Boston/Dordrecht: Reidel.
– (1984), *Constructing Quarks*, Chicago: Chicago University Press.
Woolgar, S. (Hg.) (1988), *Knowledge and Reflexivity*, London: Sage.

Uwe Schimank

Spezifische Interessenkonsense trotz generellem Orientierungsdissens

Ein Integrationsmechanismus polyzentrischer Gesellschaften[1]

Dieser Beitrag versucht, eine verbreitete Vorstellung darüber, wie die Systemintegration moderner Gesellschaften zustande kommt, durch eine andere, wirklichkeitsgerechtere zu ersetzen. Das Argument wird in sieben Schritten entfaltet. Als erstes wird mit der üblicherweise nicht getroffenen Unterscheidung von generellem Orientierungs- und spezifischem Interessenkonsens eine begriffliche Grundlage geschaffen. Darauf folgt im zweiten Schritt die Darstellung des in der soziologischen Gesellschaftstheorie immer noch häufig vorzufindenden Konsenspostulats, dem zufolge gesellschaftliche Ordnung auf einem teilsystemübergreifenden generellen Orientierungskonsens beruht. Im dritten Schritt wird demgegenüber gezeigt, daß in der polyzentrischen modernen Gesellschaft ein intersystemischer genereller Orientierungsdissens besteht. Die selbstreferentielle Geschlossenheit der Teilsysteme moderner Gesellschaften schließt einen generellen Orientierungskonsens zwischen Akteuren unterschiedlicher Teilsysteme aus. Deshalb kann, wie im vierten Schritt ausgeführt wird, das Konsenspostulat nicht länger aufrechterhalten werden; im Hinblick auf verschiedene Mechanismen, die angeblich den intersystemischen Orientierungsdissens überwinden, wird begründet, warum sie das nicht leisten. Im fünften Schritt kann dann vorgeführt werden, daß es für die Wahrung gesellschaftlicher Systemintegration überhaupt keines intersystemischen generellen Orientierungskonsenses bedarf; auch ohne ihn lassen sich spezifische Interessenkonsense zwischen Akteuren aus unterschiedlichen gesellschaftlichen Teilsystemen herstellen, die die gesellschaftliche Systemintegration sicherstellen. Diesem Integrationsmechanis-

1 Für hilfreiche Kommentare danke ich Wolfgang Böhm, Jürgen Gerhards, Hans-Joachim Giegel, Edgar Grande und Fritz Scharpf. Auch dort, wo Dissens blieb, war er instruktiv.

mus polyzentrischer Gesellschaften liegt, wie im sechsten Schritt erläutert wird, die wechselseitige Unterstellbarkeit teilsystemübergreifender reflexiver Interessen der gesellschaftlichen Akteure zugrunde. Im abschließenden siebten Schritt wird gezeigt, wie das Konsenspostulat, wenn es unter diesen Umständen den gesellschaftlichen Akteuren als praktische Handlungsmaxime nahegelegt wird, äußerst kontraproduktiv wirkt.
Als empirisches Illustrationsmaterial wird die deutsche Kernforschungspolitik der zweiten Hälfte der fünfziger und ersten Hälfte der sechziger Jahre herangezogen. Sie kann als intersystemischer Abstimmungsvorgang interpretiert werden, an dem das politische System, das System wissenschaftlicher Forschung und das Wirtschaftssystem beteiligt waren. Dieser Politikbereich liefert anschauliche Beispiele dafür, was hier für intersystemische Abstimmungen in modernen Gesellschaften generell theoretisch erläutert werden soll.[2]

1. Genereller Orientierungs- und spezifischer Interessenkonsens

Konsens wird gemeinhin als Übereinstimmung einer Mehrzahl von Akteuren hinsichtlich der Deutung eines Sachverhalts verstanden.[3] Konsens bzw. sein Gegensatz, Dissens, bezeichnet also eine Relationierung von Relationen. Akteure deuten als sinnhaft erlebende und handelnde Wesen einen Sachverhalt hinsichtlich bestimmter Merkmale; und diese zunächst nebeneinander stehenden deutenden Bezugnahmen mehrerer Akteure auf denselben Sach-

2 Zu diesem empirischen Beispiel siehe die historischen Aufarbeitungen von Stamm 1981, S. 155-194, und vor allem von Radkau 1983, S. 34-195; bei Hohn/Schimank 1990, S. 236-248 findet sich eine knappe soziologische Interpretation. Die illustrativen Verwendungen dieses Falles im vorliegenden Beitrag sind natürlich in vielen Hinsichten gegenüber der komplexen historischen Realität stark vereinfacht.

3 Soweit besteht Konsens. Siehe etwa Gross 1956, Newcomb 1959, S. 279-283, Shils 1968, Partridge 1971, S. 79/80, Hartfiel 1972, S. 110, Fuchs u. a. 1973, S. 364, Graham 1984, S. 91-94, Abercrombie u. a. 1984, S. 52, Endruweit/Trommsdorf 1989, S. 356.

verhalt werden ihrerseits zueinander in Beziehung gesetzt, nämlich hinsichtlich ihrer Ähnlichkeit miteinander verglichen.[4]
Dissens zwischen Akteuren kann dementsprechend auf zwei ganz verschiedene Ursachen zurückgehen: zum einen darauf, daß unterschiedliche Merkmale des Sachverhalts betrachtet werden, und zum anderen darauf, daß dieselben Merkmale unterschiedlich eingeschätzt werden. Ersteres wäre ein Dissens über *Relevanzen* im Schützschen Sinne (vgl. Schütz 1971), letzteres ein auf der Basis geteilter Relevanzen bestehender Dissens über *Behauptungen:* Tatsachenfeststellungen, Wertungen oder Ansprüche. Im ersten Fall reden Akteure aneinander vorbei, während sie im zweiten miteinander streiten. Ein Dissens über Relevanzen scheint fundamentaler zu sein als ein Dissens über Behauptungen. Denn – so könnte man schließen – eine Voraussetzung dafür, überhaupt miteinander streiten bzw. sich miteinander einigen zu können, ist, nicht nebeneinanderher zu reden. Ob dies wirklich so ist, wird noch zu erörtern sein.
Anknüpfend an diese Unterscheidung zwischen einem Dissens über Relevanzen und einem Dissens über Behauptungen lassen sich zwei ganz verschiedene Arten von Konsens unterscheiden. Akteure können erstens in den generellen kognitiven, normativen und evaluativen Orientierungen übereinstimmen, gemäß denen sie die Situation, in der sie sich gemeinsam befinden, deuten. Dieser *generelle Orientierungskonsens* muß sich nicht auf die detaillierten Einschätzungen einzelner Situationsmerkmale erstrecken; es reicht hin, daß die verschiedenen Akteure denselben interpretativen Bezugsrahmen der Situationsdeutung, also dieselben Relevanzen zugrunde legen. So befinden sich etwa ein Schriftsteller und ein Kritiker, die sich über die Arbeiten des Schriftstellers unterhalten, in einem generellen Orientierungskonsens, wenn beide beispielsweise unterstellen, daß das primäre Schaffensmotiv des Schriftstellers die Aufarbeitung der eigenen Biographie gewe-

4 Wenn letzteres lediglich durch einen Beobachter geschieht, liegt ein Konsens als »agreement« von Akteuren vor; wenn hingegen den Akteuren selbst ihre Übereinstimmung miteinander bewußt wird, wird Konsens als »co-orientation« erfahren (vgl. Scheff 1967; Siegrist 1970). Diese in anderen Zusammenhängen nicht unwichtige Unterscheidung – man denke zum Beispiel an »Konsensfiktionen« in Ehen (vgl. Hahn 1983) – kann hier außer acht bleiben.

sen ist. Beide reden dann, wenn sie das Gelingen bzw. Mißlingen der Arbeiten debattieren, über dasselbe – auch wenn ihre Einschätzungen noch so weit differieren mögen. Wenn das primäre Schaffensmotiv des Schriftstellers dagegen in politischer Aufklärung bestand, der Kritiker aber – aus welchen Gründen auch immer – die Arbeiten daran mißt, inwieweit sie als Autobiographie gelungen sind, liegt ein genereller Orientierungsdissens zwischen beiden vor. Sie reden aneinander vorbei – selbst wenn sie zum selben Qualitätsurteil gelangen sollten!

Diesem generellen Orientierungskonsens kann zweitens ein *spezifischer Interessenkonsens* gegenübergestellt werden, wobei Interessen Ansprüche, also eine Teilgruppe von Behauptungen, die Akteure über einen Sachverhalt aufstellen können, darstellen. Ein spezifischer Interessenkonsens liegt dann vor, wenn Akteure darin übereinstimmen, wer von ihnen in einer Konstellation interdependenter Interessenverfolgung welche Interessen in welchem Maße befriedigen kann. Dieser Konsens besteht nur selten in einer substantiellen Übereinstimmung von Interessen, sondern bezeichnet eine Einigung über die Abstimmung von Interessen, die in der Regel durchaus unterschiedlich sind. Zum Beispiel können ein Prüfer und ein Prüfling ganz verschiedene Interessen mit einer Prüfungssituation verbinden. Der Prüfling will eine möglichst gute Note erhalten, während der Prüfer einen möglichst geringen Prüfungsaufwand betreiben will. Unter diesen Umstanden mag ein mehr oder weniger expliziter spezifischer Interessenkonsens beider so aussehen, daß der Prüfer sich bei seinen Fragen eng an das ihm vorher vorgelegte Thesenpapier des Prüflings hält. Wenn hingegen beide das identische Interesse hätten, einander – und eventuell anwesenden Dritten – die eigene überlegene Kenntnis des Prüfungsgegenstandes zu demonstrieren, könnte das leicht auf eine Konkurrenz eskalierender Besserwisserei hinauslaufen, also die Herausbildung eines spezifischen Interessenkonsenses gerade verhindern.[5]

Diese Unterscheidung von generellem Orientierungskonsens und spezifischem Interessenkonsens kann nun dazu benutzt werden,

5 Siehe dazu auch die folgende Bemerkung bei Amitai Etzioni: »... many actors whose goals are similar are in dissensus and bitter conflict, as is illustrated by the famous statement of the king of Austria about himself and the ruler of Spain: ›We both want the same thing; we both want Milan‹« (Etzioni 1968, S. 469).

um den sowohl von der Gesellschaftstheorie als auch im Alltagswissen gesellschaftlicher Akteure oft postulierten Zusammenhang zwischen gesellschaftlicher Ordnung und gesellschaftlichem Konsens etwas genauer zu betrachten.

2. Gesellschaftliche Ordnung durch generellen Orientierungskonsens: Das gesellschaftstheoretische Konsenspostulat

In der soziologischen Gesellschaftstheorie ist eine hier als *Konsenspostulat* bezeichnete Vorstellung über gesellschaftliche Ordnungsbildung verbreitet. Dabei wird zumeist pauschal von einem Konsens über fundamentale Wertorientierungen gesellschaftlichen Handelns gesprochen. Eine solche Aussage ist zunächst einmal sowohl unvollständig als auch ungenau. Denn zum einen sind neben Wertorientierungen zweifellos auch – worauf Marion Levy hinweist – »shared cognitive orientations« wichtige Ingredenzien gesellschaftlichen Konsenses (vgl. Levy 1952, S. 168-173). Zum anderen können Werte gesellschaftliches Handeln auf zwei sehr unterschiedliche Arten orientieren: als normative Vorgaben dessen, was Akteure »sollen« und »dürfen«, und als evaluative Vorgaben dessen, was Akteure »wollen«. Marion Levy spricht von »regulation of the choice of means« bzw. »a shared articulated set of goals« (Levy 1952, S. 173-183). Konsens über gesellschaftliche Handlungsorientierungen erstreckt sich also auf kognitive, normative und evaluative Orientierungen.
In seiner zugespitztesten Form lautet das Konsenspostulat: Gesellschaftliche Ordnung kann auf Dauer nur dann aufrechterhalten werden, wenn ein hinreichendes Maß an generellem Orientierungskonsens zwischen den in dieser Ordnung Handelnden besteht.[6] Eine typische – wiederum auf normative Orientierungen verengte – Formulierung lautet beispielsweise:

6 Das ist so natürlich in heilloser Unschärfe formuliert und bleibt damit empirisch unüberprüfbar: Es ist nicht präzisiert, was »auf Dauer« heißt; es bleibt unklar, was »Aufrechterhaltung« einer sozialen Ordnung bedeutet; und es wird nicht spezifiziert, wann das »hinreichende Maß« an Konsens gegeben ist. Auch die Proponenten dieser Annahme werden allerdings nicht genauer.

»No society can maintain itself if the consciences of most of its citizens are out of tune with the norms. The everyday operation of the system requires that there be a high degree of moral consensus« (Angell 1958, S. 40).

George Graham konstatiert in seinem Überblick über die Verwendungen des Konsenskonzepts in sozialphilosophischen und sozialwissenschaftlichen Untersuchungen:

»The theories of consensus abound in the literature, but nearly all presume (as did August Comte) that sharing of ›general ideas‹ by ›individual intelligences‹ is essential for a community or society to survive ...« (Graham 1984, S. 94).

Fast immer bleibt das Konsenspostulat freilich eine isolierte Behauptung, der durch *Ad-hoc*-Erwägungen bestenfalls eine gewisse Plausibilität zu geben versucht wird – wenn nicht gleich implizit an den »gesunden Menschenverstand« appelliert wird. Eine Einbettung in eine umfassend angelegte Gesellschaftstheorie findet das Postulat nur selten.

Emile Durkheims Religionssoziologie, die näher besehen eben weit mehr, nämlich eine Theorie der gesellschaftlichen Integration über geteilte kulturelle Werte – das sogenannte »Kollektivbewußtsein« – ist, ist der wohl bedeutendste klassische Versuch einer solchen Einbettung (vgl. Durkheim 1912). Unter anderem an Durkheim anknüpfend, hat dann bekanntlich Talcott Parsons das Konsenspostulat zu einem zentralen Element seiner Handlungstheorie im allgemeinen und seiner Gesellschaftstheorie im besonderen gemacht. Eine Bedingung der Möglichkeit aufeinander bezogenen Handelns zweier Akteure ist demzufolge ein »shared symbolic system«:

»Such a system, with its mutuality of normative orientations, is logically the most elementary form of culture. Without culture neither human personality nor human social systems would be possible« (Parsons u. a. 1952, S. 16).

Auf Gesellschaft bezogen:

»The core of a society ... is the patterned normative order through which the life of the population is collectively organized. ... We will call this one entity of the society, in its collective aspect, the societal community. ... To survive and develop, the societal community must maintain the integrity of a common cultural orientation, broadly (though not necessarily uniformly or unanimously) shared by its membership ...« (Parsons 1966, S. 10).

Für Parsons ist »the degree to which the institutions of a society have been legitimized by the consensual value-commitments of its members« ein Maß der gesellschaftlichen »integration«, also eines der vier analytisch deduzierbaren funktionalen Erfordernisse gesellschaftlicher Ordnung (Parsons 1971, S. 9).
Im theoretischen Umfeld von Parsons hat insbesondere Marion Levy das Konsenspostulat theoretisch expliziert, indem er, wie bereits angesprochen, von den Gesellschaftsmitgliedern geteilte kognitive, normative und evaluative Orientierungen in seine Liste der fundamentalen funktionalen Erfordernisse gesellschaftlicher Reproduktion aufnimmt. Das Konsenspostulat wird freilich keineswegs nur im – von manchen ja vielleicht schon längst als überholt eingestuften – Strukturfunktionalismus und im Einflußbereich der Parsonsschen Systemtheorie vertreten, wenngleich es dort oft am explizitesten formuliert ist. Auch in den anderen wichtigen soziologischen Theorieperspektiven ließen sich mehr oder weniger deutliche Lesarten des Konsenspostulats entdecken – etwa bei Alfred Schütz als wichtigstem Begründer des »interpretativen Paradigmas« oder in Jürgen Habermas' *Theorie des kommunikativen Handelns*.[7] Aufschlußreich, weil vielleicht am unerwartetsten, ist, daß selbst ein *Rational-Choice*-Theoretiker wie Jon Elster inzwischen wie selbstverständlich davon ausgeht, daß »a network of shared beliefs« und geteilte Normen unersetzliche Voraussetzungen dafür sind, gesellschaftliche Ordnung im Sinne einer kooperativen Interdependenzbewältigung zwischen Akteuren zu sichern (vgl. Elster 1989, S. 105 f.). Die weittragendste Einschätzung des Konsenskonzepts als eines Eckpfeilers soziologischer Theoriebildung findet sich schließlich bei Orrin Klapp:

»... consensus should have an importance in sociology comparable to that of energy in physics – namely, as a unifying concept, an abstraction that will include and relate more specific concepts and data. Light, heat, sound, and electromagnetism are forms of energy; so, I think, culture, structure, norm, role, symbol, and so on, should be treated as forms of consensus.«

7 Zu Habermas im folgenden noch Näheres. Bei Schütz ist in diesem Zusammenhang insbesondere die von ihm behauptete »idealization of the congruency of perspectives« und die daraus hervorgehende, für die Konstitution lebensweltlicher Ordnung essentielle Fiktion des »everyone's knowledge« bedeutsam (vgl. Schütz 1953, S. 11-13).

Woraus Klapp folgert:

»Accordingly, determination of the conditions that bring about or undermine consensus seems to be the key problem of any society and any sociology« (Klapp 1957, S. 340, 342).

Konsens nicht nur als eines neben anderen funktionalen Erfordernissen gesellschaftlicher Reproduktion, sondern gewissermaßen als Wesenskern des Sozialen schlechthin: Weiter läßt sich die theoretische Aufwertung dieses Konzepts kaum treiben.
Bereits Carl J. Friedrich hat allerdings im Rahmen seiner Demokratietheorie behauptet, daß ein genereller Konsens über substantielle Werte unnötig für den Erhalt einer demokratischen Gesellschaftsordnung sei (vgl. Friedrich 1942, S. 151-186). Im Jahr 1942, also unter dem unmittelbaren Eindruck der totalitären Gesellschaftsordnung des deutschen Nationalsozialismus, postulierte Friedrich vielmehr einen »need for dissent«:

»Agreement upon fundamentals cannot be a prerequisite of a democracy ... All insistence upon agreement on fundamentals is basically related to the idea we have rejected as incompatible with constutional democracy: that some persons know what is right« (ebd., S. 173).

Noch schärfer formuliert: »... we cannot have a democracy unless people ›agree to disagree‹« (ebd., S. 177). Damit artikuliert Friedrich zwar zunächst nur die Wünschbarkeit einer auf einen generellen Orientierungskonsens verzichtenden Gesellschaftsordnung; im nächsten Schritt behauptet er allerdings auch deren Machbarkeit:

»There must, of cource, be common objectives, but such common objectives are, in a democratic society, pragmatic or ... ever-changing. Democratic behavior is pragmatic in that it tends to concentrate upon practical tasks, such as defending one's country by building battle-ships, stabilizing distribution of income by setting up an old-age insurance scheme, or stabilizing agricultural production by one practice or another. In the realization of such practical tasks, men of very different general outlook can collaborate, particularly when the concrete aspects of the objective are emphasized. ... let us emphasize again that what binds a free people together is not an agreement on fundamentals, but a common way of acting in spite of disagreement on fundamentals« (ebd., S. 180f.).

Eine Gesellschaft ohne generellen Orientierungskonsens aller Akteure erscheint Friedrich also nicht nur als wünschenswert, sondern auch als realisierbar. Auch ohne einen generellen Orientierungskonsens ist ein spezifischer Interessenkonsens – »a common way of acting« – überall dort, wo er benötigt wird, auch möglich. Damit bezieht Friedrich, wenn auch ohne ausreichende gesellschaftstheoretische Fundierung, eine Gegenposition zum Konsenspostulat.

Ein möglicherweise gar nicht überwindbares theoretisches und empirisches Problem des Konsenspostulats besteht in dessen Generalität, die mit einer großen analytischen Vagheit einhergeht. Das ist vermutlich wesentlich dem Umstand geschuldet, daß sich die Produktion und Reproduktion gesellschaftlicher Ordnung nicht nur für die analytische Betrachtung, sondern real auf mehreren sehr verschiedenartigen und gegeneinander in erheblichem Maße verselbständigten Ebenen gesellschaftlichen Handelns vollzieht: von Ego-Alter-Dyaden über Kleingruppen und intraorganisatorische Zusammenhänge bis hin zu meist über Interorganisationsbeziehungen vermittelten Abstimmungen zwischen gesellschaftlichen Teilsystemen. Mindestens für die drei erstgenannten Ebenen gibt es einige theoretische und auch empirische Untersuchungen, deren Ergebnisse für das generelle Konsenspostulat relevant sind[8], ohne daß bislang allerdings irgendwo der Versuch unternommen worden ist, diese Relevanz im einzelnen zu beurteilen. Dies kann auch hier nicht geleistet werden. Im folgenden soll vielmehr die zuletzt genannte Ebene gesellschaftlicher Ordnungsbildung interessieren, und dies auch nicht für alle Arten von Gesellschaften, sondern für den besonderen Typus der modernen Gesellschaft. Es wird also darum gehen, die Abstimmung zwischen den Teilsystemen der modernen Gesellschaft hinsichtlich des dabei auftretenden Bedarfs der jeweils beteiligten Akteure an einem intersystemischen generellen Orientierungskonsens in den Blick zu nehmen.

Bezugsgröße solcher intersystemischer Abstimmungen ist die *gesellschaftliche Systemintegration.* Niklas Luhmann folgend, kann man die Systemintegration moderner, aus einer Mehrzahl von ausdifferenzierten Teilsystemen bestehender Gesellschaften »als Vermeidung des Umstandes [verstehen], daß die Operationen ei-

8 Zur interaktiven Zweierbeziehung siehe etwa Laing u. a. 1965 oder die bereits erwähnte Untersuchung von Hahn 1983; zu Kleingruppen siehe etwa Gross 1956, Bales/Slater 1956, S. 274-277, oder Jones/Gerard 1967, S. 331-386; zu Organisationen siehe beispielsweise Gabriel 1974 oder Geser 1975.

nes Teilsystems in einem anderen Teilsystem zu unlösbaren Problemen führen« (Luhmann 1977a, S. 242). Daß diese Ebene der Produktion und Reproduktion gesellschaftlicher Ordnung mit zunehmender gesellschaftlicher Differenzierung immer wichtiger geworden ist, scheint unmittelbar plausibel. Die intersystemischen Abstimmungen, die gesellschaftliche Systemintegration erzeugen, können auf ganz verschiedene Weisen zustande kommen.[9] Eine intersystemische Abstimmung kann erstens gänzlich »hinter dem Rücken« der betroffenen Akteure stattfinden: als nicht gezielt angestrebter und dennoch nicht unbedingt bloß zufälliger kombinatorischer Effekt des Handelns in den verschiedenen relevanten Teilsystemen. Zweitens kann ein außerhalb der betreffenden Teilsysteme stehender autoritativer Koordinator – etwa eine dazu befugte staatliche Instanz – die Abstimmung vornehmen. Drittens können die Akteure eines der Teilsysteme ihr Handeln, aus welchen Gründen auch immer, stillschweigend dem Handeln der Akteure der anderen Teilsysteme so anpassen, daß eine intersystemische Abstimmung resultiert. Viertens kann eine sich als einseitige Anpassung vollziehende Abstimmung auch über den Einsatz von Macht oder positiven Anreizen gegenüber den Akteuren eines der Teilsysteme durchgesetzt werden. Für keine dieser vier Arten intersystemischer Abstimmung spielt das Vorhandensein bzw. Fehlen eines generellen Orientierungskonsenses der beteiligten Akteure eine wesentliche Rolle. Daneben gibt es jedoch fünftens noch Fälle intersystemischer Abstimmung, die dem entsprechen, was hier als spezifischer Interessenkonsens bezeichnet wird: die von den beteiligten Akteuren gezielt angestrebte und aus freien Stücken erfolgende – also nicht durch Zwang bzw. Zwangsandrohung induzierte – Abstimmung ihrer interdependenten Interessen. Diese Art der intersystemischen Abstimmung beruht darauf, daß alle beteiligten Akteure sich auf ein Abstimmungsergebnis verständigen, das ihre unterschiedlichen Interessen befriedigt – und zwar ohne Einsatz von finanziellen oder andersartigen »Ausgleichszahlungen« dafür, daß einige Akteure ihre Interessen zurückstellen. Nur wenn diese Bedingungen gegeben sind, läßt sich sinnvollerweise von Konsens im Sinne einer Einigung der betreffenden Akteure sprechen.

9 Bei Lindblom 1965, S. 21-84, findet man eine noch weiter aufgefächerte Klassifikation von Abstimmungsformen, wobei die im folgenden zuerst genannte dort nicht berücksichtigt ist.

Für solche über spezifische Interessenkonsense erfolgende intersystemische Abstimmungen könnte man, anknüpfend an das Konsenspostulat, vermuten, daß ein genereller Orientierungskonsens der beteiligten Akteure erforderlich ist.[10] Denn wie kann man sich auf etwas einigen, wenn man aneinander vorbeiredet? Bei Luhmann findet man allerdings einen theoretisch eingebetteten konsequenten Verzicht auf das Konsenspostulat. Er konstruiert seine soziologische Systemtheorie sowohl auf der Ebene der allgemeinen Theorie sozialer Systeme als auch auf der Ebene der Gesellschaftstheorie in diesem Punkt in strikter Antithese zur referierten Position Parsons'. Weder behauptet Luhmann einen vorgängigen generellen Orientierungskonsens als Bedingung der Möglichkeit sozialer Ordnungsbildung überhaupt (vgl. Luhmann 1984, S. 148-179), noch geht Luhmann in seiner Theorie gesellschaftlicher Differenzierung davon aus, daß die moderne Gesellschaft einen solchen teilsystemübergreifenden Konsens bereitstellt. Damit bietet sich Luhmanns Theorie gesellschaftlicher Differenzierung, allerdings akteurtheoretisch gewendet, als Ausgangspunkt weiterer Überlegungen zu der hier interessierenden Frage an.

3. Polyzentrische Gesellschaft und intersystemischer genereller Orientierungsdissens

In einer differenzierungstheoretischen Perspektive zeigt sich die moderne Gesellschaft als ein Nebeneinander ungleichartiger, aber gleichrangiger Teilsysteme, von denen jedes einen substantiell spezialisierten Typus von Handeln produziert und reproduziert.[11] Die Ausdifferenzierung dieser Handlungstypen ist mittlerweile so

10 Siehe etwa die bei Graham 1984, S. 103, referierte Position von Francis Canavan, der einen Konsens über spezifische Politiken stets in einem Konsens über generelle Ziele eingebettet sieht.

11 Die übliche Bezeichnung lautet: »funktional differenzierte« Gesellschaft (vgl. Luhmann 1977). Damit wird die gesellschaftliche Funktion eines Handelns zum Differenzierungsprinzip gemacht. Das ist in Parsons' analytischem Realismus konsequent. Bei Luhmann scheint dies allerdings mittlerweile nur noch ein mitgeschlepptes begriffliches Relikt zu sein. Denn die gesellschaftliche Funktion eines Teilsystems ist bei ihm in dem Maße, wie er dessen selbstreferentielle Geschlossenheit

weit vorangeschritten, daß sie – das ist die in der systemtheoretischen Perspektive Luhmanns hervorgehobene Einsicht – *selbstreferentiellen* Charakter gewonnen haben (vgl. Luhmann 1980). So gewinnt zum Beispiel Forschungshandeln seine konstitutive Sinnhaftigkeit – seinen »Eigen-Sinn« – nicht länger aus religiösen, politischen, wirtschaftlichen oder sonstigen außerwissenschaftlichen Gesichtspunkten, sondern ausschließlich aus den innerwissenschaftlich geltenden Orientierungen. Außerwissenschaftliche Gesichtspunkte wirken zwar bekanntermaßen häufig und oft auch tiefgreifend auf Forschungshandeln ein; aber dessen Identifizierbarkeit als Forschungshandeln – also dessen Nichtverwechselbarkeit beispielsweise mit wirtschaftlichem oder politischem Handeln – hängt daran, daß es dennoch von weiterem Forschungshandeln einzig und allein gemäß der dieses Teilsystem fundierenden »distinction directrice« (Luhmann 1986a), dem wissenschaftlichen Wahrheitscode, aufgenommen wird; und dieser Code begründet sich nicht aus dem Rekurs auf irgend etwas anderes, sondern strikt aus sich selbst heraus (vgl. Luhmann 1986b, S. 150-166; 1987a, S. 36-77). Ob etwas »wahr« bzw. »unwahr« ist, sagt zum Beispiel nichts über dessen wirtschaftliche Nützlichkeit, rechtliche Legalität oder erzieherische Brauchbarkeit aus. Umgekehrt sind die außerwissenschaftlichen Relevanzen einer Wahr-

akzentuiert, in den Hintergrund gerückt. Erst recht kann eine Differenzierungstheorie, die Differenzierungsvorgänge akteurtheoretisch rekonstruieren will (vgl. Schimank 1985), die gesellschaftliche Funktion eines Teilsystems eigentlich nur noch als nach innen identitätsstiftende und teilweise nach außen legitimationsfördernde Selbstbeschreibung – aber eben nicht als dessen Ausdifferenzierung kausal herbeiführende und aufrechterhaltende Kraft – zur Kenntnis nehmen. Darüber hinaus gibt es auch gesellschaftliche Teilsysteme, denen in diesem Sinne keine gesellschaftliche Funktion zugeschrieben wird. So hat sportliches Handeln nach gängigem Verständnis Selbstzweckcharakter, ebenso wie zumindest ein erheblicher Teil wissenschaftlichen Handelns. Anstelle von sehr generellen Funktionszuschreibungen rücken gesellschaftliche Akteure in den meisten Fällen eher spezifische Leistungsbezüge eines gesellschaftlichen Teilsystems für bestimmte andere in den Vordergrund – etwa die »Nützlichkeit« wissenschaftlicher Forschung für die Wirtschaft, die Politik, die Medizin oder das Militär (vgl. Mayntz 1988, S. 17-20, 37-42). All dem Rechnung tragend, wird hier anstatt von »funktionaler« von »diversifikatorischer« Differenzierung gesprochen.

heitsbehauptung für deren kritische oder affirmative Aufnahme im weiteren Forschungshandeln – den wissenschaftstheoretisch so genannten »Begründungszusammenhang« wissenschaftlicher Erkenntnis – keine innerwissenschaftlich legitimen Gesichtspunkte.

Eine ähnliche selbstreferentielle *Geschlossenheit* ließe sich auch für die anderen gesellschaftlichen Teilsysteme aufweisen. Jedes Teilsystem konstituiert einen in sich geschlossenen, sich auf nichts anderes rückbeziehenden und auf nichts anderes hinweisenden Zusammenhang von generellen kognitiven, normativen und evaluativen Orientierungen, die die teilsystemspezifische Handlungslogik ausmachen – die Logik der Forschung ebenso wie die Logik der Wirtschaft oder der Politik.[12] Dementsprechend divergent gestalten sich auch die typischen Interessenlagen von Akteuren in den verschiedenen gesellschaftlichen Teilsystemen. Ein Forscher definiert seine Situation in allen Belangen völlig anders als ein Politiker oder ein Unternehmer. Im übertragenen Sinne könnte man sagen: Sie spielen verschiedene Spiele.

Als gegeneinander abgeschlossene sind die Handlungslogiken der verschiedenen gesellschaftlichen Teilsysteme untereinander inkommensurabel. Es fehlt jede substantielle sinnhafte Überlappung, die einen gemeinsamen Maßstab abgeben könnte. Der Forscher sucht neue Erkenntnisse, um die eigene wissenschaftliche Reputation zu steigern; der Politiker fällt Entscheidungen, um die eigene Machtposition auszubauen; und der Unternehmer investiert, um Profit zu realisieren. Diese Inkommensurabilität bedeutet für intersystemische Abstimmungsvorgänge: Die daran betei-

12 Diese insbesondere aus einer systemtheoretischen Perspektive auf gesellschaftliche Differenzierung sichtbar gemachten Handlungslogiken lassen sich akteurtheoretisch als »Akteurfiktionen« reinterpretieren: als die Kontingenz konkreter sozialer Situationen reduzierende *self-fulfilling prophecies* der gesellschaftlichen Akteure über die jeweils geltenden Handlungsregeln (vgl. Schimank 1988). Die Handlungslogiken haben allerdings – dies gegen ein mögliches Mißverständnis – nur bei den seltensten Gelegenheiten einen in dem Sinne deterministischen Charakter, daß sie eine bestimmte Handlungsweise zwingend vorschreiben; typischerweise markieren sie einen mehr oder weniger breiten Handlungskorridor, innerhalb dessen ein Akteur beispielsweise entsprechend seiner Risikofreudigkeit, seiner Fähigkeiten oder seines Informationsstandes eine Handlung auswählt.

ligten Akteure aus verschiedenen gesellschaftlichen Teilsystemen befinden sich in einem *generellen Orientierungsdissens* (vgl. Willke 1989, S. 106 f.). Die Akteure können gar nicht anders als in dem Sinne aneinander vorbeizureden, daß jeder den Abstimmungsgegenstand, entsprechend den untereinander inkommensurablen teilsystemischen Orientierungshorizonten, völlig anders sehen muß. Denn die Akteure hängen, um Max Webers in seiner Dramatik wohlüberlegtes Bild vom »Polytheismus« der modernen Gesellschaft aufzugreifen (vgl. Weber 1919, S. 603 f.), untereinander unversöhnlichen und jeweils absoluten Gehorsam fordernden Göttern an. Um einen harmloser klingenden Vergleich zu ziehen: Es ist, als ob die Felder eines Monopoly-, eines Mensch-ärgere-dich-nicht- und eines Fang-den-Hut-Spiels einander partiell überlappen, so daß die Spieler dieser unterschiedlichen Spiele einander immer wieder ins Gehege kommen und sich deshalb miteinander abstimmen müssen, ohne daß es irgendwelche geteilten Weltsichten, gemeinsamen Ziele oder übergreifenden Spielregeln gäbe.
Genau das ist es, was die *Polyzentrik* moderner, diversifikatorisch differenzierter Gesellschaften ausmacht. Das Beispiel der deutschen Kernforschungspolitik führt zur gesellschaftlichen Wirklichkeit zurück. Der Orientierung bestimmter Wissenschaftlergruppen an reputationsträchtigen Forschungschancen stand die Orientierung verschiedener Unternehmen an lukrativen Investitionschancen und die Orientierung politischer Akteure an politischen Machterhaltungs- und -steigerungschancen gegenüber. So wollten grundlagentheoretisch interessierte Kernphysiker bestimmte Forschungsprogramme wiederaufnehmen; Großunternehmen der chemischen Industrie versprachen sich Aufträge für die Schwerwasserproduktion; und politische Akteure auf Bundesebene wollten diesen Forschungsbereich nutzen, um sich bis dahin weitgehend von den Ländern monopolisierte forschungspolitische Kompetenzen anzueignen. Wenn diese verschiedenen Akteure über ein und dieselbe Sache – Kernforschung – redeten, verbanden sie jeweils völlig Unterschiedliches damit. Jeder fokussierte gemäß seinen teilsystemspezifischen Relevanzen bestimmte Merkmale dieses Gesprächsgegenstandes, die seine Gegenüber aus den jeweils anderen Teilsystemen überhaupt nicht interessierten.
Die Analogie der einander partiell überlappenden Felder dreier

verschiedener Gesellschaftsspiele suggeriert eine Überwindbarkeit des generellen Orientierungsdissenses, die in der gesellschaftlichen Realität nicht gegeben ist. Die Spieler dieser verschiedenen Gesellschaftsspiele könnten sich natürlich ohne weiteres auf einer Meta-Ebene des Diskurses von gemeinsam am Spielen Interessierten miteinander darüber verständigen, wie sie ihre aus den verschiedenen Spielen erwachsenden spezifischen Interessen miteinander in Einklang bringen können. Auf dieser Meta-Ebene wäre ein genereller Orientierungskonsens der Spieler gegeben. Ein solcher Weg steht Akteuren aus unterschiedlichen gesellschaftlichen Teilsystemen nicht offen. Es gibt keine die Differenz der gesellschaftlichen Teilsysteme überhöhende, sinnhaft integrierende Meta-Ebene, keine irgendwie konsensstiftende Identität der Differenz. Die Gesellschaft als ganze ist nur noch in teilsystemrelativen Kategorien beschreibbar: aus der Perspektive des Wirtschaftssystems als kapitalistische Gesellschaft, aus der des politischen Systems als demokratische Gesellschaft, aus der des Forschungssystems als »Wissenschaftsgesellschaft«, aus der des Rechtssystems als Rechtsstaat usw. »Können komplexe Gesellschaften eine vernünftige Identität ausbilden?« hat Jürgen Habermas gefragt (vgl. Habermas 1974), und die Antwort ist ein doppeltes Nein. Sie können keine »vernünftige« – was immer das heißen mag – Identität ausbilden, weil sie überhaupt keine Identität ausbilden können. Die Identität der modernen Gesellschaft läßt sich lediglich in ihrem Differenzierungsprinzip finden, das sie von anderen Gesellschaftsformen unterscheidet (vgl. Luhmann 1986b, S. 215-217) – und das läuft auf die Paradoxie hinaus, daß die Identität der modernen Gesellschaft in ihrer *Nicht-Identitätsfähigkeit* besteht.

Man könnte meinen, daß es dennoch einen teilsystemübergreifenden generellen Orientierungskonsens gibt – und zwar deshalb, weil die Polyzentrik der modernen Gesellschaft nur ein Oberflächenphänomen darstellt, hinter dem sich die dauerhafte gesellschaftsweite Dominanz einer einzigen teilsystemspezifischen Handlungslogik verbirgt. Die ausgearbeitetste Version einer solchen Gesellschaftsvorstellung findet sich in marxistischen Gesellschaftstheorien, die behaupten, daß sich die leitenden Gesichtspunkte kapitalistischen Wirtschaftens nicht nur innerhalb des Wirtschaftssystems geltend machen, sondern auch den Handlungslogiken aller anderen gesellschaftlichen Teilsysteme aufzwingen; damit wird Wirtschaftswachstum zur von allen teilsystemischen Handlungslogiken zu beachtende Begrenzung ihrer selbstreferentiellen Entfaltungsmöglichkeiten. Alle anderen gesellschaftlichen Teilsysteme müssen demzufolge zum einen die Voraussetzungen fortgesetzter kapitalistischer Akkumulation als nicht vernachlässigbare, zum anderen die Folgeprobleme kapitalistischer Akkumulation als nicht vermeidbare, nur nachträglich abarbeitbare Randbedingungen ihres eigenen Operierens hinnehmen.[13] So scheint die allgemeine Beachtung der wirtschaftlichen Handlungslogik einen gesellschaftsweiten generellen Orientierungskonsens herzustellen.

Man müßte natürlich zunächst einmal sehr eingehend prüfen, ob es eine solche dauerhafte gesellschaftsweite Dominanz einer bestimmten teilsystemischen Handlungslogik tatsächlich gibt.[14] Das ist beim derzeitigen gesellschaftstheoretischen Wissensstand alles andere als sicher. Doch selbst wenn sich dies – etwa bezüglich der wirtschaftlichen Handlungslogik – als zutreffend herausstellen sollte, wäre damit, genau besehen, kein teilsystemübergreifender genereller Orientierungskonsens etabliert. Denn die anderen gesellschaftlichen Teilsysteme würden sich bei einer Dominanz der wirtschaftlichen Handlungslogik deren Kriterien ja nicht in dem Sinne zu eigen machen, daß diese zu integralen Bestandteilen der jeweiligen teilsystemischen Handlungslogik würden. Eine sinnhafte »Verschmelzung« zum Beispiel von wirtschaftlicher und wissenschaftlicher Handlungslogik wäre nicht gegeben; die wirtschaftlichen Gesichtspunkte blieben vielmehr äußerliche

13 Als vorläufigen Versuch einer differenzierungstheoretischen Rekonstruktion dieser bekannten marxistischen Vorstellung siehe Schimank 1983, S. 8-20.

14 Vergleichsweise unkontrovers ist die Behauptung, daß bestimmte teilsystemische Handlungslogiken *zeitweise* eine gesamtgesellschaftliche Dominanz gewinnn können. Das am häufigsten vorkommende Beispiel dafür sind Kriege, in denen der militärische Sieg auch bei nicht zum Militärsystem gehörenden Akteuren alle anderen Handlungslogiken in den Hintergrund drängen und insofern den normalerweise bestehenden intersystemischen generellen Orientierungsdissens suspendieren kann. Sehr anschaulich dafür ist etwa das historische Material in Richard Rhodes' Studie zum Bau der amerikanischen Atombombe im Zweiten Weltkrieg; Rhodes zeigt, wie selbst rigorose Grundlagenforscher völlig in den Bann der militärischen Handlungslogik geraten (vgl. Rhodes 1986).

constraints der wissenschaftlichen Handlungslogik: ihr fremde Zwänge, mit denen sie sich abfinden muß. Der intersystemische generelle Orientierungsdissens bestünde also fort; und die gesellschaftliche Systemintegration wäre auch nur insoweit gesichert, als sich alle anderen Teilsysteme jeweils einseitig an das Wirtschaftssystem anpassen würden. Den vielfältigen Abstimmungserfordernissen zwischen den anderen Teilsystemen wäre damit noch nicht gedient. Auch bei einer dauerhaften gesellschaftsweiten Dominanz der Handlungslogik irgendeines Teilsystems bliebe die moderne Gesellschaft also eine polyzentrische.

4. »Zivilreligion«, Sprache, intersystemische Vermittler

Es gibt allerdings mindestens drei gesellschaftliche Phänomene, von denen behauptet wird, daß sie den intersystemischen generellen Orientierungskonsens überwänden: »Zivilreligion«, Sprache und intersystemische Vermittler.

Manche meinen, ein gesellschaftsweiter genereller Orientierungskonsens werde durch etwas gewährleistet, was sie *»Zivilreligion«* nennen (vgl. Bellah 1967; Müller 1988). Wenn man sich das damit Gemeinte näher ansieht, erkennt man sehr schnell, daß es sich dabei vor allem um die sogenannten »Grundwerte« der modernen Verfassungen handelt (vgl. Luhmann 1978). Viele dieser Grundwerte sind allerdings im wesentlichen direkte oder indirekte normative Absicherungen der Selbstreferentialität verschiedener gesellschaftlicher Teilsysteme (vgl. Luhmann 1965). Das Recht auf Wissenschaftsfreiheit zum Beispiel soll gerade zur Aufrechterhaltung des generellen Orientierungsdissenses zwischen dem Forschungssystem und anderen gesellschaftlichen Teilsystemen – etwa gegenüber politischen Pressionen – beitragen; ähnliches gilt für das Recht der freien Meinungsäußerung, die Eigentumsfreiheit und anderes. Neben diesen direkten Abschirmungen gesellschaftlicher Differenzierung wirken die sogenannten »Menschenrechte« auf Freiheit und Würde der Persönlichkeit indirekt in dieselbe Richtung, insofern sie Personen normativ den Handlungsspielraum für die Aufrechterhaltung ihrer Individualität gewähren; eine individualistische Identität der individuellen Akteure ist aber eine wichtige Voraussetzung diversifikatorischer gesellschaftlicher Differenzierung.[15] Daß es einen weitverbreiteten gesellschaftlichen Konsens über diese »Grundwerte« gibt, beseitigt also den intersystemischen generellen Orientierungsdissens gerade nicht, sondern flankiert ihn vielmehr gegen möglichen Konsensdruck, wie er etwa von seiten religiöser Fundamentalisten noch immer gelegentlich ausgeht.[16]

Etwas anderes allen gesellschaftlichen Teilsystemen sinnhaft Gemeinsames ist *Sprache* als generelles Medium sozialer Kommunikation.[17] Aber kann Sprache als solche einen intersystemischen generellen Orientierungskonsens schaffen? Jürgen Habermas behauptet bekanntlich, daß jeder sprachlichen Kommunikation ein impliziter Vorgriff auf eine »ideale Sprechsituation« innewohnt, in der die Kommunikationspartner einen Konsens über ihre jeweiligen Deutungsansprüche suchen (vgl. Habermas 1971; 1976).[18] Sprache stellt für Habermas also keinen substantiell umschreibbaren generellen Orientierungskonsens bereit, sondern gewissermaßen einen »Konsensimpuls«: einen auf zwanglose Übereinkunft hinwirkenden, nicht ignorierbaren Impetus. Da das Finden spezifischer Interessenkonsense als Form intersystemischer Abstimmung zweifellos im Medium der Sprache stattfindet, würde der in dieser immer schon enthaltene »Konsensimpuls« selbst in Situationen »strukturell verzerrter Kommunikation« wirken. Doch abgesehen davon, daß die empirisch feststellbaren spezifischen Interessenkonsense, die zwischen Akteuren unterschiedlicher gesellschaftlicher Teilsysteme zustande kommen, wohl kaum jemals auch nur annähernd dem emphatischen Habermasschen Konsensideal entsprechen dürften, bleibt die Frage, ob Sprache wirklich

15 Speziell dazu siehe auch Elias 1939, Luhmann 1965, S. 50f., Schimank 1983, S. 94-101.

16 Die entsprechenden Grundrechte werden eben deshalb auch häufig als »Abwehrrechte« charakterisiert – so etwa das Grundrecht auf freie Meinungsäußerung als Abwehrrecht der Kunst gegenüber einem Durchschlagen religiöser Blasphemievorwürfe.

17 Siehe dazu Luhmann 1987b, S. 339-341, und Teubner 1989, S. 105-111.

18 Vorsichtig heißt es allerdings dazu auch: »A priori können wir freilich nicht wissen, ob jener Vorschein bloße ... Vorspiegelung ... ist – oder ob die empirischen Bedingungen für die, sei es auch annähernde, Verwirklichung der supponierten Lebensform praktisch herbeigeführt werden können« (Habermas 1971, S. 141).

ein solcher »Konsensimpuls« innewohnt. Man kann jedenfalls auch genau umgekehrt behaupten, daß Sprache aufgrund ihres immer zur Verfügung stehenden Negationspotentials (vgl. Luhmann 1975) gerade dissenserzeugend ist. Das »Nein« eröffnet jedem Akteur jederzeit die Möglichkeit, alles, was sein Gegenüber äußert, zu bestreiten. Oft genug bringt sprachliche Kommunikation deshalb auch nicht mehr hervor als den Meta-Konsens darüber, daß man sich im unüberwindbaren Dissens miteinander befindet; und der Rest ist dann Schweigen.

Daß Akteure aus verschiedenen gesellschaftlichen Teilsystemen unumgänglich aneinander vorbeireden, wenn sie über dieselbe Sache – etwa Kernforschung – miteinander reden, heißt freilich nicht notwendigerweise, daß sie einander nicht mehr oder weniger gut *verstehen* könnten. Die selbstreferentielle Geschlossenheit teilsystemischer Orientierungshorizonte geht durchaus mit einer Fähigkeit zur Empathie gegenüber den verschiedenen Umwelten einher.[19] Der Orientierungsdissens wird dadurch allerdings nicht aufgehoben, sondern lediglich als solcher explizit nachvollzogen. So konnten sich etwa die Kernforscher vergegenwärtigen, daß ihre Forschungsinteressen in den Kalkülen der Politiker unter Kompetenzaneignungsgesichtspunkten und in den Kalkülen der Unternehmen unter Investitionsgesichtspunkten betrachtet wurden. Damit machten sich die Forscher aber diese anderen Gesichtspunkte nicht zu eigen, sondern wurden sich lediglich darüber bewußt, daß relevante andere von diesen anderen Gesichtspunkten geleitet wurden.

Auch wechselseitiges Verstehen überwindet also den intersystemischen Orientierungsdissens nicht, sondern hebt ihn sogar en detail ins Bewußtsein der Akteure. Das wechselseitige Verstehen zwischen gesellschaftlichen Teilsystemen mag im übrigen dadurch gefördert werden, daß mit zunehmender Inklusion der Gesellschaftsmitglieder in die verschiedenen gesellschaftlichen Teilsysteme immer mehr individuelle Akteure immer kundiger die Handlungslogiken von immer mehr Teilsystemen nachvollziehen

19 Es handelt sich bei den gesellschaftlichen Teilsystemen also nicht, wie Richard Münch Luhmann irrtümlich unterstellt, um hermetisch abgeschlossene Monaden (vgl. Münch 1984, S. 27) – die dann im übrigen nicht einmal wüßten, daß es außer ihnen noch etwas anderes gibt.

können.[20] Allerdings besteht in dieser Hinsicht ein starkes Informationsgefälle zwischen Leistungs- und Publikumsrollen. Wenn ein Politiker gleichzeitig praktizierender Arzt ist oder dies gewesen ist, kann man annehmen, daß er ein so tiefes Verständnis der Handlungslogik des Gesundheitssystems erlangt hat, daß dieses für ihn nicht länger eine intransparente *black box* darstellt; wenn dieser Politiker dieses Verständnis dann in politische Entscheidungsprozesse einbringt, kann er eine Übersetzerrolle zwischen beiden Teilsystemen einnehmen. Überwiegend bezieht sich die Inklusion aber auf Publikumsrollen. Ob jedoch ein Politiker, der selbst gelegentlich zum Arzt geht oder mal im Krankenhaus gelegen hat, ein so vertieftes Verständnis der Handlungslogik des Gesundheitssystems gewonnen hat, um die intersystemische Verständigung fördern zu können, dürfte wohl zweifelhaft sein. Von daher werden solche Übersetzer immer noch und weiterehin eine Minderheit unter den gesellschaftlichen Akteuren bleiben.

Grundsätzlicher ist die Frage zu stellen, was es überhaupt für den generellen intersystemischen Orientierungsdissens für einen Unterschied macht, daß einzelne individuelle oder auch formal organisierte Akteure »in den ›Sprachen‹ verschiedener Teilsysteme sprechen können« (Mayntz 1987, S. 102). Können aus Übersetzern vielleicht »überparteiliche« *intersystemische Vermittler* werden? Wer in diesem Sinne meint, die »multilinguale Kommunikationskompetenz« (Scharpf 1989, S. 15) von Personen oder Organisationen könne die selbstreferentielle Geschlossenheit der teilsystemischen Handlungslogiken öffnen und so zu einem intersystemischen generellen Orientierungskonsens hinführen, muß unterstellen, daß ein Akteur in der Lage ist, so weit auf Distanz zu der Rolle zu gehen, die er in einem bestimmten Teilsystem einnimmt, daß er den Orientierungsprimat der Handlungslogik dieses Teilsystems zu transzendieren vermag – und zwar nicht bloß im kleinen und vereinzelt. Die Frage ist, ob es so etwas wirklich geben kann.

Werner Heisenberg war wohl derjenige, der in den Auseinandersetzungen über die deutsche Kernforschung einige Zeit der wichtigste Vermittler insbesondere zwischen wissenschaftlichen und

20 So ein Einwand Fritz Scharpfs gegen Luhmanns These der wechselseitigen Intransparenz gesellschaftlicher Teilsysteme füreinander (vgl. Scharpf 1989, S. 19, Fn. 4).

politischen Akteuren war. Aber er hat dies keineswegs in der Weise getan, daß er die unterschiedlichen Handlungslogiken von Forschung auf der einen, Politik auf der anderen Seite tatsächlich miteinander versöhnt, also zu einer substantiellen Übereinstimmung der generellen Orientierungen gebracht hätte. Heisenberg und andere Forscher haben spezifische Interessenkonsense zwischen Forschung, Politik und Wirtschaft herbeigeführt – aber sie blieben dabei stets der wissenschaftlichen Handlungslogik verpflichtet. Sie wurden genau daraufhin sehr argwöhnisch von den anderen Kernforschern beobachtet, die zwar Kompromisse mit Politik und Wirtschaft begrüßten, wenn dadurch die Interessen der Forschung befördert wurden, aber einen »Ausverkauf« der Forschung an die anderen beiden Teilsysteme nicht hingenommen hätten. So sehr Heisenberg sich politisch eingesetzt hat: Sein Ziel dabei war stets die Verbesserung wissenschaftlicher Erkenntnischancen und nicht die Lösung politischer Probleme. Heisenberg war unzweifelhaft mehr als ein Übersetzer; er war gewissermaßen ein Diplomat. Denn er hat nicht nur den anderen Kernforschern die Logik der Politik und den politischen Akteuren die Logik der Forschung verständlich gemacht, sondern darüber hinaus letzteren die Forscherinteressen so wiedergegeben, daß diese auch politisch attraktiv erschienen. Aber eben deshalb war Heisenberg kein »überparteilicher«, sondern nur ein »zwischenparteilicher« Vermittler. Er blieb »parteiisch«; und das bedeutet, daß er den generellen Orientierungsdissens zwischen Forschung und Politik *nicht* transzendierte.

In allen gesellschaftlichen Teilsystemen gibt es Personen, Organisationseinheiten oder Organisationen, die in diesem Sinne als Diplomaten gegenüber anderen Teilsystemen fungieren. Ihre Funktion besteht genau darin, dadurch zur Reproduktionsfähigkeit der teilsystemischen Handlungslogik beizutragen, daß sie ihre Versiertheit in den Handlungslogiken anderer Teilsysteme für defensive oder akquisitorische Zwecke einsetzen.[21] Aber ebenso wie

21 So wirkt beispielsweise – gegen die Interpretation von Scharpf 1989, S. 15 f. – die Rechtsabteilung eines Unternehmens wohl nicht so sehr als »Außenstelle« des Rechtssystems im Wirtschaftssystem, sondern eher als Defensivakteur des Unternehmens, der die ökonomische Handlungslogik gegen rechtliche Restriktionen abzuschirmen sucht; und die Technologietransferstelle einer Universität wirkt als deren Akquisitionsakteur gegenüber der Wirtschaft, der der Forschung zusätz-

Diplomaten ihre Aufgabe nicht darin sehen, eine Vereinigung ihres Heimat- und ihres Gastlandes herbeizuführen, sind intersystemische Vermittler nicht dazu da, einen intersystemischen generellen Orientierungskonsens zu schaffen. Im Gegenteil sollen sie wiederum, wie die »Zivilreligion« auch, gerade den Orientierungsdissens absichern.

Im Grunde ignoriert die Vorstellung, ein Akteur aus einem bestimmten gesellschaftlichen Teilsystem könne zum »überparteilichen« Vermittler zwischen diesem und einem anderen Teilsystem werden, auch den eigentümlichen Zwangscharakter gesellschaftlicher Strukturen. Die »ärgerliche Tatsache der Gesellschaft« (Dahrendorf 1967) besteht für Akteure ja genau darin, daß ihre Handlungssituationen ihnen zwar durchaus häufig Wahlchancen zwischen Alternativen bieten, dieses Alternativenspektrum selbst aber eine durch empfindliche negative Sanktionen getragene Ausgrenzung vieler außerhalb liegender Alternativen und damit eine »single-exit situation« (Latsis 1972; Zintl 1989) zweiter Ordnung darstellt. Ein Unternehmer beispielsweise hat durchaus große Wahlfreiheiten bei seinen Investitionsentscheidungen – aber *ein* Zwang lastet dabei auf ihm: eine solche Entscheidung zu treffen, die die Zahlungsfähigkeit des Unternehmens erhält. Wenn der Unternehmer diesem Imperativ der wirtschaftlichen Handlungslogik nicht gerecht wird, sondern sich etwa – der Fall Borgward – in einen sich »nicht rechnenden« technischen Perfektionismus verliebt, verschwindet er früher oder später vom Markt. Das gleiche Schicksal erwartet einen Forscher, der, anstatt wissenschaftlich interessante neue Erkenntnisse über sein Forschungsgebiet zu produzieren, beispielsweise nur noch die gesellschaftlichen Gefahren der Anwendung von solchen Erkenntnissen politisiert: Mangels wissenschaftlich »seriöser« Publikationen gerät dieser Forscher – siehe manche Kernphysiker, die zu Kernenergiekritikern wurden – in seiner *scientific community* in Vergessenheit. Nennt man ein der jeweiligen teilsystemischen Handlungslogik nicht folgendes Handeln »unvernünftig«, kann man mit Peter

liche finanzielle Ressourcen zu beschaffen versucht. Mit James D. Thompson könnte man sagen: Diese Organisationseinheiten puffern den teilsystemspezifischen »technical core« gegen Umweltkontingenzen ab (vgl. Thompson 1967).

Handke lapidar feststellen: »Die Unvernünftigen sterben aus«.[22] Das weitverbreitete Wissen darüber hält die meisten Akteure dazu an, sich der jeweiligen teilsystemischen Handlungslogik zu fügen – was eine »überparteiliche« Vermittlung zwischen verschiedenen gesellschaftlichen Teilsystemen ausschließt.

Weder »Zivilreligion« noch Sprache noch intersystemische Vermittler überwinden also den intersystemischen generellen Orientierungsdissens in modernen Gesellschaften. Wie kommen dann dennoch intersystemische spezifische Interessenkonsense als Modus der Produktion und Reproduktion gesellschaftlicher Systemintegration zustande?

5. Intersystemische spezifische Interessenkonsense

Wechselseitiges Verstehen zwischen den Akteuren verschiedener gesellschaftlicher Teilsysteme hat, wie erläutert, nicht die Funktion, den intersystemischen generellen Orientierungsdissens zu überwinden – doch es ist eine unabdingbare Voraussetzung dafür, daß trotzdem ein intersystemischer spezifischer Interessenkonsens gefunden werden kann. Denn zu verstehen, welchen generellen Handlungslogiken andere Akteure folgen, ist eine der Voraussetzungen dafür, strategisch reflektieren zu können, ob und wie sich die eigenen Interessen mit den von den anderen verfolgten Interessen vereinbaren lassen; dieses Wissen versetzt einen Akteur dann in die Lage, die eigenen Interessen so in die Interessenhorizonte der anderen zu projizieren, daß sich die eigenen Ziele den anderen als Mittel zur Erreichung ihrer Ziele darstellen. Charles Lindblom nennt diesen Vorgang »partisan discussion«:

»A form of partisan mutual adjustment in which X, as a recognized condition of making his own decision effective, induces a response from Y by effecting through communication a reappraisal by Y of his partisan interests and the means to satisfy them without X's actually altering the objective consequences for Y of any of his possible responses, where Y may or may not... do the same with respect to X« (Lindblom 1965, S. 71).

22 Siehe Handke 1973. Handkes Theaterstück ist – soziologisch gedeutet – ein am Fall eines Unternehmers exemplifizierter, letztlich auf romantische Ideen zurückgehender Protest gegen den gesellschaftlichen Zwang, den selbstreferentiell geschlossene teilsystemische Handlungslogiken den Individuen auferlegen.

Wenn dies wechselseitig zwischen Akteuren aus den verschiedenen jeweils relevanten gesellschaftlichen Teilsystemen geschieht, kann ein spezifischer Interessenkonsens in Form von *differenten, aber kompatiblen* teilsystemspezifischen Anschlußmöglichkeiten des Handelns an die gegebene intersystemische Abstimmungssituation gefunden werden.[23] Der generelle Orientierungsdissens bleibt bestehen: Keiner macht sich die Interessen der anderen zu eigen. Aber man erreicht eine Kompatibilität der Interessen im Sinne eines »partisan mutual adjustment« (ebd.).[24]
Die differenten Interessen werden gewissermaßen ineinander *verschränkt:* Egos Ziele erscheinen Alter als Mittel zur Erreichung seiner eigenen Ziele, und umgekehrt.[25] Ein reziprokes »enrolment« – wie Bruno Latour den Vorgang plastisch umschreibt – findet statt (vgl. Latour 1987, S. 103-132). So konnte in der Kernforschungspolitik unter anderem das Projekt »Schneller Brüter« für längere Zeit ein solcher Kristallisationspunkt für einen spezifischen Interessenkonsens zwischen wissenschaftlichen, wirtschaftlichen und politischen Akteuren sein (vgl. Radkau 1983, S. 218-257). Als »Zukunftsreaktor« stilisiert, der nach den Einschätzungen vom Anfang der sechziger Jahre in frühestens zehn

23 Siehe dazu aus systemtheoretischer Perspektive die Überlegungen bei Eichmann 1989a, S. 135-194; 1989b und, daran anschließend, Willke 1989, S. 135-140. Weiterhin auch Hahn 1989, S. 354-357 zu »Verständigung auch ohne Konsens«.

24 Dies ist in der Typologie Max Millers die vierte, von ihm gar nicht gesehene Möglichkeit des »unkoordinierten Dissenses« (siehe den Beitrag von Miller in diesem Band). Weiterhin ist auch die Parallele zu Hartmut Neuendorffs Wiedergabe von Adam Smith' Betrachtung des Warentauschs interessant: »Das eine Individuum besitzt in seinen Waren die Gegenstände der Bedürfnisse des anderen Individuums, wie dieses die Gegenstände der Bedürfnisse des ersteren besitzt. Vermittels des freien gewaltlosen Austauschs der Waren, wozu jeder den anderen überredet..., wird jeder zum Mittel des anderen und realisiert gleichwohl nur sich als Selbstzweck. Keiner redet von seinen Bedürfnissen – ... keiner spekuliert auf das Wohlwollen des anderen..., jeder redet nur von den Vorteilen des anderen...« (Neuendorff 1973, S. 91).

25 Diesen Übersetzungsvorgang hebt auch Johannes Weyer mit Beispielen aus der Weltraumpolitik als Strategie zur »Erhöhung von Anschlußwahrscheinlichkeiten« hervor; vgl. Weyer 1989, Zitat S. 107. Siehe ferner Bruno Latours Darstellung der »Pasteurization« Frankreichs; vgl. Latour 1984.

Jahren eine wirtschaftlich nutzbare, die bis dahin genutzten Reaktorlinien verdrängende Innovation sein würde, bot der »Schnelle Brüter« für die an dessen Entwicklung beteiligten Forscher vielfältige, auch grundlagentheoretisch interessante Forschungschancen sowie große Wachstumschancen für die Forschungseinrichtung, die dieses Projekt betreiben sollte – das Kernforschungszentrum Karlsruhe (KFK). Zugleich war das Projekt wirtschaftlich für die deutschen Reaktorbauunternehmen sowie die Energieversorgungsunternehmen eine größtenteils staatlich finanzierte und ihnen dann zur Nutzung verfügbar gemachte technische Innovation, von der sie langfristig profitieren konnten. Als »Zukunftsreaktor« bedrohte der »Schnelle Brüter« zudem nicht die kurz- und mittelfristigen Interessen der Reaktorbauindustrie, zunächst noch möglichst viele Reaktoren der damals von ihnen produzierten Typen zu verkaufen. Für staatliche Akteure schließlich stellte der »Schnelle Brüter« einen Schritt zur nationalen Unabhängigkeit von den in anderen Ländern gelegenen und, wie man damals befürchtete, sehr bald spürbar knapper werdenden Uranvorräten dar; weiterhin konnte sich das Bundesministerium für Atomenergie (BMAt) über dieses sehr kostenträchtige Projekt *de facto* die Vorherrschaft im gemeinsam mit dem Land Baden-Württemberg getragenen KFK sichern.

Entscheidend dafür, aus einem zunächst unvermittelten Nebeneinander solcher völlig heterogenen Interessen zu einer »produktiven Nutzung von Dissens« (Eichmann 1989b) in Form eines spezifischen Interessenkonsenses zu gelangen, waren die in den Interaktionen miteinander klar herausgestellten Interessenverschränkungen: »I want what you want.«[26] Das Ziel der Kernforscher beispielsweise, längerfristig gesicherte Forschungsmöglichkeiten zu erhalten, war in Form des damit verbundenen Finanzbedarfs ein Mittel für das BMAt, sich gegenüber dem Land Baden-Württemberg als zukünftig unanfechtbarer Hauptfinancier des gemeinsam getragenen KFK durchzusetzen; umgekehrt war dieses Ziel des BMAt an der Erringung einer forschungspolitischen Dominanzposition ein Mittel für die Kernforscher des

26 Bei Latour (1987, S. 108-111) ist dies die Umschreibung einer spezifischen Strategie der Interessenkompatibilisierung; man kann so aber auch das Ergebnis von jeder Art der Interessenkompatibilisierung umschreiben.

KFK, um sich die für ihre Forschungsziele benötigten finanziellen Ressourcen zu verschaffen. Ein so erreichter spezifischer Interessenkonsens wird natürlich nicht auf unabsehbare Zeit bestehen. Dem Bundesministerium für Forschung und Technologie (BMFT), dem Nachfolger des BMAt, wuchsen die Kosten des »Schnellen Brüters« irgendwann über den Kopf; zudem war das politische Ziel, die KFK als Großforschungseinrichtung zu einem festen Mitglied der eigenen »Hausmacht« zu machen, längst erreicht. Früher noch hatte sich die Gruppe der stärker grundlagentheoretisch ausgerichteten Forscher anderen Forschungsthemen zugewandt, die sie nun im KFK verankert sehen wollte. Damit traten infolge einer Erosion des intersystemischen spezifischen Interessenkonsenses »Schneller Brüter« neue intersystemische Abstimmungsprobleme auf. Das darf allerdings nicht als Beweis dafür gewertet werden, daß intersystemische spezifische Interessenkonsense ohne zugrundeliegenden intersystemischen generellen Orientierungskonsens eben doch nichts Solides seien. Die gesellschaftliche Systemintegration kann angesichts der raschen und untereinander weitgehend unabgestimmten Wandlungen in allen gesellschaftlichen Teilsystemen kein für lange Zeit fixierter Zustand, sondern muß ein mehr oder weniger ständig im Fluß befindliches Arrangement sein.

6. Reflexive Interessen

Wenn intersystemische spezifische Interessenkonsense auf diese Weise durch die reziproke Projektion der jeweils eigenen Interessen in die Interessenhorizonte der Akteure anderer gesellschaftlicher Teilsysteme zustande kommen, bleibt zunächst noch die Frage offen: Woher kannten beispielsweise die Kernforscher die spezifischen Interessen der relevanten politischen Akteure – und umgekehrt – so genau, daß ihnen eine äußerst treffsichere, nämlich die jeweils andere Seite überzeugende »Werbung« für die eigene Sache gelang? Sowohl das Beispiel der deutschen Kernforschungspolitik als auch viele andere Beispiele[27] machen unmißverständlich klar, daß intersystemische spezifische Interessenkon-

27 Siehe etwa auch Johannes Weyers Untersuchungen zur Weltraumforschung (vgl. Weyer 1989).

sense in den seltensten Fällen reine Zufallstreffer – die es natürlich auch geben kann – sind. In vielen Fällen wissen die Akteure aus verschiedenen gesellschaftlichen Teilsystemen offensichtlich hinreichend detailgenau wechselseitig über die *spezifischen* Interessenhorizonte ihrer jeweiligen Gegenüber Bescheid; doch dieses Wissen ist nicht schon damit gegeben, daß die Akteure sich die *generellen* teilsystemischen Handlungslogiken der Gegenüber verdeutlichen. So kann sich zum Beispiel das BMAt klarmachen, daß sich die Kernforscher nicht für politische Entscheidungsprobleme – konkretisiert etwa als Sicherung der Energieversorgung der nationalen Volkswirtschaft – interessieren, sondern für Erkenntnischancen; aber dieses generelle Verstehen der anderen Seite reicht noch nicht aus, um zu wissen, wie man genau argumentieren muß, um den Kernforschern ein bestimmtes politisch interessantes Reaktorprojekt »schmackhaft« zu machen. Das gleiche gilt umgekehrt für die Forscher gegenüber politischen oder auch wirtschaftlichen Akteuren.

Aus systemtheoretischer Perspektive muß die Treffsicherheit solcher intersystemischer Interessenprojektionen und damit das Zustandekommen nicht-zufälliger intersystemischer spezifischer Interessenkonsense eigentlich ein Rätsel bleiben. Denn aufgrund der selbstreferentiellen Geschlossenheit ihrer Handlungslogiken sind die Teilsysteme in dieser Betrachtungsweise füreinander *intransparent* (vgl. Luhmann 1981, S. 50-56). Die Innenwelt des Forschungssystems ist also durch Undurchschaubarkeit für externe Beobachter – etwa aus der Politik – gekennzeichnet. Die sich in Ketten aufeinander Bezug nehmender Publikationen manifestierende Selbstreferentialität wissenschaftlicher Forschung (vgl. Stichweh 1987) kann im politischen System zweifellos nicht im erforderlichen Maße kundig nachvollzogen werden, um die jeweiligen politischen Interessen gezielt »werbewirksam« in den Interessenhorizont der Forschung projizieren zu können. Der Stand der Forschung in einer bestimmten Subdisziplin der Kernphysik beispielsweise ist für die Forschungspolitik nicht kompetent einschätzbar. Welche Forschungsergebnisse mit welchem Grad an Genauigkeit und Zuverlässigkeit vorliegen, welche zukünftigen Forschungsfragen aus welchen Gründen reizvoll erscheinen, welche mittelfristig projektierbaren Erkenntnisfortschritte realistisch sind und welche außerwissenschaftlichen Anwendungsbezüge sich unter Umständen daran anknüpfen lassen – all diese Sachverhalte können letztlich von keiner Instanz außerhalb der betreffenden Subdisziplin beurteilt werden.[28]

Wenn dieser von der systemtheoretischen Perspektive zutreffend konstatierte Sachverhalt, daß die Teilsysteme wechselseitig füreinander in ihrem »technical core« (Thompson 1967) *black boxes* sind[29], bereits die ganze Geschichte wäre, bliebe tatsächlich rätselhaft, wie intersystemische spezifische Interessenkonsense gezielt gesucht und gefunden werden können. Doch die konzeptionelle Ausblendung von Akteuren aus der Betrachtung sozialer Wirklichkeit hat zur Folge, daß die systemtheoretische Perspektive die *generellen strategischen Zugriffspunkte* intersystemischer Interessenprojektionen nicht in den Blick bekommt. Diese Zugriffspunkte sind, wie in den Beispielen bereits manchmal angeklungen ist, in Gestalt bestimmter teilsystemübergreifend unterstellbarer *reflexiver Interessen* der Akteure gegeben.[30]

Akteure sind, im Unterschied zu jeder Art von sozialen Systemen,

28 Wie mir ein Referent im BMFT, der selbst Kernphysiker ist und längere Zeit für die kernphysikalischen Großforschungseinrichtungen zuständig war, versicherte, war auch er fast nie in der Lage, die an ihn herangetragenen Forschungsprogramme der Einrichtungen fachkundig zu evaluieren. In vielen wissenschaftlichen Subdisziplinen ist der Spezialisierungsgrad der Forschung mittlerweile so hoch, daß auch Angehörige der betreffenden Subdisziplin nur noch kleine Ausschnitte davon kompetent beurteilen können.

29 Bela Pokols Vorschlag, zumindest einige der ausdifferenzierten Teilsysteme der modernen Gesellschaft als »professionelle Institutionssysteme« zu begreifen, also als Systeme, die sich um jeweils bestimmte professionalisierte Berufe herum gruppieren (vgl. Pokol 1990), könnte dies eventuell noch schärfer fassen. Die Undurchschaubarkeit eines Teilsystems für seine Umwelt wäre dann nicht nur eine sachzwanghafte Folge hochgradiger Spezialisierung, sondern immer auch eine Strategie der jeweiligen Profession, ihren monopolistischen Kompetenzanspruch zu behaupten: eine Strategie »sozialer Schließung« im Weberschen Sinne.

30 Dies ist auch eine Idee Fritz Scharpfs, der neben die teilsystemspezifischen Handlungsorientierungen teilsystemunspezifische Eigeninteressen von individuellen und korporativen Akteuren stellt: »... definitions of self-interest that are so general and so basic that they may plausibly be imputed to most actors« (Scharpf 1989b, S.45).

mit Interessen ausgestattet[31]; und dazu gehören, neben zahllosen und unermeßlich vielfältigen substantiellen Interessen, auch bestimmte reflexive Interessen. Reflexiv sind solche Interessen, die sich auf die generellen Bedingungen der Möglichkeit der Realisierung spezifischer substantieller Interessen beziehen.[32] Diese generellen Bedingungen lassen sich für Akteure im allgemeinen und für formale Organisationen im besonderen vor allem in drei Richtungen ausmachen:

- Akteure streben erstens oftmals danach, die *Reichweite* der eigenen Interessenrealisierung auszudehnen. Sie versuchen dann, ein möglichst breitgefächertes Spektrum an substantiellen Interessen zu realisieren. Dementsprechend werden sie zum einen ein Interesse am Wachstum dafür relevanter Ressourcen – insbesondere finanzieller und personeller Art – und zum anderen ein Interesse an einer entsprechenden Diversifizierung der eigenen Kompetenzen haben.
- Zweitens streben Akteure oftmals nach *Dominanz* in einer gegebenen substantiellen Interessensphäre. Sie werden dann zum einen wiederum ein Interesse am Wachstum dafür relevanter Ressourcen, zum anderen ein Interesse an einer größtmöglichen Monopolisierung von Kompetenzen in der entsprechenden Interessensphäre haben.
- Drittens streben Akteure oftmals danach, die *Kontrolle* über die eigene Interessenrealisierung zu erweitern. Sie werden dann vor allem ein Interesse daran haben, die eigene Entscheidungsautonomie zu vergrößern.

Diese reflexiven Interessen können, müssen aber nicht mit spezi-

31 Gelegentlich liest man zwar, daß bestimmte Sozialsysteme irgendwelche Interessen verfolgten. Doch das ist nicht mehr als ein *lapsus linguae*.

32 Der Tatbestand der Reflexivität ergibt sich hier somit daraus, daß Interessen konstituiert werden, deren Gegenstand wiederum die Konstitution von Interessen ist. Allgemein zu solchen »reflexiven Mechanismen«, bei denen ein bestimmter Prozeß auf sich selbst angewandt wird, siehe Luhmann 1967. Um Mißverständnisse zu vermeiden, sei ausdrücklich angemerkt, daß die Reflexivität dieser Interessen nicht darin besteht, daß ihnen eine Vergegenwärtigung des auch andere Akteure einbeziehenden Interessenkontextes zugrunde liegt. Letzteres wäre, um Luhmanns zweckmäßige Unterscheidung aufzugreifen, Reflexion (vgl. Luhmann 1984, S. 601 f.) und kann, muß aber nicht mit der hier gemeinten Reflexivität einhergehen.

fischen substantiellen Interessen einhergehen bzw. mehr oder weniger vereinbar sein. Was im Falle einer Unvereinbarkeit geschieht, hängt vor allem davon ab, auf wie hohem Niveau die reflexiven Interessen aktuell befriedigt sind. Je höher dieses Niveau ist, desto mehr können substantielle Interessen auch gegenläufig zu den reflexiven Interessen zur Geltung kommen – desto mehr ist gewissermaßen »Selbstverwirklichung« angesagt. Wenn sich beispielsweise eine Forschungseinrichtung hinsichtlich ihrer Autonomie-, Wachstums- und Dominanzbedürfnisse gleichermaßen für hochgradig saturiert einschätzt, wird sie sich gegebenenfalls auch in gewissem Maße solche Forschungsaktivitäten leisten, die Einbußen in diesen Hinsichten mit sich bringen. Dort, wo »das Reich der Notwendigkeit« endet und das »Reich der Freiheit« beginnt, sind diese reflexiven Interessen zeitweise nicht länger handlungsbestimmend, weil ihre vorherige Verfolgung sich selbst transzendiert hat.

Die meiste Zeit bewegt sich ein Akteur freilich im Geltungsbereich der reflexiven Interessen. Dann geschieht es häufig, daß die drei Richtungen reflexiver Interessen nicht harmonisch miteinander vereinbar sind. So kann das Bestreben, die Reichweite der eigenen Interessenrealisierung auszudehnen, in Widerspruch zum Dominanzstreben bezüglich bestimmter substantieller Interessensphären geraten; und zwischen jeder dieser beiden Bestrebungen auf der einen und dem Autonomiestreben auf der anderen Seite können ebenfalls Spannungen und Unvereinbarkeiten auftreten. Ein Akteur kann also selten seine Aufmerksamkeit nur auf eine dieser drei Interessen konzentrieren, weil er fast immer die Beeinträchtigungen der jeweils anderen beiden Interessen durch die Verfolgung eines bestimmten der drei Interessen im Blick haben muß. Es handelt sich gewissermaßen um die Achsen eines Koordinatensystems reflexiver Interessenrealisierung, die ihren gemeinsamen »Nullpunkt« im elementaren Bestandsinteresse des jeweiligen Akteurs finden.

Ob diese drei Richtungen reflexiver Interessenrealisierung erschöpfend sind oder es noch weitere gibt, muß dahingestellt bleiben.[33] Denn anstelle einer »ontologischen« Ableitung, die diese

33 Für Organisationen als Akteure läßt sich immerhin soviel sagen, daß sowohl in organisationssoziologischen als auch in politikwissenschaftlichen Untersuchungen die aufgeführten reflexiven Interessen – meist

und nur diese Richtungen irgendwie aus dem Wesen des Akteur-Seins zu begründen sucht, oder einer anthropologischen Ableitung – die sich freilich nicht ohne weiteres auch auf Organisationen ausdehnen läßt – soll hier lediglich behauptet werden, daß es sich bei den genannten reflexiven Interessen um empirisch beobachtbare und auf dieser Grundlage theoretisch rekonstruierbare »Akteurfiktionen«[34] handelt. Gegenüber Akteuren im allgemeinen und gegenüber Organisationen im besonderen wird zwar nicht immer, aber doch sehr häufig davon ausgegangen, daß sie diese reflexiven Interessen verfolgen und dementsprechend darauf ansprechbar sind. Dabei wird, solange keine Anzeichen irgendwelcher Art Genaueres erkennen lassen, zunächst unterstellt, daß die reflexiven Interessen eines Akteurs in alle drei Richtungen gehen, sich also auf Reichweite, Dominanz und Autonomie der Interessenrealisierung gleichermaßen beziehen. Diese Erwartung ist selbst dann, wenn über den betreffenden Akteur nichts weiter bekannt ist, keineswegs unbegründet; denn einer der allgemeinen Erfahrungswerte gesellschaftlichen Handelns, der immer wieder durch Selbstbeobachtung wie durch Beobachtung anderer bestätigt wird, ist, daß es im einzelnen viele gute Gründe für diese reflexiven Interessen geben kann. Das erfahrungsgesättigte Alltagswissen darüber, daß ein Akteur in der Tat *oft* gut daran tut, sich um die genannten reflexiven Interessen zu kümmern, gewinnt durch Fiktionalisierung Handlungsinstruktivität: Jeder Akteur wird so behandelt, *als ob* er diese Interessen verfolgt. Diese Fiktion überzieht sowohl die »empirische« Evidenz der konkreten Situation als auch den prognostischen Gehalt des Erfahrungssatzes. Doch die Fiktion wirkt in hohem Maße als *self-fulfilling prophecy.* So verfestigt sich eine Sichtweise, der sich nicht nur die Fremd-, sondern auch die Selbstbeobachtung von Akteuren nur noch schwer entziehen kann. Für Personen als Akteure werden die reflexiven Interessen in einer Art alltagsweltlicher »Anthropologie« als »Natur des Menschen« deklariert; für formale Organi-

als Wachstums-, Domänensicherungs- und Autonomieinteresse bezeichnet – sehr häufig empirisch entdeckt bzw. theoretisch gesetzt werden, ohne daß bislang ein weiteres ähnlich fundamentales und nicht auf die genannten drei zurückführbares reflexives Interesse identifiziert bzw. postuliert worden ist.

34 Zu diesem Konzept siehe – am Fall teilsystemspezifischer Handlungsorientierungen – Schimank 1988.

sationen als Akteure geschieht ähnliches vielleicht noch ausgeprägter in der vorherrschenden hyperrationalistischen Deutung von Organisationshandeln.

Das hier interessierende Ergebnis dieser im einzelnen äußerst komplizierten Vorgänge, die die genannten reflexiven Interessen zu nahezu universell unterstellten – und *deshalb* unterstellbaren! – »Akteurfiktionen« machen, ist, daß Akteure selbst bei hochgradigem Unwissen übereinander relativ einfach zu spezifischen Interessenkonsensen gelangen können. Die reflexiven Interessen sind gewissermaßen »Generalschlüssel«, mit denen man sich auch dann einen Zugang zum Interessenhorizont des Gegenübers verschaffen kann, wenn man über den eigentlich benötigten »Spezialschlüssel«, also ein detailliertes Wissen über dessen konkrete Situation, nicht verfügt.[35] Wohlgemerkt: Ein Generalschlüssel paßt bekanntlich nicht immer – aber doch oft genug, um zunächst einmal ausprobiert zu werden. In Abstimmungsvorgängen zwischen gesellschaftlichen Teilsystemen schafft die wechselseitige Unterstellung solcher reflexiver Interessen die gemeinsame Sprache, mit der das durch den intersystemischen generellen Orientierungsdissens erzeugte Nebeneinanderherreden überwunden werden kann. Mit diesen wechselseitigen Unterstellungen ausgerüstet benötigen gesellschaftliche Akteure dann eigentlich nur noch hinreichend häufige und intensive Kommunikationsbeziehungen – vor allem in Form von Gesprächskreisen, Beratungsgremien, Verhandlungssystemen und ähnlichem – untereinander, um die eigenen reflexiven Interessen mehr oder weniger explizit präsentieren, die jeweiligen Gegenüber auf deren reflexive Interessen abtasten und miteinander zu tragfähigen spezifischen Interessenkonsensen gelangen zu können.

Die politischen Akteure mußten beispielsweise in der Kernforschungspolitik dementsprechend nicht das für sie Unmögliche versuchen, *en detail* die Selbstreferentialität des Forschungshandelns in den *scientific communities* der Kernforscher nachzuvollziehen, um daraus Aufschlüsse für erfolgsträchtige Projektionen ihrer politischen Interessen in die Interessen der Forscher zu gewinnen. Vielmehr genügte den politischen Akteuren für die Suche eines spezifischen Interessenkonsenses die mit hoher Wahrschein-

35 Unter diesem Aspekt diskutiert auch Scharpf 1989, S. 45 f., solche Ausformungen des »self-interest« eines Akteurs.

lichkeit zutreffende und durch Beobachtung – etwa im Rahmen der Deutschen Atomkommission, des dem BMAt angegliederten und auch mit Vertretern der relevanten Forschungseinrichtungen besetzten Beratungsgremiums – leicht weiter prüfbare Annahme, daß eine Forschungseinrichtung wie das KFK unter anderem Wachstumsinteressen hat. Umgekehrt konnten die betreffenden Kernforscher auch ohne intime Kenntnis der verwickelten politischen Interessenlagen davon ausgehen, daß ein Ministerium wie das BMAt innerhalb der föderalen Domänenkonkurrenz mit den Bundesländern und innerhalb der Ressortkonkurrenz mit anderen Bundesministerien ein reflexives Interesse daran hat, in der Kernforschungspolitik eine dominante Position zu erlangen; und dementsprechend ließen sich die Interessen der Forscher an bestimmten Projekten gegenüber dem BMAt darstellen. Ähnliche Unterstellungen reflexiver Interessen können alle an intersystemischen Abstimmungen beteiligten Akteure übereinander machen. Diese Erwartungen sind zudem immer auch Erwartungserwartungen, so daß etwa das KFK weiß, daß das BMAt ihm Wachstumsinteressen unterstellt. Damit ist eine tragfähige Basis für intersystemische spezifische Interessenkonsense gelegt.
Insgesamt zeigt sich somit, daß die moderne Gesellschaft trotz ihrer ausgeprägten Differenzierung in Teilsysteme mit selbstreferentiell geschlossenen Handlungslogiken intersystemische spezifische Interessenkonsense als Modi der Produktion und Reproduktion gesellschaftlicher Systemintegration ermöglicht – und zwar ohne Rekurs auf irgendeine Art von teilsystemübergreifendem generellen Orientierungskonsens. Als funktionales Äquivalent dafür fungieren weithin unterstellbare und als »Akteurfiktionen« auch den Charakter von *self-fulfilling prophecies* annehmende reflexive Interessen.

7. Die praktische Kontraproduktivität des Konsenspostulats

Angenommen, die dargelegten Überlegungen treffen zu, so daß ein intersystemischer genereller Orientierungskonsens für die Produktion und Reproduktion gesellschaftlicher Systemintegration entbehrlich ist: Wie wirkt sich dann das gesellschaftstheoretische Konsenspostulat, das das Gegenteil behauptet, aus, sobald es als »soziologische Aufklärung« den gesellschaftlichen Akteuren vermittelt und von ihnen zur Richtschnur ihres Handelns genommen wird?

Ob tatsächlich irgend jemand, außer einigen irregeleiteten soziologischen Gesellschaftstheoretikern, dem Konsenspostulat in seiner strikten Form anhängt, sei hier dahingestellt. Eine abgeschwächte Lesart des Konsenspostulats dürfte jedenfalls auch unter den gesellschaftlichen Akteuren weit verbreitet sein. Diese Lesart konzediert zwar die prinzipielle Entbehrlichkeit eines intersystemischen generellen Orientierungskonsenses für die Herstellung intersystemischer spezifischer Interessenkonsense, hält aber daran fest, daß ersterer, gäbe es ihn, zumindest erleichternd für letzteres wirken könnte. Typisch dafür etwa die folgenden Bemerkungen Amitai Etzionis:

»... we expect that actors who are committed to identical or similar values are more likely to reach an agreement about goals and means than those who have divergent – and, especially, opposing – value commitments ...«

Und speziell auf die diversifikatorische Differenzierung der modernen Gesellschaft abzielend:

»... the larger the number and the greater the diversity of the perspectives of a group of units, the more difficult it is to achieve a consensus« (Etzioni 1968, S. 469, 478).

So abgeschwächt mag das Konsenspostulat als soziologische Aussage zutreffen – oder auch nicht; das muß hier gar nicht entschieden werden. Nur einer vielleicht naheliegenden praktischen Schlußfolgerung daraus soll entgegengetreten werden. Man könnte ja, etwa als »realistisch« abgeschwächte Lesart der Habermasschen Vorstellung diskursiver Konsensfindung, meinen, daß es für das Finden intersystemischer spezifischer Interessenkonsense zumindest förderlich sein könnte, wenn die involvierten Akteure auch kontrafaktisch von der Fiktion eines herstellbaren und herzustellenden intersystemischen generellen Orientierungskonsenses ausgingen. Eine solche »Konsensfiktion«[36] könnte als eine regulative Idee im Kantschen Sinne wirken. Obwohl ein intersystemischer genereller Orientierungskonsens unter den Bedingungen der Ausdifferenzierung gesellschaftlicher Teilsysteme mit selbstreferentiell geschlossenen Handlungslogiken unerreichbar ist, könnte er als Leitmotiv des Handelns – so könnte man annehmen – nur Gutes bewirken: nämlich das Finden intersystemischer spezifischer Interessenkonsense erleichtern.

Doch auch dies erscheint bei näherem Hinsehen als höchst fragwürdig. Denn was vermeintlich das Finden intersystemischer spezifischer Interessenkonsense fördert, kann diese vielmehr gefährden, weil es das Anspruchsniveau an solche Konsense zu hoch schraubt. Wenn ein intersystemischer spezifischer Interessenkonsens nicht mehr bloß irgendeine Kompatibilität von in ihrer Differenz *verharrenden* Interessen hervorbringen, sondern darüber hinaus ein – wie auch immer bestimmtes – höheres Niveau von substantieller Interessenidentität, also eine Differenz*verringerung*, schaffen soll, kann man in zeitlicher Hinsicht erwarten, daß der intersystemische Abstimmungsvorgang erheblich länger dauern wird. Unter den fast immer gegebenen Bedingungen von Zeitknappheit kann man sich das aber nicht leisten; man riskiert, daß sich das zugrundeliegende Abstimmungsproblem weiter verschärft, während ein am Habermasschen Anspruch orientierter Interessenkonsens weiter auf sich warten läßt. Zudem gibt letztendlich oft genug nur die »Diktatur des Sitzfleisches« den Ausschlag (vgl. Weinrich 1972). In sozialer Hinsicht könnte sich aus den größeren Einigungsschwierigkeiten, die das höhere Anspruchsniveau der Konsensfindung mit sich bringt, und entsprechenden Frustrationen die Konfliktintensität erhöhen, was dann die gefährliche Folge haben kann, daß ein ursprünglich durchaus von beiderseitiger Kompromißbereitschaft geprägtes Verhandlungsklima in gegenseitige Mißgunst oder gar Rachsucht – »Maximize other's loss!« – umschlagen kann. Das Konsenspostulat könnte als regulative Idee also das genaue Gegenteil dessen bewirken, was die Idee fordert.

Schlimmstenfalls kann – worauf, wie erwähnt, etwa Friedrich hin-

36 Durchaus analog den in Ehen vorzufindenden Phänomenen (vgl. Hahn 1983).

gewiesen hat – das Konsenspostulat als regulative Idee daran mitwirken, daß eine regressive Entdifferenzierung der modernen Gesellschaft stattfindet. Das nationalsozialistische Deutschland und die kommunistische Sowjetunion haben demonstriert, wohin es führen kann, wenn etwa Teilbereiche der wissenschaftlichen Forschung die eigene Selbstreferentialität aufgeben und ihre Erkenntnisse der Übereinstimmung mit einer politischen Doktrin ausliefern, also ein intersystemischer genereller Orientierungskonsens stipuliert wird. Wenn die moderne Gesellschaft nicht in solchen Monstrositäten enden soll, müssen die gesellschaftlichen Akteure konsequent immer wieder aufkommenden Versuchungen widerstehen, irgendeinen substantiell faßbaren »gesellschaftlichen Grundkonsens« zu suchen.

Literatur

Abercrombie, Nicholas/Stephen Hill/Bryan S. Turner (1984), *The Penguin Dictionary of Sociology*, London: Penguin.

Angell, R. C. (1958), *Free Society and Moral Crisis*, Ann Arbor: University of Michigan Press.

Bales, Robert F./Philip E. Slater (1956), »Role Differentiation in Small Decision-Making Groups«, in: Talcott Parsons/Robert F. Bales u. a., *Family, Socialization, and Interaction Process*, London: Routledge, S. 259-306.

Bellah, Robert (1967), »Civil Religion in America«, in: *Daedalus* 96, S. 1-21.

Durkheim, Emile (1912), *Die elementaren Formen des religiösen Lebens*, Frankfurt am Main: Suhrkamp 1984.

Eichmann, Rainer (1989 a), *Diskurs gesellschaftlicher Teilsysteme. Zur Abstimmung von Bildungssystem und Beschäftigungssystem*, Wiesbaden: Deutscher Universitäts Verlag.

– (1989 b), »Systemische Diskurse – Zur produktiven Nutzung von Dissens«, in: Manfred Glagow/Helmut Willke/Helmut Wiesenthal (Hg.), *Gesellschaftliche Steuerungsrationalität und partikulare Handlungsstrategien*, Pfaffenweiler: Centaurus, S. 55-80.

Elias, Norbert (1939), *Über den Prozeß der Zivilisation*, 2 Bde., Frankfurt am Main: Suhrkamp 1976.

Elster, Jon (1989), *The Cement of Society. A Study of Social Order*, Cambridge: Cambridge University Press.

Endruweit, Günter/Gisela Trommsdorf (Hg.) (1989), *Wörterbuch der Soziologie*, Stuttgart: Enke.

Etzioni, Amitai (1968), *The Active Society*, New York: Free Press.

Flam, Helena (1989), *Emotional Man: A Third Perspective on Collective and Corporate Action*, Köln: MPIFG Discussion Paper 89/7.
Friedrich, Carl J. (1942), *The New Belief in Common Man*, Boston: Little, Brown.
Fuchs, Werner u. a. (Hg.) (1973), *Lexikon zur Soziologie*, Opladen: Westdeutscher Verlag.
Gabriel, Karl (1974), »Organisation und Legitimation«, in: *Zeitschrift für Soziologie 3*, S. 339-355.
Geser, Hans (1975), »Paradigmatischer Konsens in Forschungsorganisationen«, in: Nico Stehr/René König (Hg.), *Wissenschaftssoziologie*, Opladen: Westdeutscher Verlag, S. 305-327.
Graham, George J. (1984), »Consensus«, in: Giovanni Sartori (Hg.), *Social Science Concepts – A Systematic Analysis*, Beverly Hills: Sage, S. 89-124.
Gross, Edward (1956), »Symbiosis and Consensus as Integrative Factors in Small Groups«, in: *American Sociological Review* 21, S. 174-179.
Habermas, Jürgen (1971), »Vorbereitende Bemerkungen zu einer Theorie der kommunikativen Kompetenz«, in: Jürgen Habermas/Niklas Luhmann, *Theorie der Gesellschaft oder Sozialtechnologie – Was leistet die Systemforschung?*, Frankfurt am Main: Suhrkamp, S. 101-141.
– (1974), »Können komplexe Gesellschaften eine vernünftige Identität ausbilden?«, in: Jürgen Habermas/Dieter Henrich, *Zwei Reden*, Frankfurt am Main: Suhrkamp, S. 23-84.
– (1976), »Zwei Bemerkungen zum praktischen Diskurs«, in: Jürgen Habermas, *Zur Rekonstruktion des Historischen Materialismus*, Frankfurt am Main: Suhrkamp, S. 338-346.
Hahn, Alois (1983), »Konsensfiktionen in Kleingruppen. Dargestellt am Beispiel von jungen Ehen«, in: Friedhelm Neidhardt (Hg.), *Gruppensoziologie*, Opladen: Westdeutscher Verlag, S. 210-232.
– (1989), »Verständigung als Strategie«, in: Max Haller/Hans-Jürgen Hoffmann-Nowottny/Wolfgang Zapf (Hg.), *Kultur und Gesellschaft. Verhandlungen des 24. Deutschen Soziologentages, des 11. Österreichischen Soziologentages und des 8. Kongresses der Schweizerischen Gesellschaft für Soziologie in Zürich 1988*, Frankfurt/New York: Campus, S. 346-359.
Handke, Peter (1973), *Die Unvernünftigen sterben aus*, Frankfurt am Main: Suhrkamp.
Hartfiel, Günter (1972), *Wörterbuch der Soziologie*, Stuttgart: Kröner.
Hohn, Hans-Willy/Schimank, Uwe (1990), *Konflikte und Gleichgewichte im Forschungssystem: Akteurkonstellationen und Entwicklungspfade der staatlich finanzierten außeruniversitären Forschung in Deutschland*, Frankfurt/New York: Campus.
Jones, Edward E./Harold B. Gerard (1967), *Foundations of Social Psychology*, New York: John Wiley & Sons.

Laing, Ronald D./H. Phillipson/ A. R. Lee (1966), *Interpersonelle Wahrnehmung*, Frankfurt am Main: Suhrkamp 1971.
Latour, Bruno (1984), *The Pasteurization of France*, Cambridge, Mass.: Harvard University Press 1988.
– (1987), *Science in Action: How to Follow Scientists and Engineers Through Society*, Milton Keynes: Open University Press.
Levy, Marion (1952), *The Structure of Society*, Princeton, N.J.: Princeton University Press.
Lindblom, Charles (1965), *The Intelligence of Democracy. Decision Making Through Mutual Adjustment*, New York: Free Press.
Luhmann, Niklas (1965), *Grundrechte als Institution*, Berlin: Duncker & Humblot.
– (1967), »Reflexive Mechanismen«; in: Niklas Luhmann, *Soziologische Aufklärung*, Bd. 1, Opladen: Westdeutscher Verlag, S. 92-112.
– (1975), »Über die Funktion der Negation in sinnkonstituierenden Systemen«, in: Harald Weinrich (Hg.), *Positionen der Negativität*, München: Fink, S. 201-218.
– (1977), »Differentation of Society«, in: *Canadian Journal of Sociology* 2, S. 29-53.
– (1978), »Grundwerte als Zivilreligion«, in: Niklas Luhmann, *Soziologische Aufklärung*, Bd. 3, Opladen 1981, S. 293-308.
– (1980), »Selbstreferenz und Teleologie in gesellschaftstheoretischer Perspektive«, in: Niklas Luhmann, *Gesellschaftsstruktur und Semantik*, Bd. 2, Frankfurt am Main: Suhrkamp, S. 9-44.
– (1981), *Politische Theorie im Wohlfahrtsstaat*, München: Olzog.
– (1984), *Soziale Systeme*, Frankfurt am Main: Suhrkamp.
– (1986 a), »Distinctions Directrices. Über Codierung von Semantiken und Systemen«, in: Friedhelm Neidhardt/M. Rainer Lepsius (Hg.), *Kultur und Gesellschaft*, Opladen: Westdeutscher Verlag, S. 145-161.
– (1986 b), *Ökologische Kommunikation. Kann die moderne Gesellschaft sich auf ökologische Gefährdungen einstellen?*, Opladen: Westdeutscher Verlag.
– (1987 a), »Wissenschaft als autopoietisches System«, Ms., Bielefeld.
– (1987 b), »Closure and Openness: On Reality in the World of Law«, in: Gunther Teubner (Hg.), *Autopoietic Law: A New Approach to Law and Society*, Berlin: de Gruyter, S. 335-348.
Mayntz, Renate (1987), »Politische Steuerung und gesellschaftliche Steuerungsprobleme. Anmerkungen zu einem politischen Paradigma«, in: Thomas Ellwein u. a. (Hg.), *Jahrbuch zur Staats- und Verwaltungswissenschaft*, Bd. 1; Baden Baden, Nomos, S. 89-110.
Müller, Hans-Peter (1988), »Social Structure and Civil Religion: Legitimation Crisis in a Late-Durkheimian Perspective«, in: Jeffrey Alexander (Hg.), *Durkheimian Sociology: Cultural Studies*, Cambridge, Mass.: Cambridge University Press, S. 129-158.

Münch, Richard (1984), »Die sprachlose Systemtheorie. Systemdifferenzierung, reflexives Recht, reflexive Selbststeuerung und Integration durch Indifferenz. Anmerkungen zu Gunther Teubner und Helmut Willke«, in: *Zeitschrift für Rechtssoziologie* 5, S. 4-35.

Neuendorff, Hartmut (1973), *Der Begriff des Interesses. Eine Studie zu den Gesellschaftstheorien von Hobbes, Smith und Marx,* Frankfurt am Main: Suhrkamp.

Newcomb, Theodore (1959), »The Study of Consensus«, in: Robert K. Merton/Leonard Broom/Leonard S. Cotrell (Hg.), *Sociology Today,* New York: Basic Books, S. 277-292.

Parsons, Talcott u. a. (1952), »Some Fundamental Categories of the Theory of Action: A General Statement«, in: Talcott Parsons/Edward Shils (Hg.), *Toward a General Theory of Action,* Cambridge, Mass.: Harvard University Press, S. 3-29.

Parsons, Talcott (1967), *Gesellschaften. Evolutionäre und komparative Perspektiven,* Frankfurt am Main: Suhrkamp 1975.

– (1971), *The System of Modern Societies,* Englewood Cliffs, N.J.: Prentice Hall.

Partridge, P. H. (1971), *Consent and Consensus,* New York: Praeger.

Pokol, Bela (1990); »Professionelle Institutionensysteme oder Teilsysteme der Gesellschaft? Reformulierungsvorschläge zu Niklas Luhmanns Systemtypologie«, in: *Zeitschrift für Soziologie* 19, S. 329-344.

Radkau, Joachim (1983), *Aufstieg und Krise der deutschen Atomwirtschaft 1945-1975,* Reinbek: Rowohlt.

Rhodes, Richard (1986), *The Making of the Atomic Bomb,* New York: Simon & Schuster.

Scharpf, Fritz W. (1989 a), »Politische Steuerung und politische Institutionen«, in: *Politische Vierteljahresschrift* 30, S. 10-21.

– (1989 b), »Games Real Actors Could Play: The Problem of Complete Information«, Köln: MPIFG Discussion Paper 89/9.

Scheff, Thomas J. (1967), »Toward a Sociological Model of Consensus«, in: *American Sociological Review* 32, S. 32-46.

Schimank, Uwe (1983), *Neoromantischer Protest im Spätkapitalismus. Der Widerstand gegen Stadt- und Landschaftsverödung,* Bielefeld: AJZ.

– (1985), »Der mangelnde Akteurbezug systemtheoretischer Erklärungen gesellschaftlicher Differenzierung«, in: *Zeitschrift für Soziologie* 14, S. 421-434.

– (1988), »Gesellschaftliche Teilsysteme als Akteurfiktionen«, in: *Kölner Zeitschrift für Soziologie und Sozialpsychologie* 40, S. 619-639.

Schütz, Alfred (1953), »Common-sense and Scientific Interpretations of Human Action«, in: Alfred Schütz, *Collected Papers,* Bd. 1, The Hague: Nijhoff 1967, S. 3-17.

– (1971), *Das Problem der Relevanz,* Frankfurt am Main: Suhrkamp.

Shils, Edward (1968), »Consensus: The Concept of Consensus«, in: *International Encyclopedia of the Social Sciences,* Bd. 3, S. 260-266.

Siegrist, Johannes (1970), *Das Consensus-Modell. Studien zur Interaktionstheorie und kognitiven Sozialisation,* Stuttgart: Enke.

Stamm, Thomas (1981), *Zwischen Staat und Selbstverwaltung. Die deutsche Forschung im Wiederaufbau 1945-1965,* Köln: Verlag Wissenschaft und Politik.

Stichweh, Rudolf (1987), »Die Autopoiesis der Wissenschaft«, in: Dirk Baecker u. a. (Hg.), *Theorie als Passion. Niklas Luhmann zum sechzigsten Geburtstag,* Frankfurt am Main: Suhrkamp, S. 447-481.

Teubner, Gunther (1989), *Recht als autopoietisches System,* Frankfurt am Main: Suhrkamp.

Thompson, James D. (1967), *Organizations in Action.* New York: Mc Graw Hill.

Weber, Max (1919), »Wissenschaft als Beruf«, in: Max Weber, *Gesammelte Aufsätze zur Wissenschaftslehre,* Tübingen: Mohr 1968, S. 582-613.

Weinrich, Harald (1972), »System, Diskurs und die Diktatur des Sitzfleisches«, in: *Merkur* 292, S. 801-812.

Weyer, Johannes (1989), »›Reden über Technik‹ als Strategie sozialer Innovation. Zur Genese und Dynamik von Technik am Beispiel der Raumfahrt in der Bundesrepublik«, in: Manfred Glagow/Helmut Willke/Helmut Wiesenthal (Hg.), *Gesellschaftliche Steuerungsrationalität und partikulare Handlungsstrategien,* Pfaffenweiler: Centaurus, S. 81-114.

Willke, Helmut (1989), *Systemtheorie entwickelter Gesellschaften. Dynamik und Riskanz moderner gesellschaftlicher Selbstorganisation,* Munchen: Juventa.

Rainer Döbert
Konsensustheorie als deutsche Ideologie

1. Zur Vorverständigung

Theorie und vortheoretische Intuitionen

Unter Konsensustheorie sollen im folgenden nur Bemühungen verstanden werden, die den Anspruch erheben, auf der Basis einer an der pragmatischen Dimension der Sprache orientierten Theorie der menschlichen »Verständigung« etwas Relevantes zur sozialwissenschaftlichen Theoriebildung beizutragen. Mit diesen Bemühungen verbinden sich Namen wie Apel, Habermas, Miller, Eder, Alexy, Günther und Wellmer. Aus Gründen des knappen Raums kann auf die zum Teil durchaus gravierenden Unterschiede zwischen den Autoren hier nicht eingegangen werden; und wo die Argumentation ins Detail geht, werde ich überwiegend die Habermasschen Konstruktionen heranziehen. Ebenfalls aus Raumgründen bin ich gezwungen, mit einem *strikten Theoriebegriff* alle irrelevanten Beimengungen und Hilfshypothesen beiseite zu schieben.

Zu den Minima von »Theorie« gehören: ein Satz von Begriffen und, zunächst, die Spezifikation wenigstens der elementaren Relationen zwischen ihnen (zum Beispiel Handlung, Norm, Wert, Motiv/Interesse, Orientierung, Situation); dann: *schrittweise* Konstruktion abgeleiteter Sätze, wobei jeweils *auszuweisen* ist, daß die verwendeten Begriffe und damit die sich ergebenden Theoreme wirklich mit den eingeführten begrifflichen Mitteln *konstruiert* werden können. Etwas »sehen« ist nicht identisch mit etwas »theoretisch zu konstruieren«. Aufgrund unseres intuitiven Zugangs zur sozialen Realität »sehen« wir häufig Phänomene und neigen dazu, diese intuitiven Erkenntnisse beim Theorieaufbau implizit zu beanspruchen, ohne uns darüber im klaren zu sein, daß »Gesehenes«, das nicht konstruiert ist, *nicht* zur Theorie gehört. Beispielsweise »sehen« wir intuitiv, daß freie Diskussion und darauf aufbauender Konsensus etwas mit Rationalität zu tun haben; damit ist aber noch nichts »konstruiert«. Nur wenn die

»Intuitionen« kontrolliert werden, läßt sich abschätzen, was eine Theorie wirklich leistet und wo die *Erschleichungen* anfangen. Das gilt auch für die Anleihen bei Weber, Parsons, Luhmann etc., die bei den genannten Autoren auftauchen. Sie sind integrale Bestandteile der Konsensustheorie nur in dem Maße, wie sie tatsächlich diskurstheoretisch »konstruiert« werden oder wenigstens konstruiert werden könnten – und das ist in der Regel eben nicht der Fall.

Simmels Konsensustheorie und Prozedere

Konsensustheorie als Ideologie ist in gewisser Weise kein originelles Thema. Schon Simmel hat in seiner *Philosophie des Geldes* so etwas wie den ideologischen Hintergrund von Konsensustheorien dingfest gemacht, und zwar im Rahmen seiner medientheoretischen Überlegungen über Geld und Intelligenz. Beide fördern »eine gewisse Charakterlosigkeit«: »Der Intellekt, seinem reinen Begriff nach, ist absolut charakterlos, nicht im Sinne des Mangels einer eigentlich erforderlichen Qualität, sondern weil er ganz jenseits der auswählenden Einseitigkeit steht, die den Charakter ausmacht« (Simmel [1900] 1989, S. 595). Er leiht sich allem und jedem, was zu einer »eigentümlichen Abflachung des Gefühlslebens« führt: »die Leichtigkeit intellektueller Verständigung, die selbst zwischen Menschen divergentester Natur und Position besteht ...: alles dies entspringt als positive Folge jenem negativen Zuge der Charakterlosigkeit« (ebd., S. 595 f.). Bei aller möglichen »Schärfe theoretisch-logischer Kontroversen« ist die »Intellektualität« in letzter Instanz »doch ein Prinzip der Versöhnlichkeit ... – denn sobald der Streit aus dem Gegensatz der Gefühle oder der Wallungen oder unbeweisbaren, nur gefühlsmäßig anerkennbaren Axiome in die theoretische Diskussion übergegangen ist, muß er prinzipiell beigelegt werden können«, wird »Verständigung möglich« sein (ebd., S. 598). Konsensustheorie also als Philosophie der charakterlosen, emotional flachen, »unsicheren«, »schlauen« Existenzen, bei denen sich die »Klugheit von jeder Festgelegtheit durch die Norm der Sache oder der Idee« (ebd., S. 597) abgelöst hat! Beinahe möchte man es da lieber mit Dante halten, der nach Simmel (ebd., S. 596) noch wußte, daß man »gewissen theoretischen Gegnern ... nicht mit Gründen, sondern nur mit dem Messer antworten [dürfte]« (ebd., S. 596). Ich sage beinahe, weil der Gedanke ans Messer im eigenen Rücken dann doch schreckt und auch die Nöte, die man mit fundamentalistischer »Charakterhaftigkeit« in demokratischen Gemeinwesen hat, nicht gerade verlockend wirken. Wir müssen es wohl dann doch mit der intellektualistischen »Charakterlosigkeit« halten!

Aber vor diese Entscheidung wollte ich eigentlich niemanden stellen. Vielmehr wollte ich erstens Simmels »mentalitätstheoretische« Explikation des Intellektualismus, die auf die Erörterung von Geltungsfragen verzichtet und einfach »erklärt« und »deutet«, mit der in diesem Artikel gewählten klassischen – wo Marx recht hatte, muß man ihm auch recht geben – ideologiekritischen Strategie konfrontieren. Im folgenden soll zunächst gezeigt werden, daß die neudeutschen Bemühungen um Konsensustheorie in mehr als einer Hinsicht irren und vorhandene Diskussions- und Theoriebestände zerstören. Danach erst soll die kausale Frage gestellt werden, aus welcher spezifisch deutschen Tradition sich diese Irrtümer eventuell speisen könnten. Und zweitens wollte ich die Differenz von Simmels Diskussionsmodell gegenüber der universalpragmatischen Position herausarbeiten. Es besagt etwa: Sofern ausreichend *Kompetenz* vorhanden ist, erlaubt es die allgemeine Hure »*Logik*«, sachliche Gründe derart zu organisieren, daß andere zur »Versöhnlichkeit« praktisch gezwungen werden können. *Die Sachdimension hat hier also die Führung* – sie ermöglicht den Konsens in der Diskussion, wobei es natürlich keinen Unterschied macht, ob die gerade verhandelte »Sachordnung« sozialer oder außersozialer Natur ist. Das Verfahren »Diskussion« ist sozusagen lediglich die Bühne, auf der beliebige Stücke inszeniert werden. Die Bühne darf nicht fehlen, aber sie *konstituiert den möglichen Konsens nicht*, der hängt von der Logik des Stücks, also der Sachargumentation ab. Das ist, wenn man so will, die *semantische Theorie der Konsensbildung*, die eine Theorie der *Sachrationalität und Sachzwänge*, des sachlich besseren Arguments ist. Aber, wird mancher Leser einwenden, das *meint* Habermas doch gewiß auch so. Wohl kaum! Denn dann könnte er sich – und dazu würde ein Satz genügen – den vorliegenden semantischen Konsensustheorien umstandslos anschließen. Die will er aber gerade widerlegen.

Sachrationalität und Sachzwänge sind aber bekanntlich ideologisch, technokratisch, monologisch, Inbegriff von System- oder Zweckrationalität, durch die das verständigungsinnige Heil der »Lebenswelt« gefährdet wird. Demgegenüber soll nun das Dialogische des Miteinander-Sprechens stark gemacht werden. Soziales Handeln wird (auch) durch Sprache koordiniert. Was liegt also näher, als der Soziologie – der Wissenschaft von der Koordination sozialen Handelns – eine sprachtheoretische Grundlage zu verschaffen? Und da sich weite Bereiche der Semantik zumindest »monologisch« denken lassen müssen – auch der »einsame« Organismus benötigt ein Modell seiner Umgebung, das in einem »Code« gespeichert werden muß – scheint es fast unumgänglich zu sein, die gesuchte Theorie auf die *pragmatische Seite der Sprache* zu gründen. Sie verkörpert die *Sozialdimension* von Sprache, und deren spezifischer Beitrag zur Koordination des sozialen Handelns soll ja nun herausgestellt werden. Dabei ist zu zeigen, daß ihr implizites Rationalitätspotential Konsens/Koordination wieder und wieder zu erzeugen erlaubt, weil sie transzendentale, unhintergehbare Ansprüche auf *Wahrheit, Wahrhaftigkeit* und *normative Richtigkeit* verkörpert. Nur en passant sei notiert, daß die Theorie viel über *Ansprüche*, wenig über Strategien des Einlösens von Ansprüchen zu sagen hat. Ob »Ansprüche« jedoch eher Konsens oder Dissens begünstigen, dürfte wohl eine offene Frage sein.

Die Leistungsfähigkeit einer Theorie bemißt sich auch daran, wie sie gegenüber konkurrierenden Modellen abschneidet und wie sie weitgehend unstrittige Sachverhalte zu verarbeiten weiß. Daß Sätze und Handlungen (auch) durch *Logik* koordiniert werden, ist (nicht erst seit Simmel) weitgehend unstrittig. Es ist so unstrittig, daß selbst bei neudeutschen Konsenstheoretikern (Alexy 1978; Günther 1988) die Passagen, in denen logische Schluß- und Begründungsverfahren dargestellt werden, erheblich gewichtiger sind als die, in denen das universalpragmatische Instrumentarium vorgestellt wird – obwohl man doch die Semantik eines Textes analysieren muß, wenn man seine logische Infrastruktur bloßlegen will. Da setzt sich also das Gewicht der Sache (Logik) durch, und es erweist sich als unumgänglich, Stellung zu beziehen bzw. zu demonstrieren, daß die universalpragmatische Konsenstheorie sich die Logik nicht einfach durch Subreption einverleibt, sondern *mit eigenen theoretischen Mitteln zu begründen oder durch Dialogisches zu ersetzen/ergänzen erlaubt*. Entsprechende Ansprüche der Konsensustheoretiker sollen im folgenden unter Rekurs auf Piagets Ausführungen zu diesem Thema überprüft werden. Wenn sich dann gezeigt haben wird, daß auf dieser formalsten Ebene der Koordination von Handeln ein spezifischer Beitrag der Universalpragmatik nicht zu erwarten ist, soll untersucht werden, ob denn wenigstens die verfahrenstheoretischen Ausführungen der Konsensustheorie der Rationalitätsthematik gerecht werden. Schließlich soll an einigen Anwendungsfällen der Theorie des »kommunikativen Handelns« gezeigt werden, daß der leere, sprechakttheoretische Schematismus wieder und wieder dazu führt, daß vorhandene Theoriebestände verfehlt werden. Auf diesem dürren Ast läßt sich ein humanwissenschaftliches Nest nicht bauen – und damit stellt sich dann die Frage nach dem ideologischen Hintergrund der Konsensustheorie.

2. Der intellektuelle Austausch (Kooperation) und die »Konstitution« von Logik bei Piaget[1]

Logik und Interaktion lassen sich sehr unterschiedlich miteinander verknüpfen. Faktisch finden wir – etwas stilisiert – folgende Varianten: (a) man schlägt die Logik dem Monologisch-Instrumentellen zu und postuliert eine spezielle dialogische Logik (Habermas 1981; Miller 1986; implizit Eder 1986, 1987); (b) man übernimmt die Logik stillschweigend und ergänzt sie durch diskursive Prinzipien (Alexy 1978, Günther 1988); (c) man behauptet die soziale Konstitution der Logik (der frühe Piaget [1932] 1986, Miller 1986, Furth 1990) oder (d) man leugnet die Relevanz der Unterscheidung von individueller und sozialer Logik/Rationalität überhaupt.

Letzteres ist die Position des späten Piaget (Piaget 1965, 1973). Es dürfte offensichtlich sein, daß die Positionen (a), (b) und (c) weitgehend hinfällig werden, wenn es für (d) gute Gründe gibt. Den Stand der diesbezüglichen Diskussion kann man sich an den Veränderungen von Piagets Position verdeutlichen, wobei sich sagen läßt, daß der Test, dem die Konsensustheoriker sich damit unterziehen müssen, härter ist, als sie anscheinend ahnen. Denn nichts

1 Ich übernehme im folgenden einige Passagen aus einer längeren Untersuchung über die Entwicklung von Piagets Denken.

von dem, was sie behaupten, ist neu. Piaget hat bei seinem Versuch, die Interaktion zwischen »Logik und sozialem Leben« zu analysieren, eine *strukturelle Rekonstruktion von Universalpragmatik* vorgelegt, die in ihrem Gespür für die konstruktiven Erfordernisse von den neudeutschen Konsensustheoretikern nicht wieder erreicht worden ist. Um dieses Manko zu erkennen, muß man sich in aller Kürze vergegenwärtigen, worin »Struktur« für Piaget besteht und was geleistet werden müßte, wenn eine »soziale Konstitution« von Logik etc. nachgewiesen werden soll.

Piagets Strukturbegriff hängt, wie die meisten soziologischen Konzepte von Struktur, mit »Konstanz« und »Gleichgewicht« zusammen, setzt jedoch eine Ebene tiefer an. Da bei allen lebenden Systemen Konstanz und Gleichgewicht nicht einfach »gegeben« sind, sondern permanent gegen Störungen verteidigt und *aktiv hergestellt* werden müssen, weisen eigentlich nur die »Operationen«, mittels derer das System die Gleichgewichtszustände ansteuert und aufrechterhält, wirkliche Konstanz auf, und sie stehen im Zentrum von Piagets Interesse. Das +, −, ×, : und = erlauben es, in einem Zahlensystem von einem beliebigen Punkt zu einem anderen und vor allem an den Ausgangspunkt *zurück* zu gelangen (Reversibilität/Gleichgewicht) – wenn man dieses *set* von Operationen als koordiniertes Ensemble zu handhaben weiß. Weiß man es, hat sich *Struktur sensu Piagets* aufgebaut. Und diese koordinierten Ensembles von Operationen lassen sich in der Mathematik, der Logik oder in einem beliebigen Handlungsfeld, das erfolgreich »strukturiert« ist, *gruppentheoretisch* rekonstruieren, weil – könnte man aus heutiger Sicht hinzufügen – das gesamte Universum nur eine einzige gruppentheoretische Tautologie darstellt (vgl. Bateson 1982 hinsichtlich der DNS; Hofstadter 1988 zu den Elementarteilchen). Wollte Piaget also seine ursprüngliche These von der sozialen Konstitution der Logik wirklich beweisen und nicht nur mit vagen Formeln umspielen (wie es inzwischen üblich geworden ist) – was lag dann näher als der Nachweis, daß die Struktur der sozialen Interaktion selbst »gruppenförmigen« Charakter hat? Dann ließ sich ja ein Transfereffekt von der »Interaktionsgruppe« auf die »logischen Gruppen« *im einzelnen*, das heißt durch Angabe geteilter Operationen, dingfest machen.

Die Etappen, über die Piaget diese Forschungsintention verfolgt hat, müssen hier weitgehend übersprungen werden. Um Piagets Universalpragmatik zu skizzieren, muß jedoch ein tauschtheoretisches Schema, das Piaget in seinem Artikel über den Austausch der qualitativen Werte ([1941] 1965) in zwei Formeln zusammengefaßt hatte, kurz gestreift werden. Die eine der beiden Formeln, denen der gleichgewichtige Austausch von Gütern/Werten genügt, hat folgende Gestalt:

$$(r_a = s_b) + (s_b = t_b) + (t_b = v_a) = (v_a = r_a)$$

Die Terme der Gleichung bedeuten: r_a ist die Handlung von *a* im Dienste von *b*; s_b ist die Befriedigung, die *b* aus der Handlung von *a* zieht; t_b ist die (virtuelle) Handlungsschuld von *b* gegenüber *a*; und v_a ist die (virtuelle) Hochschätzung von *a* durch *b*. Die Formel besagt in Worten also in etwa: Bei gleichgewichtigem Austausch entspricht die Befriedigung von *b* dem Wert von *a*'s Handlung, diese Befriedigung erzeugt eine entsprechende Handlungsschuld, die mit einer Hochschätzung von *a* einhergeht, so daß insgesamt die Hochschätzung von *a* dem Wert seiner Handlung entspricht.

Auf diese Gleichung rekurriert Piaget dann wieder in seinem Artikel über »Logik und soziales Leben« ([1945] 1965), um die Struktur des intellektuellen Austauschs, also des Austauschs von Sätzen, zu analysieren und auf die Stabilisierung der Logik zu beziehen. Dazu muß man die Terme der Gleichung nur neu deuten: r_a wird zur Äußerung eines Satzes durch *a*, s_b zur Zustimmung oder Ablehnung dieses Satzes durch *b*, t_b zur Pflicht von *b*, künftig an seiner Zustimmung/Ablehnung festzuhalten, wobei diese Pflicht r_a einen Wert v_a (gültig) verleiht. Dann ergibt sich in etwa: *a* äußert einen Satz, dem *b* zustimmt und an dem festzuhalten er sich damit verpflichtet, wodurch dem Satz r_a »Gültigkeit« zuwächst. Allerdings gilt all das nur unter der *Gleichgewichtsbedingung der vollen Reziprozität zwischen den Redepartnern*, wenn beide also gleichberechtigt am Gespräch teilnehmen. Also: Gleichberechtigtes Äußern, Zustimmen und Bestreiten von Sätzen ist die Quintessenz des gleichgewichtigen intellektuellen Austauschs oder der »Kooperation« im strikten Sinne; und die beiden Gleichungen, in die Piaget sie zusammenfaßt, enthalten die ganze neudeutsche »Konsensustheorie« oder Universalpragmatik. Und diese weist Gruppenstruktur in einer Gestalt auf, die Transfereffekte verständlich werden läßt. Zu einer *logischen* Gruppe gehören unter anderem immer Komponierbarkeit der Elemente (Assozitivität), Negation und Identitätsprinzip, und die sind im intellektuellen Austausch vorhanden: Wir haben eine Negation (Bestreiten), Zustimmung muß konserviert werden, was auf das Identitätsprinzip und Widerspruchsfreiheit hinausläuft, und die »Elemente« sind komponierbar: Eine Aussage wird mit einer Zustimmung beantwortet, beide werden in der künftigen sozialen Geltung der Aussage zusammengezogen, wodurch der soziale Prozeß konstituiert ist. *Faktisch bedeutet das, daß die für die Logik essentiellen Prinzipien der Identität und Widerspruchsfreiheit auf der Ebene des sozialen Prozesses normativ, als obligatorische Regulative festgeschrieben sind*; und erst diese Normativierung verleiht dem individuellen Denken wirklich *gesicherte* Kohärenz. Es findet also ein direkter Transfer auf der Ebene der Wirksamkeit der Operationen statt, ohne daß sich beide Seiten völlig aufeinander reduzierten. Piaget hat dieser Linie seines Denkens nie abgeschworen, er hat sie jedoch auch nicht weiter verfolgt. Als *Bühne* für Rationalität blieb die freie Diskussion oder Kooperation im intellektuellen Austausch wichtig, ihre konstitutive Rolle für Logik geriet jedoch zunehmend in den Hintergrund. Und dafür gibt es gute Gründe.

Zunächst einmal ist weitgehend gesichert, (a) daß die Ursprünge der Intelligenz dem Spracherwerb (ontogenetisch wie phylogenetisch) vorangehen; (b) daß Blindheit gravierendere kognitive Defizite verursacht als Taubheit und damit einhergehende sprachliche Retardierung; (c) daß eine logische Gruppe in der natürlichen Sprache nicht einmal angemessen dargestellt werden kann (vgl. Piaget [1969] 1971, Kapitel v; Inhelder/Sinclair 1978; Sinclair-de-Zwaart 1978; Furth 1966); und (d) daß ausgerechnet die pragmatische Dimension der Sprache am frühesten ihr Entwicklungsziel erreicht – wie man selbst bei Miller, dessen theoretischer Strategie dieser Befund geradewegs zuwiderläuft, nachlesen kann (Miller 1986, S. 37ff.). Und letzteres ist alles andere als erstaunlich. Denn mit Universalpragmatik verfügt man über eine außerordentlich begrenzte Liste von Sprechakten oder »Operationen« wie Behaupten, Bestreiten, Übereinstimmen, wobei man die Zahl der Übereinstimmenden variieren lassen kann und dann Universalisierung als idealen Grenzwert erhält. Das bißchen »Lernen«, das sich in dieser »informationsarmen« Dimension von Sprache überhaupt abspielen *kann*, ist anscheinend rasch ausgeschöpft, und nicht umsonst ist der herrschaftsfreie Diskurs – das Palaver – wohl so alt wie die Menschheit. *Der ganze Reichtum unseres Wissens über soziale und außersoziale Phänomene wird semantisch gespei-*

chert, und wenn sich die gesellschaftlichen Lernprozesse überhaupt sprachtheoretisch einfangen lassen, dann hätte man – da hat Luhmann einfach auf die bessere Variable gesetzt – gesellschaftliche Semantik analysieren müssen.

Selbst wenn, wie oben skizziert, dem intellektuellen Austausch von Sätzen jedoch eine (begrenzte) Funktion für die Konstitution von Logik zuerkannt wird, ergeben sich hinsichtlich der Rationalitätsthematik gravierende Aporien, die Piaget rasch aufgegangen sind. So weist er in seiner Arbeit über »Erklärung in der Soziologie« (1951) darauf hin, daß der Rechtsformalismus bisweilen über Dezennien hin himmelschreiendes Unrecht »konserviert«, ebenso wie die Logik steinerweichenden Nonsens. Und dabei trägt das Dialogisch-Kommunikative über die Normativierung von Identität und Widerspruchsfreiheit dann kräftig zur Reproduktion von Irrationalität bei. Logik multipliziert mit anfallenden Erfahrungen resultiert eben bisweilen in Erkenntnis, Logik (und Gerede) allein nicht selten im Wahn.

Damit haben wir aber Piagets endgültige Position zum Zusammenhang von »sozialem Leben und Logik« noch nicht erreicht. Sie deutet sich ab etwa 1951 an und läuft auf eine Überwindung der alten Fragestellung nach dem Zusammenhang des Unterschiedenen hinaus – *die Logik steht jenseits der Unterscheidung zwischen »individuell« und »sozial«*. Es spielt in gewisser Weise – auf der Ebene des Zusammenspiels der Operationen – keine Rolle, ob ich Handlung *x* mit meiner eigenen Handlung *y* oder mit *y'* eines anderen verbinden muß. Daher finden sich schon 1951 Formulierungen, die die Relevanz der Unterscheidung »inter-/intraindividuell« tendenziell aufheben. Da ist die Rede von »un seul et même processus d'ensemble«, *Kooperation* und *gruppierte Operationen* sollen »une seule et meme réalité envisagée sous deux aspects différents« sein, weil es nicht zwei verschiedene Arten der Äquilibration von Handlungen gibt und weil Handeln gegenüber Objekten und gegenüber anderen Personen untrennbar verschmolzen sind ([1951] 1965, S. 92). Man kann sich diesen Sachverhalt ohne Schwierigkeit an dem Beispiel eines *kooperativen Brückenbaus*, das Piaget in seiner operativen Struktur zu analysieren versucht, plausibilisieren: Die Handelnden kooperieren, indem sie jeweils die korrespondierenden, reziproken oder komplementären Operationen suchen (Brückenpfeiler gleicher Form, mit entgegengesetzter Neigung, bei unterschiedlicher Uferhöhe mit unterschiedlicher Höhe) (ebd., S. 93). *Nichts anderes kann überhaupt geschehen, wenn beide Brückenpfeiler von einer Person gebaut werden, denn jetzt sind die gleichen Handlungen ein und derselben Person zum gleichen Resultat zusammenzufügen.* Und wenn die »lebendige Arbeit« des Handwerkers im Übergang zur Manufaktur zerlegt und auf ein Kollektiv verteilt worden ist, stellen sich nachher die gleichen Koordinationsprobleme von Handlungen wie vorher (*erst* wird gebohrt, *dann* verschraubt). Und wenn ich eine gegebene, knappe Menge von Ressourcen für zwei konkurrierende Bedürfnisse verwenden will, muß ich durch zwei teilen können – egal ob beide Bedürfnisse meine eigenen sind oder eines einer anderen Person zuzurechnen ist.

Und was für Handlungen gilt, gilt in gleicher Weise für die Logik der Propositionen, von der Piaget sagt: »La logique des propositions est donc de par sa nature même, un système d'échanges, que les propositions échangées soient celles du dialogue intérieur ou de plusieurs sujets distincts, peu importe« (ebd.). Eben! Diese Position, die 1951 noch nicht ohne Schwanken vertreten wird, setzt sich dann zunehmend durch. Kooperation wird als Ko-Operation geschrieben, um schon im Schriftbild zu verdeutlichen, daß die Gesellschaft und ko-ordiniertes Einzelhandeln auf identischer *Strukturierungstätigkeit* aufbauen ([1963] 1965, S. 328). Nicht ohne Süffisanz heißt es daher dann (ebd.): »A ce niveau, se demander si ce sont les opérations intraindividuelles qui engendrent les opérations interindividuelles ou l'inverse ne constitue plus alors qu'une question analogue à celle de savoir si c'est la poule qui fait l'oeuf ou l'oeuf qui fait la poule.« Dies ist auch genau die Position, die dann die *Erkenntnistheorie der Wissenschaften vom Menschen* (1973) bestimmt. Dort heißt es: »Im Endeffekt kommt man zu einer notwendigen Konvergenz der allgemeinsten Formen, sowohl der sozialen Interaktion wie der Koordination individueller Handlungen. Besser gesagt handelt es sich um zwei untrennbare Aspekte ein und derselben Realität ... Es erscheint daher ziemlich sinnlos, eine soziale und eine individuelle Logik gegeneinander ausspielen zu wollen« (ebd., S. 141).

Und diese Position, scheint mir, ist unanfechtbar. *Sie ist unanfechtbar, weil wir das oben durchgeführte Gedankenexperiment* (zwei oder ein Arbeiter bauen eine Brücke) *jederzeit in der inter- und in der intraindividuellen Variante durchführen können.* Dies ist zunächst einmal der Grundsachverhalt, aus dem zwingend

folgt, daß die von den neudeutschen Konsensustheoretikern immer wieder beschworene Notwendigkeit einer Soziologisierung des späten Piaget allenfalls auf einem mangelnden Verständnis von Logik beruht. Piaget bringt keine Beispiele, die soziologischer Natur sind. Aber es bedarf doch kaum mehr als eines intellektuellen Schlenkers, um das Äquilibrationsmodell zu soziologisieren. *Die Störungen, die den Handelnden zwingen, seine vorhandenen Strukturen zu verbessern, müssen ja nicht der eigenen Erfahrung, eigenen Bedürfnissen etc. entspringen, sondern können jeweils sozial generiert oder ausgelöst sein. Strukturtheoretisch macht das überhaupt keinen Unterschied.* Piaget hat sich also nicht entsoziologisiert, sondern die monologische »Logik« ist gründlich soziologisiert worden, weil es den Unterschied zwischen dialogischer und monologischer Logik überhaupt nicht gibt. Logik koordiniert Handeln – ob individuelles oder soziales ist ihr vollkommen gleichgültig. *Mentopolis* heißt ein Buch von Marvin Minsky (1990) über die Funktionsweise des menschlichen Gehirns, und für das *Polis* gibt es gute Gründe.
Nur nebenbei sei vermerkt, daß das evolutionstheoretisch nun allerdings eine glückliche Fügung ist. Denn die Natur muß uns in etwa 4,5 Milliarden Jahren konstruiert haben können – und die Zeit ist so knapp, daß Effizienz und Sparsamkeit der konstruktiven Mittel gefordert sind. Das impliziert unter anderem Wiederverwendung vorhandener Mittel. Aus Arten mit relativ geringer Interaktionsdichte können sich relativ rasch Arten mit intensivem Sozialleben entwickeln. Das geht aber nur, wenn *vorhandene Koordinationsschemata* den neuen, sozialen Inhalten zugeführt werden können.[2] Die »Erfindung« einer eigenen Logik wäre der aufwendigste Weg. Da war es doch viel eleganter, das einmal begonnene gruppentheoretische Garn fortzuspinnen.
Nicht ganz so nebenbei sei schließlich vermerkt, daß wir uns mit

2 Dem könnte man Wittgensteins Argument von der Unmöglichkeit einer privaten Regelverwendung entgegenhalten. Mir scheint nicht, daß es schwer wiegt. Denn Gewohnheitsbildung ist im Tierreich ein verbreitetes Phänomen. Sie setzt aber voraus, daß eine Standardsituation mit einem Standardverhalten beantwortet wird. Tiere können offensichtlich die Identität von Standardsituationen erkennen; das Soziale kann dieser kognitiven Leistung dann nur noch eine normativ-affektive Stabilisierung hinzufügen.

diesem Argumentationsgang implizit wieder auf Simmel zubewegt haben. Denn wenn man die logische Struktur von Satzgefügen oder Handlungsketten, ihr Zueinander-Passen analysieren will, muß man ihren *semantischen Gehalt* oder die anstehende Handlungsproblematik im Kontext verfügbarer Ressourcen, also die jeweilige *Sachproblematik* aufschlüsseln und »Widersprüche« beseitigen. Gelingt es, *resultiert* Konsens. Das heißt nicht, daß wir die Bühne »Diskurs« vernachlässigen dürften; aber es heißt, daß wir in die Sachdimension gehen müssen, wenn wir verstehen wollen, ob es auf dieser Bühne des gleichberechtigten Äußerns von Sprechakten zu einem Konsens kommen wird. Nur im Miteinander von Sach- und Sozialdimension läßt sich der soziale Prozeß selbst aufschlüsseln. Versucht man es unter Rekurs auf die Sozialdimension allein, dann türmen sich – und das ist nun im folgenden zu demonstrieren – nur Irrtümer auf Irrtümer.

3. Einige Implikationen der Überbewertung der Sozialdimension für die Verfahrenstheorie

Auf der Ebene des Kognitiv-Unbewußten, der des Zusammenspiels der logischen Operationen, ist also von dieser Variante von Konsensustheorie nichts zu erwarten. Auf ihrem ureigensten Feld, dem der Verfahrenstheorie, sollte sie besser abschneiden. In mehrfacher Hinsicht lassen sich jedoch gravierende Defizite ausmachen.

(a) Zunächst einmal ist zu notieren, daß es bedeutsame *erkenntnistheoretische Differenzen zwischen Verfahren* gibt, die ohne Rekurs auf die Sachdimension nicht gefaßt werden können. So differenziert Rawls (1975, § 14) zwischen reinen, unvollkommenen und vollkommenen Verfahren zur Herstellung von Gerechtigkeit wie folgt: Bei *reinen Verfahren* kennt man *kein verfahrensunabhängiges Kriterium* zur Definition eines gerechten Ergebnisses. Beispiele sind Verlosungen oder Würfeln, die den einen etwas zuteilen, den anderen nicht. Welche Verteilung auch immer sich ergibt, sie ist die gerechte. Bei *unvollkommenen Verfahren* kennt man das erwünschte Ergebnis, verfügt aber über kein Verfahren, das es *mit Sicherheit* herstellt. Beispiele sind Gerichtsverfahren, die zur Verurteilung des Schuldigen führen sollen, dies aber nicht immer erreichen. Und schließlich gibt es *vollkommene Verfahren*, bei denen man das erwünschte Ergebnis kennt und auch eine Prozedur angeben kann, die mit Sicherheit zu ihm hinführt – beispielsweise beim Kuchenteilen.

Das bekannte oder unbekannte Verfahrensergebnis wird, das sollte evident sein, bei sozialen Verfahren wie Diskursen nicht in der Sozialdimension der Diskursführung, sondern in der Sachdimension des Diskursthemas formuliert. Von daher ergibt sich der oben eingeführte erkenntnistheoretische Bezug, der beim theoretischen Diskurs eben impliziert, daß wir nicht jedes Verfahrensergebnis als »wahr« akzeptieren werden. Klar sollte auch sein, daß wir ein Interesse daran haben müssen, daß sich unsere Diskurse möglichst weit vom reinen Verfahren entfernen sollten. Denn andernfalls sind sie, erkenntnistheoretisch, von der Beliebigkeit eines Würfelspiels nicht zu unterscheiden, und man wird sich doch fragen dürfen, ob die Gesellschaft sich in zentralen gesellschaftspolitischen Fragen aufs soziale »Würfeln« wird verlassen können. Die Frage kann man aber überhaupt nicht stellen, wenn man die Verfahrenslogik ausschließlich von der Sozialdimension her konstruieren will. Insofern verwundert es nicht, daß Habermas meint, »alle Inhalte ... müssen von realen ... Diskursen abhängig gemacht werden« (1983, S. 104, vgl. S. 133), was nur für reine Verfahren, also etwa Würfelspiele, gilt. Rationalitätskriterien gibt es auf dieser Basis – innertheoretisch – nicht. Und auch die Fallstricke eines Verfahrenskonkretismus lassen sich kaum umgehen, wenn man an theoretischen Mitteln lediglich Sprechakte wie Behaupten, Bestreiten, Übereinstimmen mobilisieren kann. Denn das gleiche Verfahren wechselt den Verfahrenstypus, wenn man unterschiedliche Sachprobleme in es einspielt. So sind *Diskurse vollkommene Verfahren*, wenn über elementare Grundnormen diskutiert wird, *unvollkommene Verfahren*, wenn ethische Grauzonen aufzuhellen sind, und *reine Verfahren*, wenn die Inkompetenten sich eine Meinung bilden. Im letzten Fall könnte man tatsächlich würfeln! Und so verhält es sich nicht nur theoretisch, so ist es empirisch. Kleine Kinder verteilen sich auf die Entscheidungsmöglichkeiten in den Kohlberg-Dilemmata nach dem *Zufallsprinzip* (ca. 50/50), weil ihnen die erforderliche Kompetenz fehlt; postkonventionelle Probanden entscheiden sich unisono für die richtige Lösung, wenn es eine gibt. Candee (1976) hat philosophische Experten die Dilemmata »raten« lassen. Von ihren Einstufungen her läßt sich sehr gut voraussagen, bei welchen Dilemmata Probanden mit voll entwickeltem moralischen Bewußtsein *einer* Meinung und bei welchen sie *gespaltener* Meinung sein werden. *Universalisierbarkeit folgt eben aus der Natur der Sache und steht gerade nicht, wie bei unseren Sprechakttheoretikern, auf eigenen Füßen.*

(b) Unklarheiten herrschen auch hinsichtlich des Verhältnisses von sachlichen und prozeduralen Rationalitätskriterien: Man glaubt, da werde substituiert. So hat Eder in zwei Arbeiten (1986, 1987) über die Prozeduralisierung des Rechts die These vertreten, daß das moderne Recht seine Autorität zunehmend über die »Institutionalisierung von Kommunikation« (1987, S. 204) reproduziert. »Kommunikative Rationalität« soll damit Zweckrationalität, Wertrationalität, formale Rationalität im herkömmlichen Sinn oder Systemrationalität ablösen, ja, von »abstrakten Rechtsideen wie Freiheit und Gerechtigkeit« in legitimatorischer Hinsicht »unabhängig« werden (1987, S. 215).

Dazu nur zwei Bemerkungen: Prozeduralisierung des Rechts mag es geben; aber was leistet eine Theorie der diskursiven Rationalität, die glaubt, das Recht könne sich von den Ideen der »Freiheit und Gerechtigkeit« unabhängig machen? Würde man eine Prozedur, die von »Freiheit und Gerechtigkeit« nicht berührte Ergebnisse erbrächte, nicht einfach verwerfen? Juristische Verfahren sind keine reinen Verfahren, und wären sie es, wären wir tatsächlich zur Konformität auch noch bei Ungerechtigkeiten verdammt. Und noch etwas vermag nicht zu überzeugen, nämlich der Glaube, diskursive Rationalität könne andere Rationalitäten *ersetzen*. In einem Diskurs werden Gründe mobilisiert, und diese Gründe können empirisch-analytisch-, zweck-, wert-, formal- oder material-rationaler Natur sein. Manche dieser Gründe werden sich durchsetzen und die konsentierte Regelung prägen, die dann zweck-, wert-, formalrational etc. sein wird – und zwar notwendigerweise. Und wenn man diese Rationalitätsvarianten aus dem Diskurs herausnimmt, dann gibt es dort überhaupt keine Rationalität, weil keine *Gründe* mehr!

(c) Vor allem im Bereich der sozialstrukturellen und demokratietheoretischen Implikationen des herrschaftsfreien Diskurses stößt man auf eine bemerkenswerte Blauäugigkeit. Der herrschaftsfreie Diskurs wird uns ohne die geringsten Vorbehalte als festes Fundament demokratischer Gleichheitspostulate angedient. Dem soll nicht *in toto* widersprochen werden; man muß jedoch sehen, daß ihm ein demokratietheoretisches Paradox innewohnt. Sichtbar wird es wiederum nur, wenn man darauf achtet, *worüber* jeweils diskutiert wird. Soweit die *eigenen Bedürfnisse* betroffen sind, ist jeder ein unübertrefflicher Experte, und die diskurstheoretischen Gleichheitsidealisierungen sind fundiert. Das ist die Basis der Demokratie. In dem Moment, in dem jedoch *komplexe Sachzusammenhänge* analysiert werden müssen, sind – und da hat Simmel einfach tiefer geblickt als die neudeutschen Theoretiker des herrschaftsfreien Diskurses – gleiche Rederechte das perfekte Instrument zur Durchsetzung der *äußersten sozialen Differenzierung in Form des Expertentums*. Wie Geld muß Intelligenz von jedermann begehrt werden, leiht sich wegen ihres »kommunistischen Charakters« (1989, S. 604) allem und jedem, ist stapelbar, aber, anders als Geld, nicht ohne weiteres übertragbar (Aneignung!). Diese Konstellation *muß* »die unangreifbarste, weil ungreifbarste Aristokratie erzeugen« (ebd., S. 606), und das um so mehr, je weiter die Anhäufung von gesellschaftlichem Wissen fortgeschritten ist (ebd., S. 607): »Die scheinbare Gleichheit, mit der sich der Bildungsstoff jedem bietet, der ihn ergreifen will, ist in der Wirklichkeit ein blutiger Hohn ...« (ebd., S. 606). Denn »wo die Gleichheit die formalen Fundamente der Beziehungen zwischen Menschen ergreift, wird sie zum Mittel, ihre individuellen Ungleichheiten zum schärfsten und folgenreichsten Ausdruck zu bringen« (ebd., S. 610), indem sie nämlich zum Ferment von Technokratie wird und werden *muß*. Der Mechanismus hat die gleiche Zwangsläufigkeit wie der Markt, der die Gleichheit der Marktteilnehmer wieder und wieder durch seine bloße Funktionsweise zerstört. Simmel hat hier nur Argumente gegen die kapitalistische Ökonomie auf einen anderen Markt, nämlich den Markt für intellektuelle Güter, übertragen müssen, um eines der zentralen politischen Konfliktfelder auch noch der gegenwärtigen Gesellschaft zu identifizieren. Das Grundargument ist bekannt, empirisch triftig und mit oberflächlicher Technokratiekritik nicht zu konterkarieren. Denn wir hatten oben ja gesehen, daß die Partizipation derjenigen, die sich der Mühe der Aneignung der intellektuellen Güter nicht unterziehen wollen, das *Erkenntnisinstrument* »Diskurs« zum *Würfelspiel* verkommen läßt. Von dieser Dialektik der gleichen Rederechte hört man bei den Konsensustheoretikern nichts. Und wie sollte man auch – aus Akten des Behauptens, Bestreitens, Zustimmens läßt sich derartiges nicht herauslesen. Und ich muß wohl nicht besonders eingehend darlegen, daß die praktischen Implikationen dieser diskurstheoretischen Blindheit verheerend sind. Die Grünen sind auf dem besten Wege, an dieser Dialektik zu zerbrechen. Denn das Expertentum wollen sie nicht, bloßes Würfeln (Partizipation!) kann die Gesellschaft sich in den schicksalsmächtigen Fragen der Gesellschaftspolitik aber auch nicht bieten lassen. Wenn man da zu einem Ausgleich gelangen will, muß man das Problem erst einmal scharf stellen. Und dann muß man deutlich sagen, daß der herrschaftsfreie Diskurs Vehikel sozialer Differenzierung ist. Und *dann* erst kann man weiter sehen!

4. Handlungstheoretische, moralpsychologische und ethiktheoretische Insuffizienzen

»Alle sollen gleichberechtigt sprechen dürfen« ist *ein* Satz, und *ein* Satz ist ersichtlich weniger als eine Theorie. Wollen die Konsenstheoretiker sozialwissenschaftliche Relevanz beanspruchen, müssen sie versuchen zu zeigen, daß die Implikationen dieses Satzes weit in etablierte sozialwissenschaftliche und philosophische Theorietraditionen hineinreichen. Dazu muß die Begrifflichkeit dieser Theorietraditionen auf die der Universalpragmatik (irgendwie) abgebildet werden, da es sonst bei einem bloßen Nebeneinander bleibt. Habermas hat derartiges in der Handlungstheorie, der Moralpsychologie und der philosophischen Ethiktheorie versucht, und seine Überlegungen sollen im folgenden auszugsweise überprüft werden.

Habermas' handlungstheoretische Verwirrungen

Was erwarten wir? Nicht viel! Denn eine entfaltete Handlungstheorie wird immer auch Klassifikationen und Schematisierungen von Akteuren und Situationen enthalten müssen; und solche Schematisierungen gehören, lassen wir uns der Einfachheit halber einmal auf das sprachtheoretische *bias* ein, in die Semantik. Bestenfalls ein Zehntausendstel einer Sprache entfällt auf pragmatische Komponenten. Es wäre also ganz hoffnungslos, sich mit diesen begrifflichen Mitteln beispielsweise an die komplexen Klassifikationen der Weberschen »Grundbegriffe« oder an Parsons' Distinktionsakrobatik heranzuwagen. Nicht daß von diesen Dingen bei Habermas (bei Bedarf) nichts auftauchen würde; aber es wird nicht »konstruiert« und hat deshalb mit Theoriebildung nichts zu tun. All das versteht sich für diejenigen, die wissen, was Pragmatik und was Semantik ist, von selbst: Das *kann* gar nicht anders sein!

Aber man würde doch wenigstens erwarten, daß ein gewisser handlungstheoretischer Grundbestand wirklich *ausgewiesen* ist. Das gilt beispielsweise für Webers Sachordnungen (Recht, Moral, Kunst, Religion, Technik, Wirtschaft, Wissenschaft). An konstruktiven Mitteln hat Habermas zunächst einmal drei Grundeinstellungen von Sprechern (objektivierend, expressiv, normenkonform), die sprechakttheoretisch ausgewiesen werden (Habermas 1981, Bd. 1, S. 414 ff.). Das reicht für sieben Sachordnungen nicht – eine weitere Dimension muß eröffnet werden: die drei Welten (objektiv, innen, sozial) (ebd., S. 326). Eine Welt als Inbegriff von Gegenständen einer bestimmten Art ist aber ein semantisches Konzept, das Habermas, wenn er theorieimmanent darüber verfügen wollte, »pragmatisch« definieren müßte. Das hat er auch getan (ebd., S. 80), und zwar *in terms* der drei Grundeinstellungen. Somit ergeben sich in der Kreuztabellierung (ebd., S. 326) von »Einstellungen« und »Welten« zum Beispiel folgende »Definitionen«[3]: Sozialtechnologie kombiniert objektivierende und normenkonforme Einstellung, Moral normenkonforme und expressive Einstellung etc. – was leider in jedem Fall ein Ding der Unmöglichkeit ist, da die Grundeinstellungen »exklusiv« definiert sind. Also müssen wir die »Welten« in der üblichen semantischen Bedeutung nehmen; und genau das hatten wir ja erwartet. Ohne Semantik geht es in der Handlungstheorie eben keinen Schritt voran! Und auch die *Handlungstypologie* läßt sich anders überhaupt nicht aufbauen. Wenn bei Habermas (ebd., S. 446) soziale Handlungen aufgesplittet werden in strategische und kommunikative Handlungen, dann kann der Oberbegriff nur in der üblichen semantischen Bedeutung gemeint sein, da er sonst inkompatible »Einstellungen« vereinigen müßte.

All das sind gewiß ärgerliche, weil prognostizierbare theoretische Sackgassen. Das entscheidende Desaster liegt jedoch an anderer

3 Sie ergeben sich, wenn man die semantischen Weltbegriffe durch die innertheoretischen Definitionen *in terms* der Einstellungen ersetzt – was man nicht nur darf.

Stelle. Der leere Formalismus von Pragmatiktheorie bietet so wenig Halt, daß Habermas auch die *elementarste Ebene der handlungstheoretischen Grundbegrifflichkeit* vollkommen entgleitet. Sein Wertbegriff – strukturfreie, partikulare Materie, die »für eine Verkörperung in Normen (allenfalls kandidiert)« (1983, S. 114) – deckt sich hundertprozentig mit dem Nutzen- oder ökonomischen Wertbegriff: Was ein Bedürfnis befriedigt, hat Wert. Mit den kulturellen Werten, die »gelten«, hat das überhaupt nichts zu tun. Und nachdem nun schon die kulturellen Werte mit geltungsfreien Objekten von Bedürfnissen verwechselt werden, stimmen natürlich auch die Relationen zwischen den Begriffen nicht mehr. Werte, so schon Weber, werden in der historischen Entwicklung immer zuletzt abstrahiert – *aus* Normen. Handlung – Normen – Werte ist die Sequenz, die sich in aller Deutlichkeit auch in der ontogenetischen Entwicklung abzeichnet (vgl. Döbert 1987). *Alle Werte kommen aus Normativierungen und müssen da nicht »kandidieren«.* Wenn diese Grundbegrifflichkeit nicht stimmt, stimmt im weiteren Aufbau der Handlungstheorie jeder Satz nur noch zufälligerweise. Das ist handlungstheoretische Rhetorik, nicht Handlungstheorie!

Das ethiktheoretische Desaster

Handlungstheoretische Schwächen müssen fast unvermeidlich in die Ethiktheorie übergreifen, und von Habermas' Wertbegriff kann man das nun wirklich sagen (Döbert 1986). Moral hat es mit wechselseitigem Respekt zu tun, und dieser Respekt ist nichts wert, wenn er sich nicht auch auf unsere Interessen erstreckt. Um wieviel gravierender ist dann erst eine Interessenverletzung, wenn sie sich auf Güter bezieht, die die Gesellschaft durch moralische Normen und werthafte Überhöhung absichert? »Du sollst nicht stehlen!« bezieht sich auf den Wert »Reichtum«, der Wert »Gesundheit« ist durch eine spezielle professionelle Ethik gesichert. Kein Grund für Habermas, darin irgendeine Spur von Struktur- und Erkenntnisakkumulation zu sehen: partikulare Wertmaterie! Aber wenn wir »Gesundheit« und »Reichtum« nicht universalisieren *müssen*, was ist dann überhaupt universalisierbar? Man wird in der ganzen Geschichte der europäischen Ethiktheorie vergeblich nach einem erstaunlicheren Irrtum fahnden. Wer aber nun gedacht hätte, daß ein gequältes Stöhnen durchs Publikum ginge, sieht sich getäuscht. Den Deutschen kann man anscheinend einreden, daß es keine guten Gründe für den Schutz ihres Eigentums und ihrer Gesundheit gibt. Das ist nun in der Tat ein bemerkenswertes Phänomen, das der Aufklärung bedürfte. Hier notieren wir es zunächst einmal als ein weiteres Indiz dafür, daß der pragmatik- bzw. konsenstheoretische Rahmen auch ethiktheoretisch nicht trägt.

Und dafür gibt es noch ausreichend weitere Indizien. Zunächst einmal ist zu registrieren, daß Habermas, entgegen landläufiger Meinung, überhaupt keine *Ethiktheorie* hat, sondern lediglich eine *Meta-Ethik*. Der Unterschied zwischen Ethik und Meta-Ethik entspricht in etwa dem zwischen der Naturwissenschaft und dem Begriff der Natur. Ich werde im folgenden zunächst einmal kurz skizzieren, warum Habermas sich mit seinem begrifflichen Rüstzeug überhaupt nicht ins Gebiet einer *inhaltlichen Ethiktheorie* begeben kann; werde dann kurz die *konformistische Schieflage der Theorie* andeuten, um abschließend auf *relativistische Implikationen* einzugehen.

Metha-Ethik: Die Reduktion auf Meta-Ethik folgt natürlich unmittelbar aus der Reduktion der Theorie auf die pragmatische Ebene; man verfügt über regulative Spreckakte: »Sollen«; »*was*« man soll, ist offen (Semantik). Obendrein hat man Rederechte von Personen und Konsens/Dissens. Moralische Regeln sollen gelten, also wird man nicht auf Dissens setzen können; mithin: Konsens! Über rechtliches und konventionelles »Sollen« herrscht auch ein Konsens, aber immer nur im Rahmen zum Beispiel einer spezifischen Sprach- oder Rechtsgemeinschaft. Da läßt sich Moral scheinbar problemlos abgrenzen durch *universalisierbaren Konsens*, der sich, wie sollte man sonst auf Universalisierbarkeit hoffen dürfen, im herrschaftsfreien Diskurs einstellt. Damit hat man eine pragmatiktheoretische Abgrenzung des Reichs der Moral, den *Begriff der Moral* also, und sonst nichts. Genau das und mehr nicht läßt sich mit den begrifflichen Mitteln von Universalpragmatik erreichen, und das ist doch zuwenig. Denn erstens *läßt sich Moral nicht durch Universalisierbarkeit definieren*, man benötigt ein Inhaltskriterium (Wohlfahrt, Schadenvermeidung). Daß es so nicht geht, kann man sich leicht klarmachen: Bestimmte Regeln des internationalen Kapitalverkehrs werden aus trivialen soziologischen Gründen schon universal gelten, wenn die Menschenrechte noch bloß universalisierbar sind. Das alles ist in der angelsächsischen Tradition ausdiskutiert. Und zweitens verfügt man damit natürlich so wenig über eine einzige moralische Regel, wie man mit dem Begriff der Natur auch nur über ein Naturgesetz verfügt. *Jedes Sollen bezieht sich auf eine regelungsbedürftige Materie, die semantisch beschrieben werden muß und daher theorieextern ist, so wie alle moralischen Inhalte diskursexterne Inputs sind.* Damit ist alles, was relevant ist, theoretisch in die *Randbedingungen* geschoben, und das wird dann auch noch zur theoretischen Tugend erhoben: »Grundnormen des Rechts und der Moral fallen überhaupt nicht in die Zuständigkeit der Moraltheorie; sie müssen als Inhalte betrachtet werden, die der Begründung in praktischen Diskursen bedürfen. Da sich die historischen Umstände ändern, wirft jede Epoche auf die moralisch-praktischen Grundvorstellungen ihr eigenes Licht« (1983, S. 96, vgl. auch S. 103 f.). Oder: »Praktische Diskurse müssen sich ihre Inhalte geben lassen ... In seiner Offenheit ist der Diskurs gerade darauf angewiesen, daß die kontingenten Inhalte in ihn eingegeben werden« (ebd., S. 113). »Kontingente Inhalte« ist die richtige Formulierung: *Nicht nur für die Diskursteilnehmer, sondern auch für den Diskurstheoretiker sind sämtliche Inhalte vollkommen kontingent, da theoretisch nicht beherrschbar.*

Schon damit mögen sich Zweifel an der *Relevanz* der Theorie einschleichen. Und die verstärken sich rasch. Alle großen gesellschaftspolitischen Kontroversen – soziale Gerechtigkeit, Abtreibung, Renten, Wehrdienstverweigerung, Gentechnologie, Atomkraft etc. – haben eine moralische Dimension. Und da ist immer »die *Anwendung* von moralischen Normen« strittig, da »Güter« kollidieren. In der Anwendungsdimension versagt die Theorie aber vollkommen; und zwar nicht nur deshalb, weil kein einziger Anwendungskonflikt mit eigenen theoretischen Mitteln analysiert werden kann, sondern auch deshalb, weil hier zum Teil moralische Grauzonen berührt werden, in denen diese oder jene Alternative mit guten Gründen vertreten werden, ein *Konsens* also vielleicht überhaupt nicht erzielt werden kann. Dann aber gehören diese Bereiche, Moral=Konsens, überhaupt nicht in die Moraltheorie. Konsequenterweise lesen wir also: »Die Anwendung von Regeln verlangt eine praktische Klugheit, die der diskursethisch ausgelegten, praktischen Vernunft *vorgeordnet* ist, jedenfalls nicht ihrerseits Diskursregeln untersteht« (ebd., S. 114). Ein halbgebildetes deutsches Publikum feiert derartiges als Ethiktheorie. Dies ist keine Ethiktheorie, sondern *Verhinderung von Ethiktheorie*![4] Die Abtreibungsfrage wird in den angelsächsischen Ländern von Philosophen und Juristen erörtert. In Deutschland überläßt die Philosophie die Juristen sich selbst – aufgrund von besserer Einsicht, wie die Diskursethik uns einreden will. Das hat auch etwas mit der deutschen Tradition zu tun.

Relativismus: Habermas ist gewiß ausgezogen, um dem »schwächlichen Relativismus« (Weber) den Garaus zu machen; tatsächlich hat die Theorie jedoch massive relativistische Implikationen, die sich bereits angedeutet haben. Wenn man selbst die universellen Werte zu partikularer Wertmaterie umdekliniert, welche Aussichten auf universellen Konsens können sich dann noch eröffnen?[5] Jedenfalls weniger als bei Weber oder Parsons! Wenn die *Anwendungsprobleme* der diskursethischen Vernunft entzogen werden, was bleibt? Moral wird uns in der Regel überhaupt nur bewußt, wenn Probleme anstehen, angesichts derer die Selbstverständlichkeiten versagen. Derartige Situationen gehören so gut wie immer in die Anwendungskategorie. Da sind wir dann aber nicht auf Universelles verwiesen, sondern auf die »Totalität einer besonderen Lebensform« (ebd., S. 113 f.). *Mit Blankoformeln wie »konkrete Sittlichkeit« erklärt man nichts, damit hat man lediglich eine theoretische Leerstelle benannt. Problemverschiebung ist die dominante Strategie:* »Universalistische Moralen sind auf Lebensformen angewiesen, die ihrerseits soweit ›rationalisiert‹ sind, daß sie die kluge Applikation allgemeiner moralischer Einsichten er-

4 Weil man die Irrelevanz einer anwendungsfernen Ethiktheorie spürt, versucht man neuerdings zu suggerieren, die Universalpragmatik habe etwas zur Anwendungsproblematik beizutragen. So »philosophieren« Habermas (1986) und Günther (1988) unter sorgfältiger Mißachtung der vorhandenen Daten nun darüber, daß auf postkonventionellem Niveau des moralischen Bewußtseins wohl Begründung und Anwendung von Normen »streng auseinandertreten dürften« (Habermas 1986, S. 315). Ich sage »unter sorgfältiger Mißachtung der Daten«, weil die Probanden im moralischen Interview von der Sachlage und vom Interviewerverhalten her *gezwungen* sind, eine *begründete Anwendung* zu konstruieren. Da *kann* gar nichts »auseinandertreten«!

5 Über Werte herrscht doch Dissens, mag man einwenden; so unqualifiziert stimmt das nicht. Dissens herrscht über die Hierarchisierung der Werte – ein Anwendungsproblem!

möglichen und Motivationen für die Umsetzung von Einsichten in moralisches Handeln fördern. Allein Lebensformen, die in diesem Sinne universalistischen Moralen ›entgegenkommen‹, erfüllen notwendige Bedingungen dafür, daß die Abstraktionsleistungen der Dekontextualisierung und der Demotivierung auch wieder rückgängig gemacht werden können« (ebd., S. 119). Wann aber sind sie, diskurstheoretisch betrachtet, so weit rationalisiert? Dieses Rationalitätskriterium fehlt doch gerade. Und obendrein ist es doch einfach völlig sachfremd, von der Lebenswelt zum Beispiel argumentativ gut konstruierte Lösungen umweltethischer, gentechnologischer etc. Probleme zu erwarten. Man werfe einen Blick auf die BVG-Urteile zum § 218 etc. – da hat man es mit Expertenhandeln zu tun, das, wie die Erfahrung zeigt, auf der lebensweltlichen Ebene nicht einmal angemessen rezipiert, geschweige denn konstruiert werden kann. Und vor allem: *Die großen Kontroversen kreisen doch gerade um die Probleme, für die die Lebenswelt keine Lösung parat hat.* Da muß Neuland erobert werden, in dem die Fraglosigkeiten nicht gelten. Fazit: Gute universalistische Absichten, tatsächlich aber eine relativistische Konstruktion, die ihresgleichen in der angelsächsischen Tradition vergeblich sucht!

Konformismus: Bei der Erörterung von Piagets Theorie hatte ich kurz darauf verwiesen, daß er von seiner »Universalpragmatik« schließlich Abstand nahm, weil das Soziale auch sehr leicht zur Konservierung von Unfug beiträgt: Konsens im Irrtum! Kein Problem, werden die Konsenstheoretiker sagen, wir unterscheiden ja zwischen idealem und bloß faktischem Konsens. Unglücklicherweise löst dieser Zug das Problem nicht, sondern schafft nur ein neues, wie man sich an Habermas' Ethiktheorie verdeutlichen kann. Man kann ja mit *theorieimmanenten* Mitteln nicht entscheiden, welche Seite beim Vorliegen eines Handlungskonflikts die besseren Argumente für sich hat – da müßte man in die Sachdimension gehen. Zwei Kriterien, nämlich idealer und faktischer Konsens, konkurrieren also gleichberechtigt, und wenn man überhaupt den Anspruch erheben will, eine Ethiktheorie vorgelegt zu haben, *muß* man einem der Kriterien den *Primat* einräumen, da man sonst immer A *oder* B empfehlen dürfte. »Verbrenne die Witwen *oder* verbrenne sie nicht« ist ersichtlich nicht das, was eine Ethiktheorie leisten sollte. Habermas legt daher eine Priorität zugunsten des realen Konsensus fest: »Erforderlich ist vielmehr eine reale Argumentation, an der die Betroffenen kooperativ teilnehmen« (ebd., S. 77; siehe auch S. 104). Was hat man damit faktisch, gewollt oder ungewollt, vorgelegt, wenn nicht eine *Konformismus-Theorie des moralischen Handelns*?

Erkenntnistheoretisch liegen die Dinge nicht viel anders. Daß in diesem Land eine solche Konstruktion bereitwillige Aufnahme findet, erstaunt wohl kaum jemanden. Wir wollen aber nicht ganz vergessen, daß man beim faktischen Konsens immer Moores »offene Frage« stellen kann: »Zugegeben, hier liegt ein Konsens vor, aber ist es auch gut?«

Moralpsychologische Irrtümer

Die Moralpsychologie soll nach Habermas auf philosophische Vorgaben angelegt sein (ebd., S. 130). Mag sein, aber gewiß nicht auf die der Universalpragmatik. Ich habe mich dazu an anderer Stelle geäußert und nenne deshalb hier nur noch einmal einige Gesichtspunkte (vgl. Döbert 1986, 1987).

- Just zu dem Zeitpunkt, als Kohlberg sich mit dem Gedanken trug, das 6. Stadium der moralischen Entwicklung aus dem Verkehr zu ziehen (mangels empirischer Aktualisierung), deduzierte Habermas *more geometrico* aus universalpragmatischen Grundannahmen ein Stadium 7 als logischen Abschluß der Entwicklungssequenz!
- In der entwicklungspsychologischen Moralforschung werden Dilemmata verwendet, die samt und sonders *Anwendungsprobleme* beinhalten.
- Dabei wird die Abfolge von *Semantiken* erhoben und rekonstruiert, die das Subjekt im Verlauf der Ontogenese verwendet. Kein Wort, das in den Stadienbeschreibungen vorkommt, läßt sich pragmatiktheoretisch »abbilden«.
- Geht man trotzdem pragmatiktheoretisch vor, muß man den Standpunkt der Moral irgendwie variieren. Die naheliegendste Variation ist diese: keine Moral – irgendwie verkürzte Moral – Moral. Genauso sehen die drei Ebenen des moralischen Bewußtseins bei Habermas dann aus. Und das ist erstens empirisch falsch, da die Kinder auf der unteren Ebene in einzelnen Handlungsbereichen nachweislich über klare moralische Vorstellungen verfügen; es ist zweitens theoretisch fragwürdig, da

damit auf den unteren Stadien das Kompetenzmotiv fehlt; und es ist drittens nicht frei von Elitismus, weil *»moralisch«* eigentlich erst die postkonventionellen Probanden denken. Die Alternative lautet: Auf den unteren Stadien denkt man moralisch, irrt aber oft. Das kann man eher respektieren.

- Das Gleichheitspostulat der Universalpragmatik gehört innerhalb des Reichs der Moral zur Gerechtigkeitsthematik – die in den Kohlberg-Dilemmata gerade *nicht* berührt wird. Womit hat es die Kohlbergsche Moralpsychologie laut Auskunft der Universalpragmatiker zu tun? Natürlich mit Gerechtigkeitsfragen!
- Die von Piaget anvisierte Ebene der logischen Operationen kann im Rahmen der Sprechakttheorie überhaupt nicht konzeptualisiert werden. Daher herrscht beim Thema »Operationen« nichts als Verwirrung. Eine gelungene Auflösung eines moralischen Konflikts – das *Ergebnis* unseres Nachdenkens – muß universalisierbar sein; deswegen ist »Universalisierung« aber noch längst nicht Operation, sondern wird durch Operationen erzeugt.

Lassen wir es dabei bewenden! Festzuhalten ist jedenfalls, daß die neudeutschen Konsensustheorien eine Fülle von schwerwiegenden Irrtümern enthalten und dem Stand der theoretischen Diskussion nicht gerecht werden. Eine funktionsfähige Konsensustheorie, das läßt sich nun wohl ohne Risiko sagen, wird wohl ein anderes Kaliber haben müssen. Ohne Sachdimension wird es hier nicht vorangehen, und damit sind wir wieder bei Simmel angelangt.

5. Der ideologische Hintergrund

Nachdem nun deutlich geworden ist, daß die neudeutschen Konsensustheoretiker auf dem Gebiet der Logik, auf ihrem ureigensten Feld der Verfahrensrationalität und in der vorhandenen humanwissenschaftlichen Theoriebildung nur Irrtum auf Irrtum türmen, darf legitimerweise nach dem ideologischen Hintergrund dieses sehr deutschen Denkens gefragt werden. »Hauptsache, man spricht«, besagt das schon sehr manifeste Curriculum der Konsensustheoretiker; von daher liegt es nahe, im Bereich der *deutschen Sprachtradition* nach Ursachen für dieses erstaunliche Vertrauen in das Äußern von Sprechakten zu fahnden. Im folgenden sollen daher – aus Raumgründen eher stichwortartig – einige geistesgeschichtliche Linien aufgezeigt werden, die zu einer Überbewertung von »Sprechen« beigetragen haben dürften. Zu behandeln sind der Grad der Demokratisierung der Sprache, die Rolle der Predigt im Luthertum, die romantische Sprachtheorie (Herder) und die dialektisch angehauchte Fundamentalontologie (Heidegger).

Demokratisierung der Sprache versus Standessprache

Die spätmittelalterliche Bildungssprache war ein verklausuliertes, lateinisches Kauderwelsch, das Allgemeingut einer gesamteuropäischen Bildungselite war und für Außenstehende absolut unzugänglich sein mußte. Die europäischen Sprachen scheinen sich im Gefolge der Reformation von diesem elitären Ausgangszustand unterschiedlich weit entfernt zu haben – je nach Erfolg der bürgerlichen Revolution. Die Impulse zur Demokratisierung der Bildungssprache waren anscheinend in allen europäischen Ländern da: Comenius (Böhmen) und Hartlieb (Preußen) kamen aus dem Malstrom Mitteleuropas (Trevor-Roper); sie entfalteten ihre Hauptwirkung jedoch als Intellektuelle der »Country-Party«, die Motor der bürgerlichen Revolution Englands war (Trevor-Roper 1970, S. 331 ff.). Zu deren Programm gehörten Dezentralisierung des Rechts, Einführung eines Grundschulwesens, Laisierung und Entmonopolisierung von Recht, Religion und Erziehung. Im Zuge dieser Reformforderungen wurden nachdrücklich auch Forderungen nach einer Rückkehr zur »unverfälschten« Sprache Kanaans statt des »Kauderwelschs der scholastischen Gottesgelehrtheit« (ebd., S. 256) erhoben. Da Comenius und Hartlieb Anhänger Bacons waren, dürften dessen generelle sprachkritische Motive, die über allgemeinreformatorische Forderungen nach einer verständlichen religiösen Sprache hinausgingen, nicht gänzlich untergegangen sein. Für *Bacon* war die *Sprache einer der Horte von Verblendung*, weil die »schlechte und törichte Beilegung der Namen den Geist in merkwürdiger Weise behindert. Auch die Definitionen und Erklärungen, womit die Gelehrten sich manchmal zu schützen und zu verteidigen pflegen, bessern die Sache keineswegs. Denn die Worte tun dem Verstande Gewalt an, stören alles und verleiten die Menschen zu leeren und zahllosen Streitigkeiten und Erdichtungen« (Bacon, zitiert nach Lenk

1961, S. 62). Das ist die historisch wirksam gewordene *angelsächsische Sprachtradition*, die zu einer Wissenschaftssprache geführt hat, die, im Rahmen des Möglichen, logisch, einfach und klar ist und die deshalb auch eine demokratische Sprache sein kann. Hartlieb und Comenius haben auf dem Kontinent eine vergleichbare Wirkung nicht erzielen können. Trotz des Abgehens vom Lateinischen ist die deutsche Bildungssprache nur begrenzt demokratisiert worden und bis heute *ständische Sprache* geblieben. Was verständlich ist, kann nicht »tief« gedacht worden sein. An der Verwendung von »Jargon« erkennt man die Zugehörigkeit zur intellektuellen Kaste – optional ist dann, ob man sich dem Jargon des bürgerlichen Salons mit seinem hinterhertänzelnden »sich«, der Bauernstube mit ihren raunenden Runen der »Geworfenheit« oder einer Variante des »Fremdworts zum Sonntag« verschreibt. Und ständische Sprache ist als solche nicht einfach technisches Mittel der Kommunikation, sondern hat teil am Wert des Standes. Mit einer sprachkritischen Einstellung à la Bacon verträgt sich derartiges nicht.

Die Predigt im Luthertum[6]

Selbstverständlich ist unter diesem Stichwort darauf zu verweisen, daß die Reformation mit der Abwertung der Liturgie/Messe und der korrespondierenden Aufwertung der Predigt der Sprache, und zwar der Volkssprache, generell ein enormes Gewicht im Vollzug der Religiosität zugewiesen hat. Dieser Umstand wäre mit einer neutralen Konzeption von Sprache als bloßem Medium ohne nennenswerten Eigenwert jedoch durchaus kompatibel (siehe oben). In Luthers Verständnis vom Predigen ging es jedoch um mehr als um Belehrung und Übermittlung dogmatischer Gehalte: Ihm ging es um die unmittelbare Präsenz Christi in der Predigt, um die aus der Überwindung von Anfechtungen erwachsende *Gewißheit* der Rechtfertigung durch den Glauben (vgl. Niebergall 1961). Und das Predigen wurde ihm fast zu einem »unwiderstehlichen Zwang« (Erikson 1975, S. 218), weil es seine Form war, in der er sich der Nähe Gottes versicherte. Die Predigt Luthers ist also charismatische Gabe, in der sich *religiöses Erleben* vollzieht. Na-

6 Den Hinweis auf diesen Zusammenhang verdanke ich Gottfried Seebaß.

türlich ist diese charismatische Auffassung der Predigt in der Geschichte des Protestantismus wieder »veralltäglicht« worden, aber die ursprüngliche Konzeption hat sich auch immer wieder Geltung zu verschaffen gesucht. So wird die Predigt auch im Pietismus aus der »Lehre« wieder zum persönlichen Zeugnis, die nicht religiöse Unterrichtung, sondern religiöses Erleben zum Ziele hat. Es muß wohl kaum hervorgehoben werden, daß die Sprache der Predigt damit ungeheuer aufgewertet wird: Sie ist *der* Hort Gottes – und säkularisiert dann *der* Hort der Wahrheit. Ein größerer Gegensatz zur angelsächsischen Auffassung ist wohl kaum denkbar.

Sprachtheorien der Romantik: Herder und Humboldt

Daß unser Denken von der vorgefundenen Muttersprache beeinflußt wird, ist eine Tatsache, und zwar eine recht triviale. Denn Sprachen enthalten beispielsweise vorgefertigte Klassifikationen der Gegenstände, die wir übernehmen und die damit unsere Gedankeninhalte mitbestimmen; »*mit*bestimmen«, weil wir – die ontogenetische und phylogenetische Sprach- und Geistesentwicklung legt davon beredt Zeugnis ab – aus dem vorgefertigten Haus der Sprache auch heraustreten können, wenn es sich als zu eng erweisen sollte. Die deutsche Geisteskultur neigt jedoch zu Systematik und Konsequenz im »Prinzipiellen«, weil sie, anders als die angelsächsische, nicht von den Rechtspraktikern der Anwaltskanzleien, sondern den Rechtstheoretikern der Universitäten bestimmt worden ist (Weber). Wechselseitige, multifaktorielle Interaktionsbeziehungen zwischen Variablen lassen sich am leichtesten aufs Prinzipielle reduzieren, indem man beispielsweise einseitige Dominanzverhältnisse *eines* Faktors reklamiert. Es überrascht daher in gewisser Weise nicht, daß wir in der deutschen Geistesgeschichte Sprachtheorien finden, die die Interrelation zwischen Denken und Sprache zugunsten der Sprache auflösen wollen. Und das hat dann seinen Preis. Herder und Humboldt stehen für dieses Bemühen (vgl. Gipper/Schmitter 1979; Seebaß 1981, Kapitel 1, 11), wobei der Fairneß halber allerdings hervorzuheben ist, daß sie die Sprachabhängigkeit des Denkens nicht ohne Schwanken vertreten haben.

Herder hat seine Sprachtheorie als anthropologische Sprachursprungstheorie entfaltet, der es um die Identifikation der konstitutiven Prinzipien von Sprache ging. Der Mensch unterscheidet sich vom Tier grundsätzlich: als »Sprachwesen«. Sprache ist deshalb nicht einfach ein konventionelles Instrument der Kommunikation, wie in der angelsächsischen Tradition, sondern Wesensmerkmal des Menschen, das allein seine Rationalität verbürgt. Seine Grundüberlegungen gehen von der Offenheit des Menschen und der daraus resultierenden Notwendigkeit aus, in die ungeordnete Mannigfaltigkeit der sinnlichen Erfahrung Struktur zu bringen. Dazu müssen »Merkmale« von Gegenständen herausgegriffen, begrifflich festgehalten und objektiviert werden, und zwar durch »Besonnenheit« oder »Reflexion«. Damit ist man aber noch nicht zwangsläufig bei der Sprache, denn all dies ließe sich »bewußtseinsphilosophisch« auch konstruieren. Es fehlt die Verknüpfung zwischen »Merkmal« und sprachlichem Zeichen, die keine rein konventionelle sein durfte, da es, wie Seebaß herausgearbeitet hat (ebd., S. 38), auf dem Boden der Herderschen Sprachtheorie sonst unmöglich wurde, die Intersubjektivität der Sprache zu »konstruieren«. Eine »intrinsische« Beziehung zwischen Wort und Merkmal mußte postuliert werden; und vor dem Hintergrund dieser konstruktiven Erfordernisse erstaunt es dann nicht, daß Herder wie Humboldt sich gelegentlich zu einer onomatopoetischen Sprachtheorie haben hinreißen lassen (vgl. ebd., S. 34 f., S. 64): Die Laute »malen« die Merkmale! Ganz so würde man heute nicht mehr konstruieren, aber fast so! Gadamers Sprachphilosophie (Gadamer [1960] ^{5}1986) schließt sich These für These an Herder an (gegen Konventionalismus der Sprache, Abbildcharakter, Sprachlichkeit des Denkens etc., vgl. S. 420 f.), nur die Begründungen werden etwas abgewandelt (etwa durch Rekurs auf den Gedanken der »Inkarnation« und die »Ausdeutung des Geheimnisses der Trinität« (ebd., S. 422 f.) im christlichen Denken).

Sprachen sind – qua *National*sprachen – partikulare Phänomene. Wenn unsere Sprache unsere Erkenntnis der Welt bestimmt, leben die Angehörigen unterschiedlicher Sprachkulturen jeweils in Sonderwelten, die – wenn überhaupt – nur mühsam zusammengebracht werden können. Die (relative) Sprachunabhängigkeit des Denkens ist eine Strategie zur Entschärfung dieser Problematik. Eine andere scheint die hermeneutische Theorie des Verstehens zu sein. Im hermeneutischen Zirkel verschmelzen der eigene Horizont und der des anderen, und »die im Verstehen geschehende Verschmelzung der Horizonte (ist) die eigentliche Leistung der Sprache« (ebd., S. 383). Einmal abgesehen davon, daß die großen gesellschaftspolitischen Kontroversen nicht durch »Sprachmangel« in Polarisierung erstarren (die Sprache leistet die Verschmelzung der Horizonte gerade *nicht*!), dürfte offensichtlich sein, daß diese Theorie des »Verstehens« mit dem gleichen Recht als Theorie des unübersteigbaren *Mißverstehens* bezeichnet werden darf. Denn *mein* einzigartiger Horizont beziehungsweise meine Bindung an die »Welt« meiner Muttersprache lassen sich grundsätzlich nicht überspringen. Humboldt, der Herders Thesen weitgehend übernommen hat, hat diese Folgerung durchaus gesehen (vgl. Seebaß 1981, S. 62 f.). Aber da mag man der Konsequenz seines Denkens nicht folgen; denn in dieser Perspektive zeigt sich das Scheitern der eigenen Theorie.

Humboldt müßte hier eigentlich nicht gesondert abgehandelt werden, da sich seine Theorie auf der abstrakten Ebene kaum von Herder unterscheidet. Für unseren Zusammenhang ist jedoch von Interesse, daß Humboldt nicht einfach über Sprache philosophiert hat, sondern auch empirische Phänomene zum Beispiel der Sprachentwicklung im Auge hatte. Und die »Datenlage« im weitesten Sinne hat ihn eben auch gezwungen, von seinen theoretischen Vereinfachungen gelegentlich Abstand zu nehmen. »Der Mensch ist nur Mensch durch Sprache, um aber die Sprache zu erfinden, müßte er schon Mensch sein«, bringt Humboldts Erkenntnisse über Sprache aufs Prinzipielle. Am konkreten Problem ist Humboldt zu Erkenntnissen gelangt, die genau dies »Prinzipielle« geradewegs widerlegt haben. Die Forderung, die Seele müsse »immerfort versuchen, sich von dem Gebiete der Sprache unabhängig zu machen« (Humboldt, zitiert nach Seebaß, a.a.O., S. 61), spricht eben doch eine ganz andere Sprache, eine Sprache, die in der Humboldt-Rezeption jedoch nicht gehört worden ist. Vereinfachung reduziert Komplexität müheloser als Differenzierung!

Ehe wir uns der Praxis dieser sprachphilosophischen Entwürfe zuwenden, bleibt für den Kontext der anstehenden Argumentation festzuhalten, daß Sprache als Inbegriff von Erkenntnis – und sei's partikularer – ein hoch zu schätzendes Gut darstellen muß. Sprache ist Inbegriff unseres Mensch-Seins, und wer spricht, kann eigentlich nicht umhin zu erkennen.

Herder und Humboldt haben ihre eigene Sprachtheorie nicht praktiziert, indem sie sich dem Fluß der Worte gedankenlos hingegeben haben. Erst die poetischen Geister der Romantik haben wirklich ernst gemacht. Zum Abschluß dieses Abschnittes dazu nur ein Hinweis auf »die große Alchimie der Worte«, die der Romantik schließlich die »Realität der Dinge« entgleiten ließ (Schmitt [4]1982, S. 113; vgl. zu Hegel: Hirsch 1973). Und gern ließ man dieses »Entgleiten« im Diskurs sich vollziehen. So schreibt Schmitt – wo er recht hatte, wollen wir auch ihm recht geben – über Adam Müller: »Seine ›faculté maitresse‹ ist das Rednerische« (a.a.O., S. 182). »Er kann auch gar nicht anders denken als im Gespräch. Das Wort ›Gespräch‹ – die Bezeichnung einer besonderen Art von romantischer Produktivität, die irgendeinen Gegenstand zum Anlaß eines geselligen ›Wortspieles‹ nimmt – kehrt unermüdlich bei ihm wieder« (ebd., S. 192). Und dieses Gespräch ist vom »Gegensatz« durchwirkt: »Die Antithese (sei) nicht etwa bloß eine Hauptfigur der Rede (...), sondern ›diese ist, insofern sie vollständig lebendig ist, durchaus und bis ins Unendliche antithetische‹; denn ›der Hörer ist der wahre Anti-Redner‹ ... Der Redner muß sich als Hörer denken, der Hörer als Redner, man kann beide Rollen vertauschen wie Subjekt und Objekt, positiv und negativ usw. ... Seine Widerlegung des ›berühmten Mißverständnisses von einer absoluten Identität des Subjekts und Objekts‹ ... besteht in der Exemplifizierung eines Gesprächs, an dem ja auch notwendig zwei beteiligt sein müssen, der Redner und der Hörer. Die Eins ist daher nur eine ›gestätigte Zwei‹« (ebd., S. 193).

Das alles hätte uns beim Thema »Universalpragmatik« sowieso einfallen müssen; ich habe es hier so ausführlich zitiert unter anderem deshalb, weil bei Müller die scheinbar natürliche Beziehung zwischen Diskurs und Dialektik – inklusive ihrer Plattheit – ins Auge springt. An Heidegger, dem Vater der *neueren* deutschen hermeneutischen Philosophie, wollen wir diesen Zusammenhang abschließend kurz aufzeigen.

Hegel kann die sprachfetischisierende Wende seiner Dialektik gewiß nicht in die Schuhe geschoben werden – dafür war bei ihm die Philosophie zu sehr Philosophie des Bewußtseins, das in Sprache sich nicht ohne Gefahr entäußert: »Sprache und Arbeit sind Äußerungen, worin das Individuum nicht mehr an ihm selbst sich behält und besitzt, sondern das Innere ganz außer sich kommen läßt und dasselbe Anderen preisgibt«, was unter anderem impliziert, daß »es sich damit dem Elemente der Verwandlung preis(gibt), welches das gesprochene Wort und die vollbrachte Tat verkehrt ...« (Hegel 1973, S. 235). Sprache kann in einer so angelegten Dialektik nie die Führung übernehmen – scheint es, solange man die Worte nicht andächtig und ausdauernd genug betrachtet.

Diesen Vorwurf kann man Heidegger, mit dem wohl die Klimax der deutschen »Sprachverwirrung« erreicht ist, gewiß nicht machen. Denn Heidegger hat seine Philosophie nicht nur erdacht, sondern auch praktiziert. Und das Signum dieser Philosophie war »die absolute Hochschätzung der Sprache«, die sie geradezu zu einer »Metaphysik der Sprache« werden ließ (Jaspers ³1989, S. 58). Sprache ist »Lichtung«, »Wächter«, »Hirte« des Seins. Nur in der Sprache vollzieht sich Erkenntnis, weil nur das sprachlich Artikulierte »offen«, das heißt erkennbar dargeboten wird: »Die jeweilige Sprache ist das Geschehnis jenes Sagens, in dem geschichtlich einem Volk seine Welt aufgeht ...« (Heidegger ⁵1972, S. 61) – das deckt sich mit Herder und Humboldt. Die Sprache konstituiert geradezu die Gegenstände: »Indem die Sprache erstmals das Seiende nennt, bringt solches Nennen das Seiende erst zum Wort und zum Erscheinen. Dieses Nennen ernennt das Seiende erst zu seinem Sein aus diesem. Solches Sagen ist ein Entwerfen des Lichten, darin angesagt wird, als was das Seiende ins Offene kommt.« Da fehlt nur der Fanfarenstoß, der uns fanfahrend ins Dunkle geraten läßt! Dieses Philosophieren über »Sprache überhaupt« und eben nicht über einzelne, kontroverse Sätze läßt uns allzu leicht vergessen, daß Sprache Fug und Unfug mit gleicher Geduld transportieren muß, wenn sie ihre Funktion soll erfüllen können.

Und Heidegger hat seinen theoretischen Sprachfetischismus dann auch praktiziert und in eine Methode des Philosophierens umgesetzt: Da werden Worte zer-gliedert, ver-woben und kunstvoll in eine »Artistik der Sprache« eingewoben: »Sprachbildung statt Sacheinsicht«, kommentiert Jaspers lakonisch ([3]1989, S. 59). Ein plastisches Beispiel für diese Art zu philosophieren findet sich in einem Aufsatz über Heraklit. Dort werden die beiden Wortbedeutungen des griechischen λεγειν (*legein*) – Legen und Sagen – so lange aneinander gerieben, bis sich der schöne philosophische Ertrag endlich abzeichnet: »Der Λογοσ (*Logos*) ist die ursprüngliche Versammlung der anfänglichen Lese aus der anfänglichen Lege« (Heidegger [5]1985, S. 207 f.).

Und nachdem es uns gelungen ist, die Bedeutung von λεγειν (*legein*) zu klären, kann »Dialektik« – sprachphilosophisch betrachtet – doch nun kein Problem mehr darstellen: Man *hört* des Rätsels Lösung doch buchstäblich. Dialektik leitet sich von dem griechischen δια-λεγειν (δια-λεγεσθαι, *dia-legein*) ab und bedeutet »sich unterreden«, »ein Gespräch führen«. Die sprachphilosophische Vollendung der Dialektik, die Liebrucks unter dem Druck dieser Assoziation unermüdlich propagiert hat (Liebrucks 1964–1973), war von Heidegger längst vorweggenommen worden: »Das διαλεγειν ist ein διαλεγεσθαι. Aber das Gespräch bleibt nicht in *einer* Gestalt des Bewußtseins stehen ... Das Bewußtsein ist Bewußtsein als das Gespräch zwischen dem natürlichen und dem realen Wissen, welches Gespräch die Versammlung seines Wesens durch seine Gestalten hindurch vollbringt« (Heidegger [1942/3] [5]1972).

Adam Müller hat das auch schon so »gehört«; und dem soll *hier* auch gar nicht widersprochen werden. Hier ging es ja nur darum, zu demonstrieren, daß sich durch die deutsche Geistesgeschichte ein Strang zieht, in dem Erkenntnis und Rationalität ganz der Sprache und dem Diskurs/Gespräch anvertraut werden – mit welchem Resultat, hatten wir uns in den ersten vier Abschnitten dieses Artikels zu vergegenwärtigen versucht.[7]

7 Für konstruktive Kritik habe ich H.-J. Giegel zu danken.

Alexy, R. (1978), *Theorie der juristischen Argumentation*, Frankfurt am Main: Suhrkamp.

Bacon, F. (1961), *Neues Organon*, zitiert nach Kurt Lenk (Hg.), *Ideologie*, Neuwied: Luchterhand.

Bateson, G. (1982), *Geist und Natur*, Frankfurt am Main: Suhrkamp.

Candee, D. (1976), »Structure and Choice in Moral Reasoning«, in: *J. Pers. Soc. Psychology*, S. 34 ff.

Eder, K. (1986), »Prozedurale Rationalität«, in: *Zeitschrift für Rechtssoziologie 7*, S. 1 ff.

– (1987), »Die Autorität des Rechts«, in: *Zeitschrift für Rechtssoziologie 8*, S. 193 ff.

Erikson, E. H. (1975), *Der junge Mann Luther*, Frankfurt am Main: Suhrkamp.

Fulda, H. F./D. Henrich (Hg.) (1973), *Materialien zu Hegels »Phänomenologie des Geistes«*, Frankfurt am Main: Suhrkamp.

Furth, H. G. (1966), *Thinking without Language*, New York: Free Press.

– (1990), *Wissen als Leidenschaft*, Frankfurt am Main: Suhrkamp.

Gadamer, H.-G. (⁵1986), *Wahrheit und Methode*, Tübingen: Mohr [zuerst 1960].

Gipper, H./P. Schmitter (1979), *Sprachwissenschaft und Sprachphilosophie im Zeitalter der Romantik*, Tübingen: Narr.

Günther, K. (1988), *Der Sinn für Angemessenheit*, Frankfurt am Main: Suhrkamp.

Habermas, J. (1981), *Theorie des kommunikativen Handelns*, 2 Bde., Frankfurt am Main: Suhrkamp.

– (1983), *Moralbewußtsein und kommunikatives Handeln*, Frankfurt am Main: Suhrkamp.

– (1986), »Gerechtigkeit und Solidarität«, in: W. Edelstein/G. Nunner-Winkler (Hg.), *Zur Bestimmung der Moral*, Frankfurt am Main: Suhrkamp, S. 291-318.

Hegel, G. W. F. (1973), *Phänomenologie des Geistes*, Frankfurt am Main: Suhrkamp [zuerst 1807].

Heidegger, M. (⁵1972), *Holzwege*, Frankfurt am Main: Klostermann [zuerst 1950].

– (⁵1985), *Vorträge und Aufsätze*, Pfullingen: Neske [zuerst 1954].

Hirsch, E. (1973), »Die Beisetzung der Romantiker ...«, in: H. F. Fulda/D. Henrich (Hg.), *Materialien zu Hegels »Phänomenologie des Geistes«*, Frankfurt am Main: Suhrkamp, S. 245 ff.

Hofstadter, D. R. (1988), *Metamagicum*, Stuttgart: Klett-Cotta.

Inhelder, B./H. Sinclair (1978), »Erwerb kognitiver Strukturen«, in: Bärbel Inhelder/Harold Chipman (Hg.), *Von der Kinderwelt zur Erkenntnis der Welt*, Wiesbaden: Akademische Verlagsgesellschaft, S. 17 ff.

Inhelder, B./H. Chipman (Hg.) (1978), *Von der Kinderwelt zur Erkenntnis der Welt*, Wiesbaden: Akademische Verlagsgesellschaft.
Jaspers, K. (³1989), *Notizen zu Martin Heidegger*, München: Piper.
Miller, M. (1986), *Kollektive Lernprozesse*, Frankfurt am Main: Suhrkamp.
Minsky, M. L. (1990), *Mentopolis*, Stuttgart: Klett-Cotta.
Niebergall, A. (³1961), »Geschichte der Predigt«, in: Kurt Galling (Hg.), *Die Religion in Geschichte und Gegenwart*, Tübingen: Mohr.
Piaget, J. (1965), *Études Sociologiques*, Genf: Droz.
– (1971), *Strukturalismus*, Olten und Freiburg: Walter [zuerst 1969].
– (1973), *Erkenntnistheorie der Wissenschaften vom Menschen*, Frankfurt/Berlin/Wien: Ullstein.
– (1986), *Das moralische Urteil beim Kinde*, München: dtv [zuerst 1932].
Rawls, J. (1975), *Eine Theorie der Gerechtigkeit*, Frankfurt am Main: Suhrkamp.
Schmitt, C. (⁴1982), *Politische Romantik*, Berlin: Duncker und Humblot [zuerst 1919].
Seebaß, G. (1981), *Das Problem von Sprache und Denken*, Frankfurt am Main: Suhrkamp.
Simmel, G. (1989), *Philosophie des Geldes*, Frankfurt am Main: Suhrkamp [zuerst 1900].
Sinclair-de-Zwart, H. (1978), »Entwicklungspsycholinguistik«, in: B. Inhelder/H. Chipman (Hg.), *Von der Kinderwelt zur Erkenntnis der Welt*, Wiesbaden: Akademische Verlagsgesellschaft, S. 215 ff.
Trevor-Roper, H. R. (1970), *Religion, Reformation und sozialer Umbruch*, Frankfurt/Berlin/Wien: Propyläen.
Wellmer, A. (1992), »Konsens als Telos der sprachlichen Kommunikation?«, in diesem Band.

Hinweise zu den Autorinnen und Autoren

Klaus Amann, geb. 1958; Dr. soz; Promotion 1990 mit einer empirischen, mikrosoziologischen Arbeit über Wissensprozesse in den Naturwissenschaften am Beispiel der Molekularbiologie mit dem Titel: Natürliche Expertise und Künstliche Intelligenz. Z. Zt. Wiss. Angestellter für qualitative Methoden empirischer Sozialforschung. Forschungsschwerpunkte: Wissenschafts- und Kultursoziologie, Ethnographie.

Johannes Berger, geb. 1939; Professor für Soziologie an der Universität Bielefeld. Veröffentlichungen u. a.: (zusammen mit V. Bader u. a.) Krise und Kapitalismus bei Marx, 3 Bde. (1975); Einführung in die Gesellschaftstheorie (1980). – Zahlreiche Aufsätze zur politischen Ökonomie und zur Arbeitsmarktforschung.

Rainer Döbert; Privatdozent am Institut für Soziologie der Freien Universität Berlin. Arbeitsschwerpunkte: Jugendsoziologie, handlungstheoretische Sozialisationstheorie, Entwicklung des religiösen und des moralischen Bewußtseins, Theorie der soziokulturellen Evolution, politische Kultur. Er arbeitet gegenwärtig am Wissenschaftszentrum Berlin über Verfahrensrationalität.

Hans-Joachim Giegel, geb. 1940; Professor für Soziologie an der Universität Marburg. Veröffentlichungen: Die Logik seelischer Ereignisse. Zu Theorien von L. Wittgenstein und W. Sellars (1969); System und Krise. Kritik der Luhmannschen Gesellschaftstheorie (1975); (zus. mit G. Frank und U. Billerbeck) Industriearbeit und Selbstbehauptung (1988). – Aufsätze zur Gesellschaftstheorie, zu den neuen sozialen Bewegungen, zur Klassenanalyse und zur Biographieforschung.

Karin Knorr-Cetina; Studium der Anthropologie und Soziologie in Wien; danach wiss. Assistentin am Institut für Höhere Studien und in den USA (Wesleyan University, UC Berkeley und Univ. of Pennsylvania), zuletzt als Professor of Sociology and Science in Society; derzeit Professorin an der Fakultät für Soziologie der Universität Bielefeld. Wichtige Veröffentlichungen: (Hg. mit A. Cicourel) Advances in Social Theory (1981); (Hg. mit M. Mulkay) Science Observed (1983); Die Fabrikation von Erkenntnis (1984). – Sie arbeitet derzeit an den Büchern »Epistemic Cultures« sowie »Mikrosoziologie« und an der Gestaltung eines Schwerpunktes Kultursoziologie und Kulturanalyse an der Fakultät für Soziologie.

Max Miller, geb. 1944; Privatdozent für Soziologie an der Universität

Frankfurt a. M.; von 1978-1983 Mitarbeiter am Max-Planck-Institut für Sozialwissenschaften (Starnberg/München); 1975 Promotion; 1984 Habilitation; seit 1986 Heisenberg-Stipendiat der DFG. Buchveröffentlichungen u. a.: The Logic of Language Development in Early Childhood (1979); Kollektive Lernprozesse – Studien zur Grundlegung einer soziologischen Lerntheorie (1986). – Aufsätze zur Sozialisationsforschung (vor allem sprachliche und moralische Sozialisation), Kultursoziologie, Gesellschaftstheorie, Methodenlehre und zur aktuellen Theoriediskussion in der Soziologie.

Uwe Schimank, geb. 1955; Dr. rer.soc.; Studium der Soziologie; Promotion 1981; 1981-1983 Projektmitarbeiter an der Fakultät für Soziologie der Universität Bielefeld; 1984-1985 Lehrstuhlvertretung an der Gesamthochschule Wuppertal; seit 1985 wissenschaftlicher Mitarbeiter des Max-Planck-Instituts für Gesellschaftsforschung, Köln. Veröffentlichungen: Identitätsbehauptung in Arbeitsorganisationen (1981); Neoromantischer Protest im Spätkapitalismus (1983); (gemeinsam mit Renate Mayntz, Bernd Rosewitz und Rudolf Stichweh) Differenzierung und Verselbständigung (1988); (gemeinsam mit Hans-Willy Hohn) Konflikte und Gleichgewichte im Forschungssystem (1990). Aufsätze zur Differenzierungstheorie, Steuerungstheorie, Wissenschaftsforschung und Sportsoziologie.

Michael Schmid, geb. 1943 in Baden-Baden; Promotion 1971 in Heidelberg; Habilitation 1977 in Augsburg; lehrt in Augsburg Soziologie und Wissenschaftsphilosophie, seit 1980 als Professor für Soziologie. Veröffentlichungen zur allgemeinen Soziologie und Wissenschaftstheorie in verschiedenen soziologischen und philosophischen Zeitschriften. Veröffentlichungen u. a.: Leerformeln und Ideologiekritik (1972); (zusammen mit B. Giesen) Wissenschaftstheorie (1976); Handlungsrationalität. Kritik einer dogmatischen Handlungswissenschaft (1979); Theorie sozialen Wandels (1982) (Hg. zusammen mit H. Haferkamp) Sinn, Kommunikation und soziale Differenzierung (1987). – Hauptarbeitsgebiete: Entwicklung einer soziologischen Theorie dynamischer Systeme und Philosophie der Sozialwissenschaften.

Gunther Teubner, Prof. Dr., Professor für Privatrecht, Gesellschaftsrecht und Rechtssoziologie in Bremen und am Europäischen Hochschulinstitut in Florenz. Forschungsschwerpunkte: Theoretische Rechtssoziologie, Privatrechtstheorie, Vergleichendes Gesellschaftsrecht, Unternehmensverfassung und Mitbestimmung, besonders im Konzern. Neuere Veröffentlichungen: Recht als autopoietisches System (1989); State, Law, Economy as Autopoietic Systems (1989); Regulating Corporate Groups in Europe (1989).

Albrecht Wellmer, geb. 1933; Professor Dr. phil.; Studium der Mathematik, Physik, Philosophie und Soziologie; Promotion 1966; Habilitation im Fach Philosophie 1971 (Frankfurt am Main); Dozenturen in Toronto und New York; ab 1974 Professor für Philosophie an der Universität Konstanz, seit 1990 an der Freien Universität Berlin. Veröffentlichungen u. a.: Methodologie als Erkenntnistheorie. Zur Wissenschaftslehre Karl R. Poppers (1967); Kritische Gesellschaftstheorie und Positivismus (1969); Zur Dialektik von Moderne und Postmoderne. Vernunftskritik nach Adorno (1985); Ethik und Dialog. Elemente des moralischen Urteils bei Kant und in der Diskursethik (1986). – Aufsätze zur Kritischen Theorie, Sprachphilosophie, Politischen Philosophie und Ästhetik.

suhrkamp taschenbücher wissenschaft
Soziologie, Theorie der Gesellschaft

Adorno: Prismen. stw 178
– Soziologische Schriften I. stw 306
Assmann/Hölscher (Hg.): Kultur und Gedächtnis. stw 724
Beck/Bonß (Hg.): Weder Sozialtechnologie noch Aufklärung? stw 715
Bendix: Freiheit und historisches Schicksal. stw 390
Bonß/Honneth (Hg.): Sozialforschung als Kritik. stw 400
Bourdieu: Entwurf einer Theorie der Praxis. stw 291
– Die feinen Unterschiede. stw 658
– Sozialer Raum und »Klassen«. Leçon sur la leçon. stw 500
– Zur Soziologie der symbolischen Formen. stw 107
Bourdieu u. a.: Eine illegitime Kunst. stw 441
Brandt: Arbeit, Technik und gesellschaftliche Entwicklung. stw 780
Cicourel: Methode und Messung in der Soziologie. stw 99
Cremerius (Hg.): Die Rezeption der Psychoanalyse in der Soziologie, Psychologie und Theologie im deutschsprachigen Raum bis 1940. stw 296
Donzelot: Die Ordnung der Familie. stw 890
Dreeben: Was wir in der Schule lernen. stw 294
Durkheim: Erziehung, Moral und Gesellschaft. stw 487
– Die Regeln der soziologischen Methode. stw 464
– Der Selbstmord. stw 431
– Soziologie und Philosophie. stw 176
Edelstein/Habermas (Hg.): Soziale Interaktion und soziales Verstehen. stw 446
Edelstein/Keller (Hg.): Perspektivität und Interpretation. stw 364
Edelstein/Nunner-Winkler (Hg.): Zur Bestimmung der Moral. stw 628
Eder: Die Vergesellschaftung der Natur. stw 714
Eder (Hg.): Klassenlage, Lebensstil und kulturelle Praxis. stw 767
Eisenstadt (Hg.): Kulturen der Achsenzeit. 2 Bde. stw 653
Elias: Engagement und Distanzierung. stw 651
– Die höfische Gesellschaft. stw 423
– Über den Prozeß der Zivilisation. 2 Bde. stw 158/159
– Über die Zeit. stw 756
Korte (Hg.): Bochumer Vorlesungen zu Norbert Elias' Zivilisationstheorie. stw 894
Materialien zu Norbert Elias' Zivilisationstheorie. stw 233
Macht und Zivilisation. Materialien zu Norbert Elias' Zivilisationstheorie 2. stw 418
Evers/Nowotny: Über den Umgang mit Unsicherheit. stw 672
Ferguson: Versuch über die Geschichte der bürgerlichen Gesellschaft. stw 739

205/1/8.90

suhrkamp taschenbücher wissenschaft
Soziologie, Theorie der Gesellschaft

Foucault: Sexualität und Wahrheit 1. Der Wille zum Wissen. stw 716
– Sexualität und Wahrheit 2. Der Gebrauch der Lüste. stw 717
– Sexualität und Wahrheit 3. Die Sorge um sich. stw 718
– Überwachen und Strafen. stw 184
– Wahnsinn und Gesellschaft. stw 39
Gerhardt/Schütze (Hg.): Frauensituation. stw 726
Geulen: Das vergesellschaftete Subjekt. stw 586
Geulen (Hg.): Perspektivenübernahme und soziales Handeln. stw 348
Giddens: Die Klassenstruktur fortgeschrittener Gesellschaften. stw 452
Goffman: Das Individuum im öffentlichen Austausch. stw 396
– Interaktionsrituale. stw 594
– Rahmen-Analyse. stw 329
– Stigma. stw 140
Goudsblom: Soziologie auf der Waagschale. stw 223
Granet: Die chinesische Zivilisation. stw 518
Greiffenhagen: Das Dilemma des Konservatismus in Deutschland. stw 634
Groethuysen: Die Entstehung der bürgerlichen Welt- und Lebensanschauung in Frankreich. 2 Bde. stw 256
Habermas: Theorie und Praxis. stw 243
– Zur Logik der Sozialwissenschaft. stw 517
– Zur Rekonstruktion des Historischen Materialismus. stw 154
– siehe auch Edelstein/Habermas
– siehe auch Honneth/Joas
– siehe auch McCarthy
Haferkamp/Schmid (Hg.): Sinn, Kommunikation und soziale Differenzierung. Beiträge zu Luhmanns Theorie sozialer Systeme. stw 667
Haferkamp (Hg.): Sozialstruktur und Kultur. stw 793
Hahn/Kapp (Hg.): Selbstthematisierung und Selbstzeugnis: Bekenntnis und Geständnis. stw 643
Halbwachs: Das Gedächtnis und seine sozialen Bedingungen. stw 538
Hausen/Nowotny (Hg.): Wie männlich ist die Wissenschaft? stw 590
Hirschman: Engagement und Enttäuschung. stw 729
– Leidenschaften und Interessen. stw 670
Höffe: Strategien der Humanität. stw 540
– siehe auch Oser/Fatke/Höffe
Honig: Verhäuslichte Gewalt. stw 857
Honneth: Kritik der Macht. stw 738
– Die zerrissene Welt des Sozialen. stw 849
Honneth/Jaeggi (Hg.): Theorien des Historischen Materialismus 1. stw 182

205/2/8.90

suhrkamp taschenbücher wissenschaft
Soziologie, Theorie der Gesellschaft

Honneth/Jaeggi (Hg.): Arbeit, Handlung, Normativität. Theorien des Historischen Materialismus 2. stw 321

Honneth/Joas (Hg.): Kommunikatives Handeln. Beiträge zu Jürgen Habermas' »Theorie des kommunikativen Handelns«. stw 625

Joas: Praktische Intersubjektivität. stw 765

Joas (Hg.): Das Problem der Intersubjektivität. stw 573

Joas/Steiner (Hg.): Machtpolitischer Realismus und pazifistische Utopie. stw 792

Joerges (Hg.): Technik im Alltag. stw 755

Jokisch (Hg.): Techniksoziologie. stw 379

Kern/Schumann: Industriearbeit und Arbeiterbewußtsein. stw 549

Kettler/Meja/Stehr:Politisches Wissen. stw 649

Kippenberg/Luchesi (Hg.): Magie. Die sozialwissenschaftliche Kontroverse über das Verstehen fremden Denkens. stw 674

Kocka (Hg.): Interdisziplinarität. stw 671

Lenhardt: Schule und bürokratische Rationalität. stw 466

Lenk: Zur Sozialphilosophie der Technik. stw 414

– Zwischen Sozialpsychologie u. Sozialphilosophie. stw 708

– Zwischen Wissenschaftstheorie und Sozialwissenschaft. stw 637

Lenski: Macht und Privileg. stw 183

Lepenies (Hg.): Geschichte der Soziologie. 4 Bde. stw 367

Lüderssen/Sack (Hg.): Vom Nutzen und Nachteil der Sozialwissenschaften für das Strafrecht. 2 Bde. stw 327

Luhmann: Funktion der Religion. stw 407

– Legitimation durch Verfahren. stw 443

– Soziale Systeme. stw 666

– siehe auch Haferkamp/Schmid

– Zweckbegriff und Systemrationalität. stw 12

Luhmann/Fuchs: Reden und Schweigen. stw 848

Luhmann/Pfürtner (Hg.): Theorietechnik und Moral. stw 206

Luhmann/Schorr: Reflexionsprobleme im Erziehungssystem. stw 740

Luhmann/Schorr (Hg.): Zwischen Intransparenz und Verstehen. stw 572

– Zwischen Technologie und Selbstreferenz. stw 391

Luhmann/Spaemann: Paradigm lost: Über die ethische Reflexion der Moral. stw 797

– siehe auch Goldschmidt/Schöfthaler

Mannheim: Konservatismus. stw 478

– Strukturen des Denkens. stw 298

McCarthy: Kritik der Verständigungsverhältnisse. stw 782

205/3/8.90

suhrkamp taschenbücher wissenschaft
Soziologie, Theorie der Gesellschaft

Mead: Geist, Identität und Gesellschaft. stw 28
– Gesammelte Aufsätze. Bd. 1. stw 678
– Gesammelte Aufsätze. Bd. 2. stw 679
– *siehe auch Joas*
Meja/Stehr (Hg.): Der Streit um die Wissenssoziologie. stw 361
Mommsen: Max Weber. Gesellschaft, Politik und Geschichte. stw 53
Moore: Ungerechtigkeit. stw 692
Münch: Dialektik der Kommunikationsgesellschaft. stw 880
– Theorie des Handelns. stw 704
Niemitz (Hg.): Erbe und Umwelt. stw 646
Oakes: Die Grenzen kulturwissenschaftlicher Begriffsbildung. stw 859
Oser: Moralisches Urteil in Gruppen. stw 335
Oser/Fatke/Höffe (Hg.): Transformation und Entwicklung. Grundlagen der Moralerziehung. stw 498
Otto/Sünker (Hg.): Soziale Arbeit und Faschismus. stw 762
Parsons: Gesellschaften. stw 106
– *siehe auch Schluchter (Hg.): Verhalten*
– *siehe auch Schütz/Parsons*
Rammstedt: Deutsche Soziologie 1933-1945. stw 581
Rodinson: Islam und Kapitalismus. stw 584
Rosenbaum: Formen der Familie. stw 374
Rosenbaum (Hg.): Familie und Gesellschaftsstruktur. stw 244
Roth: Politische Herrschaft und persönliche Freiheit. stw 680
Schluchter: Aspekte bürokratischer Herrschaft. stw 492
– Rationalismus der Weltbeherrschung. stw 322
Schluchter (Hg.): Max Webers Sicht des antiken Christentums. stw 548
– Max Webers Sicht des Islam. stw 638
– Max Webers Sicht des okzidentalen Christentums. stw 730
– Max Webers Studie über das antike Judentum. stw 340
– Max Webers Studie über Hinduismus und Buddhismus. stw 473
– Max Webers Studie über Konfuzianismus und Taoismus. stw 402
– Verhalten, Handeln und System. Talcott Parsons' Beitrag zur Entwicklung der Sozialwissenschaften. stw 310
Schöfthaler/Goldschmidt (Hg.): Soziale Struktur und Vernunft. stw 365
Schröter: »Wo zwei zusammenkommen in rechter Ehe ...« stw 860
Schütz: Das Problem der Relevanz. stw 371
– Der sinnhafte Aufbau der sozialen Welt. stw 92
– Theorie der Lebensformen. stw 350

205/4/8.90

suhrkamp taschenbücher wissenschaft
Soziologie, Theorie der Gesellschaft

205/5/8.90

suhrkamp taschenbücher wissenschaft
Geschichte, Sozialgeschichte, Zeitgeschichte, Dokumentation

Assmann/Hölscher (Hg.): Kultur und Gedächtnis. stw 724

Batscha: »Despotismus von jeder Art reizt zur Widersetzlichkeit.« stw 759

Baumgartner/Rüsen (Hg.): Geschichte und Theorie. stw 98

Becher/Rüsen (Hg.): Weiblichkeit in geschichtlicher Perspektive. stw 725

Bendix: Könige oder Volk. 2 Bde. stw 338

Broué/Témime: Revolution und Krieg in Spanien. 2 Bde. stw 118

Danker: Räuberbanden im Alten Reich um 1700. stw 707

Dreier/Sellert (Hg.): Recht und Justiz im »Dritten Reich«. stw 761

Duby: Die drei Ordnungen. stw 596

– Ritter, Frau und Priester. stw 735

Duby/Lardreau: Geschichte und Geschichtswissenschaft. stw 409

Ehlich (Hg.): Sprache im Faschismus. stw 760

Fend: Sozialgeschichte des Aufwachsens. stw 693

Foucault: Sexualität und Wahrheit 1. Der Wille zum Wissen. stw 716

– Sexualität und Wahrheit 2. Der Gebrauch der Lüste. stw 717

– Sexualität und Wahrheit 3. Die Sorge um sich. stw 718

– Überwachen und Strafen. stw 184

– Wahnsinn und Gesellschaft. stw 39

Heinsohn: Privateigentum, Patriarchat, Geldwirtschaft. stw 455

Hinrichs: Ancien Régime und Revolution. stw 758

Hinrichs (Hg.): Absolutismus. stw 535

Jäger: Verbrechen unter totalitärer Herrschaft. stw 388

Koselleck: Kritik und Krise. stw 36

– Vergangene Zukunft. stw 757

Macpherson: Nachruf auf die liberale Demokratie. stw 305

– Die politische Theorie des Besitzindividualismus. stw 41

Meier, Chr.: Die Entstehung des Politischen bei den Griechen. stw 427

Métral: Die Ehe. stw 357

Moore: Soziale Ursprünge von Diktatur und Demokratie. stw 54

– Ungerechtigkeit. stw 692

Niethammer (Hg.): Lebenserfahrung und kollektives Gedächtnis. stw 490

Otto/Sünker (Hg.): Soziale Arbeit und Faschismus. stw 762

Reif (Hg.): Räuber, Volk und Obrigkeit. stw 453

Reinalter: Die Französische Revolution und Mitteleuropa. stw 748

Reinalter (Hg.): Demokratische u. soziale Protestbewegungen in Mitteleuropa 1815-1848/49. stw 629

206/1/8.90

206/2/8.90